见识城邦

更新知识地图　拓展认知边界

S.N. EISENSTADT

JEWISH CIVILIZATION

The Jewish Historical Experience in a Comparative Perspective

犹太文明

比较视野下的犹太历史

[以] S.N.艾森斯塔特 著

胡浩 刘丽娟 张瑞 译

中信出版集团 | 北京

图书在版编目（CIP）数据

犹太文明 / (以) S.N. 艾森斯塔特著；胡浩，刘丽娟，张瑞译 . -- 北京：中信出版社，2019.6 (2023.10重印)

书名原文：Jewish Civilization: The Jewish Historical Experience in a Comparative Perspective

ISBN 978-7-5086-9705-5

Ⅰ . ①犹… Ⅱ . ① S… ②胡… ③刘… ④张… Ⅲ . ①犹太人—民族历史 Ⅳ . ① K18

中国版本图书馆 CIP 数据核字（2018）第 253493 号

犹太文明

著　　者：[以] S.N. 艾森斯塔特
译　　者：胡浩　刘丽娟　张瑞
出版发行：中信出版集团股份有限公司
（**北京市朝阳区东三环北路 27 号嘉铭中心　邮编　100020**）
承 印 者：北京通州皇家印刷厂

开　　本：787 mm × 1092 mm 1/16　　印　张：22.25　　字　数：280 千字
版　　次：2019 年 6 月第 1 版　　印　次：2023 年10月第 8 次印刷
京权图字：01-2016-2376
书　　号：ISBN 978-7-5086-9705-5
定　　价：78.00 元

服务热线：400-600-8099
投稿邮箱：author@citicpub.com

谨以此书献给我的希伯来大学老师

伊扎克·贝尔

本·锡安·迪努尔

亚瑟·鲁平

同时也献给

耶海兹克尔·考夫曼

阿纳尔多·莫米利亚诺

目录

序　言

在某种程度上，本书所呈现的是一种阐释犹太历史经历的新路径。 1
本书最主要的观点是：理解犹太历史经历的最好方式不只是将犹太人看成是一个宗教（religious）或种族群体（ethnic group）、民族（nation）或者“人民”（people）——尽管他们具备所有这些称谓，而是要把他们看作是一种文明的承载者。

如果我们将**宗教**定义为一套信仰，尤其关乎各种超世俗的事务，崇拜模式、礼仪遵守的类型等类似的事情，那么，**文明**这一术语在此是以一种相当特别的方式来使用的，特别强调了它与宗教之间的不同。文明，就这里所使用的意义而言，需要试图按照一种本体论的视野来构建或者重建社会生活，这种本体论的视野将宇宙、超世俗和世俗存在的本质观念同社会生活主要舞台的规制与政治舞台、权威、经济、家庭生活等之间的互动结合在一起。尽管在人类历史上，宗教与文明很密切地交织在一起——同时，许多宗教到现在也只是文明综合构成的一部分，或者说，宗教并不必然地居于文明核心元素的地位。这种分别，即便是以一种悄无声息的方式，也已经在许多史前社会和古代社会中发现，在“伟大的”轴心时代文明中，在希腊文明中，在一神论宗教和文明中，在印度教、佛教和儒教文明中，这种区别清晰可见。在这些文明中，宗教构成文明的基本元素，不过在有些地方，它们是在其他文明的框架中发挥宗教影响力的。能够最清晰地说明这一情况的例子很可能就是佛教和儒教在日本的命运。日本的佛教（和儒教）信仰和教派都很兴盛，却没有创造出一种独特的文明（东南亚的佛教，或者中国、朝鲜和越南的儒教也是类似的情况）。在日本，这些教派、信仰或者伦理系统是在独特的日本文明框架和基本场景中发挥作用的。从伊斯兰教和基督教扩张的历史中，我们也能够看到相似的图景。这些图景同时证明了这样一个事实：不同的民族、不同的社会或者不同的政体可以属于同一种文明，尤其是属于那些“较高”文明中的一种。

我们主张，看待犹太人历史经历的最好途径是以我们在此定义的
2 方式，即将之解释为一种文明的历史，而不仅仅是作为一种人民的、宗教的、族群的，或者民族团体的历史。的确，恰是所有上述术语都可以用来解释犹太历史经历这一事实表明，用它们之中的任何一种来解释犹太历史都是不充分的。而且，在我们看来，只有当一个人以文明的术语来看待这一经历的时候，他才可能解开那种经历之中的最伟大奥秘；也就是说，尽管圣殿被毁、遭遇放逐、丧失政治独立、失去地理上的延续性；尽管四处流浪并散居于世界各地，且因此在具体的生活方式和基本的宗教取向和习俗方面发生了深远的改变，但犹太历史仍保持着延续性。同样，在本书中我们将从这种文明的视角来审视犹太历史经历中的某些特定方面。

在第一部分，也是本书的头三章，我们将检视犹太文明的一些基本特征，包括其形成时代，第一和第二圣殿时期及其后，还有漫长大流散的中世纪时期所凝炼的一些特征。在这些章节中，我们将向人们展示，这些时期内，犹太人不仅是作为一个民族团体或宗教派别，而且还作为一种独特文明的承载者活跃于历史舞台上；他们周边或其客居地的主体文明也这样看待他们。我们将指明他们是以何种方式区别于“人民”、民族、宗教团体或者那些不是作为独特文明视域中的行动者，而通常只是作为其中一部分而存在的群体。我们也将指出，犹太文明与其他文明之间，在其各自所处境况与历史经验方面的一些重

大差异，如犹太文明与古代以色列文明中出现异教文明、古希腊和古罗马文明，以及最重要的两种一神教文明，即基督教和伊斯兰教之间的差异。它们的相遇构成了犹太历史经历的基本组成部分。

在本书的第二部分，也是篇幅最大的一部分，我们将继续展开分析，犹太人与其客居地主流社会和主体文明之间的基本关系发生了哪些剧烈的变化，这部分阐述的时段直至现当代时期。焦点问题是，在这个时段，犹太民族是一直在继续展现他们一些特定的文明特征，还是已经渐渐退化并转变成一个“单纯的”、宗教的、种族的或是民族的群体。

我们通过分析几种现代犹太历史经历模式，来着手解决这一问题。第一，我们考察了从 19 世纪到 20 世纪最初 40 年，西欧、东欧、美国等地犹太社团融入主流社会的模式。第二，我们分析了从 19 世纪末开始在犹太人中兴起的民族运动，尤其是犹太复国主义运动（Zionist
movement）。第三，我们分析了以色列社会的一些具体特征——犹太 3
复国主义运动革命性的意识形态所结出的最具体的果实，以及其政治文化的核心方面同犹太文化之间的关系。

透过上述所有章节的分析，我们会问自己，在上述每一个范例中，犹太经历的某些关键性的方面在多大程度上同一些可比较的群体——诸如现代民族国家中的其他族群或宗教少数群体、其他的现代民族运动，以及其他具有革命性意识形态的定居者社会——是相似的。关于最后一个问题，我们将把以色列社会同美国进行比较。在所有这些范例中，我们也会考察这些经历在何种程度上已经展现出一些独特且共同的特征；这些特征可以归结为我们在前面章节中所分析的特定的犹太文明特征。

而且，这些章节的标题也恰恰指向了区别于其他群体的现代犹太历史经历的一种非常具体的特征。这种特征就是现代犹太生活的多相性，即所有这些不同的犹太历史经历的同时存在：那些融入现代社会的群体；多样化的民族运动的发展；在第二圣殿时代结束后，首次在以色列地建立起独立的犹太国家。与此同时，在多种多样的犹太社区和运动之间，都存在着持续性的关系——类似的情况在大多数其他族群、民族或宗教群体中几乎难以发现。

正是犹太现代和当代经验的多相性提出了新的挑战，所以，在最后一章中，我们通过探询当代世界犹太历史发展的可能方向，将我们之前各种不同的分析汇集起来。

显然，我们并不打算在本书各个章节中呈现犹太历史不同阶段的具体历史细节——同样，我们也不可能公平地对待后来出现的对所有这些时代进行研究和阐释所结出的丰硕成果。考虑到本书的主要目的，我们将聚焦于那些与我们论证紧密相关的那些时代的某些方面。

本书的主要论点，最初是我在 1984 年秋天任斯坦福大学犹太研究首席教授，以及 1986 年春天我在西雅图华盛顿大学亨利·杰克逊学院任斯特鲁姆（Stroum）犹太文明首席访问教授时提出来的。

本书的核心部分——第一章到第四章，第六章和第七章——最初是 1987 年布朗大学布鲁明代尔讲座（Blovmingdale Lectures）和杜克大学埃文斯讲座（Evans Lecture）的内容。我对 J. 纽斯纳（J.Neusner）教授邀请我来布鲁明代尔系列讲座做演讲，并且和 C. 戈德沙伊德（E.
4 S. Frerichs）教授一起对演讲提出建设性的评论表示感谢。我也很感激他们以及 E.S. 弗雷利克斯教授在布朗大学的热情接待，还有杜克大学的 E. 迈耶斯（E. Meyers）教授和 E. 蒂尔阿肯（E. Tiryakian）对我的款待。同样，我要对 J.S. 米格代尔（J.S.Migdal）教授邀请我到华盛顿大学访问，以及 J. 基弗（J.Kieval）和多萝西·贝克尔（Dorothy Becker）教授在我访问期间的热情招待表示感谢。第八章内容首次发表在 1986 年普林斯顿大学的纪念演说上。关于美国和以色列的一章已在以色列和美国的几个不同场合呈现，尤其是在以色列给富布莱特学者所作的开场演讲上发表过。

我还要感谢 M. 阿比特博尔（M.Abitbol）教授，S. 克罗斯比（S.Crosby）博士，以及以色列最高法院院长——法官 M. 珊迦（Justice

M. Shamgar）先生，以及纽约州立大学出版社的匿名读者对几个章节文稿给出的非常有用的评价，还有伦恩 · 史莱姆（Len Shram）和珍妮特 · 肖（Janet Shaw）在编辑方面提供的帮助，M. 利维（M.Levy）、明妮 · 帕森（Minnie Pasin）、芭芭拉 · 科顿（Barbara Cotton）和克里斯汀 · 伊兰尼（Kristine Ilani）在打印部分文稿时提供的帮助，以及凯思琳 · 布鲁恩（Kathleen Bruhn）提供的非常有益的研究协助。

第一章

作为文明史的犹太历史

引言：犹太延续性问题

本书的主题是，研究犹太社会和历史——从其开始直到当代的总 5
体状况，尤其是以色列——的最佳路径之一是把它当作文明的历史来加以分析。[1]我使用“文明”这一术语，是因为我想明确地强调诸如“宗教”、“民族”和“人民”此类的概念对于理解犹太历史是不充分的，尽管它们都涉及犹太历史经历的重要方面。

虽然在各个时期，犹太人都构建了鲜明的宗教团体，拥有特定的信仰和崇拜方式，但是宗教仍不足以解释他们历史经历的所有方面，因为除宗教以外，还有更多的方面值得关注。这里有两个例子足以证明这一点：无论对因遭流放而离开了很久的以色列地，还是对于被相互定义的他们与其他宗教和民族之间关系的方式，犹太人所持有的意识形态和形而上学的立场都不能单独依据宗教信仰来解释，稍后我们将会看到关于这一点的更详尽论述。

相同的结构以不同的方式分别适用于诸如民族和族群这样的术语。这些术语不足以解释犹太历史经历，因为它们中的大多数指的是现代才发展起来的集体类型。它们不能轻易被应用于早先时代的集体，尽管由于缺乏更好的术语，实际上往往被广泛使用。相反，诸如部落团体、神圣团体或人民等术语，虽然它们自身的意思相当含糊，却能更好地表示特定的早期以色列人和犹太人的集体认同的本质。

同样，因为现代犹太人历史经历与这些更古老的类型紧密相关，所以，主要来自现代欧洲经历的现代术语，甚至在分析现代犹太案例
6 时都显得不够充分。稍后我们将看到，由于同样的原因，我们不应该把犹太复国主义运动仅仅看作另一场现代民族主义运动。

尽管所有这些术语都包含事实的重要组成部分，但是当我们试图解释从早期的以色列人时代到现代时期犹太人历史经历的极丰富的多样性时，这些术语的不足之处就变得明显，尤其是当我们考虑犹太人何以存续了近三千年之久——可能是犹太人历史经历中最大谜团——的时候。[2]

犹太人历史的表层事实是众所周知的。犹太历史出现于公元前第二个千年中间的某个时候。按照《圣经》的传统，其第一次具有决定性意义的遭遇是以色列人的部落征服或渗透进迦南，领袖约书亚想必由于摩西的缘故已经获得了律法的许可；然后这些部落在迦南定居。这样的征服，在那个时代的那一片区域是很自然的，也必然导致与邻国的持续对抗和冲突，他们的邻国是同样在那片领土上定居的不同民族或部落。最初，在士师时代，这种定居是相对分散的，不同的部落领导着相对独立的存在，但有一些共同的神圣地点，在战争时期他们一定程度上走到一起，并维系着某些连续而共同的跨部落认同。

从这个时期一开始，以色列部落就表现出一些特殊的社会特征，稍后我们将对此作详细分析。我们讨论的这个阶段足以表明，这些特征中最重要的是它们相对丰富，以及构成它们的社会、经济、文化形式和元素庞杂而多样。当然后者中最重要的是祭司和先知，正如我们将要看到的，他们已具备了一些非常显著的特征，这些特征将其与邻近社会中表面看起来与之对应的那些特征区分开来。

公元前 10 世纪开始出现了君主制，首先是由扫罗（Saul）建立，然后是大卫（Bavid）和所罗门（So lomon）。人们尝试集中祭仪，并在所罗门统治时期建立起第一圣殿。所罗门死后，在他的儿子罗波安

（Rehoboam）统治时期，王国分裂成两个国家，分别是犹大王国（主要由犹大和便雅悯部落组成）和以色列王国（由其他十个部落组成）。这些王国不断卷入该地区不同国家间的冲突，尤其是各大帝国之间的冲突中——一方有埃及，另一方有亚述和巴比伦——也有北方的各个王国，比如阿拉米人（Aramaeans）。当公元前722年亚述人摧毁了以色列王国，这十个部落作为独特的文化和政治实体几乎完全消失。公元前586年，在以耶路撒冷为中心的犹大国（Judah），大卫及其后裔的帝国，祭司崇拜和先知传统遭到最终的毁灭。大部分人口，尤其是国 7
家的领袖们，被流放到巴比伦，同时也开始分散到其他地区，尤其是埃及。

到此刻为止，这个故事，虽然很生动并在一定程度上引人注目，但并不独特，以色列人可能会像那个时期这一地区的很多其他国家一样，在随后的历史发展中消失。但以色列人并没有消失，在这一点上，他们是独特的。犹大国人口的大部分，而且很可能是更积极的领导成员，去了巴比伦。留在当地的人当然会有很多，但许多在巴比伦的流亡者一直梦想着返回锡安。在居鲁士（Cyrus，公元前550—前530年）带领波斯人征服巴比伦之后，随后在公元前525年居鲁士的儿子冈比西斯（Cambyses）征服了埃及，他们——更确切地说是他们中的一些人——开始返回以色列地，并加入到那些留在那里、但处在衰落状态的犹太人当中。起初，他们以相当小而分散的团体来到这里。然后，在强有力的领导人以斯拉（Ezra）和尼希米（Nehemia）的领导下，他们重建和恢复了他们的宗教和社团政治体制，重建了圣殿，并铸就了一种新的民族认同（不过它是基于不断参考之前的时代及其象征符号而建立的）和新的政治组织。由此看来，哈斯蒙尼（Hasmonean）起义之后，一个新的独立政治实体出现了。这一时期的外部故事是众所周知的，只需简要概括。

随着公元前330年波斯帝国的衰亡和中东希腊化君主制国家的崛起，犹太人面对新的正在扩张中的文明展开了更加强烈的对抗。总体来看，犹太人社团，尤其是以色列地的犹太人社团，越来越多地被卷入该地区的政治斗争中。与此同时，犹太人定居点扩大，并超出了耶路撒冷的圣殿城邦（Temple city-state of Jerusalem），由此产生了犹太人与希腊人，以及随后的罗马人统治者之间对抗的可能。

这种对抗在公元前2世纪与塞琉古国王安条克四世（Selencid King Antiochus IV）第一次引人注目的遭遇中达到顶峰，导致了哈斯蒙尼的（马喀比家族的）反抗，并诞生了由大祭司和统治者（行政首领纳西）联合执政的哈斯蒙尼君主制政权。这个王朝一直持续到大约公元前1世纪中期。其特点是执行广泛而深远的扩张政策，将犹太人卷入与各种不同的地方群体以及“超级大国”的持续冲突中，尤其是在亚历山大·雅奈（Alexander lannai 或 Ianneas，公元前103—前76年）及他的继承者们的统治时期。在亚历山大·雅奈统治期间，爆发了由法利赛人（Pherisees）领导的剧烈内战。在他去世后，犹地亚被强烈地卷入了罗马人在近东的扩张和罗马帝国与帕提亚（Parthian）帝国之间的战争。约公元前37年，哈斯蒙尼王朝走向了尽头，那时，亚历山大之子希尔
8 卡努斯（Hyrcanos）的以东人（Edomite）军师的儿子希律（Herod）被罗马人宣布为犹地亚国王，作为罗马的代理人，也作为一个世俗国王，他的统治直至公元前4年。

在希律王的继任者在位时期，王国被他的三个儿子分裂了，公元6年，罗马政府对犹地亚采取直接统治，这一变化甚至受到犹太人中更虔诚派别的欢迎，因为他们强烈反对非犹太人国王的统治。在希律王孙子阿格里帕（Agrippa）的短暂统治（公元41—44年）期间，这种直接臣服于罗马人的状态遭到中断，因为阿格里帕是罗马帝国皇帝卡利古拉（Caligula）的朋友。阿格里帕试图重建某种统一的犹太君主制国家，总体上被犹太人的大多数派别所接受。但在他死后，罗马行政长官和犹太民众之间的紧张关系不断加剧，后者内部也不断滋长着分裂，从而导致了反对罗马人的大规模战争和反叛（公元66—67年），第二圣殿于公元70年被毁，犹太人失去了政治自治权，同时，在法利赛人

领袖拉比约哈南·本·撒该（Rabbi Yohanan Ben-Zakai）的领导下，犹太教公会搬迁至雅弗尼（Yavneh）。

但是，第二圣殿时期，不仅仅出现一个新的独立政治实体并走向定型化，而且也是一段巨大的文化转型时期。在第一圣殿时期居于优势地位的先知逐渐消失；至少在这一时期开始的时候，祭司变得更具有主导性；来自于祭司家庭的国王出现了，同时，也许是最重要的，出现了一些全新类型的领导者，他们很大程度上立足于新的学习传统并来源于多种多样的宗派。

从外部来看，犹太民族持续遭遇强大的异教帝国和民族，以及一种新的文明类型——希腊化文明，希腊化帝国和罗马帝国所声称的某种普遍的有效性不仅根植于征服以及具有强大力量的诸神，也根植于他们的哲学和法律传统。与此同时，伟大的内部文化创造力在犹太民族内部产生了许多新的宗教、文化和社会愿景。其中一项愿景与耶稣相关，注定要以基督教的形式重塑西方历史和后来世界历史的全过程。

正如我们所看到的，犹太内部和外部动荡的结合，在公元 70 年第二圣殿被毁时达到顶峰，犹太人丧失政治独立，并最终陷入流散。同时，出现了一种新的制度模式，在这一模式下，尽管犹太人丧失了独立性并持续流散，但却显示出相当特殊的文明、宗教和族群认同构架。随后，这些连续的构架，将要在犹太人生活过的大部分土地上，分别遭遇居于主导地位的宗教基督教和后来的伊斯兰教的挑战。

这些发展造成了一种局面，即犹太人在某些“异国”环境中不仅
仅是一个民族或宗教少数群体。在那些历史根源和基本前提与犹太历 9
史、信仰紧密交织在一起的文明中，犹太人成为少数群体。从历史角度来看，这些文明虽然是由犹太教徒发展而来的，但对它们来说，犹太人的持续存在总是构成了一种意识形态的挑战和一种矛盾且负面的参照点。对它们而言，犹太人坚持自己的信仰和生活方式不仅令人感到新奇和古怪，而且对这些文明自身的合法正统性构成了意识形态上的威胁。

犹太文明的延续性存在着两极：第一，国际和文化框架及社会网络的发展，使得犹太人在流散于许多不同地方的情况下，犹太民族和犹太文明的延续成为可能；第二，“主体”文明（对犹太文明）强烈矛盾的态度，使得犹太人向这些文明反馈出同样矛盾的态度。这两极塑造了流散时期犹太历史的进程。

这种延续性之谜开始于第一圣殿时期结束的时候。在许多流亡和分散的古代民族中，包括以色列王国（撒玛利亚）的人民在内，单单是犹大王国的人民在王国和圣殿被毁之后流亡到了巴比伦，但还是回到了自己的祖国。在那里，他们建立了独特的宗教和生活方式，形成了他们的政治和集体认同，尽管是以一种新的模式，但是，他们将自己定义为早先流亡时期的延续。

第二圣殿被毁后，犹太人的延续性是一个更大的谜，虽然在某种意义上，犹太人——与基督教及穆斯林文明——已将之作为一种既成事实加以接受。显然，这远不只是一个小的宗教派别的延续，虽然在这些延续性术语中，犹太延续性注定显得独特。

谈论作为一个“民族”的延续性当然是可能的。但是，什么样的民族没有任何领土，只有记忆或回归领土的期盼，以及强烈的政治取向，但没有自治性或独立的政治实体，或政治—领土的延续性呢？

这些例子——可以列举更多，说明犹太历史经历的某些特定要素超越了宗教（只是作为信仰和崇拜的一种体系）、民族和族群的类别。在我看来，“犹太文明”一词，正如我在本书中所定义的，是符合我们意图的最合适标题。

以文明的路径来认识犹太历史

“犹太文明”这一术语显得合适，也是因为它有助于我们批判性
10 地检视关于犹太历史经历本质的一些流行观点，这些观点在现代史学和社会科学中已经具有极大的影响力。我将仅仅涉及两种这样的观点：

一种观点，几乎很少引起共鸣——有些人甚至说是反犹主义的，当然也是反犹太复国主义的——是杰出的英国历史学家阿诺德·汤因比（Arnold Toynbee）所持有的观点[3]；另一种观点——更早一些，显得更加“亲犹太人”，甚至对犹太复国主义的兴起表示同情——是伟大的德国社会学家马克斯·韦伯（Max Weber）所主张的观点。[4]

两位学者都从比较的视野分析了犹太人的历史经历，这种视野最能称之为“文明的”（视野）。汤因比在深思熟虑的情况下使用了这一术语：文明构成了他比较历史分析的基本单位。韦伯使用的术语是“世界宗教”：他的分析重点关注这些宗教中盛行的信仰和崇拜体系，以及这些体系的某些方面形成社会的制度轮廓和历史经历的方式，在这些社会中，上述体系及方式占据主导地位并被制度化。

汤因比没有否认犹太人构建了一种文明；的确，他把犹太人列入了他不朽的、尽管经常遭到批评的《历史研究》中[5]。马克斯·韦伯将其卓越的“古代犹太教”列入了他的“宗教社会学”中，其中他分析了伟大的或世界性的宗教：犹太教、中国宗教（儒教和道教）、印度教、佛教和新教。[6]

因此，不论汤因比和韦伯都表示——或者至少暗示——解释这种历史经历的最佳途径是通过与那些跟宗教紧密相连，但仅仅依据信仰或崇拜模式还不能被理解的伟大文明作比较。这些文明构成了某种比宗教社团或信仰体系更复杂的东西：整个社会生活方式的构筑；换言之，依据一些想象或前提，以某种独特的方法组织他们的生活方式。无论是明确表达的汤因比，还是含蓄表达的韦伯，都在根据文明谈论问题。

确实，他们都将犹太人的历史经历看作一种例外。两人都为犹太延续性之谜而困惑，而且两人都自然而然地受到了早期《圣经》时代与后来的后基督教时期的犹太经历彻底决裂这一基督教观念的影响，虽然方式上有所不同。

汤因比将流亡中的拉比犹太文明描述为一种僵化的文明。根据他的观点，其僵化尤其表现在它独有地强调了律法和仪式，以及几乎完全自我隔离于其他文明。[7]

韦伯称，基于相同的理由，第二圣殿时期之后犹太人成为一个宗教社团，不同于政治团体，或一种完全的世界宗教或文明。他们也几
11 乎自愿成为一个被排斥的民族，即一个被隔离的群体，仪式上不纯洁且经济地位低下，与之相伴的是他们文明势头的丧失。[8]

在我看来，韦伯和汤因比将文明视角应用于犹太人的情况是正确的，但错在从比较文明的角度来描述其独特性。他们错误地暗示后基督教时代犹太人的历史经历不再属于文明，从这一术语的完全意义上而言确实如此，无论他们的表达是明确的还是含蓄的。因此他们无法解释犹太人历史经历的延续性之谜。

仔细观看一些历史证据会发现双方观点均有不足，无论他们可能包含什么样的部分事实要素。当然，从失去政治独立（广义地说，从古代晚期）一直持续到中世纪和近代早期，仪式、祈祷、律法评注和社团组织是犹太人文化活动的主要领域，这是事实。但也有其他的领域。我们只需提及哲学家，如迈蒙尼德（Maimonides）和萨阿迪亚·加昂（Saadya Gaon），或神秘主义者，如早期文艺复兴时期的喀巴拉主义者（Kabbalists），就可以看出认为犹太文明僵化的观点是不充分的[9]。仅仅中世纪犹太人中有重要的哲学家、神秘主义者等诸如此类的事实不是我们要表达的重点。至关重要的是，他们活动中三个密切相关的方面。

首先，这些人物都不是孤立或边缘的人物。他们的活动构成了中世纪犹太文化创造力的一个整体性的组成部分。因此，我们看到，这种创造力并不限于律法和仪式领域——一个充满不同取向和张力的领域，它本身就在不断地变化和发展。此外，如同西班牙时期创作了大量世俗诗的犹太诗人们一样，他们直到近代在犹太人生活中也是一种不为人所知的存在，这些学者中的大多数通常也从事给《塔木德》作评注的工作，他们一再证明，这一时期犹太文化的创造力在这些不同

领域经常性存在的紧张关系正走向终结。

其次，所有这些活动和研究，有时更多的是仪式和律法方面，没有被紧密地包围在犹太社团的框架内，而是构成了一般的中世纪文化场景的一部分。这不仅对像迈蒙尼德这样如此杰出的人物，而且对几乎所有人——哲学家、神秘主义者，一定程度上也包括律法学者，都确实如此。他们经常以阿拉伯文书写；与非犹太学者保持密切的关系；而且三大一神教文明的学者们经常为彼此提供相互的参照点。此外，这些学者从他们之间频繁的争论中，得出了什么是犹太教、基督教或伊斯兰教的明确定义。这样的争论通常不只是学术实践；它们具有激 12
昂又强烈的文明或宗教之间竞争的印记。[10]不用说，大多数犹太人，像大多数的基督徒一样，没有参加这些活动；但是，这些学者的活动和他们之间的争论，不仅大大影响了社区日常生活中的许多方面，也影响了他们在寄居国家的命运。

真正充分的是我们要谈的第三点，不夸张地说，这些关系不总是很友善。迫害、驱逐和殉道——“圣化上帝之名”（Kiddush Hashem）的历史——如此为人所熟知以至于在这里不需要提供完整的文献档案来加以佐证。人们同样熟悉的是，为了证明基督教的优越性，犹太教和基督教（以及在较小程度上和穆斯林）之间的争论，通常由当局——国王或教会亲自来筹划。

虽然迫害、企图劝诱犹太人改宗，以及（不同宗教间）争论的故事确实众所周知，但是对于汤因比认为的犹太文明是僵化的，以及韦伯将犹太人仅仅看作是一个宗教团体和“贱民民族”（pariah people）的观点，我们可能并没有总是意识到它们完整的含义。

“贱民”这一术语来源于对印度社会的分析，指的是种姓制度之外的不可接触的人群，他们遭到遗弃，礼仪上被隔离，且经济地位低下（尽管在许多方面，韦伯所谓“贱民”，超出了这些内涵）。虽然这些内涵确实在一定程度上适用于中世纪的犹太人，但是与印度类比在意义上显得最为贫乏。印度教中，我们没有发现旨在公开地证实婆罗门优越性的争论。婆罗门的优越性从来没有被质疑过；首先，它不需要贱民的积极肯定。

这种倾向的特有存在表明，这不是关于犹太人和他们的主体文明之间关系的案例。否则，这些主体文明就没必要不断证明自己的优越性，也不会一直试图劝诱犹太人改宗。

这些实例也表明，韦伯和汤因比所认为的，基督教兴起以后，犹太历史经历的性质发生了变化的观点没有完全被犹太人生活于其中的主体文明所接受。即使从政治上讲，基督教的官方立场（在一定程度上穆斯林也同样）否认犹太教与主体文明的宗教享有对等地位。

举一个例子，韦伯强调第二圣殿时期之后，犹太人成为了一个纯粹的宗教、政治团体，而相比之下，基督教发展成为一个占主导地位的政治宗教或世界性宗教。正如我们稍后将看到的，事实恰恰相反，至少就基督教的第一阶段而言是这样。这里，如 I. F. 贝尔（I. F. Baer）和阿纳尔多·莫米利亚诺（Arnaldo Momigliano）所提，足以指明的是，
13 犹太人的集体认同总含有一种政治因素，尽管它不是唯一的。这个因素经常用高度形而上学的术语来表达，并声称具有普遍的意义[11]。

所有这些实例证明汤因比或韦伯关于犹太人经历本质的观点是不充分的。此外，它们显示，单纯或者主要从宗教、人民、民族或诸如此类的术语来分析犹太历史经历是不充分的。虽然，我要重申，所有这些术语都是揭示这一经历的重要组成部分。

文明视角的前提——文化、本体论与社会动态

由于所有这些原因，那么，从文明的视角解释犹太人的历史经历似乎有着最大的潜力。不同于宗教、人民或民族，文明意味着什么？正如在前言中已经指出的，文明，就这里使用的意义而言，需要尝试建设或重建社会生活，依据的是本体论愿景，这一愿景把宇宙的本质，或者超世俗的和世俗的现实，与社会生活的主要领域以及它们之

间的互动——政治领域或权威、经济、家庭生活，以及诸如此类的领域——的规则结合起来。虽然，在人类历史中，文明和宗教是非常紧密地交织在一起的，但与此同时，许多宗教一直以来只是文明的一部分或一个组成部分，而且不一定是最核心的组成部分。这一特征，可以清楚地在许多尚无文字的社会和古代社会中找到，甚至在那些古代近东社会，在“伟大的”轴心时代的文明以及一神论宗教和文明中，这一点也清晰可见；然而，在一些地方，它们在其他文明的框架内形成了宗教构建。这种情况最明显的实例是佛教和儒教在日本的命运。在日本，佛教（和儒教）信仰和崇拜兴旺起来，但没有像佛教在东南亚或儒教在中国、朝鲜和越南那样，形成一种独特的文明。在日本，这些教派和信仰体系在日本独特文明的框架和基本前提内运作。伊斯兰教或基督教的扩张历史也可以提供相似的实例。同时，这些实例证实了不同的民族能够属于相同的文明，特别是那些“较高”文明中的某一个。[12]

这样的文明视角是基于一些前提的。第一个前提是，正如之前已经暗示的，对以下两者作分析性的区分是重要的：一者，作为这些社会基本文化或前提之组成部分的这些宗教的那些方面，二者，从后来 14
“世俗”眼光来看，可以被认定为宗教（尤其在信仰、礼仪和崇拜类型方面）的宗教的那些方面。

第二个前提是，认识到以本体论视域为基础的这些前提对理解制度进程的许多主要方面是非常重要的。对任何制度复杂体的定义，不论是国家的和政治的制度，还是阶级形成，都不能想当然地根据不同的、看似普遍的政治和行政代理人的政治权力或政治管理活动，或社会中不同阶层或各种利益集团普遍的地位差别和相对强弱来加以定义。

除了制度进程的这些可变因素和方方面面以外——当然，没有人能否认这些重要性——在更宽广的文明背景下分析各自制度领域（国家、经济、家庭等）的定义和评价是至关重要的，在这样的文明背景下，制度得以发展，而且通过它们各自社会的历史经历，制度也必然发生着改变。因此，文明视角着重强调不同民族历史经历的文化和制度方面的相互关系，以及一方面是世界的本体论视域或观念，另一方面是社会阶层化的制度生活模式的主要领域，这二者之间的相互关系[13]。

这种相互关系的第一个重要方面是构想，即基于这样的愿景和信仰，以及本体论愿景和前提的根本观念进行的构想，这一愿景和前提关乎社会生活、权威等诸如此类问题的本质。第二个方面是尝试在社会生活或社会学术语中实现这些前提，使其以特定的方式制度化。因此，更详细地，用稍微抽象和理论的术语来说，文明的第一个组成部分是构想、宣传、清晰地表达和持续地重新解释一个社会或其部门的基本的本体论愿景、它的基本意识形态的前提和它的核心象征。本体论愿景、制度形成和动力之间相互关系的第二个主要方面是，对总体的人类活动的各个不同领域，以及具体的政治领域，作出象征性的和意识形态的——例如文化的——定义[14]。

文化在定义性别、成长和衰老，心智和体力，以及时间的重要性方面起着调节的作用。在定义社会活动的主要领域时也起着调节的作用，具体说明了调节社会互动和资源流动的基本规则。这样的定义和调整建构了主要制度的形成及其合法化的轮廓、边界和意义。首先，
15 文化构建了主要集体和象征的界限，它们的中心以及中心—外围的关系；政治权力的模式；统治和组织的模式，以及构造社会等级的经济形态；权威及其责任的概念；不同形式的冲突行为及其对权威的挑战；以及不同的抗议表现和运动的结构和象征。

这些前提及其制度衍生物对制度形成的影响是通过主要精英团体和有影响力的人物的行为活动来实现的，尤其是通过在一个社会中发展的社会互动和控制的各种过程来实现。这样的控制过程和反控制过程不限于在“狭隘的”政治意义上行使权力；甚至成熟的马克思主义者也强调，它们是更加普遍的，不仅仅被阶级关系或“生产方式”激活。更确切地说，它们是被一个社会中的主要精英联盟激活的，这些精英拥有不同的文化愿景，代表不同类型的利益。

与这些本体论愿景和它们各自转变成社会政治秩序的基本前提相连，这些精英团体倾向于实行不同的控制模式来分配社会的基本资源，从而在他们各自的社会中形成了制度建构和社会生活的许多重要方面。

一个社会中有几个这样的精英团体和影响力中心。政治精英们最直接地管理权力。其他人群则明确有力地表现出了文化和社会秩序的各种模式以及主要群体的团结。这样的精英团体的结构与社会上盛行的基本文化取向密切相关；换句话说，代表着不同的本体论愿景。

这类联盟行使的控制方式将社会基本本体论愿景的结构与社会互动模式中资源流动的一些中心环节的控制结合起来。资源流动的这种控制集中在管理主要机构市场（经济、政治、文化等）和位置的准入，转化这些市场上的主要资源，转换这些资源在时间和空间上投资和分布的模式，管理这些资源及其价值在时间和空间上的组织机构。

连接控制的这两个方面或维度的中心环节，即社会基本预设和前提的建立，以及资源流动的管理是建立和控制不同类型信息的流动，特别是那些对社会生活和社会秩序的延续性至关重要的信息。

因此，用更一般的术语来说，这些精英团体的结构和下面两个方面是密切相关的，一方面是社会上盛行的基本文化取向；也就是说，
不同类型的精英团体具有不同类型的取向或视野。另一方面，与文化 16
取向类型和他们各自转化而成的社会秩序基本前提有关，这些精英团体倾向于在社会基本资源分配上行使不同的控制模式。同时，正是这些前提的实行或制度化，和社会分工的建立一起，产生了抗议运动和变化过程。

然而，没有制度的形成，就没有社会互动的体制或模式——无论宏观社会还是微观社会是或者能够是稳定的。就是通过这种类似象征的和组织的控制过程，这些模式得以形成，并产生了抗议、冲突和改变的倾向。[15]

因为每一种社会秩序在权力分配和所支持的价值观方面，通常包含着强烈的异议元素，在被那些参与其中的人完全接受或同等程度地接受这一意义上来说，没有体制是永远完全“同质的”（homogeneous）。即使在很长一段时间内，特定社会的绝大部分成员在某种程度上认同特定体制的基本前提和规范，并愿意提供它所需要的资源，先前分析的与过程一起发展的其他倾向可能导致任何特定群体改变对体制基本前提的最初态度。

因此，任何社会都存在着“反体制”（antisystems）发展的可能。虽然反体制往往长期保持潜伏状态，但在有利的条件下，它们也可能构成体制变革的重要焦点。在所有社会中都潜在地具有由不同的中等精英团体领导的抗议、社会运动、异教邪说等主题和倾向，这表明所有社会都存在着这样潜在的反体制。

这些潜在的反体制可能被一些进程激活并转化为变革进程，这种起激活作用的进程一般与不同社会互动环境的连续、维持或复制有关，尤其是宏观社会秩序。这些进程最重要的地方是：（1）不同范畴和群体的相对权利定位和志向的转变；（2）更年轻一代被激活，他们有着潜在的叛逆和唯信仰论取向，这一取向是任何社会化进程中固有的现象，尤其在上流社会和精英团体分子之中；（3）一些社会形态进程或社会人口进程在人口的不同年龄段改变了人口平衡；（4）这些情形与它们自然的及社会间环境的交互作用，比如人口流动或征服自然活动。

17 这些变化潜力的具体化通常发生于中等精英团体的活动中，他们试图动员不同的群体和资源来改变社会秩序的方方面面，如同统治精英团体联盟建立社会秩序的过程一样。尽管此类冲突和变化的可能性是所有人类社会中固有的，但是它们的具体发展，它们引起的变化和改革的强度及具体方向，在不同的社会和文明之中显得大为不同。它们的不同取决于先前所分析的在权力坐标中所处的不同位置；也就是说，不同的本体论愿景，不同类型的精英团体，不同的社会分工与政治生态环境和进程模式。

权力坐标体系中的不同定位在不同社会塑造了社会冲突、社会运动、叛乱和异教的不同模式，也包括这些运动和制度建设进程的关系。它们决定了制度变革的方向，变革的程度也因制度秩序结合以及随之而来的转型模式的不同方面而发生变化。

轴心时代的文明

所有这些构想可能听起来相当抽象和一般——它们确实如此。因此，我将进行一些更具体的说明和分析，其出发点是犹太文明在所谓的轴心时代文明中的地位。[16]

“轴心时代文明”这一术语是卡尔·雅斯贝尔斯用来描述公元前第一个千年里发展起来的那些伟大文明时所使用的：在中国的前帝制时代晚期和帝制时代早期，在印度教和佛教中，以及更晚些时候，确切地说是轴心时代之后的伊斯兰教中。这些文明的鲜明特点是在超验的和世俗的秩序之间出现的张力、分裂之基本概念的发展和制度化。

超验和世俗秩序之间基本张力的概念主要在小“知识分子”群体内发展起来，通常是精英分子，尤其是文化和社会秩序模范的塑造者。最终，这些观念是在所有这些轴心时代文明中被制度化的；它们成为统治群体和许多中等精英团体双方的主导取向，在他们各自的中心或次中心被完全具体化，改变了政治精英团体的本性，并使得知识分子成为中央联盟里相对自主的伙伴。因此，不同的知识分子群体，转变成更加完全具体化和制度化的成员，常常是神职人员，无论是犹太先知和祭司、希腊的哲学家、中国的文人墨客、印度教的婆罗门、佛教的僧伽，或伊斯兰教的乌理玛。

在所有这些文明中，为了在世俗社会实现超验愿景的某些内容， 18
超验和世俗秩序之间这类概念的发展和制度化，如基本的张力、鸿沟，以及寻求跨越那道鸿沟办法的探索，都导致依据合适的超验愿景，和较高的形而上学或伦理秩序的原则，尝试着改造世俗社会。依据这种基本张力如何能得以缓解、如何在世俗社会实施超验愿景等观念，特定的世俗秩序被认为是不完整的，通常是有缺陷的，至少需要部分重建。最重要的是，此类本体论愿景的制度衍生物趋向于建立不同的文明框架和不同类型的关于统治者责任的构想。

一些集体和制度领域被挑选出来作为最合适的领域，用于对解决超验和世俗之间张力的必需方案进行制度化。结果，新类型的集体产生了，或者貌似自然的和“原始的”群体如部落、地域或血缘群体被赋予了特定的意义，这些意义通过感知这种张力及其解决得以表达。在这一背景下，最重要的创新是“文化”或“宗教”集体的发展，比如基督教、伊斯兰教或儒教，有别于民族或政治集体。在这些集体中，尽管在不同文明中程度不同，都倾向于发展一个强烈的主张，即主张此类集体保持排外和自闭，并保持由他们定义的内部和外部社会文化空间之间的差异。这种趋势开始尝试在一些等级秩序中构建不同的文化、政治和民族集体；这些特定秩序的建设通常成为宗教思想政治冲突的焦点。

在所有这些文明中，与这一特定的文明框架建构紧密相连，一种影响深远的重构取代了政治和超验秩序之间的关系。

作为世俗秩序的核心，政治秩序在地位上，通常被认为低于超验秩序，因此必须根据后者的前提对其进行重建。这种政治秩序的重建通常由统治者负责实施。所以，以统治者应负责一些较高秩序的名义要求统治者进行裁决是有可能的。

与此同时，统治者的性质发生了改变。类似于宇宙和地球秩序的化身，神王（God-King）消失了，被世俗的统治者所取代，原则上负责一些较高的秩序。因此出现了这样一个概念，即统治者和社会一起
19 负责一个更高级的权威——神、神法和中国概念中的天命，等等。这种概念的第一次、也是最引人注目的出现来自于古代以色列祭司和先知的作品。在古希腊出现了一个关于此类责任的不同概念——社团及其法律的责任。事实上，这种概念在所有这些文明中以不同的形式出

现[17]。与责任概念伴随出现的是法律自主领域和权利观念的发展，相对不同于归属性受约束的习俗。在基本政治概念上与这些变化紧密相关的是关于人格概念的影响深远的变革。人际交往的美德，如团结和互助，从他们的原始框架中显露出来，并以不同的方法，与解决超验和世俗秩序之间张力的方式结合起来。这在人格之间造成了一系列新的内部紧张；通过对人格进行适当的改造，超验和世俗秩序之间的鸿沟能够得以跨越，从而实现救赎。这与作为一个自主实体的个人概念的发展紧密相连，但通常与政治秩序不协调。

改造世界的一般趋势，连同其所有象征性的、意识形态的以及制度的反响，对所有后轴心时代文明来说是共同的。但它们的具体实施，当然相差很大。既没有出现一个同质的世界历史，也没有不同类型的文明是相似或汇聚而成的。更确切地说，大量不同的、有分歧的、却持续互相冲击的世界文明出现了，每一个都企图依据它的基本前提以自己的方式改造世界，并企图要么吸收别的文明，要么有意识地将它们自身与其他文明隔离。

分析这些差异或试图解释它们，都将超出本书讨论的范围，这个问题只有留待以后出版的作品去解决。然而，一些最重要的条件组合给出了这些文明的前提在具体的社会环境中具体化和制度化的方式，这些条件组合提供了线索来理解制度创新的不同模式，指明以上情况可能是值得的。两组这样的条件可以被区分开来。一组指的是各自文明及其制度内涵的基本本体论愿景中基本文化取向的变化。另一组条件指的是不同的具体社会领域，在这些领域中这些制度趋势可以呈现出来。

首先，不同的本体论愿景之间名词的定义有着重要的区别，这些
定义包括超验和世俗秩序之间的张力，以及解决这种张力的“模式”； 20
为了实现超验的愿景。第一种区别存在于两类案例之间，在第一类案例中使用相对世俗的术语来表达张力（如儒教和古典中国信仰体系之

间，以及以稍微不同的方式，在希腊和罗马世界），另一类案例中张力关系孕育于宗教间隙之中（如伟大的一神论宗教和印度教、佛教之间）。第二种区别，在后者案例中，存在于一神论宗教和那些体系之间，如印度教和佛教。在一神论宗教中，上帝被认为是站在宇宙之外并潜在地指引着它；而在那些体系中，人们用客观的、几乎形而上学的术语构思超验的宇宙体系，认为其与世俗体系一起处于持续存在的张力中。

另一个主要区别涉及解决超验张力的焦点——韦伯式的术语拯救，或用更一般的术语来说，实现本体论愿景的焦点或领域，本体论愿景着重强调超验和世俗秩序之间的鸿沟。这里的区别在于拯救或实现本体论愿景的两种概念之间，即纯粹的现世、纯粹的来世和混合的现世、来世概念之间。这种紧张的“世俗”概念与实现本体论愿景的几乎完全的现世概念关联起来可能绝非偶然，如在中国，一定程度上在古代世界也是如此。这种紧张的形而上学非自然神论概念，如在印度教和佛教，倾向于强调来世的概念；然而，伟大的一神论宗教倾向于强调将拯救的现世和来世概念以不同方式结合起来（这在面向来世和世俗世界的活动中可以看到），作为实现它们各自本体论愿景的主要领域，上述不同可能也绝非偶然。

另一组文化取向是可以区分的。它对组织实现更广泛范围的团结，以及将它们与超验愿景产生的更广泛的意义连接起来都是特别重要的。首先，这里最重要的是，进入宇宙或社会秩序主要属性的不同门槛被直接给予任何社会范畴或子范畴的成员——国王、祭司和学者，等等——使他们能够在这些属性和广泛的群体之间扮演调解者的角色。

其次，是宇宙和社会秩序的属性与主要原始归属性集体——像部落关系或亲属关系或地域群体基本属性之间关系的性质。这里可以区分三种可能性。一种发生在当接受这些广泛看法的人完全归属于某些这样的归属性集体的情况下。第二种发生在当二者之间完全不同的情
21 况下。第三种可能性出现于当这些各自的属性互相关联，并且互相为

对方充当指示物，或在没有完全融入对方的情况下成为对方成员的条件下。这样的部分连接通常意味着归属性集体的属性被看作是拯救属性的一部分，或相反地，拯救属性构成了这种集体属性的一部分。

这两组文化取向的不同组合在塑造广泛的制度轮廓和不同后轴心时代文明的动力时一直是最重要的。但是，所有这些趋势中具体的工作依赖于第二组条件——这些广泛制度趋势具体化的领域。这些条件包括，第一，这些文明的经济结构（虽然他们都属于经济相对发达的农业或农业和商业相结合的社会）。第二，根据各自政治生态环境的不同他们变化很大：无论他们是小社会或大社会，无论他们社会的边界是连续紧凑的，还是交叉灵活的。第三，他们特殊的历史经历，尤其是在遭遇其他社会方面和彼此入侵、征服或殖民统治方面。先前分析的，文化上有不同取向的人群，他们之间相互影响，他们各自的改造世界愿景、具体领域及历史条件已经形成了不同轴心时代文明的制度轮廓和动力。在这些具体领域和历史条件下，这些愿景都是可以具体实现的。世界历史随后的发展进程和他们系统性的探索，应当成为进一步系统分析的对象。

我们现在转向分析作为犹太文明发源地的古代以色列文明的最初前提，并基于这种分析来支持我们的观点，即看待犹太历史经历的最好方法，就是以我们这里所定义的方式，把它当作一种文明的历史来加以分析，而不仅仅是把它看作人民、宗教、族群或民族团体的历史。确实，所有这些术语都可以应用于对犹太历史经历的分析，但恰恰是这一事实表明，它们中的任何一个都是不充分的。此外，在我们看来，只有当人们从文明的视角来看待这段经历，才可能开始解开那段经历的最大谜团，也就是，犹太文明延续性之谜。

第二章

从历史和比较的视角
来审视犹太文明的独特性

古代以色列文明

23 古代以色列文明是第一个声称并宣扬普世和超验上帝的一神论宗教与文明，上帝创造了世界，并赋予其意志及律法，声称对所有民族都拥有统治权，并指派以色列民族为其特选子民。作为第一个一神教文明，古代以色列文明是在特定的历史环境下，随着众多部落联盟向中央集权王国过渡以及这些王国所采取的一系列试图巩固政权的措施而趋于形成。第一章已对这一点做了简略叙述。[1]

与其说这些部落联盟、各种定居点及王国的实际形成，可能源于以前的一个或一系列的一次性行为（如出埃及、约书亚征服等），倒不如说是更为连续的，以及某种程度上的偶然性进程所导致的结果。正是在这种进程中，古代以色列文明得以出现，随着它的出现，其独特特征以及聚焦于《圣经》传统中某些方面的集体意识，也得以在众多文化精英团体中传播和宣扬。[2]

三大一神论宗教及文明在最基本的一神观——上帝即造物者——方面是一致的，但三者在这种共同核心之外，也存在着一些重要差异。古代以色列人（尤其是随后出现的犹太人）一神观念中，下面几个方面是至关重要的。首先，它特别强调上帝与以色列部落、以色列民族之间的契约、半契约关系。与上帝立约被视为部落联盟的核心，意味着作为上帝特选子民的以色列部落被锻造为一个独特的民族。上帝与 24
以色列民族之约在两者之间建立了一种半契约关系，这种关系建立在上帝挑选以色列人为特选子民的基础之上，但它也取决于以色列人对上帝诫命的接受。这种契约关系使得以色列民族不仅仅是上帝意志的被动接受者，而且在塑造自身命运与在上帝面前承担责任方面，充当了一个积极的、负责任的代理人角色，同时看起来还能够对上帝提出要求。

根据公认的犹太传统，这样一种与上帝的关系开始于族长时代，开始于亚伯拉罕与上帝立约。但只是在犹太人出埃及且各部族勉强接受“摩西十诫”及《托拉》之后，契约思想才对塑造以色列民族产生充分的影响。出埃及、接受“十诫”及《托拉》这一事件创造了犹太民族，在原始的、宗教的和历史的意义上构建了犹太民族的身份认同。这使得犹太集体自我认同渗透着普世宗教意识与集体历史意识的密切结合——这一结合完美地体现在后来希伯来祈祷书中创世记忆（Zecher leMaaseh Bereshit）和出埃及记忆（Zecher leyetsiat Mitzraim）两者的结合中。后来的以色列上帝（Israelite God）、以色列人的上帝（the God of the Israelite）以及后来的犹太传统中的上帝，既是世界的创造者、世界的上帝，又是“我们的先祖，亚伯拉罕、以撒、雅各”的上帝。

一神思想的独特类型和契约维度的结合，将来源于传统习俗的各种礼仪传统、律法观念和道德诫命，转化成为上帝给予其特选子民的诫命。这些诫命揭示了应该如何重建世界，并表明了上帝选民的独特性——引起了对律法领域、法典和文本阐释的重视，这也成为上帝意志以及上帝给予以色列民族诫命的主要表现之一。

这种新的宗教观念深深地改变了当时在古代近东地区各种部落及民族中盛行的（对于宗教和历史的）许多轮廓勾勒。这样，举例来说，正如最终成为《旧约》律法指令的其他许多习俗一样，周期性的休息日在当时的这些部落及民族中都是存在的。以色列宗教的独特贡献不在于其创造了安息日，而在于将一种习俗转变成根植于上帝超验视域的，体现于上帝自身行为（因为上帝在第七天休息）中，并原则上适用于所有民族，甚至包括动物在内的一种原则性的、法定的、普遍性的诫命。

只是到了第二联邦时期，《摩西五经》的法典才全部编纂完成。但
25 完全正典化过程中的许多元素——很可能包括摩西《托拉》，被认为是《申命记》的核心部分，在约西亚王统治时期（公元前640—前609年）形成，构成了宗教改革与耶路撒冷中心崇拜的内核——却有着早得多的起源。[3] 所有这些构成的特征是，民事、社团与崇拜法律，历法惯例、宗教和伦理诫命，以及民事法律等因素不同寻常地结合在一起，同时尤其强调社会立法——比如有关安息日和安息年的律法，规定在安息日和安息年时，所有的债务都将被取消。这些律法被赋予了宗教和道德内涵，并促使大卫·维斯·哈利维尼（David Weiss Halivni）所谓的“公平法”（justified law）[4] 的产生。这些律法没有被局限在祭司这一小撮群体之中，而是逐渐被大众认知和接受。所有这些元素在伟大的先知–立法者、上帝与以色列子民之间的契约设计师——摩西身上得到了充分而集中的体现。

这些律法基本观念和取向于何时发展并完全形成体制？以色列部落的不同分支在多大程度上知道并接受这些观念和取向？严格地讲，这些问题至今仍悬而未决。无论这些问题的答案如何，历史学家很可能会对此争论不休，但正是这种律法观念和取向的结晶才创造出了以色列国家、犹太民族及其文明的独特文化认同。

与律法基本观念及取向的这些发展相联系的是，古以色列人和后来的犹太人对轴心时代所有文明的基本问题作出的机制性和象征性的回应也得以出现，即随着文明性集体定义，以及主要体制性领域（其中，居于支配地位的超验愿景得以实现）规范的出现，如何定义普世性

宗教与较早的原始取向之间的关系。于是，首先，社会政治领域被认定为实施这种愿景的主要领域。然而，不同于希腊（尤其是中国），那里这种指定情况只是部分地发生，虽然在这一发展方向上也存在一定潜力，却并未导致这一领域（社会政治领域）的半神圣化。相反，由于受道德观和律法仪式观念（原则上适用于所有国家）的影响，古以色列人反而衍生出了一种组织并管理社会政治的强大推动力。这一倾向根植于作为第一个一神论宗教犹太教所主张的普世主义，以及通过宣称其信仰超越于其他群体的特殊主义宗教象征，将自身同其他群体分离开来的努力中。而这种分离也使得古以色列人必需不断将原始的、道德的、民族的、政治的以及宗教的认同糅合在一起。同普世取向几乎完全消失的撒玛利亚人采取的解决办法相比，由于与其他宗教的激烈 26
竞争以及普世主义倾向的日益增长，古以色列人这种分离式的解决办法并不是完全的排他主义，反而包含了很强的普世主义取向。犹太教也展现出了强烈的改宗倾向，与更具有排他性且强调原生性的倾向之间经常性地处于紧张状态。[5]

犹太人的这些改宗倾向与其对各个邻国所具有的矛盾心态有着密切关系。这种矛盾心理使得犹太人不断摇摆于担忧与否认之间、同异族隔离与信仰上帝的普遍性之间。一方面，犹太人对邻国施加在新生的以色列集体上的政治、军事力量及文化威胁表示担忧，另一方面则继续否认其他民族的宗教；一方面，犹太人想同异族隔离，另一方面又认为以色列上帝亦为世界的上帝，因此也潜在地成为所有民族之上帝，而这同对“你家门口的陌生人”的开明态度密切相关，亦是《旧约》的一大特点。[6]

由于这些因素，早在犹太历史发端之时，犹太宗教取向上的普世性及原始社团的特殊主义——以不同于邻国的在意识形态和象征符号上的独特性，并通过将宗教象征符号与原始象征符号相结合的方式来定义自身——之间存在的持续张力就已经内在于犹太身份构建之中。在以色列集体认同构建中，与犹太普世主义和特殊主义之间存在的张力一样，犹太信仰中的原始内容与神圣超自然内容之间也出现了张力。以色列部落的基本认同很可能根植于原始的部落归属感，这种归属感指的是其早期对土地、对以色列地领土的归属感，从很早时候起，虽然很难断定有多早，很可能是和更加超自然的取向紧密交织在一起的。正如以色列民族的建构起源于亚伯拉罕、以撒、雅各，同时通过在西奈山接受契约得以形成一样，以色列人对土地的依附不仅仅建立在于其明确的部落历史记忆上，而且也建立在（条件性的）上帝许诺之上，这一许诺使得应许之地及与之类似的以色列民族共同体得以神圣化。

在社会更加广泛的组成部门中，尤其在第一圣殿及其之前时期，以色列人集体意识中的原生性内容可能是最突出的，这一点被认为是理所当然。这些观念中更加普世主义的内容以及将其编织进原生性内容的不同模式得以传播开来（尤其在社会中占支配地位的各种自治精英团体当中），并发展出某些具体特征。在此基础上，众多特定类型的自治精英团体得以发展，每一种都成为这些主要文化取向的承载者。它们之中最为重要的是祭司、先知及各类社团代表，如长老以及后来的统治者（如士师及国王），他们都试图扮演这种文化承载者的角色。
27 他们都将自己视为一神教愿景、上帝与他的民族立约的承载者，彼此之间结成各种各样的联盟，时刻都在竞争承载者的身份。

在理解以色列社会的体制性动态方面，精英团体的三个方面意义重大。第一，精英团体自身的丰富、异质性和易变特点。第二，精英团体并没有植根于各种可归属的部落或领土单元，而是象征性地、有组织地进行自我招募和定义——就祭司来说，按照归属性的遗传条件——纵然他们所提出的愿景和价值并不构成当地或部落群体的原始信仰象征的一部分，这些愿景和价值却依然被这些群体所接受。第三，这些共同政治、民族及宗教纽带的主要承载者——精英团体——跨越了这些部落之间的界限，而且至少潜在地为所有部落所共享，或者至少适用于其中一些部落。

精英团体是在一个相当特殊的政治环境中发展起来的，而这种环境对塑造以色列人和犹太历史经历起了重大作用。其中最重要的一点是，处于当时环境下的民族之间缺少简单明了的政治边界，微观和宏观政治形势一直以来反复无常。微观形势自然是指在巴勒斯坦地区，犹太民族不断遭遇其他定居和迁徙的民族；宏观形势指的是那些古代伟大帝国长期以来的交汇地——巴勒斯坦自身。局势的反复无常所带来的后果即是政治边界的不断变更和开放，民族的不断流动和迁移，以及无论在维持稳定的、紧凑的政治实体方面，还是在维护独特的文化身份认同方面都困难重重。[7]

犹太文明中的基本宗教信仰、文化和政治取向、精英团体出现在第一圣殿时期的古以色列，可能是第一圣殿被毁之前的最后一个世纪，但是也可能出现的更早的观念和特征塑造了犹太文明和历史的独特轮廓，并为犹太文明独特的延续模式的发展创造了条件。正如前文已提到的，在这些犹太信仰和取向中，最重要的是上帝与以色列民族所立的契约，它是一种建立在上帝依照他的自由意志挑选以色列民族为其特选子民，且以色列民族接受上帝诫命之上的一种半契约性关系。

第一，成为特选民族（以日本人的观念为例）不仅仅意味着其是一个自然地、自动地受到上帝庇护的神圣民族，更意味着被上帝选中以执行其使命。当该民族执行上帝使命时将受到上帝的保护，而当背离上帝使命时，将会被抛弃或遭到惩罚。

第二，犹太信仰及其取向强调了社团所有成员都有可能通往神圣领域、担负作为统治者的责任、导向更高级的权威——上帝、神圣律法等——的社团，以及出现具体的、自治性的社会群体或类型，这些 28
社会群体或类型，可以说是代表着这种更高级的权威，处在持续的竞争当中。第三，在礼仪崇拜、伦理宗教观念，以及重点强调将这些不同因素结合在一起的律法传统之间，出现了持续性的张力。第四，犹太普世主义者的宗教和道德取向，同特殊主义的原始取向之间出现紧张，此外，在犹太认同构建过程中，伴随着对邻国的矛盾心态，政治、种族、民族和宗教因素之间呈现持续的结合与紧张并存的状态。

而且，虽然存在持续不断的紧张关系，但虚构观念与历史时间观念的强烈且非同一般的结合仍得以发展。这种强烈的虚构成分很可能存在于部落的较早时期，且在发展过程中并未完全被根除。它们被非常强烈的历史内容叠加到以色列及犹太集体意识之中，并在对出埃及、在西奈接受契约、依据上帝的指令征服以色列地等活动的强调中显现出来。而这种被作为虚构意识而叠加的历史意识在以色列及犹太集体意识中，已经成为集体性时间选择观念的模范框架。

从这些观念中发展出一种特定类型的集体自我定义，即通过与上帝立约而不只是通过接受原始给予而获得自我定义。在通过契约建构这种集体意识的过程中，原始的部分在以色列和犹太人集体意识的建构中处于一种适当的——当然不是主要的——有时候甚至是不确定的境地。在涉及（犹太人）与领土关系的问题时，也同样如此。以色列地（Eretz Israel）是应许之地，作为（犹太人与上帝）契约的一部分，由上帝所应允；而对于应许之地的依恋一直以来在意识形态维度、超验的维度，以及原始维度之间不断转换。[8]

连同他们自身的信仰取向一起，各式各样的精英和活动团体在整个犹太历史时期，都不断以他们普遍的方式来宣扬这些普遍的信仰取向。通常情况下，很多自主性的精英团体，尤其是文化和社会秩序模式的宣传者都强烈倾向于世俗领域，尤其是政治及社会领域。这些精英团体在主要宗教、立法的功能与取向方面表现一致。即便当这些精英团体专注于某一特定领域，如专门从事宗教仪式的祭司群体，他们也依然保持着其他方面（律法的或者伦理的）的强烈取向。一般来说，虽然这些精英团体没有固定的活动中心或组织，但即使是在已经发生改变的组织体系中，他们依然维持着某种身份认同、保持着信仰取向和组织网络上的延续性，并不断地重新出现。在诸如祭司或先知这些
29 精英团体中，开始出现巨大的异质性因素。而在这些精英团体和次精

英团体之间，也出现了种种冲突和紧张，这些冲突和紧张不仅仅是由于不同的、特定的利益表达所造成的，还与对传统的不同阐释以及对传统主要组成部分——礼仪的、律法的、伦理的方面——的不同强调有关。所有这些群体展开激烈竞争，都希望被接受为更高级权威的代表，统治者和社团对这一更高级的权威负责。犹太民族与文明主要结构性和制度性特征中的某些方面，正是从这些结构性元素与宗教–意识形态取向的结合中发展出来的。其中最重要的特征是结构上的混杂多样，即存在着众多不同类型的群体（农民、部落成员、城市群体等），他们生活在共同的社会框架下，但彼此之间没有一个已经形成的明确界限，因此常常陷入持续的分化与冲突；另外，社会结构的混杂多样还表现在中心的易变与多样，精英团体的（政治的、社会的及宗教的）多样性以及随之而来的领导人与民众之间纽带的重新建构；社会结构混杂多样也往往导致了多样化社会运动的产生。

当然，这些政治、社会和宗教群体的具体特征在不同时期有很大不同，如士师时代与王国时代之间、这些较早时期与第二联邦时期之间、所有上述时期与流亡及散居时期之间都存在着很大差别。但早先所显示的基本的结构性特征却一直贯穿于整个犹太历史进程之中。古代以色列时期形成的政府具体形式是部落、社团、祭司、君主等原则和元素形成的某种结合体；但任何特定时期的政府具体形式则依赖于当时社会内部力量的平衡以及国际形势的变迁。在这一点上，古代以色列人与其各个近邻并无很大不同，他们的独特之处在于下面这一事实：社会的主要组成部分和不同的精英团体——可以是祭司、先知、部落或社团领袖，或君主制元素——所有这些主要组成部分及精英团体都声称有权自主地进入中央政治与宗教崇拜领域，并参加这个领域内的一些重要活动，尤其是立法活动（但并不仅限定于立法活动）。虽然不断变化的内部和外部形势，在很大程度上影响并决定了各类这样的群体成功实现其主张的程度，但在要求自主性地进入和参与这一点上是一贯的。

这些不同群体和组成部分并不仅仅要求拥有他们自己独特的和分离的领域，更为重要的是，旨在参与到共同的政治、立法和宗教崇拜框架中。这些主张植根于较古老的部落传统同契约意识形态的基本前提的结合，契约观念原则上强调社团内部所有成员在契约框架下都是
30 合作伙伴关系。正如科恩和埃拉扎尔[9]所声称的，在具有进入中心并参与到不同领域的中心的权利的情况下，是否已经真正发展出清晰的制度性规范，这一点是非常让人怀疑的。事实上，虽然来自不同的群体，但这些说法在某种程度上还是被接受了，即使无法达成共识，但至少为一个共同的社会架构奠定了某种基础。正如我们将要看到的，它们构成了第二联邦及其以后时期的新兴出现的群体的基石。这些特征、取向和社会元素为这一文明和犹太集体认同的不断重构提供了背景，并通常通过将新旧象征符号融合在一起的方式，使得维持犹太文明的延续性成为可能。[10]

第二联邦时期犹太文明的定型

如前所示，“巴比伦之囚”后，犹太人回归到以色列地，随之而来的是第一波影响深远的变革与延续相结合的过程，这一过程贯穿整个第二联邦时期。[11]第二联邦时期，与区别于其他“伟大的”轴心时代文明，尤其是后来其他一神教文明的犹太历史经历相伴的是，犹太文明的特征得以完全形成。

第二联邦时期，虽然对之前的更古老时代存在延续性的参照，并显示出对形成于早先时代的某些基本特点、象征符号的明显继承和延续，但新的信仰取向、文明的新载体以及集体认同的新模式都在这一时期得以出现并定型化。在这些新的信仰取向中，首要的是世界末日和末世取向，这一取向带有强烈的，但并非排外的来世内涵。它同犹太民族所经历的流亡和回归、现在与未来之间的日渐增长的张力尤为密切相关，这种张力在第一圣殿末期开始得到强化。这些新的信仰取

向开始融汇到犹太宗教传统中，即便只是缓慢地、部分地融入。[12]

在同希腊文化的遭遇中，尤其在智慧文学中，一种更为沉思性的、伦理的或哲学的信仰取向开始出现。[13]这种特殊的信仰取向局限于一些小的圈子内，尽管（犹太人）在埃及流散期间，这一取向很可能更为普遍。最终，契约的意识形态（据此，社团所有成员都可以直接地接近神圣的上帝）得以强化——可能也只是在那时，契约的观念才完全定型下来。在某种意义上来说，这引发了对早期部落联盟时期的一些原初前提的回归，只不过是以一种新的、非部落式的背景下展现出来。

文化取向上的变化同精英团体构成、犹太民族的地缘政治、跨文明交往形势等方面的变化密切相关——这些变化以这样或那样的方式将一直存在于接下来的犹太历史中。其中一大变化是大卫王以来沿袭 31
的君主制消失，新型政治领导层出现并替代了原来的君主，这个领导层虽然不再是部族领袖，但仍由社团领袖——社团的“长老”，而且可能是大公会的成员构成，大公会由祭司和新式君主构成，尤其是哈斯蒙尼王朝时期。随之而来的则是祭司阶层至少潜在地得以提升（哈斯蒙尼家族是一祭司家族）。由此，在政治精英团体与更广泛的民众阶层之间，就有可能出现政治联系的新类型。[14]

这种新的历史经历也自然地激化了犹太集体认同中不同组成部分之间的紧张关系，尤其是集体认同中的普世主义内容与特殊主义之间的紧张。但最重要的是，这种新的历史经历强化了（犹太人）对于流亡意义的认知，促使其从上帝与以色列民族立约的角度来理解这一经历，而这成为犹太集体自我定义及自我意识的核心。

而对该问题的主要回应即是强化犹太教中建立在更古老预言之上的末世—启示的信仰取向。引用保拉·弗里德里克森（Paula Frederiksen）的话即是：

> 启示（*Apocalypse*）意为“对隐藏事物的披露”，末世（*Eschaton*）

> 意为“终结”。因此，启示末世论（*Apocalyptic eschatology*）的意思是披露时间尽头所发生的事，在末世来临时，上帝将对历史进行明确的、最终的干预。在犹太末世文学中，与这一事件相联系的特定的、关键的条目以不同的形式与不同的结合方式展现出来，主要包括：上帝将建立他的国度；耶路撒冷及圣殿都将会被重建或被修复；散居在世界各地的以色列人将重聚；作恶的将会受惩罚；偶像崇拜将会被征服；苦难与艰辛将会被永久的和平所取代。从先知对以色列人在亚述、巴比伦时期经历的回应中，读者可以认识到以上所列条目的主要主题。的确，启示录的核心是同样激发了先知灵感的信念。虽然目前犹太民族所经历的一些事件明显是一种反证，但上帝与以色列所立的契约是永久性的，因此，上帝必将救赎、重建他的子民。但在这里，一些重要的事情发生了变化。“重建的”以色列是一个理想化的以色列，《圣经》从未说以色列已经是这样一种情形：一个完全献身于《托拉》的民族，在一个完美君主的统治之下，拥有一个被普遍认为纯洁的祭司阶层和圣殿，生活一直停留在和平之中。而且以色列的完美被普遍化了：对于早期先知而言，属于以色列生活中的历史事件，在启示作品中，变成了上帝在末日来临之时将会带来什么，由此
> 32 也改变了历史现实本身的实质。因此，启示末世论也向世界呈现了以色列流亡及从巴比伦回归的经历。因为以色列的救赎指示了整个世界的救赎，因此，整个世界将经历以色列的救赎。[15]

由于新的领导元素、新的政治文化精英类型的出现，这些可能性得以基本实现。新的政治元素主要包括文士（sophrim）、大议会成员、众多宗教政治运动的领袖，其中，最为著名的可能是自称为（或被其他团体称为）法利赛派人（法利赛人，连同一些文士，有可能是贤哲的前身）的各种团体。与此同时，一些半异端教派也开始出现。[16]

在犹太人从巴比伦回归耶路撒冷之后，而且在巴比伦时期就可能

已经开始，这些新类型的精英团体变得极为活跃且富于革新精神，尽管他们当然不是唯一这样的群体。他们作为更高级权威新的代表者出现，统治者和社团对这一权威负责。然而，根据后来基于拉比文献所进行的历史阐释，他们并非是完全同质性的群体。在一个相当长的时间内，他们包含非常独特的构成元素，这些元素不断演化、被修正及以各种方式彼此相互作用，并常常在合理诠释律法以及进入核心政治和立法领域方面进行斗争。

在极大程度上，这些精英团体是从任何可归属的结构或群体之外，根据原则上向所有人开放的准则，以征募的形式发展而来的。虽然只是知识分子，但他们都倾向于清晰地表达基于更高律法之上的社会文化秩序的基本模式，以这样一种模式，他们密集地参与到政治生活之中，无论是犹太教公会的司法法庭，还是他们自身的学问或司法机构，抑或与那些更加关注公共祈祷和大众学习的其他群体结成联盟。在各种各样的宗派中，这些精英团体都处于领导地位，尤其是在后来，构成这些群体的不同元素汇聚到一起并以口传律法（口传《托拉》）这一体制化模式表现出来，口传律法的特点是进一步强调基于对神圣文本和公共祈祷进行注释和持续阐释而形成的律法和仪式惯例。

同早先所勾勒的第一圣殿时期的精英团体相比，所有这些新的精英团体与其存在某些共同的特点，尤其是他们相对的、象征性的以及组织上的自治，还有政治和宗教取向强烈交织在一起的特征。而且，这些群体还发展出一种灵活的社会结构，且生活在一种多变的地缘政治环境之中。但由于该时期精英团体中的归属性及个人魅力（先知的）成分相对较弱，因此，这一时期的精英团体不同于早先时代的精英团体，以及同时期的祭司家族。

后流散时期的另一种至关重要的结构性发展是，作为犹太经历永 33
久性特征的大流散的出现，促使大量犹太中心的出现，或者，用塔尔蒙（S. Talmon）的表述方式，即犹太多元中心局面的出现。这为犹太生活中结构性元素的多样性以及犹太民族的地理或地缘政治形势的易变性增添了新的维度。[17]这种形势在犹太民族最终丧失政治独立之后表现得更为明显，也加快了犹太人与其近邻关系的那些方面走向定型化，这促使韦伯将犹太民族描述为“贱民民族”。

第二圣殿期间，在新精英团体、新地缘政治形势以及新的文化取向之间所开展活动的持续性的相互影响下，犹太文明的一些基本意识形态前提得以产生，当然，这些意识形态前提的核心内容早前就已经存在。这些前提是同新的体制性模式、新的机制类型与文化类型——或者毋宁说是几种最初的文化–制度模式的发展联系在一起的，而这些文化–制度模式是由众多精英团体及其联盟共同宣扬并得以定型的。在很多方面，这些模式一直贯穿于随后的犹太历史之中，且对了解其发展过程至关重要。

其结果之一是，虽然没有完全消除由归属性群体（祭司，有时候是国王）获得某些神圣属性的专有权力——而看来充满悖论的是，有时候个体的、具有超凡魅力的元素（比如先知）也可以获得这一权力，但他们垄断神圣事务的权力确实遭到弱化。第二个结果是，中心神圣领域面向所有社团成员开放，实际上是越来越强调社团所有成员潜在地具有自由获取这些神圣属性的权力。与此同时，对于新的社团凝聚力的关注也在日渐增强，这种凝聚力建立在作为集体性的宗教政治认同的组成部分“神圣社团”之上。[18]新的领导阶层标准以及精英的地位得以明确表达，包括基于律法研究之上的强烈的精英主义取向、以强调祈祷为特征的广泛的平民主义基础，以及遵守规则和作为神圣社团会员的身份。自此，向上层宗教以及民权地位、政治领导层的流动渠道就向所有社团成员开放了——尽管这种情况在贤哲不掌握权力的时候可能更为真实，而在第二圣殿被毁之后，当犹太贤哲不得不面对现实的统治者和团体的时候，向上流动的渠道受到了相当的限制。同这种流动性紧密相连的是，统治者向更高律法负责的观念得以完全形成——虽然不同的精英团体就谁是这个更高律法的代表者展开了激烈

竞争。最终，更加多元化的政治宗教领导层发展起来，也为新的、更 34
剧烈的社团冲突奠定了基础。在所有这些发展的背景之下，口传律法的新模式以及新的完整的意识形态和机制类型成为核心模式，并最终——但也只是在最终——成为主导性模式，但从不是唯一模式。

这些新模式律法为以色列和犹太传统中早先时代潜在的或处于次要地位的某些因素打开了出路，引起了人们对这些主题更具反射性的清晰表达，并以一种独特的新模式将这些主题同新出现的主题结合起来。这种新模式是从众多社团领导人、贤哲及其先驱者的联合活动中演化而来的，强调在评注、研究、不断研读圣典和社团祈祷文基础上的律法和礼仪惯例，这成为犹太传统中新的因素，并最终占据主导地位。[19]

所有这些发展——以及我们将要看到的基督教的演化——都可被视为自最初古代以色列取得重大进展以来的第二次轴心式的突破。这第二次突破性进展的可能性，根源于古代以色列一些特定的机制和文化特征，以及发展于该时期的新的跨国与跨文明关系。这些第二次轴心式的突破与早期以色列轴心时代所看到的政治生态环境紧密联系在一起。其中尤其重要的是，不同帝国之间的持续的国际竞争、人口运动和巨大的内部异质性，而国家间及文明间的接触则可能是重中之重。

从分析的观点来看，我们对两种“伟大的”轴心时代文明，即古以色列文明和希腊罗马文明之间的竞争特别感兴趣。它们之间的竞争可能是历史上（至少是在“西方”历史上）的第一次（文明之间的）遭遇，并毋庸置疑地促进了犹太文明取得第二次突破性进展。

这次两大文明之间的遭遇对犹太文明的新发展意义重大。犹太历史上第一次出现了宗派主义及潜在的异端中心，并随后导致了基督教的产生。的确，正如阿兰·塞格尔（Alan Segal）最近所指出的，只有了解了犹太教的内部发展背景，主要是同希腊罗马文明遭遇之后所出现的一些新背景，才能真正理解从犹太教中分离而来的基督教的发展以及基督教同犹太教的最终分离。[20]但基督教从犹太文明中脱离出来并没有消除它们之间的共同参照点，即古代以色列，而这个参照点在两者正在进行的文明交往关系中发挥了重要作用。

对比显示：基督教与基督教文明的定型

35 在我们分析的这个阶段，将犹太文明的一些主要特征同其他两大一神教文明——基督教与伊斯兰教——进行简单对比可能是值得做的事情。而且这样的对比特别有意思，因为这两大宗教，尤其是基督教，都是从犹太教中发展而来或者说与犹太教有着密切联系，且在后来成为犹太民族生活其中的重要的主流文明。我们将从两个维度对这些一神教文明进行比较：它们的基本本体论概念及其各自的历史经历。这一阶段，我们集中分析第一个维度。

最初，基督教的宗教和制度模式同第二联邦时期及其后发展的各种宗教和制度模式是一致的。至少在一开始，基督教是犹太文明第二次突破性进展中的第一波——犹太文明在第二圣殿时期的不断重建——的一部分，只是在稍后的阶段才从犹太文明中脱离出来。最终，基督教朝着自己的方向发展，而不是朝着受希腊化文明和第二圣殿时期及其后的犹太教影响的那些方向发展。[21]

在古代晚期的不同宗教之间的激烈竞争中，犹太教和犹太民族最终以失败告终。基督教在竞争中获胜，中世纪基督教文明及其变体西欧（天主教）文明得以定型。最终，这次失败也只发生在犹太教与其他宗教（包括基督教及后来的伊斯兰教）之间的竞争中，其持续的时间远比历史学家习惯上认可的时间要长得多。但韦伯认为，这次失败并未发生，因为犹太人成为一个纯粹的宗教社团，但在很多方面是由于相反的原因，尤其是由于犹太集体性的自我认知和集体认同象征，继续将犹太教中原生性的民族和政治内容同宗教及伦理内容结合在一起。[22]事实是，甚至犹太教中的禁欲主义元素及其众多教派都必定受到犹太文明、犹太民族与政治社团之间密切关系的强烈影响，这一事实在当时背景下显得至关重要。[23]

不论是发生在早先的使徒保罗基督教时期还是稍晚时期（无论如何，基督教脱离于犹太教的进程肯定比通常所认为的时期更为漫长），早期基督教同犹太教的分离不仅表现在之前人们经常认为的律法与信仰的对抗方面，而且表现在（可能也是最重要的）有关犹太教信仰和宗教的三大基本变革方面。[24] 其中，第一大变革是消除宗教信仰和集体认同中的政治和原生元素，使其脱离同其特定民族的联系，并将其转化为更多具有普世性，而较少带有特定民族或种族的元素。这种将宗 36
教与“族群的”元素相分离——虽然无需完全否定宗教元素——的方式，在后来也能看到，甚至在伊斯兰教中表现得更为激进。

第二大变革是强调基督此人的中介作用，这种中介作用在诸多的宗教礼仪中得以体现，强调将上帝的肉身形象同强烈的来世和超验取向结合在一起——这同犹太教强调的无形上帝、律法以及同构成神圣社团的土地和独特民族之间的原生的、意识形态的联系是相反的。

第三大变革是犹太教尤其是拉比犹太教同基督教之间日渐增长的分歧，这些分歧形成于稍后的时代，涉及通向神圣王国的模式：“对拉比来说……基本的现实是语言上的；真实的存在是一个言说并创造文本的上帝，模仿上帝不是要默默地忍受痛苦，而是要言说和阐释。”相比之下，

> 尽管德尔图良作出了巨大努力，但基督教传统的哲学根源仍深深植根于希腊思想中，并最终寻求世界和语言一起的超然存在。教会的核心教义——道成肉身——所欢庆的不是语言上的得意之处，而是其从语言规则到物质领域的转变，从精神到肉体的转变。[25]

犹太教特别强调对文本不断阐释，这一点同任何神圣中介作用的弱化密切联系在一起——这同基督教通过强调道成肉身重新定位中介

作用是相反的。

基督教之所以能够在古代后期的伟大宗教竞争中取得成功，是和最初犹太宗教信仰取向上的这三大转变的结合分不开的。正是所有这些元素的结合塑造了处于古代宗教竞争中的早期基督教的特征。只是在很久以后，在新教当中，这些趋势才被明显削弱，并重新回归到《旧约》的象征主义。然而，毋庸置疑的是，基督教新教中保留了核心的中介性人物基督，并没有像犹太教那样，重点强调通过文本诠释的方式通往神圣的存在。但通过使犹太启示末世论摆脱犹太框架的局限并实现转型——这可能是基督教取得成功的最为重要的原因。再次引用保拉·弗里德里克森的话：

> 犹太人的启示末世论随着犹太民族的历史经历应运而生。它
> 37 表现了以色列人对上帝之公义和怜悯的信仰，尤其在上帝与以色列人所立的契约中得以体现。现在的苦难被视为确认上帝对他的子民的承诺；他（上帝）意图通过逆境来促使他们（犹太民族）回归《托拉》。因此流散的最终意义只能是回归；毁灭意味着重建；消耗意味着更新；压迫意味着解放……
>
> 更进一步的是世界的救赎。末日救赎确认了创造。当上帝的王国来临时，末日救赎终究会出现。因此，法利赛人以及后来的拉比都坚信，参与到上帝王国的死者的身体可以复活……上帝的王国终将荣耀地再现大卫王朝的理想特征：国家将被重建，失踪的部落会重新恢复，“耶和华的话”将会从耶路撒冷扩散到世界上的所有民族，他们将聚集在圣殿一同朝拜。

保罗的视角依然是犹太式的。他看到上帝决定性地干预历史是为了救赎他的创造，而且他使用了直接来自经文中的术语来描述这一视角。但我们却没发现保罗对未来耶路撒冷或末日圣殿的赞美之词，在

其表述中也没有找到土地肥沃或社会和谐之类的景象。即将到来的王国将会出现在“天上”（I Thes.《帖撒罗尼迦前书》-1，4：16），在天堂中（《腓立比书》Phil. 3：20），血肉之体，不能承受神的国（I Cor.《哥林多前书》-1，15：50），复活是精神性的，而不是肉体的（I Cor.《哥林多前书》-1，15）……

《托拉》中所揭示的犹太历史及犹太人对上帝的承诺为启示末世论提供了动力。保罗保留了这些动力，但抛弃了其特殊性。他的末日幻景中，显然没有民族解放的剧目。相反，在基督及即将到来的王国中，民族（peoples）与人们（persons）之间这样一种尘世的差别将会消融……上帝对亚伯拉罕这样许诺：“地上的万族都要因你而得福”（《创世记》12：3；《加拉太书》3：8；《罗马书》9：4ff；11：2，20）。但这祝福的继承者是基督（《加拉太书》3：16），亚伯拉罕是所有信仰者之父，无论是异教徒还是犹太人（《罗马书》4：12）。简单来说，保罗将犹太重建神学去民族化了。

相应地，保罗也将基督去民族化了（否认了基督的犹太人身份）。只是在《罗马书》中，保罗才简单地介绍耶稣说，“按肉体说，是从大卫后裔生的”（1:3；cf. 15:12），并提出犹太传统中的弥赛亚。此外，基督起源的关键点不是肉体（他所假定的大卫的后裔）而是精神，按圣善的灵说，因从死里复生，以大能显明是神的儿子（1：4）……

因此，像定义（上帝的）王国和基督那样，保罗激进地对救赎概 38
念进行了重新定义：通过使用解放这一原初的政治词汇，保罗赞扬了完全精神性的现实。不过，由于保罗的视角浓缩了对于当代政治重要性的认识，导致其虽然充分意识到耶稣之死乃是人类代理人所为，但他仍然号召罗马基督徒尊重所有的统治当局，因为这些统治者是由上帝任命的，他们“不会叫行善的惧怕，乃是让作恶的惧怕”（13：ff）。

彼拉多 (Pilate)，腓力斯 (Felix)，非斯都 (Festus)，卡利古拉 (Caligula)，尼禄 (Nero)……天国的快速临近促使保罗看似悖论地把眼光放得更为长远（13：11）。[26]

因此，正如韦伯所认为的那样，我们可以看到，基督教与犹太教在宗教取向和文明前提上存在重大差异，这种差异并非犹太文明中纯粹宗教的，甚至几乎是宗派性的特征与基督教中纯粹的“精神性”特征之间的对立。虽然基督教更加强调来世取向，但也从犹太教承继了某些强烈的现世政治取向，这种现世政治取向在犹太文明中从未被真正放弃过。

中世纪欧洲（及拜占庭）文明的形成所涉及的政治上的成功之所以可能，是因为在早期基督教中强烈的来世信仰取向并没有排除任何现世或潜在性的政治导向——即便两种文明（欧洲及拜占庭）的形成都归因于早期基督教从犹太民族以及罗马帝国晚期的政治环境中脱离出来，但这些后来的文明在早期基督教中受到很强的压制。

的确，同犹太教相比，早期基督教强烈的去政治化倾向及其强烈的来世信仰导向同后来基督教的政治参与及定型化的欧洲基督教文明形成鲜明对比——定型后的基督教文明有着强烈的文明和政治导向。尽管有些观点（如路易·杜蒙的观点）强调早期基督教具有基本的来世信仰导向，但更细致的证据调查表明，总体上，基督教，尤其是修道院和苦修群体，显示出基督教来世信仰导向与典范性的来世文明——佛教之间存在着关键性差异。[27]

早期基督教同佛教之所以会存在如此大的差异，是因为两者在各自主导性的文化取向、救赎观念以及它们所产生的特定的意识形态和制度动力等方面有很大不同。这些差异的存在也解释了为什么具有相似来世取向的文明却具有不同的影响力且发生了不同的转变。

同犹太教及基督教（某种程度上也可以是希腊的或希腊化的）信仰导向相比，印度教（和佛教）的来世信仰导向同遁世修行之间的差异的

确引人注目。对印度教和佛教来说，遁世修行的人所具有的纯粹的来 39
世导向是来世救赎观念的一种延伸（即便是一种辩证式的延伸），而这种救赎观念构成了这些文明的基本前提，并促使了一种独特文明类型的产生。而正是这样一种文明类型的制度化，引起了遁世修行理想辩证式的延伸，被视为来世信仰取向的一种最纯粹的表现形式。同样地，基督教在最初发展过程中也出现了强烈的来世信仰取向。但基督教从一开始，就试图构建并形成一种新的超验愿景，它既包含来世取向与现世取向之间的融合，也包含着两者之间存在的张力，而基督教中的来世取向只是作为构建并形成这种超验愿景努力的一部分。

同佛教形成鲜明对比的是，基督教内在的现世取向，也就是说，一种将重建世俗世界视为救赎方式一部分的愿景，认为世俗世界至少是实施与救赎相关的活动的舞台之一，这一点当然是根源于犹太传统。这样一种现世取向，同来世取向存在着持续的张力，在基督教基本信仰取向、教义及其制度背景中显现出来，并在基督教的核心基督身上得以体现，与佛祖不同，基督既是来世愿景的承载者，又是上帝在尘世的化身，或者至少是其中一面。[28]

同时，基督教极力强调身体与灵魂之间没有实现完全的分离（或者甚至是对立），尤其在复活问题上（“复活”这一概念本身就已经包含了强烈的来世信仰元素，并引起了柏拉图主义者的激烈辩论）[29]。虽然同来世信仰取向存在持续的张力，但源自犹太教的现世信仰取向在基督教观念中也有所表现，在基督教观念中，上帝作为宇宙创造者且处于末世的中心，尤其是末世历史维度的中心，也就是说，居于历史上发生的针对全人类的救赎观念的核心。

在同柏拉图主义者和诺斯替派（它们在不同程度上对身体及物质世界表现出强烈的负面态度）的争论中，基督教（甚至是其中的极端苦行者）都明显表现出相对强烈的现世信仰取向。而基督教同新柏拉图主义者在信仰上难以兼容，尽管柏拉图的思想对教父作家具有强烈的吸引力，这一点也是基督教具有强烈现世信仰取向的重要表现。在基督教苦行及修道社团中，也能发现这种强烈的参与世俗世界活动的信仰取向。不同于佛教和印度教的遁世修行，基督教早期几个世纪的隐修制度是以入世而非出世为主的。

的确，正如C.鲍尔索克（C.Bowersock）所指出的，在古代后期的宗教竞争中，基督教的巨大优势在于，其来世信仰取向及苦修活动最
40 终使自身在一种超验愿景中得以回归现实世界，这一愿景在较大程度上导向对世界的重建，内在于早期基督教禁欲主义及隐修制度之中。[30] 而在社区与教堂结构、苦修倾向与较为世俗的活动之间关系上的这种强烈取向，解释了早期基督教苦行主义者对于权威与组织问题的严重关切。[31]

从一开始，基督教就内在地对拯救观念具有强烈的偏好，这种拯救观念将现世取向和来世取向结合到基督教本身的信仰中。也几乎从一开始，这种拯救观念就成为基督教的犹太根源以及基督教同希腊化文明密切关系的一部分。在基督教发展早期，基督教的历史环境、最初较低的地位以及遭遇迫害等因素虽然湮没，但并没有消除（对拯救问题的）关注。后期较为有利的历史环境，以及君士坦丁的皈依，使得现世的意识形态取向的发展获得了充分的动力。虽然君士坦丁的皈依确实是中世纪基督文明出现过程中的一个转折点，但这种皈依建立在已经存在于基督教最初发展阶段的潜在可能性的基础之上。这种现世与纯粹来世取向之间的张力自此成为基督教历史永恒的一部分。

现世与来世信仰取向之间的这些张力在不同的基督教文明派别——如天主教、东正教、拜占庭基督教，以及后来的俄国基督教等——以不同的方式发展着。区域之间之所以出现不同，是因为每个区域的地缘政治环境、政治权力和精英团体结构有所不同，所以，在各自区域中心得以发展的现世和来世信仰取向也就存在着差别。但每一个区域都具有来世禁欲主义的特定模式，而这种模式又都同现世信仰取向维持着紧张关系。[32] 对于发展同具体的文明历史经历紧密相连的这些本体论概念和解决它们内部（现世取向与来世取向）张力的方式，

是我们在下一章节中要分析的一些方面。

伊斯兰文明的独特性

犹太教和伊斯兰教的不同之处，同犹太教和基督教的不同之处比起来，存在于其他一些方面。首先，我们来考察一下伊斯兰文明的某些基本前提。在伊斯兰教中，最重要的文化取向是“宇宙的”超验存在与世俗领域之间的鸿沟，并强调通过完全顺从上帝，参与现世的政治军事活动，以及在定义伊斯兰社团方面的强烈普世主义元素来消弭这两者之间的张力；通过顺从上帝的方式，社团所有成员都可以自主地归属到超验社会秩序中，并在现世世界中实现这种理想；乌玛，即 41
穆斯林社团的理想与其他任何带有归属性的、原始性的集体主义社团明显不同的是，伊斯兰世界是由有着强烈统一思想的信仰者所组成的政治宗教社团，其统治者被视为伊斯兰理想、乌玛纯洁性以及社团生活的维护者。[33]而与伊斯兰教的这些文化取向紧密相联的是，伊斯兰教强调所有信徒在政治上的平等、统治者的责任以及致力于伊斯兰理想的社团。随着时间的推移，一些新的体制性构造得以发展，如在边缘地区发展出多个独特的“中心”。另外，出现了一种强烈的趋势，即新的统治精英团体，尤其是自治性的宗教精英团体及机构得以形成和发展。需要特别指出的是，伊斯兰模式的城市生活也开始出现。[34]

马克西姆·罗丁森（Maxime Rodinson）强调，伊斯兰教显示出“极权主义运动”的特征，它就好像是一个致力于以军事手段来重建世界的政党。这种意识形态意味着必须在政治宗教集体、集体性认同以及精英团体之间实现融合。最初的乌玛看起来是一个社会政治和宗教社团完全融合在一起的政权，但后来，倡导伊斯兰理想的宗教运动发展到顶峰，许多哈里发（如阿拔斯王朝、法蒂玛王朝）以及穆斯林统治者掌握权力，并以宗教政治术语使自身合法化，通过强调他们政治权威的宗教性以及献媚于宗教领袖、迎合社团宗教情感的方式寻求获得民众支持。政治问题成为伊斯兰神学的核心困境。[35]

在主张重建一个联合的政治宗教集体的同时，伊斯兰教却强烈否认了在这种神圣的政治宗教认同中的任何原始元素及内容。正如伯纳德·路易斯（Bernard Lewis）所指出的，虽然在具体的实践中，通常事情看起来明显不同，但在整个轴心时代的文明，尤其是一神教文明中，伊斯兰教在否认伊斯兰社团中原始元素的合法性方面是最为极端的。[36] 从这个方面来说，伊斯兰教的观点与犹太教是对立的，但在其他方面，两者也有一致性，比如它们都认为社团的所有成员都可以无需中介与神圣的上帝直接对话。但在人与上帝的关系方面，伊斯兰教是不同于犹太教的，前者非常强调对上帝的完全顺从（伊斯兰的意思即为顺从），不存在上帝与人们立约的可能性。

起初，伊斯兰思想的最初载体——具有特殊性的、原始的阿拉伯因素——与伊斯兰教中强烈的普世主义取向（这种普世主义取向随着新领土和新族群的不断并入而显得越来越重要）之间的张力，撕裂了伊斯兰教强烈的普世主义意识形态。[37] 有一点是真实存在的，即两个原始性的方面在伊斯兰教中一直延续——伊斯兰教强调，作为先知后裔的统治者才具有合法性，同时，将阿拉伯语视为伊斯兰教、《古兰
42 经》、祈祷的圣语，律法评注在很大程度上也使用这一语言。这同犹太教与基督教的情况明显不同，比如：就犹太教而言，亚历山大的犹太人使用希腊语阅读《圣经》（这和美国的许多犹太会堂用英语祈祷一样）；就基督教来说，在宗教礼仪方面，东方教会使用希腊语（或其他语言），天主教世界使用拉丁语，西欧在经历宗教改革之后教会开始使用本地语言。然而，除了以上两个原始因素之外，伊斯兰教不认可任何“种族性的”、原始的社团元素或象征符号。相反，在乌玛之中，普世主义的意识形态占据了主导地位。伊斯兰教通往神圣上帝的方式也不同于犹太教。伊斯兰教强调作为文本的上帝语言的重要性；但原则上——当然不是事实上的——这些文本是固定不变的，禁止人们对其进行不断的阐释。

由于犹太教是在其他两大一神教文明的社会和政治框架中发展和演化的，因此，犹太教、基督教及伊斯兰教之间的差异对于理解中世纪犹太文明的发展显得非常有趣。

在理解这三种文明相互关系时，应看到这三种文明都产生于共同的背景，以及一些基本的本体论前提，这是它们所指示的一个非常重要的事实。但与此同时，它们在诠释这些共同背景的意义，以及涉及它们基本前提的某些内容方面存在着差异。

在这三种宗教和文明中，只有犹太文明，尤其是古代以色列的犹太文明，被视为三大宗教及文明与上帝之间的特殊关系，以及它们被上帝遴选的共同起点。当犹太文明的承载者一直以来将他们自己视为上帝的特选子民时，基督教和伊斯兰教也都认为自己取代了后圣经时代的犹太教，并各自宣扬经过精心设计的神学构想，以使它们对犹太教的观点合理化。这种观点在基督教中远比在伊斯兰教中显得强烈，而后者（伊斯兰教）也认为自身取代了基督教。

同时，这三种文明中的每一种，也都十分强调其前提中不同于其他两者的地方，以显示对其他两者的相对优越性。

虽然这三种文明对彼此的观点构成了神学家们以及研究这些文明的其他学者所关注的焦点，但它们并不是纯粹知识性的或学术性的。在这些文明的自我合法化、在它们自身机制的合法化，以及在确认它们所宣称的普世性方面，这些观点成为核心要素。也正是这些观点成为三大文明间的关系，以及在它们之间所发展起来的跨文明关系的意识形态核心。

但这些相互联系的具体面貌则是在这种意识形态核心与具体的历史环境相结合的过程中形成的。

第三章

从跨文明的视角看流散时期犹太文明的基本主题及制度形成

历史背景

43 中世纪犹太后流散时代文明在基督教及伊斯兰教文明框架中得以定型，这再次改变了犹太生活的图景。作为最持久的文明，犹太文明很可能始于古代晚期，并在第二圣殿被毁后，随着基督教和伊斯兰文明的发展而发展。

在古代晚期和早期基督教时期，犹太人多数居住在近东和中东区域，即巴勒斯坦、叙利亚、美索不达米亚、埃及和拜占庭帝国，仅有很少一部分犹太人迁移到西欧、中欧。在穆斯林帝国扩张时期（公元7—12世纪），多数犹太人居住在处于穆斯林统治之下的近东、西班牙和北非地区，在基督教国家，如在基督教统治的西班牙、法国、英国及德国（阿什肯纳兹），定居的犹太人人数虽有所增长，但其只占当时犹太民族人口的一小部分。自西班牙驱逐事件直至17世纪早期，多数犹太人继续生活在穆斯林统治之下，例如奥斯曼帝国统治的地中海地区、近东及中东国家，但开始不断有犹太人移居基督教国家，例如意大利、荷兰，尤其是德国、波兰及其他东欧国家。自17世纪以来，“阿什肯纳兹”国家中的犹太社团得以扩展，成为犹太生活的主要中心。

虽然这三个亚周期（subperiods）之间存在着巨大差异（本书对此不作详细分析），但其所共有的一些基本特点却对我们的分析非常重要。[1]在圣殿被毁的最初三百年间，数量依然庞大的巴勒斯坦犹太社团， 44
在后来这个较长的历史时期，持续地走向萎缩，导致犹太人口更加分散化，政治方面也日趋被动并受到压制。在公元7世纪结束的时候，散居各地的犹太人成了政治上的少数派，生活在特殊许可（这种许可极易被取消）之下。作为主体国家中的外来社团，犹太人大多由于财政方面的原因才引发统治者的兴趣，受到他们的眷顾。在居住国中，犹太人大多从事中间商之类的经济活动，例如商人、手工业者、融资者，只有一小部分人从事农业。他们在法律和经济方面的权利相对受到限制。作为民众不满、统治者或教会当权者厌恶的对象，犹太人面临着时隐时现的暴乱及被驱逐的威胁，处在持续的危险之中。连续性的迁移和流散，以及随之出现的不同犹太中心的多样化以及这些中心自身力量的变化，成为犹太生存史中的一个基本组成部分。

制度变革

与犹太文明的上述发展同步，犹太生活中的社会和制度性组织发生了明显变化，开始向社团组织、拉比与社团法庭、学习中心转变，其中的网络、联系和经济关系也相应地发生了变化。这些结构则成为犹太生活中主要的制度–组织核心。在前两个亚周期，以色列地和巴比伦都出现了影响力超群的流散社团，形成了强大的、实行集中管理的犹太政治机构，它们分别处在以色列地领袖纳西（Nasi）和巴比伦流散地领袖[2]罗什·哈哥拉（Rosh Hagola）的领导之下，并产生了许多由内部行政和司法团体负责的机构。尽管那个时期建立政治自治并获取象征性政治地位的趋势非常强烈，而且在适当的环境中可能爆发出来，但随着独特性和流散的日渐发展，上述组织和机构遭到削弱并最终消失。

在这些机构中，社团及其法庭处于支配性地位。通常情况下，异教当局会赋予这些社团一些作为法人的权利，同时监管犹太人，控制他们进入某些经济领域开展活动，限制向犹太人开放居住权。[3]而犹太社团的核心则包括家庭、家庭网络、会堂以及大量的社团组织、学习研究中心。

在此期间得以发展的众多组织机构既是第二联邦时期组织机构的延续，又是与这些组织机构的脱裂。毫无疑问，在犹太人从巴比伦重返巴勒斯坦地区之后，其政治独立总是不稳定的——远不如第一圣殿时期；大卫君主制时期所享有的政治独立非常有限。而且，在第二联
45 邦时期，许多流散社团得以发展（主要集中在埃及、美索不达米亚和叙利亚地区）并建立了多个犹太中心，成为犹太生存的一种永恒特征。但是圣殿被毁以及政治独立性的丧失体现的是犹太社团与过往历史的急剧的、创伤性的断裂。自治性政治权力丧失之后，犹太中心和大流散之间的关系发生了改变，作为大流散生活的本质，流散及成为居住国的少数族群成为犹太生活及集体意识中的永久性事实和持续存在的问题。[4]

受此影响，在这些体制框架内部出现了新的领导类型。[5]这种领导结构在第二圣殿被毁之后必然经历了意义深远的变化。此时，我们面临着一个相当矛盾的局面：虽然这些领导结构发生了广泛的变化，但其基本的分析性特征却与之前保持着惊人的延续性。

政治独立的丧失以及人口分散所造成的这些变化是显而易见的，并首先以不断削弱任何相对集中的政治领导力的方式表现出来。不过，一旦出现有利的外部环境，这样的领导阶层还是依然会出现：如出现在美索不达米亚地区的流散地领袖及其他地区（如 10 至 12 世纪的法国南部）相当于流散地领袖的人物。

与此同时，当有利的外部环境再次出现时，这些社团就会向区域或跨区域组织转变，例如波兰的四省委员会（Council of the Four Lands）、摩拉维亚及其他地区类似这样的组织。但通常来说，跨区域社团领导层由各地单个社团的领袖构成，有时候也会将拉比及主要研

究机构的学生包括在内。在机构构成及内在关系方面，这一领导层和较早时期的精英团体也有着一些惊人的相似性。[6]

大多数犹太社团中的主要精英团体，通常由以下三类人组成：势力强大者、富裕者及寡头阶层；有意成为大众政治领袖的人；博学的拉比阶层、学者和神秘主义者。通常情况下，这三类人组成统治联盟以管理社团生活。而第三类群体则倾向于在跨社团，甚至跨国网络中实现其特殊性及自主性。

在由众多元素构成的不同的精英及次精英部门中，各元素之间及元素内部都存在着持久的张力。这些张力根源于以下事实：同更早的时代相比，尽管这些精英部门在组织构成方面有很多变化，但在早先已分析的犹太文明的基本信仰和取向方面却保持一致。而且，最重要的一点是，他们都坚定地认为，社团所有成员都可以进入神圣的王国，与上帝接触，到达神圣存在的核心领域，同时，他们也都坚信上帝和 46
以色列民族之间的契约关系。

口传律法（哈拉哈）的优势地位

犹太民族外部组织机构的发展离不开口传律法，即哈拉哈，它在犹太生活中的作用与日俱增。到公元 4 世纪或 5 世纪时期，拉比的口传律法模式逐渐成为犹太文明中主要的、占支配地位的文化模式，或者可以说已成为犹太文明主要的制度和文化框架。在那个时期，该模式取代了其他所有的制度模式，包括和圣殿及独立政体有关的祭司模式的政治取向，还包括被众多教派及运动，尤其是新兴的基督教所宣扬的种种宗派主义倾向。

在第二圣殿被毁后的最初两三个世纪，这些宗派和团体仍然活跃在犹地亚和加利利地区，并很可能以各种夏甲主义者（Hagarist）或撒玛利亚团体（Samaritan groups）的形式在沙漠地区占据优势地位。后来，前者中的一些团体与一种新型的、强大的普世文明——伊斯兰教紧密联系在了一起。

这些团体和宗派（其共同起源都是犹太文明）间的竞争是相当残酷和激烈的。而在这种竞争中，拉比模式的支配地位逐渐兴起并一直持续到现代时期。然而，即便如此，诸多的宗派及宗派主义的取向并没有被消灭，它们只是被迫转向地下发展，同之前一样，处于犹太社会的边缘地带或在犹太文明、基督教文明和伊斯兰教文明的夹缝中求得生存。[7]

在圣殿被毁后的头几个世纪里，社团中的祭司家族成员依然享有较高地位，在诸如加利利的一些地区里，他们依然是犹太社会上层的组成部分。但后来，从第三世纪末开始，随着迁出以色列地的犹太人口的增长，他们的影响力逐渐减弱，到最后几乎完全消失（除了能在会堂中履行一些边缘性的仪式外）。

正如我们所看到的，第二联邦时期，口传律法，即后来的拉比模式，开始出现于社团领袖、贤哲及其先驱、主要宗派性的宗教社会运动领袖之间的联合活动中。口传律法的特点是更加注重律法和礼仪的惯例，以评注、研究和不断的文本阐释或社团祈祷文为基础，并将之视为犹太宗教及传统的核心。此时，强调文本评注，并视之为接近神圣存在的主要模式这一观念发展了起来。

47 犹太文明的这种整套的制度及文化框架模式是建立在现世观与早期发展起来的某些来世、苦行及末世观点相结合的基础上的。然而，在这种模式和框架中，后者（来世、苦行及末世观）并没有像在其他一神教或来世宗教中那样获得独特性。后来，口传律法传统对这些观点所暗含的潜在的革命性及普世性含义（在某些宗派及后来的基督教中最为明显）进行了重新阐释，并加以吸收。

也就是在拉比模式确立其霸权地位期间，同这一模式确立霸权紧密相关，作为一个发展成熟的异端，卡拉派犹太教在犹太历史上开始出现并趋于定型。

正如我们所看到的，在第二圣殿时期以及随后的几个世纪，大量的宗派都得到发展。当然，其中许多教派都有潜在的异端倾向。然而，其中表现最为极端的是基督教，它完全背离了犹太传统。只要在这一框架（拉比口传律法框架）中不存在一个清晰的、占主导地位的正统派，那么，各式各样的教派就可以认为它们自己属于犹太集体，并存在于这个集体中不同的边缘地带，或者甚至接近中心。

随着拉比正统派的确立，这种情形发生了巨大变化。公元760年，在应对众多组织松散的教派及弥赛亚运动的背景下，卡拉派在阿南·本–大卫的领导下，从拉比口传律法框架的核心出发，逐渐发展为一个成熟的教派。其基本教义反对的正是拉比框架所希望的，即通过口传律法持续地对成文律法进行再诠释的合法性。通过反对拉比传统的基本主张，卡拉派提出了现今被称为原教旨主义立场的观念：《旧约》成文律法（尤其是《摩西五经》及其字面解释）具有至高无上的地位。

举个同拉比犹太教诫律相悖的例子，卡拉派颁布严格的苦修标准，不允许在安息日点灯，并通过持续强调圣殿被毁这一意象及对犹太传统的理性阐释和维护，使自身合法化。其终极立场同穆斯林哲学家所进行的深入探讨紧密地交织在一起。

在拉比派和卡拉派之间进行社会互动的同时，两派之间的对抗也随之展开。慢慢地，尤其是随着（中东地区的）许多伊斯兰社团文化和经济上的衰落，以及犹太社团中心从伊斯兰领土转换到欧洲地区，卡拉派的重要性大为降低。许多卡拉派教徒移民东欧，在那里，他们无法再发挥其在中东地区所能产生的影响力。[8]

在拉比、贤哲等拉比模式承载者的宣传和影响下，拉比模式通过 48
掌控学习中心和犹太会堂的方式逐渐在犹太世界中占据优势并获得霸权地位。这种地位表现在会堂辩论、会堂秩序以及会堂象征意义的确立上，会堂作为“学习的皇冠”（Keter Torah）的象征意义要比其作为祭司和君主制的皇冠显得更加亮丽。[9]

在对待先知传统方面也出现了一些特殊观点。一方面，在汇编、正典化经文的过程中，一些伦理的甚至是末世的取向和传统被融入到新近出现的宗教范型中；另一方面，进一步作出独立预言的可能性遭到否定。启示也被更具条理性的研究、律法评注以及法庭和社团组织的合议式决定所取代。

这一口传律法新传统代表着一种转变，即从礼仪性崇拜因素及先知观点占主导地位转向对正典文本的研读、对演化中的口传律法和祈祷文的阐释与研读占主导地位。阐释本身，根据更为抽象的系统原则，以律法—仪式观念的日益系统化为基础。这种系统化首先在《密西拿》和《托塞夫塔》，后来又在两部《塔木德》，即《耶路撒冷塔木德》和《巴比伦塔木德》的编纂中得以体现，并为之后所有阐释以及延续至今的拉比文献奠定了基础。这些文献内容丰富且庞杂多样。早期作品以对《米德拉西》的阐释性文献为主，包括律法和“传说性的”（aggadic）内容，其中有些部分被收录进《塔木德》之中。后来则出现了《答问集》（将对律法的注释和评论结合在一起）以及次级法典汇编：最重要的有迈蒙尼德的《密西拿托拉》（*Mishneh Torah*，约完成于公元1178年）及15世纪的《四类书》，而最后一部伟大的律法汇编——《布就筵席》（Shulhan Arukh）则出自于拉比约瑟夫·卡罗（Joseph Karo, 1488—1575）之手。再后来又出现了大量对《圣经》《密西拿》《塔木德》评注的文献，其中最有名且广受欢迎的是法国的拉希（Rabbi Shlomo Yitzhaki，所罗门·以撒拉比，1040—1105）的评注。最终，还出现了广泛流传的“伦理”（Musar）文献。[10]

大量的文献意在系统地规范犹太日常生活的方方面面，如在宗教—礼仪领域，尤其强调在饮食上的限制，以及对服饰作出相对较小程度的限制；一般而言的人际关系方面，尤其是经济关系方面；以及，正如我们将要看到的，在一定程度上，也涉及社团组织事务及犹太人与主体民族的关系方面。因此，当以宗教和伦理术语解释这些诫律并证明其合理性时，它们事实上构建了犹太集体生活和犹太文明的具体内容及边界。在整个口传律法模式时期，由于同“仪式”“学习”以

及纯粹律法内容的结合，口传律法成为犹太民族共同的社会文化框架，49
在强化犹太民族团结，为犹太民族及文化身份认同提供标志性的制度延续性方面发挥了重要作用。

希伯来语在维持犹太社会文化框架中意义重大，因为它将不同的犹太社团联系到了一起。与天主教的拉丁语以及伊斯兰教的阿拉伯语一样，希伯来语是一种祈祷用语和哲学论辩语言，但它超越了拉丁语，并在某种程度上超越了伊斯兰教边缘地区的阿拉伯语，既成为犹太人宗教礼仪–律法用语，又成为处理诸如商业、家庭等世俗事务时的交流用语。[11] 虽然犹太人自然地学会了他们各自所在国的语言，至少在穆斯林世界，有相当一部分的犹太哲学作品是以阿拉伯语（如果说经常性地是以希伯来语的话）写成的，但希伯来语的大量使用极大拉近了不同犹太社团之间的关系，并促进了以哈拉哈为核心的犹太文明框架的发展。

在这一模式中，犹太认同的主要象征符号——以基本原生的、民族的、种族的及宗教的术语——不断得到清晰的表达并走向规范化。这些象征符号在提供主要制度框架的各种社团组织及网络中得以体现，这些制度框架一方面维持了犹太文化的连续性，另一方面则将犹太集体认同中的不同构成要素——“民族的”、原生的、“种族的”，以及宗教的、文化的、政治的——结合在一起。

大多数犹太人很可能无法分清这些不同身份构成要素之间的区别。他们认为所有这些身份要素是自然而然地组合在一起的，并由律法加以约束，而他们基本的信仰体系是建立在一神论与契约取向的基础上。他们成为特选子民的事实为整个律法结构提供了最终合法性。

汤因比将中世纪犹太文明的这些特点视为其僵化的表现。对韦伯来说，这些特点表明犹太人是一个宗教社团，而非政治社团，具备一些贱民民族所具有的关键属性。然而，正如在第一章提到的那样，这两种观点都是片面的，并扭曲了一些事实。

同其他少数群体与主体文明之间的关系相比，犹太人同其主体文明之间的关系是极为不同的。的确，韦伯所描述的贱民民族所具有的特征，犹太民族并非特例；在我们所思考的这个历史阶段，这些特征同样适用于诸多其他民族和宗教。在某种意义上，大多数古代帝国中的少数群体注定是走向流散和沦为贱民。然而，如果将这些贱民和流散的特征视为犹太人与主体文明关系中的最重要方面的话，那显然是
50 错误的。同其他民族不同，犹太人试图在这个时代动荡的政治环境中维持自身某种更普遍的文明角色。他们坚持认为犹太宗教和传统具有普遍合法性，认为主体文明即使无法同情犹太宗教和传统，也应该认真地对待它们。

如我们已描述的，第二联邦时期犹太人面临以下两个方面的形势：一方面，犹太人面对的是相当不稳定的政治和经济环境；另一方面，他们又试图全面参与到那个时代的政治文化生活当中。当然，这种参与是建立在构建犹太认同及制度框架的尝试之上的，他们所希望构建的认同及制度框架可以使犹太人保持其政治、宗教及原始身份认同，同时又可以维持他们对普遍有效性的诉求。

这种情形在漫长的流散时期发生了显著的变化，但犹太人对其宗教普世意义的信仰并未减弱。这一时期，犹太人不再能公开地与其他文明进行竞争，并不得不将全部精力放在维持其自身的文化宗教框架、隔离于主流民族以及构建相对封闭的集体边界上。

即使在这种情况下，犹太人依然认为，他们自身的合法性并不仅仅是宗教或“崇拜”上的合法性，而是继续包含了强烈的政治及“民族”因素。这一点在犹太人对集体救赎和政治拯救的强调上表现明显，而且，他们采用形而上学的观念来定义流散、以色列地与以色列民族之间的原始关系，这在流散民族中显得比较独特。此外，犹太人所声称的合法性里还包含有非常明确的普世主义文明的内容和前提。

即使在这一时期，犹太人也并非仅仅是经常扮演中间商的贱民少数群体，其同主体文明之间的关系也并非是由这些“贱民”属性来定

义，而是依据共同的历史宗教起源来定义：首先是基督徒、其次是穆斯林，都拒绝承认犹太人不接受基督教和伊斯兰教的合法性。犹太人拒绝接受其他宗教，连同他们与主流文明的特殊历史关系，使得主流文明视其为潜在的竞争者，甚至是一种威胁。

这一态度在罗马帝国时期就开始发展，并随着基督教成为罗马帝国占统治地位的宗教，以及后来（如果说是在相对较小程度上的话）伊斯兰教在近东和远东地区的征服而逐渐定型。基督教和伊斯兰教都是宣称普世性的“轴心式”一神教，并致力于建立能自然涵盖它们所能接触到的一切民族的文明，当然，也包括犹太人。这两种宗教，从历史上来说都与犹太宗教和民族相联系（尤其是基督教，伊斯兰教与犹太教的联系稍微显得弱一点）。历史联系是它们自我定义当中的基本 51
要素。基督徒视他们自己为以色列的真正子民，认为坚持自身信仰的犹太人是离经叛道者，背离了以色列的“真正信仰”。对穆斯林来说，穆罕默德是最后的先知，取代了（如果说不是完全否定了）其之前先知的有效性；此时，拒绝接受穆罕默德先知的犹太人被视为背离了上帝之道，即便他们同基督徒一道，被称为“圣书之民”，被赋予了相对于异教民族而言较高的神学地位，并在穆斯林统治宽松的时代，享有一定程度的宽容。[12]

由于犹太人被主流宗教（基督教和伊斯兰教）看成是一种矛盾的参照点，也是对它们宗教信条合法性的潜在威胁，因此，主流社会与犹太社团之间出现了紧张关系，双方都坚持自身文明的合法性。这样，基督教与伊斯兰教都表现出针对犹太人的一种矛盾心理，这不同于它们对其他少数群体的感受。这种矛盾心理不仅表现在屠杀、迫害及驱逐行动中，也表现在影响这些行动发生的意识形态维度中。这些维度的表现既包括基督教牧师和神学家与犹太拉比和神学家之间出现的频繁争论，这些争论构成这些文明在中世纪文化场景中惯常的组成部分；[13]还表现为强迫犹太人改宗、对犹太人的杀戮以及臭名昭著的血祭诽谤，即控诉犹太人杀害基督教儿童并饮其鲜血。这些一系列事件导致了圣化上帝之名（Kiddush Hashem）的犹太殉道的发生。犹太人在政治上遭受镇压并不断流散的事实为主流宗教对待犹太教的这样一种矛盾心理增添了新的维度。对基督徒和穆斯林来说，这些事实是自身优越性的一种体现，但对犹太人来说，它们构成一种重要的意识形态挑战。在像中国或印度这样的文明之中，这种文明竞争并不存在，但规模较小的犹太社团却成为一种宗教种族上的少数群体，这是值得人们注意和思考的现象。

犹太文明基本主题的转型与新主题的形成

犹太民族和其他两大一神教文明，尤其是基督教文明之间的矛盾关系同犹太生活及文明的内部结构紧密联系在了一起，犹太生活及文明的内部结构发展于从第二圣殿被毁直至现代的漫长时期，且以一种新的方式继续存在于现代时期。这种同主流文明、统治者和民族之间的文明关系（不仅是政治或经济关系）以及主流社会与犹太社团之间的紧张关系，对犹太文明边界的构建以及维持犹太人作为独特民族的延续性具有持续的参照性。

52 与之前的时期一样，犹太人发展了很多文化及制度构建、活动的新模式，它们被视为旧模式的“自然”延续。当然，这些模式与第二圣殿时期有很大不同。随着巴勒斯坦中心地位的最终衰落，基督教和伊斯兰教领土上的犹太社团走向流散，并几乎完全丧失政治上的独立，与之相伴的是，律法学习与祈祷模式开始占据主导地位，可以实现多种倾向的制度领域受到更大的限制，这些限制尤其适用于那些与构建政治和经济机构相关的倾向。犹太文明特征中的大多数基本的意识形态倾向与张力是无法在一个具体的制度框架中得以实现和解决的。在众多已发生的变化中，我想强调的是犹太文明中许多长久性主题的转变轨迹以及一些新主题的形成。

虽然官方哈拉哈犹太教从未放弃宣称犹太教的普世价值，但事实上，犹太人不再真正积极地与其他文明竞争，即使这些文明仍在继续担忧与犹太文明的竞争。犹太人将精力主要放在他们自身的框架内，尽可能淡化其具体建设世界的抱负，并有意识地选择不参与到当代政治和文明历史中去。[14]根据犹太传统的基本信条，犹太人只能建设被用于学习、践行礼仪和祈祷，以及社团组织管理的机构。由于居住地周围环境的限制，犹太人无法在经济领域发挥作用。

犹太人对经济生活和社团组织之类的世俗世界是持积极态度的，但这些领域不被认为是能够或应该践行犹太宗教和文明基本前提的领域。同样，第二圣殿时期居主导地位的国内乃至于国家间的政治活动领域也几乎完全消失了。从犹太传统基本信条的角度来说，流散及在政治上遭受压迫，成为生活在主体民族中的异乡者，继而成为被迫害的少数族群——这样的事实使得这一领域（政治领域）变得没有意义，但从犹太人自身自然的社团利益角度来看，则并非必然如此。犹太人流亡中的生活基本上被认为是暂时的——在很多方面是一种消极的生存状态，即便这种生活是必要的，或者既定的。中世纪犹太人，可以说生活在历史之外，选择脱离具体的当代历史，并将他们的生存定义在历史发展潮流之外。

对犹太宗教普世价值的坚持和对政治救赎的追求转向了遥远的弥 53
赛亚未来，超越了犹太人日常活动的范畴。从原则上来说，犹太人可以通过严守律法而非直接参与政治活动的方式加快自身的救赎进程。但现在他们正处于一个狭隘的、特殊的统一体中，可以说游离于历史进程之外。因此，在某种意义上，犹太文化中普世元素与特殊主义元素之间的张力通过以下方式得以解决：将前者推迟到一个可能会实现它们的某个未来时间，并同其他民族、宗教和文明进行一场真正公开的对话与（思想的）碰撞。不过，人们仅仅在，或者尤其在哲学著作和争论中才持续地宣传这种非常强烈的对话元素。

虽然抱有强烈的普世取向和希望，犹太人的现实生活却走向特殊主义。考察中世纪之前和中世纪时期犹太人的流散生活，及其与犹太人生活其中的更广泛社会之间关系的本质可知，犹太人的这种普世主义取向并不具有与纯粹知识维度相对的任何真正的体制维度。犹太文明中仍潜在地蕴含着普世伦理取向，其关注的焦点是神学争论，或者说是一种神学梦想。而这种普世伦理的潜在性也理所当然地和另一困境——具体的现实与末世取向和希望之间的困境——的解决办法联系在一起。此时，同时蕴含普世主义和特殊主义的末世信仰取向，连同它们强烈的政治元素一起，都被推延到了未知的将来，只同当下的、具体的现实保持着微弱的联系。犹太社团的宗教和世俗领袖，虽然总是在强调弥赛亚希望，却洞悉了任何（例如在弥赛亚运动中）实现弥赛亚希望的企图，并将之视为对犹太人生存的一种威胁，同时也与哈拉哈模式的基本前提相悖。[15]

因此，该时期所发展起来的犹太文明的基本主题多表现为意识形态、文化及知识层面上，很少能应用到国际性的制度现实，但这种与体制不相关的事实并不能消除犹太文明中众多这类主题潜在的体制性内涵；它们持续存在并作为知识性的、意识形态性的、象征性的主题得以清晰地表达出来，规定了犹太生存的象征性边界。它们潜在的体制性应用处在潜伏或休眠的状态。而且，正如我们将要看到的更多细节，它们确实影响了犹太社团的制度安排，尤其是社团内部的制度安排。

“加路特”与“以色列地”观念：弥赛亚救赎与殉道

这一时期，第二圣殿时代就能觉察到的一些其他主题得以更充分、更清晰地展现出来，并与犹太传统中的特殊主义与普世主义取向之间
54 的张力更紧密地联系在一起。这些主题发展成为犹太传统及集体性自我定义的内在组成部分，虽然在很大程度上，哈拉哈传统不允许大多数这类主题自主性发展并获得优势地位。另外，犹太教中还存在一些

联系紧密但不完全相同的主题，这些主题显得极为重要：如对以色列地所进行的超自然的和意识形态的评价，对弥赛亚观点更清晰的表达，以及犹太民族的团结。

虽然犹太人流散的范围和持久性无可比拟，但犹太人流散作为事实并非独特，他们的独特之处在于，倾向于用一种强烈的形而上学的或宗教性的负面评价来讲述流亡生活。正如已故的I. 贝尔教授所揭示的那样[16]，解释流亡生活的事实成为后世很多（如果不是大多数的话）犹太哲学家和学者关注的重点。无论这些哲学阐释的细节如何，基本上对流亡生活持负面评价，多用罪恶与惩罚之类的术语来加以解释。流亡中的生活一方面被界定为一种片面的、悬置的生存状态，但另一方面，正是对这种生存状态的磨砺才能保证犹太民族幸存下来，直到救赎来临。

对流亡生活的负面评价主要集中在两个主题：政治主权的缺乏（Shiabud Malchuyoth）以及片面的、扭曲性的精神或宗教存在，后者被视为对加路特形而上学的或宗教性的负面评价。这两个主题之间联系紧密但有时又互相对立。这两个主题常常被放在一起进行研究，但不同的学者及群体在不同程度上强调了两者的重要性。[17]

在对待以色列地的态度以及表达弥赛亚愿景方面，政治的、形而上学的或赎罪性的主题仍然居于中心位置。在某种意义上，对以色列地的看法常常与对加路特的看法形成对应，经常是由同样一些思想家对其作出阐释，但在观点上表现出某些自主性。以色列地被原生性和政治性的两种术语所定义，但对该地的形而上学的态度也在不断增强——即使这是建立在更早的基础之上，它也是一次重大的革新。以色列地首先被看作是民族的遗产，犹太人从这块祖先之地被驱逐出来；同时，它也具有一种特殊的、形而上学的及宗教上的意义，透过这种意义，犹太民族得以成为一个独特民族，而且，这一意义将随着犹太人获得完全的救赎而实现。在某种程度上，犹太人对以色列地的看法是对流散生活政治的、原生的和形而上学评价的一面镜像，它们成为犹太人大流散生活所形成的犹太集体意识的基本组成部分。犹太人的这种身份认同带有一种看似不真实，却非常强烈且清晰明了的关注焦点，再一次以一种独特的方式将特殊主义同普世主义两种取向结合在一起。

当然，在这段漫长的时间里，对流散和以色列地的这些看法并不一定会塑造大多数犹太人的日常生活。犹太人生活的重心一方面是日常生存及幸存问题，另一方面则是维持其律法礼仪规范及日常祈祷。
55 而且，哈拉哈的权威们不允许这些取向在哈拉哈及其对既存现实非政治、非历史态度之外的领域内实现。它们的确构成日常生存中的潜在性的组成部分，但是被犹太传统中的特定术语专门加以定义；也构成象征性地清晰表达犹太传统的基本内容。

对流亡及以色列地的这些看法逐渐与第三个主题，即弥赛亚和末世的主题和愿景相汇合，在某种程度上，第三个主题将前两个主题涵盖其中。弥赛亚和末世论思想起源于第二圣殿早期甚至巴比伦流亡期间，并在第二圣殿时期的众多宗派和基督教中得到了传播。关于弥赛亚愿景的适当表述，以及将在末日降临的弥赛亚景象，成为犹太教和基督教争议的核心点。而犹太人政治独立的丧失、流散及被驱逐使得这一核心的关注点变得更加突出。围绕着政治和宗教救赎的基本主题，弥赛亚愿景的轮廓被精心勾勒，变得更加细致而清晰。[18]

这两大主题，尤其是后者（弥赛亚主题），充斥着很多同哈拉哈主导模式相对的唯信仰论的潜在可能，故而也成为诸多《塔木德》以及哲学阐释和争议的焦点。在弥赛亚的“精神性”宗教意义与其更加世俗性的意义，尤其是弥赛亚历史的政治维度之间存在着张力。《塔木德》中有一项著名的裁决：除了（Shibud Malchuta，the Yoke of Nations）诸族的压迫（也就是缺乏政治独立）之外，现世与弥赛亚之间并无差别。这句话本身带有强烈的唯信仰论取向，有悖于弥赛亚愿景中更具宗教性和精神性的内容，但包括迈蒙尼德在内的很多犹太贤哲都对这一取向表示支持。而构成弥赛亚愿景的这些内容常常和对以色列地不同的、原生的、政治的以及形而上学的看法紧密联系在一起。

拉比正统派从来不否认这些取向，不过，总是试图对它们作出严格的限制。与政治层面不同，内生于弥赛亚愿景“精神”层面潜在的宗教创新或唯信仰论，及其打破哈拉哈权威和瓦解不稳定的流散犹太社团的能力都遭到质疑。迈蒙尼德既没有轻视弥赛亚思想中所具有的改良性的、暗含的乌托邦成分，也没有否定弥赛亚思想中有末世论的、超历史的以及唯信仰论思想的潜在可能性。然而，虽然有这些努力，但弥赛亚愿景及其希望却不仅仅是局限于博学者中的知识行为，也不是潜在的和不切实际的希望。或多或少带有戏剧性色彩的是，在希望 56
充当弥赛亚角色或者成为弥赛亚先驱的野心家领导下，对弥赛亚的期盼逐渐发展成为一种大众化运动，如16世纪早期及稍后的大卫·哈鲁贝尼（David Hareubeni）和什洛莫·莫尔克（Shlomo Molkho），最后也是最具戏剧性的插曲，是萨巴泰·泽维（Shabbetai Zevi）及其领导的萨巴泰运动，这一运动甚至动摇了拉比犹太教基础。[19]这些弥赛亚运动大多爆发于犹太人面临困境的时代，诸如被迫害、被驱逐以及强烈的国际动荡时期，这些困境大多被解释为新时代来临以及歌革和马格（预言受撒旦迷惑在世界末日善恶决战中对神的王国作乱的两个民族）民族战争的预兆。虽然弥赛亚运动持续的时间可能比较短暂，但当这些大众运动兴起时，它们依然可以利用从玄秘或神秘主义圈子（总是强调救赎性的弥赛亚主义而非政治弥赛亚主义）获取的意象、主题等丰富资源。无论这些运动的基础如何，它们都对拉比模式的统治地位构成了威胁，这种威胁不仅仅体现在具体的宗教诫律方面，而且尤其体现在其选择脱离当代历史—政治场景的趋势，以及停止履行犹太文明使命的倾向上。

在这段漫长时间内，殉道成为另一个得到充分表达的基本主题，它是对弥赛亚希望的一种辩证对应或补充。[20]通过殉道来“圣化上帝之名”，至少可以追溯到罗马时代，随着犹太人遭受迫害、屠杀而充分表现出来；殉道的合法性来源于基督教与犹太教之间基本的宗教差异，这种宗教差异使得犹太人经常性地面临着或改宗或死亡的无奈选择。犹太贤哲要求在不改宗的前提下，圣化对生命的维持，并试图最大程度地缓解犹太社团与主体民族之间的紧张关系，而殉道可以说是对贤哲思想的一种反动。殉道强调了犹太人对于其传统完全的忠诚，成为犹太认同中的一个永久性主题。

犹太人的团结、"以色列之爱"以及紧密合作面对外部威胁的必要性，是犹太生活中的补充性主题。这一主题产生于漫长的流散时期，并同时在意识形态层面及更为大众化的层面显现出来，同自我施加的隔离状态、对其他宗教的宽容以及对其他民族的矛盾心理密切相关。而极端表现之下，它也容易转化为强烈的仇外情绪。

犹太文明中的这些不同主题同阐释犹太传统的不同模式——哲学的、神秘主义的、虔信派的及律法–仪式的——不断交织在一起，并如其在大流散时期所发展的那样，成为中世纪犹太文明知识、制度创造性与活力，以及犹太生活象征性边界的核心。

拉比犹太教模式下的异质性与动态性

尽管在事实上，许多主题都是对根源于更早时代主题的新建构，但提出这些新主题的人仍将之视为那些旧主题的自然延续。[21] 但是，如
57 之前时期一样，这些主题之间并不必然能够完全和谐共存。相反，这些主题之间，以及在表达它们的不同群体或人们之间存在着持续的张力，这也证明了哈拉哈模式中存在的连续的异质性。即使当这种模式处于支配地位的时候，该模式中的那些古老元素和取向（末世论的、神秘的或哲学的）却依然存在并发生了转变。而且，作为该模式的组成部分，这些古老元素的力量依然极其强大，并常常作为各种倾向（神秘的、苦行的、哲学的、冥想的以及超越它们的弥赛亚倾向）的预兆而出现。另外，这种新模式中的某些具体属性之间也存在着张力，表现在：第一，注重研究和学习的精英们的态度与看重祈祷、虔诚与狂

喜——有时带有强烈的神秘主义成分——的大众态度之间的张力；第二，注重政治社团领导和活动的那些人同强调宗教律法研究重要性的那些人之间的冲突。

拉比传统中巨大的异质性同时受到内部和外部两种力量的影响。从内部来说，犹太教中出现了各式各样的宗教、知识和社会取向，这些取向在先前都已有所提及。的确，这些取向被拒绝给予象征性的、尤其是组织上的自治，并作为次级元素被囊括在哈拉哈模式之中。当然，拉比犹太教是不允许这些取向发展成为异端宗派的。尽管如此，它们代表了犹太生活的重要组成部分、文化创新的焦点以及潜在性的地下运动的发展。这些取向之间的争斗促使对犹太传统阐释的多样化局面的出现，而这些对传统的多样化阐释由不同精英部门及群体、犹太社团中发展起来的各种不同类型的领导力量传播开来。不同取向之间的这些斗争，以及与之相关的文化创造的多样性与“外部”发展——即犹太社团与它们生活其中的“主流”社会之间关系的发展——建立了紧密联系，这些内容我们将在后面看到。

这种创造力首先是在知识上的，但也不仅仅是知识上的创造力。频繁的争论与讨论证实，这种创造力的核心在于对处于流散中的犹太民族集体存在的象征性的、制度性边界的描绘，以及试图维持这一边界的努力。

这样一种拉比模式下的动态性与对传统阐释所强调的不同层面——哲学的、神秘主义的、虔信派的以及律法–仪式的——紧密相连。而不同的社团取向也与在该时期正趋于形成的犹太文明的基本主题相联系。在原则上，所有的这些运动取向都可能成为“异端”趋势和分离主义运动的核心，就像在第二圣殿被毁之后的头几个世纪得以发展的那些运动一样，至少在中东，它们一直存在于基督教和伊斯兰教文明的边缘。然而后来，虽然这些运动的取向还必定会继续对占主导地位的哈拉哈犹太教模式（犹太文明历史中第一次出现的成熟的正统派）产生影响，但它们之中的大多数都成为哈拉哈犹太教主流之外的

58 边缘性存在。其中，公元 7 世纪下半期，在美索不达米亚和近东其他地区出现了一种表达最充分、发展最完整的教派——卡拉派，它与拉比正统派的完全定型化并在犹太世界获得霸权地位处于同一时代。卡拉派否认口传律法的有效性，试图仅以成文律法《托拉》为依托，建立一种不同的、非哈拉哈的拉比模式。

即便是处于潜伏状态，中世纪犹太教中各种神秘主义、虔信派以及哲学家群体依然将异端倾向清晰地表达出来。借用哈拉哈模式中的祈祷、学习和律法的机构和网络，这些后来潜在的异端运动得以发展，并在哈拉哈犹太教的制度框架内部产生了新的领导力量。第二圣殿被毁后，虽然犹太教中发生了很多影响深远的变革，但这些运动的领导类型却在其基本特征，尤其是其面对一般性框架（哈拉哈框架）所表现出来的异质性和取向方面保持着惊人的连贯性。在不同的领导类型、社团组织模式以及基本的宗教与制度导向的共同作用下，犹太社团组织及其所发展出来的文化创造力模式都显现出了巨大活力，这一现象的出现为异端及宗派主义的产生提供了潜在可能性。

然而，从整体上来说，直到现代开始，无论是宗教文化领域，还是在社团事务方面，这些力量都没能发展为成熟的异端运动或分离主义运动。而且，它们都被包含在了相对广泛的拉比犹太教之中，并在一种或另一种层面上接受了拉比犹太教的基本前提。只是随着萨巴泰运动以及后来近代早期多种知识及社会运动的出现，这些异端运动才开始爆发并在 19 世纪欧洲的解放进程中得以全面发展。

对古代和中世纪时期犹太历史独特性的总结观察

在之前的三个部分中，我们分析了犹太文明的一些主要方面的特征：它定型于第一、第二圣殿时期，并在古代晚期至中世纪期间发生了转型。我们对犹太文明与另外两种一神教文明（基督教和伊斯兰教）前提之间的一些最重要的差异做了详细分析。

我们对构成犹太文明核心的那些基本取向及其具体的文化、制度规范如何在同其他文明持续遭遇与交往（起初是第二圣殿时期同周边异教文明的交往，其中，尤其是与显现出强烈的普世主义倾向的轴心 59
文明——希腊化与罗马文明的交往）的过程中得以定型进行了分析。后来，在与基督教文明的交往中，这些前期文明对犹太文明的态度对两者之间的交往影响极大，这种影响在中世纪流散时期表现尤为明显，那时，犹太人无论在经济上，还是在政治上都依赖于他们生活其中的主流文明。

通过分析，我们提供了支撑我们主要论点的大量例证：以文明的术语来理解犹太历史经历的最佳途径，是将犹太历史视作一种文明的历史（我们整个分析都基于这样一种意义），而不仅仅是一个民族或一种宗教的历史。只有从这种观点出发，我们才有可能（至少开始）理解犹太历史经历中的最大谜团——犹太延续性问题。

纵观整个古代历史，在第一和第二圣殿时期，包括以色列王国在内的许多王国被毁，许多民族被迫流散，这些王国或国家中的多数（也可能是全部）也都已经消失。虽然有一部分民族作为种族或语言上的少数群体而幸存下来，但大多数流散的民族都已经消失。只有犹大王国的余民从“巴比伦流亡”（Babylonian Exile）中回到以色列地，并得以重建一个既是政治的，又是民族的、宗教的犹太实体——这一实体的承载者将他们自己视为古以色列（更确切地说是犹大）实体的延续者。只有在意识到这些重建犹太实体的领导者将自己视为——用我们的术语来说——独特文明愿景的承载者之时，我们才能真正理解犹太民族的这种延续性。当然，那个时候，他们不会使用这样的术语。犹太人的集体认同的观念以及他们的宗教经历也以这样的一种愿景表达出来，换句话说，与强烈的普世主义和超验现实的观念一致，他们努力尝试构建一种特定的社会政治模式类型。

在犹太人看来，这一文明愿景的适用性超越了犹太人自己的社团，潜在地具有普遍的有效性。正如我们所看到的那样，以这样一种他们所声称的有效性，古以色列人和犹太社团以政治和宗教之类的术语定义了自身。同时，与古代多数国家一样，犹太社团内部构成集体认同的各要素之间并非完全统一，相反，这些要素共存于彼此之间持续的张力之中，后来的希腊化和罗马文明时期以及更后来的基督教、伊斯兰教时期也出现了类似的情况。从总体性的文明视角来说，虽然构成犹太集体认同的各要素的具体定义，以及具体的宗教礼仪、信仰和取向都发生了变化，但这些要素之间的不断融合及张力却一直在整个犹
60 太史的不同时代中传递。当把犹太文明与形成于古代晚期的某些宗派或许多族群进行对比时，我们可以得到一些具有启示性意义的结果：后者（如撒玛利亚人）集体认同的各组成要素之间不存在冲突，而且这些要素同总体性的文明视角或宗教群体、教派之间不存在任何联系。这些群体或宗派即使没有消亡，也只能幸存于某些小块的飞地，对其直接生存环境之外的区域几乎没有任何影响力。

如我们所看到的，鉴于犹太人集体认同的这些特点，称呼其为贱民民族基本上是不适当的，甚至是错误的。古代晚期和中世纪时期，那些被征服的民族与宗教都发生了意义深远的转变。然而，它们中的多数都已经消失，当然，也有一些得以幸存下来，成为比早期时代辐射范围更大、更广泛的文明框架中的民族或宗教少数群体，或者一块飞地。在这些民族或宗教少数群体中，其中一些的确成为了边缘性民族或贱民民族，另一些则竭力维持某种边缘性的或集体性的政治存在。与同在希腊化–罗马文明框架，尤其是基督教、伊斯兰教文明框架中发展起来的大多数此类群体相比，犹太民族历史经历的特殊性非常明显。虽然犹太人丧失了政治独立及领土上的集中，但他们却从不放弃自身集体认同中的政治和领土要素，就这点来说，犹太人与其他有着相似命运的群体和民族有着极大的不同。这些政治及领土要素不仅仅被转化为历史记忆或模糊的未来希望，从而被犹太人铭记，而且他们还将这些记忆、希望同更广泛的犹太文明愿景密切联系起来，并通过这种文明愿景表达出来，以实现与主体文明的不断竞争，而这些主体

文明也可以感知到此种竞争。在古代晚期和中世纪时期，相较于其他许多少数群体、边缘性群体、贱民民族，甚至那些维持了一定政治独立性的民族而言，正是这种对文明愿景的依恋使得犹太人显得如此与众不同。如我们所看到的，正是因为对由政治的、原生性的元素（种族或民族元素）和宗教元素——这些要素存在于一种持续紧张的状态中——组成的文明愿景的依恋，才使得犹太人能够维持其集体生存和身份认同的延续性。总之，犹太文明愿景为犹太民族提供了一种框架，在这个框架内，构成集体认同的各组成部分之间既结合在一起，又以某些特殊方式维持着一种彼此紧张的状态，这种独特性是犹太文明区别于其他文明的魅力所在。

三大一神教文明的历史经历与异端的影响：比较观察

如其他轴心时代文明一样，先前所分析的不同的文化取向及其承载者、各文化重建世界的愿景、实现这些愿景的具体领域以及历史条件之间的相互作用，共同塑造了各大文明的基本结构和文化轮廓，中世纪犹太文明也不例外。在形成后轴心时代不同文明的大致制度轮廓 61
和动态方面，“文化的”或“文明的”因素与社会结构的、生态的因素这两组条件的不同组合发挥了至关重要的作用。在先前章节中，我们已对犹太文明、基督教文明和穆斯林文明三者进行了对比，在本节中我们将重点放在这三种文明各自的历史经历，特别是各自文明中盛行的本体论观念以及从其中发展出来的制度性动态（尤其是政治、文化方面）之间的关系上。

这三大文明内部的制度性动态的一个核心点是：所有文明都出现了向异端运动发展，且正统派与异端运动之间发生对抗的倾向。

这些对抗不单纯是知识上或神学上的对抗——三大一神教文明都有着各自认为合适的制度秩序愿景，因此它们内部激烈的政治斗争一方面在于努力将各自所倾向的观念制度化，另一方面对不同群体作为这一制度秩序的守护者所具有的权利作出制度上的安排。

三大宗教文明内部的这些斗争，都集中在有着密切联系的两大问题上，分别是：如何界定实现自身文明中的基本超验愿景的适当领域，如何界定统治者应负的责任以及那些要求，至少是试图要求统治者承担责任的群体的性质。虽然三大文明都发展了这些观念及群体，但在关于统治者责任的基本标准、制度发展轨迹和进程的具体规范等问题上，它们之间差异巨大，这些又会影响到统治者实际担负的统治责任。

在这三大文明中，统治者责任发展的方式各有不同，这种方式上的不同，首先与基本的本体论观念密切相联，这些本体论观念关乎超验与世俗领域产生鸿沟的本质以及弥合这种鸿沟的方式；也就是说，与不同的实现超验愿景的措施、不同的救赎观念以及流行于这些不同文明之中其他类似观念相关。一方面，这些文明极力强调在理想秩序与世俗秩序之间存在着尖锐矛盾，因为前者是以超验思想所设想的、由上帝诫命以及宇宙和谐或类似的思想为基础，而后者则建立在社会及政治生活的迫切需要、人类本性的复杂性之上，并常常受纯粹的功利主义情境、权力考量或国家利益的支配。然而，另一方面，这些文明也注重在文明传统发展过程中，如何弥补理想与世俗秩序之间的鸿
62 沟，并将理想同世俗更加紧密地结合在一起。由于不同文明的本体论愿景和各种世俗活动中所蕴含的救世思想各不相同，这三大文明对上述问题的关注在本质上有很大区别。[22]

虽然该时期的一些极端千禧年乌托邦教派常常宣扬试图在地上建立某种尘世的“天国”，但有一些文明——尤其是像印度教和佛教的“来世”文明——开始对实现这一目标的可能性表示怀疑。古希腊与中国有着强烈的现世取向（虽然希腊更加强调在政治舞台和政治活动中实现现世取向），两者都倾向于强调寻求弥合理想与既存的、真实的、世俗的社会秩序之间鸿沟的某些具体方法的可能性上，寻求至少能将这两种秩序紧密联系在一起的方法。

因此，希腊和希腊化传统非常强调将理性（逻各斯）作为宇宙的统

治法则，并不像其他来世或一神教文明那样，非常强调超验秩序与世俗秩序之间的差异。然而，柏拉图思想的发展一方面在寻求了解不同社会秩序，或者毋宁说是社会政治秩序构成及运行的具体方式的同时，也证实了这一差异的存在，成为在希腊罗马得到发展的社会政治探究的很大一部分。这种社会政治探究类型在亚里士多德的著作中得到了完整体现，并已成为后来（中世纪和现代）西方政治社会探究传统的重要组成部分，这一点众所周知。[23]

在中国，法家学者在看待人类本性，以及促进人类本性与宇宙秩序相协调的可能性方面表现得相当悲观，他们强调统治者有必要用“完全的”行为规范来管理人们的行为。同时，占主导地位的儒家学派则总体上对人类本性和宇宙抱有乐观态度，因此他们注重培养统治者和臣民的道德品质。与既存的政治秩序现实（经常是相当严酷的）相悖，儒学传统力图寻求理想的道德秩序与超验宇宙观之间的全面和谐，但这两者之间却存在着持续的张力。[24]

由于现世和来世的拯救观念相互交织在一起，这些一神论宗教或文明（比其他文明）显得更为复杂。之所以会更加复杂，是因为本体论与其“另一面”之间存在着矛盾。一方面，本体论强调了超验秩序与
社会秩序之间的巨大鸿沟，这鸿沟几乎是不可逾越的；另一方面，它 63
要求人们尽力寻找能弥合超验秩序与世俗秩序之间分裂的具体方法，并将这两者紧密联系在一起。[25]

无论怎样看待弥合超验秩序与世俗秩序之间鸿沟的可能性问题，所有文明都开始探求弥合鸿沟及如何实现所有文明中的超验愿景的方式方法。在这些文明中，这样一种探求多出现在一些宗派运动和异端运动，以及在这些社会中得以成长、对现存正统派形成挑战的不同的乌托邦运动中，并获得了完整的阐释和传播发展。但不同文明中的乌托邦主义和异端派别有着很大的不同，这些不同极大地影响了这些文明中统治者责任的观念。这种观念对这些文明的政治动态发挥了一定

的影响，并从不同文明中的主要异端运动同社会政治运动之间的交织中最为清晰地体现出来。

在那些来世文明（印度教及佛教）中，政治领域并不被视为主要的救世领域，而在这些文明中发展起来的主要宗派运动大力宣扬的主要乌托邦思想则倾向于反对看来旨在缓和否定、放弃世俗世界倾向的制度性解决方式；而以强烈地重建信仰者的内在体验为导向。

在一神教文明中，政治领域被视为一种拯救领域，而且是唯一的领域，即便在某些情形下或某些历史时期中，政治领域被认为是拯救的核心领域，而乌托邦的模式——其末世思想、统治者责任的观念，以及宗派运动（乌托邦思想的体现者）的特征却朝着与其相反的方向发展。在基本取向方面，犹太教、基督教、伊斯兰教的乌托邦主义及宗派都倾向于发展一些新的政治的（某种程度上社会的）秩序的观念，而这种秩序是以基本的本体论重建与政治社会中心重建结合为基础的。

这些不同的救世观已极大影响了不同统治者的责任观念和这些文明中出现的政治动态。但只有将影响统治者责任的制度进程和领域的具体规范考虑在内之后，我们才能对这些文明中的政治动态加以了解。

这种制度规范同各自文明内部盛行的另外两个维度，即本体论观念和社会秩序思想的维度密切相关，这两个维度超越了不同的救世取
64 向。第一个维度指的是社团中的成员概念，尤其是社团成员首先进入神圣和救赎的领域，然后进入政治中心，这两者之间并非总是统一的。根据雷纳·鲍姆（Rainer Baum）的划分，第二维度同第一维度紧密相连但并不与其等同，它指的则是社会秩序的“全面”观念对于“片面”观念的相对重要性。[26]这些维度与救世观念的结合对不同轴心时代文明的中心与中心—边缘之间关系的特征造成了重大影响，也影响了从这些文明中发展起来的统治者责任的观念。

就第一维度而言，其中最重要的是，通往神圣之地或政治中心之路是否对社团所有成员（不过这一点需要加以定义）全部开放。如果答

案是肯定的，那么它在什么条件下得以实现？或者通往神圣之地或政治中心的途径是否要由某种垄断性的群体或民族来担任中介。正如我们所看到的，虽然看待上帝与人类之间关系的观念不同（犹太教注重契约关系，而伊斯兰教在历史上表现出对上帝的完全顺从），但犹太教和伊斯兰教都强调各自社团的所有成员都能直接进入神圣领域——宗教中心。与最后这些观念密切相关的是，所有成员能直接到达政治权力中心这一思想在犹太教中得以发展，且其发展倾向要明显强于伊斯兰教。

社团所有成员都能自主地通往政治中心这一观念在意识形态表现和制度表现上的最充分的结合集中体现在公民概念上。公民概念发端于众多部落传统，并在古希腊罗马时期首次得到充分发展，后来则传到西方和欧洲，不过其形式已经发生了巨大变化。[27]变化的关键在于其由最初的所有公民都直接参与到政治领域变为了公民代表制度。这种制度根源于许多部落传统，如传说中所描述的部落大会，后来首先在封建时期，之后又在现代领土国家的发展中发生了转变。[28]然而，只是在文艺复兴时期的一些意大利城邦中，人们才尝试恢复某些古代时期的城邦制度传统，结果促使了现代政治话语——共和主义——这一主要传统的产生。[29]

从统治者责任的制度定位角度来说，另一个截然相反的观点是：在轴心时期文明中，受限于当时的通信技术发展水平，这些中心不能渗透到边缘，即便它们想渗透到边缘——一些“自由的”或部分受抑
制的中心只能暗中发展，这些中心被视为超验观念的载体和化身，并 65
掌控着边缘文明通往中心文明之路。在某种程度上，这些中心既有可能类似于沙皇俄国——一个真正的帝国中心，也可能类似于中国的结合模式——既带有帝国性质，又包含有自主的、但相对排外的官僚及文人群体，[30]这使得人们可以自主地加入所有的文化社团，但却无法自由地进入政治中心。

在印度文明中，民众需要通过媒介才能进入神圣之地和政治中心，

前者的媒介为婆罗门，后者则为刹帝利。然而，在印度文明中，政治中心并不被视为重要的救赎之地，政治上的意识形态范围与祭司的意识形态范围也并无联系，祭司所能达至的也仅仅停留在仪式领域。因此，印度民众在实际进入政治中心方面，具有相对的灵活性。

毋庸置疑的是，全面的社会秩序观（ex-toto）同“垄断性地”控制所有通往中心的途径之间存在着紧密的选择性亲和关系（elective affinity）。但是，前者也可以与社团一般性的、普遍的成员观念和民众进入中心的观念实现共存。如伊斯兰教以及一定程度上的当代许多拉美国家就存在着这种情况。而这种共存状态常常会导致相当不稳定的政治动态的出现。

在特定前提下建立一种文明是伊斯兰教的基本意图所在，而其所具有的政治动态及各宗派主义类型同这种意图有着密切联系。在乌玛理想的表述中，这些特定前提的一个关键方面是，伊斯兰教意图建立一种在政治和宗教社团（其中，军事征服占据重要地位）之间实现合并的文明。事实上，在伊斯兰教形成及扩张早期，人们质疑在构建伊斯兰运动过程中，实现政治社团和宗教社团的理想融合，并将其视为伊斯兰教基本原则的可能性，甚至放弃了这一想法，尽管绝不是完全放弃。相反，伊斯兰（逊尼派）宗教思想的主流强调了穆斯林社团以及任何保证这一社团和平存在的统治者的合法性。[31]

相当具有讽刺意味的是，随着发生于阿巴斯革命时期的普世思想的逐渐发展及最终成型，人们放弃了乌玛理想中实现宗教与政治合并的可能性。M. 沙龙（M. Sharon）认为，阿巴斯革命同统治者继承制的合法性有关：之前，统治者的合法性根源于先知后裔及社团共识，现在则转移到因完成先知意愿而具有合法性的长者身上。[32]H. 吉布（H. Gibb）以及最近时期的 I. 拉皮德斯（I. Lapidus）认为，随着普世观制度化的发展，由宗教领导人定义的、只具有部分合法性的政治宗教精
66 英团体之间出现分离现象。[33] 在阿巴斯王朝晚期，士兵奴隶及军事统

治者这一现象首次变得重要。且这种现象同（或者至少在相对“安静”的时期中）现世与来世活动之间存在的相对强大的分离倾向有关，相比较之下，人们更注重来世活动。

伊斯兰教历史性的传播同政治及宗教精英团体之间的分离相关，更与伊斯兰教普遍的宗教社团同众多原始社团、精英部门同当地社团之间的巨大分裂相关。在伊斯兰教中，这些宗教精英们享有较高水平的象征性的自治权，但只有较小的组织上的自治权。[34] 而宗教领袖依赖统治者而存在，并没有发展成为一个广泛独立的、有凝聚力的组织。而且，那些宗教职员除在奥斯曼帝国时期被国家组织起来之外，在其他时期则并没有作为独立实体而被组织起来，也没有组成一个有组织的、结构严密的机构。但伊斯兰教中依然潜在地蕴含有将国家与宗教结合起来的强烈倾向。由于这些历史进程的影响，伊斯兰教只有在极为特殊的环境之下才有可能出现帝国体制。

随着伊斯兰教的传播 、制度化与扩张，宗教精英团体的结合、精英团体同具有当地属性的地区社团之间的关系得以发展。它们的发展促使了类似于帝国及世袭体系的、独特的伊斯兰统治群体的产生，而且，这一统治群体同独特的伊斯兰教世袭苏丹制联系密切。从部落和宗教因素中产生的军事宗教统治者发展了军事奴隶体系，该体系总体上被称为古拉姆体系（青少年征兵体系），具体说来有马穆鲁克体系和奥斯曼德瑞斯体系（Ottoman deruishime），这些体系保证了兵员流动的新渠道，也保证了统治者可以从外来部落中招募新成员。[35]

因此，苏丹体制之所以盛行，原因并不是伊斯兰教所坚持的传统“部落”因素，而是伊斯兰教制度化及扩张所产生的内部动力促进的结果。因此，与东南亚或早期近东地区其他“传统的”世袭体制所展现出来的特征不同，这些政权显现出了几个重要特征，正如伊斯兰帝国体制也显示出一些非常具体的特征一样。理解这些具体特征的一个关键的线索是：尽管在事实上将乌玛思想制度化的可能性很小，但伊斯兰教将继续朝着宗教、政治领域、精英部门联合统一的方向发展。

重建宗教、政治领域及精英部门的统一成为了伊斯兰教延续不断的理想，对伊斯兰教政治及宗教发展造成了深远的影响，而且这种重建统一思想也是伊斯兰教与其他文明最具差异性的根源，其对伊斯兰文明的社会和政治动态的影响可以从一些重要表现中看出来。

67 首先，其影响表现在多数伊斯兰政权中的统治者责任政治及政治组织模式上。从纯粹的象征层面来说，统治者应该秉持乌玛理想并对之负责；但这种理想在伊斯兰教早期就已经被放弃，并被偏好无政府状态的统治者的神学思想所取代。[36] 由于宗教领袖并未成为独立于统治者之外的另一社会阶层，而更广泛的社会阶级也没有自主进入中心的归属性依托，民众的政治参与范围相对有限，且多数存在于法庭圈子及官僚——或者爆发的宗派运动中。在这些国家中得以发展的各种宗教派别及大众运动并没有对政治权威形成有效制衡，暴乱起义是改变政权的唯一机制。在稳定的伊斯兰社会，一方面社会缺少对统治者权威进行宗教或其他方面的日常监督，而另一方面伊斯兰教宗教领袖、乌理玛和苏菲酋长成为法律及伊斯兰社团边界的守护者。因此，在同统治者的结盟中，这些宗教领袖成了统治者不可缺少的合作伙伴。

事实上，伊斯兰政权及宗派的政治动态的某些具体特征显示，乌玛理想从未被放弃，这种原始的伊斯兰乌托邦理想具有持久的影响力。乌托邦思想虽然没有得到完全的实现，但也没有被完全放弃。伊斯兰教政权的这些政治动态常常带有强烈的宗教维度或（宗教）愿景，并在逐渐强大的、“半革命性的”、以宗教政治变革为导向的宗派活动中，以及伊斯兰教扩张的最初模式、伊斯兰教国际体系的形成过程中表现明显。

但正如伯纳德·路易斯所指出的，伊斯兰教中从未发展出革命的观念。[37]但同时，又如欧内斯特·盖尔纳（Ernest Gellner）在对伊本·赫勒敦（Ibn Khaldoun）著作的阐释中所言，在宗派性群体联合复兴的部落力量共同对抗“腐败”和虚弱政权，以废黜（原有）统治者成为可能的情况下，一种不太直接、却强有力的负责任的统治者类型的出现也因此变得可能。[38]这些趋势关涉伊斯兰宗派和潜在的异端（它们在伊斯兰教历史上有重要影响）的本质，以及宗派主义在伊斯兰扩张中的地位。

在伊斯兰教宗派的这些特性中，其中最核心的部分是其基本宗教取向中所具有的政治维度的重要性。这种政治维度可能以积极参与到政治中心——中心的毁灭或转型，或者有意识地撤离政治中心为导向。而撤离政治中心的派别通常潜在地具有重回政治生活舞台的抱负，如苏菲派和什叶派。因此，伊斯兰教中的任何宗派自身都潜在性地包含有一定的政治思想和倾向，这使得伊斯兰教内部出现了一些重要运动、政治分裂及问题（首先是什叶派）。而在适当的历史环境中，任何新的、 68
充满活力的政治因素都可以再次激活宗教思想所蕴含的这种政治倾向。

伊斯兰社会所具有的一个重要特点即是，其内部的宗派政治影响力常常同伊斯兰教扩张问题、尤其是同对带有部落因素的伊斯兰政体进行的持续冲击有关。而这些带有部落因素的伊斯兰政体常常将自己视为原始的、理想的伊斯兰思想及伊斯兰最初政治的载体。这种倾向同伊本·赫勒敦所描述的著名周期紧密相连：即在内部孤立及虔诚宗教所激励之下的部落征服导致了城市征服，以及在被征服城市定居现象的发生，且随之而来的是统治精英阶层（被征服部落）的衰落，而且一些新的部落因素也有可能从被征服地区的、庞大的、或旧或新的部落遗产中出现。

比较具有意义的是，许多部落（比如说蒙古）在改宗伊斯兰教后，改变他们自己“典型的”部落结构，使之与伊斯兰教宗教政治观念保持一致，结果常常成为纯正伊斯兰的象征。因此，它们连同阿拉伯半岛上那些看起来蛰伏的部落，共同构成了伊斯兰文明中充满活力的政治力量，这种活力一方面表现在其内部联系方面，另一方面则体现在其社会及政治的形成方面。[39]

但基督教文明——尤其是中世纪天主教文明——中则出现了与伊

斯兰教文明不同的情形。圣奥古斯丁（St. Augustine）所宣扬的，上帝之城与人类之城之间存在着巨大鸿沟——这一思想在很长一段时间里都占据统治地位。[40] 在成为帝国占支配地位的宗教后，基督教从最初开始就具有的现世思想得到不断强化。或许正如埃里克·沃格林（Eric Voegelin）所认为的那样（即便可能是一种夸张的方式），在某种程度上，由于诺斯替教派思想（其与奥古斯丁的思想相悖）对基督教主流思想的不断渗透，后者的现世倾向从中世纪晚期起就已被强化。思想上的渗入使得人们不断尝试缩小理想与既存现实之间的鸿沟，在将现实中的社团同理想融合在一起并促其变革的可能性信仰基础上，使之成为完全实现理想秩序的一个缩影。[41] 因此，一般情况下，基督教中的各式各样的异端教派及宗派的主要特点（尤其是西方的基督教）即是，这些思想中都含有较强的现世成分，并力求重建和控制政治认知领域，带有强烈的同社会政治抗议运动结盟的偏好。

69 这些异端宗教和宗派的特点也同正统派的特征有密切关系：首先，两者都存在某种组织严密的教会，以试图至少垄断宗教领域，但通常情况下也包括宗教同政治权力之间的关系。其次，通过清晰的认知标准以及对认知话语领域界限的消解，教会致力于宣传和规范教义。这种宣传并规范教义的倾向根源于人们对上帝、人类与世界之间的关系所进行的强烈的认知解释上，一般盛行于一神教文明中，尤其是同希腊哲学紧密相连的基督教中。在这些所有的一神论宗教中，随着宗教在世俗世界活动中所形成的现世取向与来世取向的强烈交织，重建世俗世界在不同程度上被视为救赎或实现超验观念的焦点（至少一个焦点）之一，而教会宣传并规范教义的倾向正好与这一焦点密切相关。因此，对这些世俗活动进行适当标识就成了占统治地位的正统派与从其中发展出来的数量繁多的异端运动之间的核心问题及争论焦点。

事实上，在整个中世纪期间，以及后来天主教反宗教改革的传统中，对理想与现实秩序之间鸿沟的基本的、官方的及主流的认知中就蕴含了异端反奥古斯丁信仰倾向。至少，这种倾向会出现在超验观念所设想的理想秩序与实际的、现存的社会政治秩序之间存在的基本差异中。[42] 而教会和多数政治权威都对这些认知表示赞同，且都非常强烈地希望在政治方向上摆脱乌托邦和末世倾向。

基督教所有组成部分中都存在着基本前提和信仰取向之间的张力问题，比如政教关系、修道院组织和秩序、家庭和社团等。但是，在不同的历史时期，基督教的不同组成部分解决这些基本张力的方式大为不同。在欧洲，尤其是西欧和中欧地区，在欧洲文明发展的基本历史及政治生态方面的巨大影响之下，这些张力以一种相当特别的方式得以解决。

从欧洲历史经历的历史层面上来说，其中最为重要的是盛行于欧洲地区的文化取向的多样化。这种多样化的文化取向从犹太—基督、希腊以及各式各样的部落传统中发展而来，极大强化了在解决超验秩序与世俗秩序之间张力方式上的多样性及复杂性倾向，要么通过现世活动（政治或经济）的方式，要么通过来世活动的方式。[43] 同时，这些 70
不同的文化传统在结构上并没有按等级进行有组织的分割，而是处于一种不断互动与竞争的状态。因此，对比拜占庭帝国的例子可以发现，根源于部落传统中的一些取向，如社团成员在通往上帝和权力中心之路上的平等权在欧洲地区获得了更为有力的发展。

在经济、结构、政治等方面之间，在欧洲得以发展的结构性多元主义类型最为重要。[44] 这种多元主义的主要特征是低水平（但在不断增长）的结构差异与不同集体及框架持续变动的界限之间的强力联合。在这些结构性和政治生态传统中，文化传统的多样性与解决超验秩序和世俗秩序之间张力的模式的结合，解释了为什么在西欧及中欧地区，或者其他基督教文明中，等级制度与平等观念间存在张力；一方面，不同群体和阶层对宗教与政治秩序的强烈认同并自主地向宗教及政治秩序靠拢，另一方面，对教会或政治权力在通向宗教和政治秩序进程中的中介作用的强调。与之密切相关的是，构成参与政治与宗教领域的基本维度的平等与等级制度之间也存在着张力。

象征模式与结构情形的多样性的结合为“传统的”西欧文明衍生了一些基本制度特征，使其区别于其他轴心文明（包括基督教文明）。西欧文明的独特特征主要通过以下几个方面表现出来：政治领域具体定义的定型、规范政治领域及其动态的规则、权威的合法性模式，以及在中西欧地区发展起来的中心结构、中心—边缘关系和主要群体。

政治领域的构建不仅被视为融合超验与世俗秩序的可能性方式，还被视为实现超验的本体论愿景的主要领域；这方面伊斯兰教也是个例证，相比较其他宗教文明，其实现方式更为明显、突出。然而，与伊斯兰教不同，在希腊哲学和基督教基本社会学概念的混合影响下，欧洲地区的这一领域（及大多数群体）被定义为一个独特的本体论实体。[45]

这些定义对欧洲制度形成及活力的某些重要方面造成了影响。因此，欧洲地区政治秩序的合法性模式的特点是，在不同社会生活领域，合法性在神圣的层面、原始的层面与民间的层面之间存在张力，并出现持续摇摆、分离的趋势；此外，其特点还表现为一种强烈的趋势，
71 即各个群体主要依据原始性术语来定义自身，而教会则依据纯粹的神圣性术语定义自身等。然而，另一方面，每一个群体和中心都试图冒用合法性的所有不同象征符号来显示自身的合法性。另外，这两种趋势的结合与主要群体——原始的、政治的及宗教的群体——边界的重建以及彼此之间的关系有密切联系，从而也引发了持续不断的冲突。

这些合法性模式和群体的建构也同发展于东西欧的中心结构、中心—边缘关系有关。与帝国社会、中国和拜占庭帝国相同，西欧和中欧社会也总是以中心群体及类似的边缘群体相对强烈地认同一些共同的“理想”或目标为特征的；中心向边缘渗透，并动员边缘群体支持其政策，而边缘群体则紧密依靠中心群体来塑造自身的面貌。然而，不同于帝国国家，欧洲发展出了政治的、宗教的以及地区性的多样性中心。但多样性中心，尤其是多样性政治中心的存在并不是欧洲所独

有的特点。正如我们所看到的，印度也能发现这样的多样性中心。欧洲经历独特性的原因不在于其多样性的中心，而在于这一多样性的某些特征。

这些不同中心，不像在印度以及较小程度上在伊斯兰教中那样，共存于某种适应性的共生关系中，这一共生关系的特点是，宗教中心为政治中心提供合法性，政治中心为宗教中心提供保护和资源，与此同时，它们也会围绕着这一适应的相对性条件彼此斗争。在欧洲，这些多样性的中心和次中心，以及不同群体都被安排在一个复杂、但绝非统一的、严格的等级制度中，在这种等级制度中，没有任何中心能够明显居于优势地位，但却有很多中心无论是实际上，还是在意识形态上都占有优势和霸权地位。相应地，不同的中心和群体都倾向于为取得在这样一种等级制度中的相对地位而斗争，因此这些中心一直处在不断的变化和重构当中。

在不同的中心和群体重建进程中，形式多样的抗议运动和异端运动发挥了重要作用。这是因为许多运动都以政治领域的重建为导向，或者换句话说，政治领域的重建构成了这些运动导向的重要组成部分——这与印度的情况有着显著不同。

与在这些中心重建进程中异端所处的地位密切相关，许多中心都希望进行普遍的扩张以将其他所有的中心和社团囊括在内。另外，这种扩张常常会在宗教或意识形态层面被合法化，并经常导致宗教战争或意识形态战争的爆发。

因此，欧洲政治动态的特点表现为持续不断地扩张和巩固领土， 72
形成意识形态上的紧凑单元的强烈倾向，以及不同中心、群体及它们各自领导人之间出现持续张力（潜在地引发了彼此之间的激烈斗争）。然而，鉴于欧洲文明的政治－生态上的多元主义，这些不同中心之间也可能出现和平共处的状态。

在整个中世纪时期，政治中心与异端之间的相对分离状态一直存在，并在宗教改革与反宗教改革，以及现代性大革命时期开始崩溃。

随着英国大反叛（内战）以及美国、法国革命的爆发，政治领域内弥漫着强烈的宗教取向，如强烈的乌托邦、末世和信奉千禧年的取向，后来，在启蒙运动和法国大革命中，它们朝着一种更加世俗的方向转型。

比较框架下的中世纪犹太历史：异端的潜在与拉比法庭的统治

犹太历史经历，尤其在圣殿被毁之后，与其他一神教文明有着巨大差异。众所周知，犹太历史经历中包含着这样一些“表层”事实：政治独立的丧失、区域性的分散、持续不断的迁徙以及随之产生的领土生存中心的变化，并在充满敌意、矛盾的异邦环境中不断斗争以求得生存。相较其他文明，这些既存事实使得犹太历史经历显得独一无二。但是，这些看起来似乎属于外部的事实对犹太历史经历，及实现犹太文明愿景的可能性所具有的充分意义，只有在检视这些事实对形成犹太文明基本前提的意识形态和制度含义所产生的影响时，才能得到理解。之前，我们已经分析了这些含义之中的大部分，现在我们将它们汇集在一起，只是为了强调犹太历史经历与其他文明的不同。

首先，第一种含义是这些永存的事实——流散、流亡、政治独立的丧失、与周围环境的敌对关系（这种关系产生了殉道的可能性）——已经成为犹太集体认同中的主要意识形态主题和重要组成部分。正如我们所看到的，第二种含义是犹太制度性领域范围的不断缩小，以至于他们的文明愿景只能在社团安排的领域，如在学习、祈祷、宗教仪
73 式以及各种知识和思想上的努力中得以实现。在政治及其他世俗舞台上实现这些犹太文明愿景的可能性，以及积极参与世界历史的可能性，都被转移到了弥赛亚式的未来。同时，犹太社团中出现了范围广泛的、跨国家、跨社团组织网络，为犹太人的团结和共同努力提供了持续性的框架。

在犹太传统中的政治独立时期，尤其是第二联邦时期，着重强调

了理想的、超验的秩序与既定的世俗秩序之间的差异，以及根据乌托邦救世愿景重建这种秩序的努力。后来，在第一圣殿被毁及巴比伦流散之后，尤其是第二圣殿被毁之后，鉴于犹太民族独特的历史处境（处于流散状态并丧失政治独立地位），犹太人超验和乌托邦愿景中所包含的一些具体的、实际的政治内容尽管并未消失，但一直处于被抑制的状态，直到西班牙驱逐事件之后才得以重现。

在巴比伦的长期流散中，弥合既定的、世俗秩序与理想秩序之间张力的努力被转移到未来，该努力强调本身缺乏任何终极意义的既存现实与弥赛亚式的未来之间的不同。但就当下而言，会时不时地出现为了弥合这种张力的尝试，这些尝试在弥赛亚运动中得以体现，其中以 17 世纪萨巴泰·泽维领导的萨巴泰运动规模最大。[46]

但这并不意味着中世纪犹太文明中没有出现带有异端倾向的、试图弥合这种差距的种种尝试；相反，根据我们已经看到的，从整体上来说，它们都被包含在哈拉哈框架之中。而且，受犹太政治传统中形成于较早时期，后又在中世纪继续发展（尽管以一种转变了的方式）的某些构成要素的影响，这些异端倾向被极大强化。在犹太政治传统中这些最重要的构成要素当中，原则性的政治无政府主义是其中之一。

原则性的政治无政府主义（principled political anarchism）是什么意思呢？在这里，我指的并不是可以在大多数人类社会中发现的一种倾向，这种倾向试图规避法律的要求，或者与法律形成一种工具性或适应性的关系。诚然，犹太人长期以来都处于外邦统治之下，是一个被压迫的少数群体——这一历史经历自然而然地强化了犹太人的政治无政府主义倾向。但同时，犹太人中也出现了接受并认为居住地法律合法，并将其视为自身唯一保护者的对立倾向。“王国之法便是法”（Dina di-malkhuta dina）的原则在哈拉哈立场中占据重要地位。的确，这些倾向对我们所讨论的话题显得重要，但只有当我们这些倾向与其他倾向，即在犹太文明中发展起来的对待居住地法律的一些更有原则性的倾向结合起来，我们才能真正理解这些倾向所蕴含的充分意义。
74 其中一种倾向则被某些群体明确表达出来，即以某些更高的、经常是神圣律法（通常正是由这些群体所代表）为名，否认居住地法律的有效性，尤其是在那些由犹太人所统治的独立国家的法律有效性。

这一倾向的具体表现在很大程度上依赖于具体的犹太历史情境，包括内部的和外部的情境，也包括两种情境的混合作用。而且，这些原则性的表达常常可能只是具体利益和需求的一种意识形态面具。然而，这不足以充分解释这些表达的特殊性和强度，因为，在其他社会中，类似的情境并没有必然出现这种极端的意识形态表达。

这种倾向根源于犹太文明的核心层面（我们已经在前几章中对此进行了分析），其中一些被视为犹太人对人类文明的独特贡献（参见迈克尔·沃尔泽最近出版的著作《出埃及与革命》）。[47] 在某种程度上，对更高级的律法的重视以及随之而来的原则性的政治无政府主义倾向并不局限于犹太文明：在所有的一神教文明（犹太教是第一个一神教文明），甚至其他“伟大文明”中，这种倾向都占有重要地位，尤其在前文所分析的、所谓的轴心文明中更是如此。

在犹太文明中，维护更高级的律法这一倾向很可能出现在第一圣殿时期（士师、祭司、利未人、长老和先知时期），并进一步发展于第二联邦时期。那时，致力于学习、研究和祈祷的专家，《塔木德》贤哲的先驱，以及各种教派都登上了历史舞台。在第二联邦以及紧随其后的时期，这种原则性的政治无政府主义发展倾向在犹太公共生活中占据了核心地位。[48]

犹太教中区别于基督教、伊斯兰教及其他一神论宗教和文明的两大要素强化了这一趋势。不同于天主教，一定程度上也不同于东方基督教，犹太教并不认同某个群体可以垄断通往神圣存在之路。在第二联邦时期，即使是拥有较高社会地位的祭司也只是在宗教仪式上享受专属权力，而不是在律法注释和祈祷方面，而律法注释和祈祷被延伸为宗教经验以及通向上帝神圣领域的主要模式。从原则上来说，除一小部分圣殿仪式之外，由上帝与以色列民族契约发展而来的“神圣社团”里的所有成员都有权利进入神圣领域。因此，所有人都可以享有一种基本的平等权。以色列不存在教皇或教堂（尽管在适当的权力集
中的情况下，每一个“精英”群体——如流散地领袖、拉比群体，祭 75
司或“神圣之地（圣所）”的守护者——的代表们都愿意承担这样的职位。）即便是中世纪犹太人中灯塔式的人物——迈蒙尼德也从未被认为是最终的权威，事实上他曾因试图获得这种权威而遭到人们的批评。

相比伊斯兰教而言，虽然伊斯兰教原则上也承认无需中介即可与上帝接触，但犹太教强调上帝与以色列民族的契约意味着犹太民族同上帝之间并不只是一味的服从关系（伊斯兰教的名称暗含顺从上帝之意）。同伊斯兰教完全服从上帝不同，犹太人与上帝之间的契约所揭示的更多是一种伙伴关系，虽然是一种明显不平等的伙伴关系。在犹太传说中，从《米德拉西》到别尔季切夫（乌克兰一城市）的列维·伊扎克，再到沙勒姆·亚拉克姆的特维尔（Tevia），要求上帝负责的故事比比皆是。

对更高级律法的信奉、中介群体的弱小以及上帝与以色列民族之间的契约关系——这些因素共同解释了犹太政治传统中原则性的政治无政府主义趋势发展的原因。的确，在犹太历史上，很多诸如先知等卓越的、备受尊敬的人物并不是单纯的知识分子，他们还是这种非常强烈的政治取向的倡导者。马克斯·韦伯还证实，他们具有政治煽动家一样的非常敏锐的特质。

通过提及先知、祭司和社团长老，我们了解到我们分析中很可能最关键的方面，即通过社会力量和群体，文化取向、知识倾向和意识形态得以明确表达的问题。文化取向和意识形态固然重要，但它们尚不足以解释制度行为。

我之前（在本章的第一部分）提到了中国的天命思想。这是一种非常重要的理想，但同其他轴心文明相比，其制度基础相对薄弱。除了占卜师和监察官之外，中国极少具有能与帝国专制倾向相抗衡的制度

基础。[49] 不过，同样足够真实的是，当将中国的政治动态同日本进行比较时（在日本，不存在更高级法律这一概念，而帝王—上帝，可以被杀死，但不需要负责任），中国这些薄弱的制度基础的重要性就很明显地显现出来。[50]

发展于犹太历史开端时期的古代以色列与犹太社会的某些社会和制度特征，能够解释这些强烈的原则性的政治无政府主义倾向的具体化。事实上，我们已经分析了这些倾向中的大多数；这里，我们概括并详述那些与当前分析最相关的一些倾向。

因此，在整个犹太历史中，精英和中心群体结构中的某些方面显示出在“形式”特征上——然而，很多方面也属于关键性特征——的
76 惊人的连续性。第一，自治精英团体的多样性，尤其是文化和社会秩序模式的载体方面的多样性得以发展。第二，这些群体都有着强烈的世俗化倾向，尤其在政治和社会领域。宗教与其他事物的功能区分不太明显；即使是专注于某一领域内的特定精英团体，也保持着向其他领域发展的强烈倾向。第三，尽管精英团体没有一个固定的单一中心或组织，但他们依然保持价值取向和组织网络方面的认同与延续性，即便是处在变化了的组织体系中，这种认同与延续性也能持续再现。第四，在这些诸如祭司、先知的所有精英团体中，出现了巨大的异质性。同时，在这些精英与次精英团体之间所出现的冲突和张力，不仅与不同的、具体的利益体现有关，还与对传统的不同解释，以及对文化、法律、道德等构成犹太传统的主要因素的不同强调有关。第五，所有精英团体都在为成为更高级权威（统治者及社团都要对更高级权威负责）的代表而竞争。

当然，正如我们所看到的，这些各式各样的精英团体（政治的、社会的或宗教的）的具体特征在不同的犹太历史时期有着很大不同。但它们所显示的基本的结构性特征却一直贯穿于整个犹太史，存在于从古代晚期到中世纪的漫长流散时期。

精英特征在某些方面所具有的这种延续性与以下事实密切相关，

即这些精英们能通过他们的教育、文化及社团活动，持续地传播、发展并阐释社会秩序中相同的文化取向和基本信念。其中最重要的取向包括强调开放性地、无中介地进入神圣领域，否认任何中间性力量，指示上帝与选民以色列之间的契约关系，而原则性的政治无政府主义倾向也正是由这些取向发展而来。精英们注重对律法的解释和评注、《托拉》的学习及社团责任。鉴于精英部门和文化取向在结构上的这种延续性，原则性的政治无政府主义倾向也得以持续发展。

毫无疑问，这种原则性的无政府主义倾向在巴比伦流亡及大流散时期遭到削弱，因为这段时间犹太社团的大多数政治活动都被限制在“内部”领域，且只能在其他体系所建立的领土边界以及政治和法律框架中开展活动。然而，需要指出的是，即使在这段时期，犹太社团内部也难以完全达成共识。在包括弥赛亚运动、哲学运动、不可知论运动以及喀巴拉运动在内的各式各样运动中，都能发现许多对由中世纪哈拉哈所建立的犹太集体认同界限发起的挑战，尤其是挑战否定犹太教政治导向和推延犹太教普世主义主张实现的更古老元素。

从原则上说，所有这些都能够成为异端倾向、异端和分裂主义运 77
动的核心。这些核心的确在第一圣殿被毁后的头几个世纪中有所发展，并在近东某些区域、基督教和伊斯兰教文明以及犹太文明中存留下来。然而后来，其中的大多数要么成为哈拉哈犹太教（犹太文明史上首次出现的成熟的正统派犹太教）主流的边缘性存在，要么在哈拉哈犹太教羽翼下以一种隐秘的状态存在着。

不过，据我们所看到的，异端倾向的确存在于（即便是一种潜伏性的存在）中世纪犹太教的遗产之中。但事实上，犹太教当中只有少数真正的异端发展起来。其中最明显的是 8 世纪下半叶出现在以色列地以及近东地区的卡拉派信徒。如我们所看到的，卡拉派信徒否认口传律法的有效性，试图只回到成文律法——《托拉》。或许，卡拉派出现在口传律法得以充分施行并作为正统占据主导地位的这一时期并非偶然；而且，仅仅在 17 世纪，口传律法的霸权地位开始遭到瓦解的时候，犹太教中的第二大异端运动萨巴泰运动才得以出现。但是从整体上来看，从卡拉派出现直至现代时期，无论是宗教和文化领域，还是在社团事务方面，异端运动都没有得到发展。

相似的图景——巨大的创造性、异质性以及种种张力，却存在于共同的界限内——也能在犹太文明创造力的主要领域（我们在广泛意义上所称的哈拉哈犹太教的不断构建、研究和阐释）中发现。如我们在上文所看到的，在这一领域，对于学习和祈祷传统的不同内容与维度有不同的侧重点——有侧重于纯粹律法礼仪方面的学习，有侧重于神秘主义苦行和虔信的信仰取向，也有侧重于哲学式的研究和沉思——当然还有在以上这些领域出现的不同学派。虽然这些领域在不同时期的相对重要性也有所不同，且彼此之间存在经常性的冲突，但它们都同主流文明保持着密切的接触，显示出持续而强烈的创造性。

在构建犹太传统与犹太文明的象征世界时，这些张力和争议主要集中在不同的知识与学问实体的相对重要性上。它们也关注哈拉哈立法的具体细节，尤其是学习及遵从礼仪方面。在犹太教中，较为精英化的学问传统与较为民粹化的、掺杂有神秘主义因素的祈祷传统之间
78 存在着持续的张力，这种张力在 18、19 世纪哈西德运动及其拉比犹太教反对者之间的分裂中更清晰地表现出来。

所有这些冲突和争议集中在对学习机构及其课程体系、主要的哈拉哈诫令的控制上，换句话说，就是在犹太社团象征性的、制度性的边界的构建上。这些冲突和张力还常常与同社团组织和生活密切相关的其他冲突和张力联系在一起。

这些因素以及随之而来的冲突的结合在不同历史时期、不同的犹太社团中有很大差异，尚需对其表现方式进行系统研究。而且，不同精英团体之间的关系、它们的文化创造力类型以及它们之间的张力也存在不同。直到萨巴泰运动和犹太人解放之时，这些潜在的分裂性运动仍然处在暗中发展和边缘性状态。

与任何“仅仅”是宗教的或种族的群体相比，这种文化与制度的创造性和异质性程度的确很高——正如我们所看到的，这也证明了汤因比关于中世纪犹太文明是一种“化石”的说法并不符合真相。造成这种创造性和异质性的原因不仅在于流散的事实以及犹太人居住地风俗和影响的多样性（同过去一样重要），还在于（可能尤其重要）像其他文明一样，存在于这一文明框架中的社会文化因素和力量的巨大异质性。然而，与主流文明或其他诸如印度、儒教或佛教等遥远的轴心时代的文明不同，这种异质的创造性在具体制度上实现的可能性被更严格地限制在犹太文明的框架内。之所以受到限制，首先是由于犹太人生存的基本“表层”事实（他们的流散、缺乏政治独立以及无法参与他们生活其中的主流文明的政治领域、在主流文明控制下受到限制的制度领域等），而且，可能尤其是因为犹太民族需要在充满敌意的、存在潜在竞争的环境中维持自身的团结。

但是这些各式各样的潜在的异端、原则性的政治无政府主义倾向之所以受到限制，不仅仅是因为犹太人所处的这种散居状态。而犹太政治传统的另一个制度性构成要素（其核心思想——法庭权力至上，而不仅是律法权力至上——已经存在）的最终形成极大增强了这种限制发生的可能性。我们并不确切地知道这一制度性构成要素是何时被充分阐明并被制度化的：可能是在第二圣殿被毁之后，在前一时期的经历和新时代危机的共同作用下才得以强化的。

当然，在《圣经》中，尤其是《申命记》中，人们可以发现犹太 79
人极为重视维护律法的记载。正如我们所看到的，重视律法是犹太传统和文明的核心方面之一，并集中体现在伟大的先知和立法者——摩西——身上。事实上，重视律法，并以此作为重建社会生活的一种方式是犹太文明的一个重要方面。

但作为唯一代表这一传统的人物，摩西同时还是先知、立法者和政治领袖。在后来的时代中，这些职能逐渐分离开来，职能的分离与多样化强化了潜在的原则性的无政府主义倾向。但这种潜在性倾向与法庭权力至上（任何法庭，任何立法者）观念相冲突，这种冲突在包括第一和第二联邦时期（尽管所有的故事都关于犹太教公会的司法权威）在内的早期时代就已经出现了。在这里，我之所以强调法庭至上的传统，而不是律法至上，是因为对律法的强调经常会涉及谁是真正的律法解释者这一问题。

首先，法庭权力至上的观念最初很可能是针对政治精英部门的，以哈斯蒙尼国王亚历山大·雅奈（Yannai，或 Yannaeus）为例，当其助手被带上法庭时，国王雅奈对法庭审判进行了干涉。这次干涉促使了禁令——“国王不能审判别人，也不能被别人审判”——的产生，尽管我对这条禁令（尤其是前半句）在多大程度上真正得到支持表示怀疑。然而，一旦预言被编纂以及预言时代宣告结束，法庭权力至上的观念更多地指向了预言。随着犹太政治独立的弱化及最终丧失，法庭的最高权威面临着来自先知或教派的挑战。

《塔木德》传统里关于法庭反对预言及上帝之音（Bat Kol, voice of God）的故事比比皆是，所谓上帝之音所声称的是要与上帝建立直接的、具有灵恩的、真实可信的且不受法庭管制的关系。其中一个故事与坦拿·拉比·约书亚（Tanna Rabbi Yehoshua）有关，约书亚声称基于他所观察的新月出现的情况，应该将赎罪日定在某个特定的日子。他的观点随后被推翻，拉班·迦玛列（Rabban Gamaliel）命令约书亚带着随从及背包在其所推算的赎罪日当天出现在法庭上。在约书亚犹豫要不要这样做的时候，他的朋友和同僚与他争辩说，除非服从命令照做，否则就破坏了自摩西法庭以来的所有以色列法庭的权威。尽管这一事件可以被视为更世俗的权威流散地领袖（The Exilarchs）尼西（Nessiim）与学者之间斗争的一部分——这一点很可能是真实的，但其作为（犹太传统中）争论及决断的典型案例却有着极其重要的意义。[51]

整个中世纪时期，在与学习和律法评注（尽管不是犹太文化创造性的唯一领域，但确是核心领域）紧密联系的初始前提下，法庭权威显

得极为强大。在哈拉哈机制及社团安排（祈祷、学习和立法网络）框架 80
中的法庭权力至上传统，连同家庭和社团组织一起，为那个时代的犹太延续性提供了主要机制。[52]这里我们遭遇了一个看来相当矛盾的情形：恰是在独立的政治权力缺失或相当虚弱，国家并不存在且国家传统无从发展的情况下，公共生活却变得更为有序。

这一时期犹太公共社团律法的发展意义重大。正如M·埃伦（M. Elon）所指出的，犹太社团甚至可以发展出公共性的社团律法。他详细解释了在犹太人可以享有某些政治主权的时期，如第二圣殿时期或巴比伦加昂时期，中世纪犹太社团是如何在先前没有得到哈拉哈认可的情况下进行社团事务方面的安排的。[53]然而，这里需要强调的是，这种安排更多带有社团性质，而不具备国家–政治性质。它们缺乏超越家庭和社团团结的政治与社会框架，以及政治独立的特点。因此，犹太人无需面对与管理国家相关的问题，也不需要为法律的执行承担最终责任。

而且，正如雅各布·卡茨（Jacob Katz）近来指出的，尽管哈拉哈最终认可了这些社团安排和立法的合法性，但后者并非是哈拉哈自然的组成部分。[54]公共律法，尤其是礼仪性–宗教性法令以及处理人际关系的"民事律法"，无论是处理婚姻还是商业关系，在《塔木德》传统中只是微弱地发展着。当然，这些社团安排中纯粹的政治方面更没有得到较好的发展。

并不是所有的拉比和学习中心都想投入到这些社团事务中；他们通常让社团代表及领导人来做出决定。在圣殿被毁之后的头几个世纪，巴比伦和以色列地耶希瓦的领导者正显现出避免参与到社团政治权威中去的倾向，以便能够以独立的方式从事研究，而不是依赖于社团权力或陷入到社团冲突中。[55]但也有其他一些拉比，尤其但不只是现代时期的拉比，当他们感受到宽容和现代性之风带来的威胁时，他们像许多社团法庭所做的那样，真正介入到公共活动和社团冲突中。这些代表他们各自立场的不同倾向的存在植根于犹太传统的基本前提，为犹太社团生活增添了活力，同时也造成了紧张。

在这些张力，以及持续不断的社团问题和冲突的背景下，通常情况下遵守法庭裁决，特别是遵守公共社团法庭以及各式各样的社团规
81 章的裁决，发展成为一种强大的传统。[56]因此，这种传统为社团生活注入了一种强烈的文明性元素以及接受律法框架的因素，也是对犹太社团生活中进一步的无政府主义倾向的反动。从整体上来说，社团法庭以及跨地区组织的权威受到支持，由此也增添了，至少强化了犹太政治传统中一种重要的构成要素，并确立起犹太人团结的观念。

中世纪时期对于犹太人团结的重点强调，实际横跨了原则性的政治无政府主义和法庭统治权威这两大政治维度。在这里，我并非单单指各种群体（甚至是被压迫群体）所具有的天然团结性，而是指这样一种团结被意识形态化为某种更具原则性的东西，建立在各群体不同成员对于互相保护及帮助的需要的基础之上，但被下列事实合法化：这些群体是特定文明和宗教愿景的承载者。

对于团结的强调，通常也能适用于所有的民族，适用于那些处在危难之中或者压迫状态下的民族。但考虑到那个时期犹太人生存的现实，这种团结也能指向任何部门或群体，关注社团资金的特别分配，在某些时候，甚至可以（尽管不总是）抵制律法传统和文明传统的力量。

中世纪犹太社团民事和司法自治传统形成的社会环境

总体而言，在犹太社团所具有的基本团结以及社团和法庭被赋予律法权的共同影响下，社团的冲突和紧张关系通常被限制在社团内部。其中最极端的制裁是革出社团（Herem，或禁令），一旦如此，犹太个体将面临被放逐，甚至被驱逐的威胁。

在社团机构和社团法庭的传统中，社团团结与律法权之间的结合得以持续表达和体现。然而这种结合受到严重的制约，它很自然地被限制在社团内部的事务上，一般情况下主要针对各聚居地或跨地区的

犹太社团（如四省委员会）事务，一定程度上也负责处理社团与当局之间的关系。但社团机构本身并非是带有主权实体性质的政治机构。法庭也从未遇到过犹太国家的法律同哈拉哈最高权威出现对抗的问题，而这种问题在第一圣殿时期、后来的第二联邦时期以及最终建立的以色列国家则比较突出。社团机构和社团法庭所关注的至多只是王国之法（Dina di-malkhuta）的有效程度，并通常强调犹太人有义务在世俗事务方面接受这种法律。

通常情况下，极端的制裁——革出社团以对抗潜在的分离倾向， 82
得到当局而非内部力量的支持。后来，在更为开放的现代社会中，当开希拉（犹太社团）成为完全的志愿机构，并丧失了对居住地法律的充分裁决权时，犹太社团的分离倾向就变得尤为强烈。

几个关键性因素确保了所有这些潜在的异端倾向被包容在拉比犹太教的框架之中。其一，由于内部的团结与维持基本文化传统的结合，犹太社团保持了强大的内部凝聚力。社团内部的这种团结植根于家庭的强大聚合力，并且通过所有不同的领导元素之间密切的相互交织而得以扩展和强化。其二，如前文所提到的，许多意图叛教的犹太人事实上已经离开了社团；其三，在某种程度上最自相矛盾的是，恰恰是犹太人流散的事实帮助（这一点之前已有所提及）维持了社团内部凝聚力，维护了信仰的边界，并将许多犹太人保持在拉比犹太教阵营中。流散与统一的中央权威的缺乏，为（犹太人中盛行的）基本的犹太文化和社会取向中所固有的诸多自治性和半无政府主义因素提供了多元的发展领域。正如我们所看到的，这种情形很可能同样适用于最广泛意义上的犹太学问领域和哈拉哈礼仪领域。

这里，当然也不存在任何单一的公认的权威；不同的学者和学问中心在公认的、但不断变化的共同传统界限内小心维护着学院派的、甚至个人的阐释和立法权利。对于中世纪犹太人中出现的最卓越的思想领袖迈蒙尼德，之所以会出现一些争议，原因并不在于他强烈的哲学偏好、对于哈拉哈阐释的具体细节以及法典编纂模式，而在于他后来著作中所表现出来的，在所有这些领域内的专断，这种专断关闭了经典阐释的大门。

一个法庭作出的决定并不必然要同其他法庭的决定捆绑在一起，尽管它可以为其他法庭的决定提供先例和参考。整体上来说，无论在社团事务方面，还是哈拉哈礼仪方面（我们将在后面看到），不同的法庭和学者在律法阐释上都表现出了相对自主性。

因此，也是从这个层面来说，流散的事实、任何单一的最终权威的缺乏，连同这些社团和学问中心之间的众多联系一起，提供了可以容纳某些异质性以及不同创造性类型的灵活的共同框架。这些对法庭权力诸多方面的限制为这些框架提供了力量之源；这些框架具有相当的灵活性，并为其中与社团政治或立法方面相对的、基本的、非政治
83 方面的存在提供了合法性领域。但是，由于上文提到的因素，异端的倾向、原则性的政治无政府主义倾向在既存的制度框架中并未得到充分发展；而是一直处于暗中发展状态，即便是一种非常剧烈的存在。

然而，只有在这些关系中所设想的这些文明的各自边界得以维持的前提下，犹太社团框架内不断发展的潜在的异端取向——也包括社团内部经济结构和内部构成方面的变化——才能得以维持在哈拉哈模式中。因此，持续地维系犹太集体存在和认同将主要建立在主流文明对犹太人的态度之上：一种根植于共同历史起源之上充满敌意和矛盾的态度、彼此持续地相互参照以及潜在的竞争关系。但就是这一态度又将建立在将犹太人视为一种宽广文明愿景的承载者，而不仅是一个宗教的、种族的或民族群体的观念的基础之上。

我们所提出的关于文明观念的主要设想已通过前面对中世纪流散犹太教的分析得以证实。我们已经看到中世纪犹太教的巨大异质性和动态性，其与主流文明之间的张力和矛盾，以及彼此之间的不断互动，犹太文明在基本问题和主题上强烈的延续性、犹太文明集体认同的象征符号，与它们在内容上影响深远的变化的结合，精英的基本特征与

其在具体构成和活动性质上的变化之间的结合。

只有依据这样一种文明的视角——而不再将犹太人视为一个纯粹的宗教群体、一个贱民民族，或者一种僵化的文明——我们才能理解中世纪犹太生活的所有这些特点。只有依据这样一种文明的视角，我们才能理解现代犹太生活中诸如同化、民族运动、以色列社会发展——最后但并不是最不重要的——等一些主要方面。在接下来的章节中，我们将对这些类型中的某一些——尤其是作为民族运动的犹太复国主义运动的某些显著特征——以及以色列社会中某些最重要的特征进行分析。

第四章

中世纪犹太文明框架的解体与犹太人融入欧洲社会

转型时期：16 到 18 世纪

85 随着犹太人与周边文明之间关系发生巨大变化，中世纪犹太文化和制度结构的基本框架，即拉比模式，或者说哈拉哈模式的基本框架都开始发生变化，并最终瓦解。这些变化证实了文明间的关系在塑造犹太历史经历中至关重要的作用，它们始现于16、17世纪。

自16世纪开始，一直到18世纪，发生于欧洲地区的经济、政治及文化变化同欧洲文明基础的深远变化紧密地交织在了一起。因此，这些变化不仅改变了许多犹太社团的具体面貌，也开始破坏犹太人与主流社会之间存在的许多基本的文明关系。正是这些进程的结合，预示着传统犹太社会将要发生一场影响深远的转型。[1]

作为传统犹太社会发生变化的历史起点，犹太人被驱逐出葡萄牙和西班牙这一事件对犹太集体意识产生了重大影响，并使得犹太社团在一个相当短的时期经历了流散史上最剧烈的移民和迁徙。

大流散时期，东欧犹太人主要集中在波兰，那里的犹太社团一开始便建立了最繁荣、组织最完备的犹太中心之一，有着许多跨社
86 团组织和学问中心。后来，1648年，乌克兰领导人赫梅利尼茨基

（Chmielnicki）发动了针对犹太人的、臭名昭著的大屠杀事件，它被视为犹太人被迫害历史中最恐怖的事件之一，这一事件使得波兰犹太社团大受威胁。但对于这些创伤性事件和深远进程的影响，我们只有在考虑到它们与发生在欧洲和奥斯曼帝国的非常剧烈的经济、政治和文化变革的相互交织，以及它们与这一时期欧洲文明前提的紧密联系时，才能达到完全的理解。

让我们简要评述以下这些广为人知的变革进程。16、17 世纪，在一系列因素的共同作用下，整个欧洲经济都经历了影响深远的变化和转型，这些转型由几个相互联系的进程构成——因地理大发现而出现的商业经济、国际贸易和扩张行为；经济活动中心区域发生了转移，地中海航线和奥斯曼帝国的相对垄断地位被打破，以及大西洋经济兴起。与此密切相关的是，通讯技术也发生了巨大变化，印刷术和新交通方式相继出现，大大加强了处于不同社会中的犹太社团之间相互影响的可能性。

同时，欧洲地区之所以会出现这些变化，原因在于该时期出现了宗教改革与反宗教改革运动。这些运动不仅改变了宗教领域在欧洲文明构建中的地位，改变了欧洲社会共同边界定义中的宗教因素，还改变了欧洲社会政治秩序的合法性基础。同时，随着其对宗教领域仪式上的影响，以及印刷术和其他通讯方式的发展，新型学校、新的教育体系和文化活动得以出现。其中，最重要的是，作为文化创造力的自主领域，科学和人文研究在该时期得到了发展。后来，这些发展趋势逐渐走向融合，并在启蒙运动中达到高潮。

同发生在文化领域里的变化密切相关，在政治领域，最为重要的变化是企图实行集权政策（基于新的合法性模式之上）的绝对主义国家的兴起。这些绝对主义国家试图重建社会生活；伴随着之前所分析的文化进程的发展，诺贝特·埃利亚斯（Norbert Elias）提出了“文明进程”[2]的理论。该“文明进程”指的是在文化所有领域内所进行的影响深远的变革进程，它不仅包括人格概念、公众和私人空间概念，还包括高雅文化与大众文化之间的关系概念。

受其他两种进程的影响，欧洲文明中的文化和政治面貌的变化速
87 度得以加快。这两种进程分别是：第一，在奥斯曼帝国建立和扩张时期，基督教文明与伊斯兰文明之间存在着不断对抗，且一直持续到 17 世纪末；第二，欧洲文明出现了所谓的 17 世纪危机。这两种进程与新的国际经济政治体系的出现密切相关。

欧洲社会的这些发展所带来的结果不仅仅是一系列影响深远的经济、政治及社会变革，而且还包括欧洲文明基本前提的变革。其中，最重要的一点是，这些变革改变了对文明社团中的成员传统的宗教定义，将其变为基于文明框架中的世俗意义上的普遍成员的定义，并将政治共同体中的成员间接参与共同事务形式（例如在地产制度中所显示的）转变为直接参与。这些变化对基督教—欧洲与犹太文明之间的整体联系有着深远影响。

这些发展对犹太社团结构有着深远影响。同中世纪时期犹太人命运所发生的其他变化一样，这些发展不仅使得犹太社团内部发生了意义深远的经济变革，还使得不同精英团体的构成、不同团体和要素之间的力量平衡、犹太社团组织的结构等方面发生了变革，并促使了文化创造新模式的出现。[3]因此，首先，犹太教内部潜藏的各种各样的“异端”趋势、神秘主义思想、哲学、弥赛亚运动、假弥赛亚运动被不断强化。在这一时期，这些运动得以强势发展，彼此之间的密切联系及相互影响的程度在犹太历史上是前所未有的，这些都预示着犹太社会传统结构将出现影响深远的变革。

其次，各种各样的文化创造同样进入了繁盛期，与之密切相关的是，犹太社团内部结构也发生了深远变革。新型的文化上的和世俗性的社团领导阶层开始出现，新型的从事经济活动的实业家及其与传统学者之间的关系都出现了新的变化。而且，在印刷术和教育发展的影响之下，犹太社会内部受过教育的、开明的公众和观众，且其与领导

阶层不同行业领袖之间的互动也出现了新模式。在印刷术传播的作用下，高雅文化与大众文化之间的互动变得较为密切，这同前文所提到的“文明进程”有部分相似点。

受不同犹太社团之间密切联系的影响，犹太社会中的这些变革强度被大大强化，尤其是随着持续性的移民运动，印刷术的影响和传播， 88
交通运输方面的技术进步而不断向前推进。此外，犹太社团同它们所处的主流社会之间多样化的和密集的联系，以及随之而来的不断增强的跨宗教关系（基督教和穆斯林之间）日益增长的敏感性，不同犹太社团的不同历史经历可以在整个犹太世界中迅速传播，这些都强化了犹太社会的发展变革强度。

在所有的这些发展中，马兰诺（被迫改信基督教的犹太人）成为一种新的社会因素，是犹太社会的重要组成部分。在马兰诺群体中，那些重回犹太教的人成为社会和文化变革的特殊代理人；也成为犹太社团中最具有国际流动性的群体之一——可以充当传播（思想与变革）的重要渠道。[4]

在这种新形势下，其中最重要的是，这些各式各样的社会变革和运动开始同犹太文明前提最初的转变交织在一起，这预示着这些变革可能将会对普遍的宗教前提以及犹太文明、基督教文明和伊斯兰文明之间的关系造成破坏。而欧洲文明前提的转变以及犹太人被驱逐、被屠杀的悲惨经历又强化了这种可能性。因此，新形势之下的这些发展将会对既存的犹太中世纪文明领域形成挑战。其原因不仅仅由于社会运动的扩散，而且还由于这些运动所蕴含的激进主义倾向，它们力图在哈拉哈正统犹太教之外为其运动寻找新的合法性依据。在该时期，许多基督教宗派中都存在这样的情形，它们常常使用宗教唯信仰论的术语来挑战传统的合法性基础。而且，对传统合法性的这种挑战常常受转变为自然理性的这些术语，以及同时期以这些术语所宣扬的弥赛亚主题的影响。

因此，很多犹太社团开始出现一种新形式的冲突，即新的“世俗”取向同既存的宗教和社团精英部门之间的冲突，这种冲突导致犹太人强力尝试以新的方式来重建正统派或传统，如尝试使用新的编纂模式——这在《布就筵席》(Shulhan Arukh)中表现得尤其突出，还有更为流行的宗教说教性文献的增长。

在很大程度上来说，虽然该时期的犹太团体都经历了这些各式各样的变革进程，但由于各自具体的历史背景的不同，各个社团的发展方式也不尽相同。在传统、哈拉哈框架和新的力量之间，各个社团找到了不同的适应发展模式，且每一种模式都预示着犹太文明的基本前提将发生一些潜在性变革。

89 在这些发展过程中，犹太社团出现了一些值得注意的现象。一是在荷兰流散地以及一定程度上在英国流散地出现了全面的“传统危机”的征兆。[5]二是出现了学者们已充分研究的一些发展态势，但或许还需要进行重新审视，即在绝对主义统治下的中欧地区（尤其是法国），出现了哈斯卡拉运动的先声且开始在流散地大规模扩散。三是这一时期，在诸如布拉格、克拉科夫等东欧地区，新的知识活动得以发展，并同基督教学者建立了密切联系。

在东欧犹太社团的这些进程所造成的一系列影响中，或许尤其重要的是其对犹太教哈西德运动兴起所产生的影响。的确，虽然哈西德运动依然处在哈拉哈运动的范围之内，但事实上，它是哈拉哈模式的基本前提、精英团体的社会结构及其合法性基础深远变革的一部分。然而，只有随着现代社会的到来以及大革命——美国革命，尤其是法国大革命——的爆发，哈拉哈犹太文明的基本前提和制度框架转变中的多种核心要素才结出果实。

现代时期：引言

欧洲社会大门的开放

欧洲社会大门对犹太人的开放预示了现代犹太历史的开始。虽然这种开放进程是缓慢的、间歇性的，但却具有持久性，而且同现代资本主义经济、现代国家，尤其是欧洲文明基本前提的巨大转变联系在一起。当时，首先出现于西欧和中欧地区的资本主义经济、工业化的兴起及其在全球的扩张为人们提供了新的经济机遇。犹太人抓住这些机会，通过从事金融、大规模贸易和一小部分手工业，开始断断续续地参与到西欧和中欧国家发展的最前列。

但想要了解欧洲社会的这些变革对犹太生活整体格局的影响，我们要先理解另一个关于欧洲文明的基本变革，即随着现代化的出现，欧洲文明的意识形态基础发生了变化。欧洲文明的基本前提首先成型于绝对主义国家，后来则出现在英国、美国，尤其是法国大革命中以及随后贯穿 19、20 世纪欧洲的社会和民族运动中。虽然欧洲文明前提变化的三方面之间在某些方面——尤其是影响犹太人命运的方面——分歧明显，但这种变化依然是三位一体的，包含了三个方面的变化。第一个转变是，它改变了对文明的欧洲社团成员身份的传统的宗教定 90
义，将其变为基于文明框架且建立在世俗标准之上的普遍成员身份，并将间接的、以团体成员身份参与政治共同体转变为直接地、无中介地参与到政治共同体当中。在一定程度上，绝对主义国家已经开始宣扬直接地、无中介地参与到政治共同体中的观念，并着重体现在 1789 年的法国《人权宣言》中。从世俗角度来看，《人权宣言》所主张的普遍公民权似乎消除了（当然肯定削弱了）欧洲政治共同体流行的成员范畴定义中强烈的传统宗教基督教因素。但在属于一些宗教共同体的欧洲国家（如德国和斯堪的纳维亚）中，关于公民含义所发生的这些变化被民众认为是理所当然的，并在法律关系中体现出来。第二种转变则关注的是统治者传统法律权力及其传统合法性的削弱，强调全体公民都有获得通往权力中心的权利，并要以一种开放、现代、普世信仰的方式重建这些权力中心。在 19 世纪晚期的法国大革命以及西欧、中欧多数国家中，这种变化与公民含义的变化交叉融合在了一起，但应知道，这两种变化并非总是同时出现。第三种转变与前两者对立，或者说是对前两种转变的一种反动，强调新的民族国家模式中所具有的强烈的宗教和原始因素。[6]

这些转变使得欧洲文明的基本前提发生了显著变化。如我们所见，在此影响下，之前基督教的末世论思想变得世俗化，并以政治社会领域、大革命运动、启蒙运动为中心。然而，欧洲社会所发生的最重要的变化不仅是宗教到世俗前提的转变，它还包括对欧洲文明前提的基本组成部分进行影响深远的重建和秩序重构。在此背景下，欧洲文明前提中的普世元素和原始元素之间的关系出现了影响深远的变化。在中世纪欧洲文明中，其各式各样的原始元素常常是服从于普世宗教元素的。欧洲文明向世俗—普世前提的转变产生了各种原始和历史元素世俗化和“绝对化”的可能，而这一可能性又由于宗教元素在欧洲文明中退居次要地位而不断强化。在新的情境下，以世俗术语表达的新的末世观念有可能同时朝着普世的、原始的方向发展。欧洲文明基本前提中的所有这些转变（前文所提到的三种转变）对犹太人和欧洲文明之间的关系产生了深远影响。

犹太社团的改革

91 欧洲文明所发生的前两种转变改变了欧洲文明与犹太人之间的基本关系，为犹太人成为定居地上的非外来者打开了通道。第二种转变使得犹太人在新建立的政治体系中可以获得公民权，打开了犹太人通往欧洲文明与社会众多领域的大门。自 16 世纪起，拉比犹太教内部的异端倾向极为多变。欧洲社会中的这些发展为拉比犹太教内部潜在的各种异端倾向的发展提供了新的途径，增强了哈拉哈模式框架和前提解体的可能性。

犹太人获取完全公民权（就是所谓的解放）的过程充满艰辛。在大多数欧洲国家中，犹太人只有经过长期斗争才能获得解放。因此，为公民权而战就成为 19 世纪欧洲地区现代犹太人历史的核心内容，而它似乎也成为现代欧洲犹太历史的主要趋势和一种最重要的经历。

但就犹太人解放——解除犹太人在参与所在国社会经济、政治、文化生活时的诸多限制——的可能性而言，它同所生活的社会对犹太人提出的新要求联系在一起，这一要求的关键是犹太人只能将自身定义为一宗教团体，而不能作为民族或政治团体而存在，这是因为，对欧洲国家来说，犹太人坚持自身是一个独特而分离的民族或政治团体的做法既是对新兴的公民的和民族的欧洲（特别是西欧）共同体的挑战，又是对现代民族国家和普遍公民权的挑战，欧洲国家显然无法容忍这种挑战。

在一定程度上，许多专制统治者的政策中都包含针对犹太人的这些要求，如奥地利的约瑟夫二世（1780—1790），其颁布的《宽容法令》（1782）宣称将视犹太人为合法居住的臣民，不再是奥地利国土上的外来者；但同时，这些统治者也取消了犹太社团的法人地位。在法国大革命及其后续的余波中，犹太人只能作为个体成为法国公民这一要求被充分而清晰地表达了出来，并在随后得以实现，在其他国家，最重要的是德国，以及较小程度上在多民族的奥匈帝国，也相继针对犹太人提出了形式不同但实质相同的要求。这些要求的表达是伴随着经济发展进程而出现的，它预示着犹太人开始融入现代欧洲社会和欧洲民族国家之中（尽管在不同的欧洲社会存在不同的融入模式），也预示着犹太文明边界结构将开始发生影响深远的变化。

西欧社会大门的打开强化了犹太人在经济、职业和教育方面的巨 92
大流动性，并对犹太人生活方式的变化产生了深远影响，首当其冲的是同化。[7]犹太人的生活同主流社会的制度模式之间的关系变得更为紧密。在哈拉哈的庇护下，犹太社团是犹太人集体生活的基本界限，也是实现他们独特文明愿景的场所。但该时期，这些界限开始发生改变，并使得犹太集体认同的定义随着周围环境的改变而变化。在当时的犹太人看来，积极融入主流社会的生活既具有合法性，又是犹太人实现犹太文明使命的一种方式（到目前为止，犹太人仍热衷于这一想法）。

因此，整个犹太机构、协会在被削弱的同时，也都发生了影响深远的变化。诚然，如我们所见，犹太社团中的许多独特的制度特征——最重要的如会堂、互助组织以及一定程度上的传统学习机构——依然存在，新的制度特征也有所发展。但它们不再是犹太生活的核心模式，也不再单独划定犹太民族与外部社会的界线。特定的犹太机构——会堂、教育和慈善活动、不同的公共组织（许多已经发展了新的中央化模式，如英国的犹太人代表委员会，法国的犹太人协会），犹太高等学术或新闻业活动——已经不再是犹太生活的全部，也不再是犹太文明创造力的主要场所，当然新正统派（即使在正统派中，这些犹太机构也只占生活的一部分）除外。同样，从日常生活层面上来说，虽然大部分犹太人口都在犹太圈子里活动，但他们也建立了各种各样的犹太社会和文化机构，开辟了第二生活。

此外，犹太人开始并继续参与到他们所生活的一般社会的中心领域（学术、文学、新闻）中，其参与程度不断加深，知名度也在不断提高，尤其是在德国和奥地利，某种程度上在法国和英格兰的部分地区，还有后来的美国社会中，犹太人的参与程度很高。而且，他们也开始参加一般性的社会和政治运动——这在之前是被禁止的。虽然被较为保守的政党拒之门外，但犹太人却可以选择加入较为激进的政治运动，如自由党和后来的社会主义党。由于犹太民族和犹太社团制度性、象征性边界的削弱，犹太人的生活方式、教育和职业结构都发生了变化。
93 这首先在犹太社团组织的官方、司法地位所发生的剧烈变化方面表现明显。犹太社团（Kehillot, 开希拉）的传统权力和司法管辖权被废除，也结束了其作为特殊的外来者地产（estates of strangers）的地位。取而代之的是，犹太人至少在原则上成为各自所生活社会中的合法居民，而非外来者，后来，又成为完全的公民。

犹太人的解放与反犹主义

解放和反犹主义趋势以不同的方式出现在所有欧洲犹太社团中。犹太人融入所在社会的第一种模式出现在西欧：大革命时期的法国、德国，还有独特的、相对并不急剧的英国、荷兰以及后来的斯堪的纳维亚国家。在这些国家中，法国最先承诺：只要犹太人成为一个宗教团体，而不是民族或种族团体，就可以获得完全的公民权。由于在流散生活中，犹太人被视为外来者、潜在的游荡者，与他们生活其中的主流社会的文明及其他群体之间存在差异，所以这种融入趋势似乎想要消除犹太人因流亡生存经历而产生的一些具体特征。

当然，作为犹太民族中占主导地位的制度性的、具体的文明框架，拉比犹太教哈拉哈象征性和制度性的模式、文明前提、律法－仪式的安排等都由于融入趋势而不断削弱，甚至在很多地方都已完全消失。在西欧，像法国、德国以及较小程度上在英国或荷兰，都出现了要求对犹太社团进行重新定义的显著趋势，其中，最重要的是将犹太社团视为一种宗教团体，这看起来要放弃其中包含的政治的、民族的元素，原则上也包括原始性的元素。但这种新的定义可以同严守宗教礼仪和保持宗教集体认同结合在一起，就像一些现代新正统派群体所做的那样。这种情况确保了犹太集体认同中原始的或道德的元素得以继续留存，尽管它们在相当程度上已经遭到稀释或被淡化。

在犹太人融入主流社会的背景下，出现了一些主要问题。接下来，我们将对这些即将出现的问题进行分析：无论是在诸如各种各样的风俗、家庭形式、社团生活等细节方面，还是在某些原则性的方式方法方面，犹太人的融入方式是否与西方民族国家中的其他种族或宗教少数群体有所不同？如果确有不同，那么前文中所分析的犹太文明的具体特征是否影响了，以及在多大程度上影响了这种模式，或者说犹太人融入主流社会模式的主要特点？并在多大程度上影响了犹太人与主流社会的相互关系？

在试图融入现代欧洲民族国家时，犹太人被要求将自身看成一个 94
“正常的”宗教团体，这是他们融入主流社会方式的鲜明特征。这一要求显示了新兴现代国家所表现出的一种相当不寻常的态度，而且，针对犹太人提出这一要求的确切事实至少反映了一种基本预设：处于那个时期的犹太群体并不仅仅是单纯的宗教团体。

后来，东欧国家也出现了相同的情形，认为犹太人是一个“民族”或族群，这一情形直到19世纪晚期才有所改变。因此，从总体上来说，犹太人并不被视为“天然的”少数群体。犹太人之所以被视为一个独特的少数群体，原因不仅在于其丧失了领土基础，更在于其民族认同中含有强烈的宗教因素和“世界主义”思想。在这些看法和认知中，作为实体的某种形式，犹太集体认同观念同时包含了原生性的和宗教性的元素、普世主义和特殊主义倾向，认为犹太民族不仅仅是一个宗教群体或少数种族群体的观念，他们还以一种不同于盛行于中世纪时期的方式存留下来。

因此，毫不意外的是，在欧洲文明前提的前两个变化的基础上，犹太人融入欧洲国家现代政治生活的趋势，在某种程度上被前文提到的第三种趋势抵消了。在第三种趋势中，民族国家的现代政治共同体形成，但其形成是建立在既存政治共同体中更为原始的、领土的、历史的、语言的和血缘纽带因素之上（如法国、德国或意大利），而不是以那些更为普世性的前提为基础。在构建政治共同体时，古老的基督教因素以及各种各样的原始因素发挥了重要作用。的确，当原始因素以世俗术语重新被建构之后，便可以获得以往所无法拥有的主导地位。这些因素在构建现代民族国家的集体认同及国与国的争夺上意义重大，同英国或斯堪的纳维亚国家相反，在德国，以及较小程度上在法国，这些因素在构建现代民族国家的集体认同以及国与国之间争夺上的意义极为重大，这是因为在英国或斯堪的纳维亚国家中，民族共同体及认同意识尚未定型，且不被视为理所当然，强大的公民传统也未得到发展。由于这些原因，民族身份认同的构建就成为了这些形成中的现代民族国家社会中政治和意识形态斗争的核心。在这种情况下，相较于纯粹的宗教认同而言，主流社会强烈要求犹太人放弃他们自身民族的或“族群的”、原始的和政治的认同的呼声不仅变得强烈，还同社会各部门中强烈的、原则性的“拒绝犹太人”的思想联系在一起，并

否认犹太人成为政治团体的任何可能性。“拒绝犹太人”这一思想建立 95
在古老的宗教基础之上，但却超越了宗教基础。同现代反犹主义一样，通过采用现代的、世俗的、民族的、种族主义术语对其进行解说，“拒绝犹太人”的思想否认了犹太人成为新欧洲国家一部分的可能性。

随着原始因素在现代民族国家构建过程中的重新出现并被过分强调，结果导致现代反犹主义的产生。但反犹主义（即使是相当极端的反犹主义）并非是一场国际性的、族群或种族之间的冲突。正如雅各布·卡茨所指出的，较为极端的反犹主义表现是中世纪犹太人与基督徒在宗教之间和文明之间张力的一种变形。只有将“寻常的”种族间冲突同文明间紧张关系的转型结合起来，才能对现代反犹主义的最终高潮——大屠杀的事实和意识形态——做出解释。[8]

犹太集体生活与文化活动的主要导向：哈斯卡拉、改革、同化以及中西欧的犹太学术

现代民族国家和现代欧洲社会对犹太人的态度，犹太人融入这些现代国家和社会的模式以及犹太人自身的活动形式都可以反映出该时期的某些具体特征。事实上，犹太人融入社会的许多进程都可被视为少数群体同化于现代民族国家的正常趋势，它们包括学习主流社会的语言，以及先前所简要分析的生态上（ecological）、职业上，尤其是教育上的流动性等。然而，除了这些“正常”趋势之外，犹太人融入现代民族国家的进程也具备了一些鲜明特征，正是这些鲜明特征的存在，才使得犹太民族区别于其他宗教和族群少数派，并使同化现象成为犹太人融入现代民族国家全部历史的一部分。之所以说同化并不是犹太人融入欧洲社会历史的全部，是因为与其他多数族群不同，传统犹太社会及犹太教模式的瓦解不仅促使了“一般”同化的产生（如果真的存在一般同化模式的话），也促使犹太人寻求在新的领域里来阐释其独特的犹太文明经历，重建犹太传统、内容、前提，并以某些特

殊方式来重建犹太集体生活边界。而犹太传统模式的解体所带来的挑战在社会公共和文化机构，更多的是在意识形态层面表现出来。在犹太社团内部，重建犹太集体生活成为不同群体各自努力的目标及其内
96 部冲突的根源，而且，不同群体在重建犹太集体生活的方式方法选择上多种多样。与此同时，犹太生活的整体组织模式也同很多其他宗教、族群存在着巨大差异。

在犹太集体生活、文化活动和认同方面的重建进程中，其主要方向集中在哈斯卡拉改革、同化及犹太学术方面。自 18 世纪起，欧洲地区就出现了重建犹太生活和传统、其内容和前提、集体生活的边界等几个方向上的尝试，产生了文化、意识形态和社会发展的新趋势。[9]

方向之一，在犹太社团内部，独特的社会和意识形态运动得以发展，它们以重建犹太制度领域及活动类型——以实现犹太文明中的某些主题——为目标。方向之二，努力重建犹太宗教活动，并使其在方式上与现代“世俗”时期，尤其是启蒙时期的前提相协调，该方向同第一个方向联系密切，但两者并非总是保持一致。方向之三，努力将以犹太文明及其历史经历的基本前提等术语描述的原则性的意识形态维度浸润到解放和同化的进程中。同第二和第三个方向相联系，方向之四是大力发展现代犹太学术活动和机构。最后则是发展新正统运动及新的正统派。

虽然方式不同，但上述方向的发展都将新型的犹太组织和机构同对犹太文明或传统的不同主题、犹太集体意识的表达结合在了一起。因此，犹太文明的主题及其同机构组织的联系不再只有一种支配性的模式。不同社团，甚至同一社团内部的不同群体所宣传的文明主题和联系也各不相同。而且，在宣传时，犹太社团都采用了新的、“现代”方式，以及早期被正统派视为异端的模式。这一时期，很多不同类型的异端运动都得到了发展，而且每一个异端运动都含有不同的犹太现代性文化项目，他们的活动范围也不再局限于犹太社团内部领域。但每一项文化活动都选择并重建犹太集体意识中的普世主义元素与特殊

主义元素之间、原始元素与宗教元素之间的不同结合。现代犹太历史经历不仅保证了不同犹太社团会继续出现这些表面迥异、但内部相连的文化项目，还使得不同犹太社团在历史经历以及关于历史经历的意识方面出现的差异日益增多。

下面，让我们对那些独特之处进行简单说明。第一，19 世纪以旨 97
在重建犹太生活和文明的意识形态运动的发展为开端，犹太人开始了融入欧洲社会的独特趋势。作为主要的知识运动（某种程度上也是社会运动），犹太启蒙运动（哈斯卡拉运动）预示着不同的犹太社团将融入到各种各样的欧洲社会中。[10] 该运动以启蒙运动的观念“理性主义”为指导，试图重建犹太生活、传统及文明，以使犹太人完全融入到当时社会上正在出现的普遍理性的、文明的模式中去，并试图在这些模式中加入某些独特的犹太元素。虽然从狭义上说，启蒙运动本身并不具有反宗教性质，但该运动的确否认了拉比犹太教在犹太社团中作为主要制度框架存在的排他性的主导地位，尽管作为犹太启蒙运动的先驱，摩西·门德尔松（Moses Mendelssohn, 1729—1786）或拿弗他利·赫兹·维塞尔（Naftali Herz Weisel, 1725—1805）都坚持要严守哈拉哈律法。而且，该运动拒绝以激进地将犹太人从周围民族分离和排除出来的方式划定犹太集体认同的界限，相反，它以更大规模地融入欧洲主流社会为方向，强调重建犹太生活的可能性和必要性，首先从教育层面开始，某种程度上从经济生产，以及文化和社会活动等众多方面开展重建工作。

第二，正如我们后面将要看到的，西欧和东欧犹太社团在哈斯卡拉运动中发展起来的实际取向和社团内部活动存在很大不同——尤其是在犹太人重建现代犹太生活的具体内涵以及犹太人参与新文明的视角及其可能做出的贡献方面。稍晚之后，在西欧哈斯卡拉运动的影响下，犹太运动朝着第二个方向（前文已提到）发展，开始在启蒙运动普世主义原则之下，试图重建犹太宗教，并在宗教礼仪及遵从礼仪的模式方面进行了大量的变革尝试。而且，在犹太宗教更具“伦理性”的元素和先知元素的引导下，哈斯卡拉运动的重心开始远离律法–仪式的层面。

因此，从 19 世纪前半叶开始，从“改革”或自由的犹太教发展而来的多种多样的运动，朝着一种看起来更加现代的方向发展，改变了犹太人的宗教习俗。当然，这些变化的过程同将犹太人定义为一个宗教社团的尝试密切相联。作为一个宗教社团，犹太教只是更广泛的一神宗教全景中的一部分，同其他宗教，尤其是基督教，甚至与更加普
98 遍的哲学自然神论取向或话语一样具有许多共同的预设，且将共同步入一个宽容、启蒙的时代。

第三，作为犹太人融入欧洲社会的方式，无论是解放，还是同化，都是根据犹太传统的具体前提和犹太文明中的某些基本的犹太前提来表达的。对此，雅各布·卡茨这样写道：

> 然而，社团中较大一部分的犹太人，尤其是新近涉入社团生活的启蒙精英们（马斯基尔）不仅接受归化和解放，认为这是一种从悲惨隔都中摆脱出来的受欢迎的拯救，而且赋予其历史及精神层面的意义。归化和解放受到欢迎，就好像这是传统上为弥赛亚时代所预留的一样，以至于人们将君主和王子，以及新公民地位的守护者等同于弥赛亚本人。我们不应忽视这种等同，它的意义也不仅被视为新的政治和社会成就的某种意识形态的修饰，而且具有更多的内涵。按照最初倡导者的想法，归化和解放的出现是为了给犹太人的未来提供一种新的前景和预言。外来者身份的废除就是要取代弥赛亚希望——摆脱作为异国土地上的外来者的困境，获得弥赛亚救赎的希望。根据这一观念，国家是一个整体，构成国家的各个部分都可以在各自环境中拥有一块家园，并根据法律和政治地位，为个人实现那种给予整体国家的弥赛亚希望。[11]

这种态度在犹太人参与欧洲社会的文化和政治生活的方式上表现

明显。在关注较为自由和激进的运动的同时，犹太人还高强度——在很多人看来，这种高强度参与活动是犹太人的特有属性——参与到更具有批判性的学术领域中，如社会学（比如，艾米尔·杜尔凯姆在社会学领域中宣传了一种新的世俗道德和公民意识），进入到新闻行业中的较具批判性和自由的领域。

的确，西欧和中欧的很多犹太知识分子都注意到了犹太人在融入主流社会时所表现出来的普世的、自由的、伦理的特征，它被视为犹太文明的本质或犹太文明对现代生活做出的可能的贡献，并被犹太社团中更广泛的群体以一种不太充分的方式表达出来。这意味着犹太人必然要抛弃犹太自我隔离思想，强调犹太人要以主流文明中完全的公民和参与者的身份不断参与到主流的社会生活之中。同时，它也描绘了犹太人对其他民族所履行的特殊使命——这一使命已不再是拉比犹太教传统信条的组成部分（新正统派圈子除外），但犹太文明的许多基本取向仍然以转型后的方式留存下来。毋庸置疑，在这些更为自由的 99
公民态度，尤其是犹太知识活动中，许多犹太人对中世纪时期没有能够恰当表达的犹太遗产中的普世性方面有了更清晰的表达：重视先知传统中独特地表现出来的普世伦理，这似乎证明了普世性——特选子民的现代版本——是犹太人的特殊使命。

第四，与犹太人融入欧洲国家有关的第四个进程是：新的现代犹太学术的发展，一场伟大的知识运动，即犹太教科学运动（Wissenschaft des Judentums）的发展。在这场运动中，现代犹太历史和哲学研究得以出现，代表人物有亚伯拉罕·盖革（Abraham Geiger，1810—1874）、现代犹太学术奠基人利奥波德·聪茨（Leopold Zunz，1794—1886）及后来伟大的历史学家海因里希·格雷兹（Heinrich Graetz，1817—1891）。[12] 这些伟大的知识创造性，尤其是第一代知识分子的创造性，存在着特定的悖论。他们官方性的计划和想法是将犹太人逐渐转变为一个宗教社团，从而淡化犹太人的民族认同，但这些人的巨大学术成就和他们出版的作品反而强化了犹太历史自觉和犹太集体认同，并将犹太教研究置于现代学术研究的框架之中。

在这种背景下，与西欧和德国占主导性的知识模式密切联系的是，历史哲学和历史本身成为犹太社会中特别重要的两种活动类型。在犹太教科学研究背景下，作为主要知识活动之一的宗教或历史哲学得以发展。诸如纳赫曼·科罗赫马尔（Nahman Krochmal，1785—1840）、亚伯拉罕·盖革，或所罗门·路德维希·施泰因海姆（Solomon Ludwig Steinheim，1808—1889），以及后来的赫尔曼·科恩（Hermann Cohen，1842—1918）、弗兰茨·罗森茨威格（Franz Rosenzweig，1886—1929）、马丁·布伯（Martin Buber，1878—1965）等学者在犹太中世纪哲学家的思想基础上，以乐观的态度对待其他宗教文明，并试图重新定义犹太教对人类的宗教意识、世界历史的演变所作出的贡献。他们经常强调的，不仅包含犹太生活中的宗教、政治或伦理内容，还有犹太生活中的犹太集体认同的成分。

从这个角度来看，海因里希·格雷兹为犹太历史研究提供了一个重大转折点。格雷兹并没有从空洞的黑格尔主义的精神运动角度出发来解释犹太历史，相反，他将宏大的犹太人历史写成了一部政治和民族社团的历史，为许多“现代的”、受教育的犹太人的集体意识的发展做出了巨大贡献。

在现代时期犹太社团内部，正统派或新正统派的出现是一种最后且最为有趣的发展。[13] 这些名称（正统派、新正统派）意味着犹太社团内部的这部分犹太人并没有接受对犹太宗教和礼仪进行新的定义的尝
100 试，以及对基本的哈拉哈模式的变革。这部分犹太人坚持维护哈拉哈的统治地位，遵守一切宗教诫命和仪式，最先称自己为正统派或新正统派，而“新正统派”的称谓用以表明他们并非是简单地延续古老的哈拉哈模式。后来，他们这种对自我的称谓和定义也逐渐被其他犹太人所接受。

正统派或新正统派这一术语的使用本身就带有相当矛盾的成分。

尽管有正统之名，但事实上，在19世纪上半叶快结束的时候，它们就已成为犹太社团内部的少数群体。由于当时社团的组织和活动多带有自由和改革性质，所以它们无法作为正统派盛行于社团内部。新指称的正统派是一种半分裂主义的教派，按我们今天的说法是具有原教旨主义倾向的教派，带有强烈的乌托邦式的弦外之意和价值取向。这些正统派或新正统派群体倾向于在官方的犹太社团内成为一个分离性的群体，或者像19世纪后半叶匈牙利那样，形成独特的社团。但他们有组织的分离活动的程度取决于以下因素：多样性的当地环境、该群体自身的相对力量以及他们在犹太社团中的法律地位。

虽然这里我们不能对这些组织的细节加以了解，但无论该群体的具体组织形式如何，他们的组织绝不是犹太社团内部流行的模式。尽管他们自认为承继了"古老的"哈拉哈传统，但事实并非如此。这不仅仅是因为该群体只构成犹太社团的少数群体，最重要的是因为该群体自身的行为方式和组织都处于19世纪中西欧犹太社团新的社会、经济和政治现实的框架之中。同其他犹太人一样，该群体的犹太人也已成为他们各自国家的公民或臣民；他们或他们中的大部分将孩子送去普通学校，或不得不将很大一部分的普通课程加入到自己创办的学校中；并参与到犹太人经济和意识形态的流动当中，有些情况下，甚至跻身于经济地位最高的阶层。他们当中的很多人，即便可能是被动的，都认为自己已经参与到了他们所在社会的一般性的文化生活当中。可以说，无论是隐晦地还是明确地，他们都接受犹太社团作为宗教社团的指称。其中，在意识形态方面表现最为明确且具有创新精神的群体，由赫尔施拉比（1808—1888）领导，打出了"《托拉》与以色列地的生活方式"（" Tora veDerech Eretz"）的口号。

在中欧，正统派的这些构想遭到了更为极端的（新的）正统派群体的反对。19世纪早期和中期，其最重要的领袖，来自匈牙利的哈塔姆·索弗（摩西·梭弗）（1762—1833）表达了更具挑战性的分离性观点。但不论它们之间有什么鲜明的差异，犹太社团内部的确出现了一 101

个新的、更具有分离倾向的、由少数团体或教派组成的的正统派。

这些方向和趋势发展的共同点在于都试图通过重新构建犹太集体自我定义中固有的主要主题和张力来重新定义犹太集体认同，尤其是普世主义取向与特殊主义取向之间、末世观念与现世思想之间的张力；对实现犹太文明愿景所需的合适领域的界定，以及在与其他集体和文明的联系中重新构建犹太集体性的边界。关于这些主题，所发生的影响最为深远的变化与中世纪拉比犹太教观念和传统有关。犹太文明愿景具体实现的领域也不再局限于一种被隔离的民族–宗教社团的日常生活，也不仅仅或者主要指向遥远的未来。在犹太人的设想中，这种领域越来越以现在和当代欧洲文明为取向，而犹太人准备为其发展作出他们独特的贡献（但不再作为分离性的社团身份）。持有这些观点的那些群体，十分注重犹太文明的普世主义取向，强调伦理预言中固有的普世福音，反对拉比模式对犹太文明进行的更具特殊主义倾向的定义，以及与之相关的犹太社团几乎完全的自我封闭。所有这些尝试包括：对犹太中世纪文明的现世取向和空间取向进行的彻底的再评估，寻求实现犹太文明愿景的合适领域，以及在与其他集体或文明边界相联系的情境中重构犹太集体边界方面进行激进变革。

这些多样性的发展在对待加路特，即大流散的看法方面产生了一些非常有趣的反响。我们已经看到，自第二联邦时期和第二圣殿被毁之后，一种大流散式的生存，或者作为流亡者的存在就成为了犹太历史经历的一个主要的、具有持续性的特征。的确，自公元6世纪或7世纪起，一直到中世纪和现代时期，犹太人多数时间都处于大流散状态；具体而言，犹太文明也是一种流散的文明。虽然其他民族也出现过流散现象，但只有犹太人被驱逐出他们自己的家园，并在大流散当中形成了自己的生活，进而形成了这样一种持续不断的、影响广泛的核心历史经历。而且，正如贝尔在其经典著作《加路特》[14]中所认为的，很可能只有犹太人，当然尤其是犹太人存在的流散问题才成为他们集

体意识中的核心问题，并以神学或神秘术语表达出来，我们之前已讨 102
论过其中的若干问题。

尽管中世纪隔都高墙崩塌，欧洲社会向犹太人打开了大门，但“加路特”生活——犹太民族大多数生活在大流散中——的事实成为现代时期犹太集体意识中的一个基本问题或组成部分。19 世纪犹太人被成功地同化于主流社会的事实看来使得这样一种观念——流散生活是犹太民族的一个特殊问题——遭到废弃。但对大部分犹太社团，尤其是某些知识分子和社团领袖而言，生活于流散之中依然是一大问题。[15]

事实上，人们对加路特的基本看法已经大为改变。他们不再完全否认犹太人在流散中的真实存在，对加路特的存在进行评估已经成为各种意识形态持续关注的焦点，至少在犹太知识分子当中的确如此。

但无论不同群体对流散时期生活的态度怎样——从犹太复国主义者否认流散生活的合法性和可行性，到美国最近出现了对其持积极评价的某些意识形态——犹太人在加路特中的存在，以及犹太人生活于诸多流散地的事实已成为犹太集体意识中的一个持久性问题。当然，就整体而言，这种问题除了在犹太人日常生活层面之外，并不是简单地被认为是理所当然的，而且，即使是在日常生活层面，也并非总是如此。在犹太社团的集体意识中，尽管流散的方式在很大程度上被重构，但在大流散中流亡性的生存依然留存于犹太社团的集体意识之中。

犹太人同化于和融入现代欧洲社会（后来又同化于和融入到欧洲以外的社会）的进程强化了人们对这一问题的意识，犹太人大流散这一问题显示出一些区别于其他民族流散（如爱尔兰人、希腊人、意大利人，甚至是美国人）的鲜明特征。作为一个民族，犹太民族中的大多数人都生活在流散中，这一独特的事实（可能亚美尼亚人是少许的例外）再次强化了人们对该问题的关注。

犹太人与其他宗教群体或少数族群的不同之处，除了表现在其融入现代欧洲社会的意识形态层面之外，还表现在其他方面。19世纪，在西欧和中欧地区，犹太社会生活模式和欧洲社会中犹太生活的机制或组织方面出现了一些独特的、具体的特点，而这些特点同犹太文明的前提以及犹太人历史上的文明经历密切相关。[16]

首先，尽管社会隔离及同族婚姻比例相对较高这一事实并非犹太人所特有，且在那些同化水平较高的犹太人当中不同程度地被弱化，
103 但在犹太社团内部依然表现明显；其次，犹太社团或组织开展了各种各样、范围较广的活动（宗教性的、慈善性的或学术性的），从整体上超出了其他宗教团体或族群开展的活动。在这些活动中，多数所关注的不仅是保留犹太传统的某些遗存，通常还积极地用那些犹太历史中能够描述其特征的术语对其进行重新定义。这些在前文都已有所叙述。而且，最重要的是，这些犹太组织中的多数都是"国际性的"，它们所关心的是帮助世界各地的犹太社团。这里，尽管强调了犹太人生存的国际维度，但用"信奉同一宗教者"（coreligionists）来解释这些组织的活动显得更为充分。

非常有趣的是，这样的国际性组织首先出现在法国——一个经历了剧烈的半意识形态同化的国家。1860年，一些职业性的犹太群体在法国外围地带建立了以色列联盟（Alliance Israelite）组织，致力于以一种现代风格，在所有犹太社团中开展教育性的、半政治性的工作。该组织的出现在某种程度上挑战了巴黎犹太社团中被同化的犹太领袖，并为其他犹太社团中类似的国际性组织的发展树立了典范。

甚至更加内敛的宗教性犹太组织，无论是改革派犹太教的组织，还是欧洲不同国家中的犹太学习和学术机构，都保持着彼此之间的联系，互帮互助，彼此强化或彼此中和，但不同的犹太社团之间总是保持着一定范围及强度的联系，这在其他宗教少数群体或族群中很少见到，当然，天主教会或清教团体理事会的发展进程属于例外，因为这两者都将自身视为基督教文明愿景的载体。

所有这些进程——密集的职业流动，越来越频繁地参与到诸多领域，重建犹太传统和集体认同的努力，在文化、公共领域和经济上的创造性，对所有这些方面作出的回应，以及不同国家犹太社团之间的持续联系——使得西欧犹太人（后来在东欧，尤其在美国）明显区别于其他宗教团体和族群。

中西欧不同犹太社团中出现的变动：异质性与共同定位

生活在西欧和中欧不同国家的不同犹太社团的历史经历并不相同。在法国、英国、德国、奥地利、匈牙利、波兰的不同地区，每一个
国家中犹太文化和社会活动都有相当独特的模式。[17] 而且犹太社团内 104
部结构与主流社会之间的相互关系——主流社会的统治者，其社会职业和经济发展状况，尤其是现代国家公民共同体的定义，主流社会对待少数群体的原则性态度及其对宗教、民族或种族性少数群体的宽容度——对犹太社会活动的独特模式造成了较大影响。

西欧和部分中欧地区，尤其是犹太人口在总人口中比重较小、但在经济和职业流动性相对较高的德国，同处于哈布斯堡帝国与俄国统治下的东欧和中欧部分地区之间存在着巨大差异。后面这些国家经济发展不充分，犹太人口在总人口的比重较大（高达10%）。犹太人是社会中众多较大少数族群中的一员，在多民族传统帝国的基本实体政治观念的影响下，帝国传统的反犹主义运动猖獗，民族运动风起云涌。而且，相较于西欧和中欧，东欧犹太人在很大程度上继续生活在传统社会框架之中。

在这些广泛的犹太社会范畴中，犹太组织生活的多种具体模式得以发展，其中包括不同类型的知识、社会和政治活动。这些活动自然受到了各自所在国盛行的制度类型和知识倾向的巨大影响。由于无法对犹太活动的所有模式进行分析，因此，随机选取一些例证进行分析就足够了。

法国政治生活的中央集权模式也相应地造成了主要犹太人机构——尤其是犹太教公会（Consistoire）——组织上集权倾向的产生，而19世纪法国尖锐的政治争论在很大程度上影响了犹太人密集地参与到这一领域之中。历史和哲学研究在德国知识和公众生活中的中心地位不仅有利于犹太教科学研究的产生，而且促使对犹太历史、集体经历进行哲学和神学阐释的出现。此外，在德国，由于犹太知识和政治生活较为分散（甚至在帝国建立之后，该情形在某种程度上仍然如此），相应地，犹太组织也较为多样化、分散化。相似的情况是，在英国，由于犹太人对政治生活的哲学和意识形态层面的关注度相对较低，所以他们参与这些活动的范围大为缩小；而英国公共生活中更为传统的公民和贵族组织的存在，也促使其接受犹太人作为一个准民族（quasi-ethnic）社团的存在，以及与这种公民－寡头模式相适应的中央组织（代表委员会、首席拉比）的发展。

105 无论以什么为例，通常来说，主流社会在很大程度上塑造了犹太生活的具体细节以及关于犹太认同的某些表达模式。与此同时，通过教育和参与主流社会的公民生活，不同国家的犹太人洞悉了主流社会的思想，尤其是主流社会公共生活的观念，及其对公共生活诸多方面的定义——例如教会与国家之间的关系——对主流社会而言，这些是最重要的方面。

这一时期，欧洲犹太社团中所发展的犹太生活的巨大异质性远远超过在流散时期不同社团所表现的风俗上的异质性。到了近代，这样的异质性不仅使得风俗，以及社团、教育和文化活动范围上呈现差异，还使得这些不同活动的相对重要性也显得不同。这种异质性造成了犹太生活的某些核心领域出现影响深远的差异，包括犹太社团组织，宗教礼仪的模式，尤其是对犹太集体和集体认同的定义，还有各个社团宗教礼仪模式以及他们与主流社会关系所具有的意识形态意义等方面的差异。

这种丰富性和变化的特征造就了现代犹太历史巨大的多样性，不禁让人回想起第二圣殿时期、希腊化和巴比伦流散时期，以及在其直接影响下出现的加昂时期，这些时代比“经典的”中世纪拉比时代更让人留恋。然而，尽管存在这些巨大差异，犹太社团在诸如共同的习俗、信仰或观念之外，还有其他的一些共同特征。除完全被同化的社团之外，大部分犹太社团都关注犹太解放问题、集体认同或关于这种认同的问题，跨越国家界限的不同社团之间持续的互相参照，以及，尽管这些群体致力于同化，但并非纯粹心甘情愿等方面的问题。从意识形态—政治的层面来说，犹太社团共同关注的是犹太解放问题，并寻求重建它们身份认同和独特文明愿景的某种方式。

（犹太社团）这些相互间的参照不仅植根于一种共同的犹太遗产情结，而且在于它们对如何找到实施犹太文明某些重要主题的新方式给予了持续而共同的关注。另外，在关于这些主题中何种主题，以及犹太社会或主流社会中何种领域才是实现这种文明愿景的最合适领域的问题上，各个社团的立场也各不相同，但即使如此，它们之间依然可以互为参照。尽管这些差异成为不同犹太社团之间持久争论的焦点，
但这也再次证明了他们之间所存在的共同纽带。从更实际的组织层面 106
来说，这些社团都关注犹太教育、慈善及半慈善活动。在犹太社团内部，移民的流动、新移民不断涌入既存的犹太社团，以及由此造成的种种张力为不同犹太社团提供了持久性的联系。

当然，所有这些并不意味着犹太社团的所有成员都在持续地关注这些共同的问题。在犹太社团中，被同化的犹太人占有相当大的比例，他们自身的犹太性渐趋消失，直到纳粹提醒他们重拾自己的遗产。而对其他很多犹太人而言，他们尽管依然对犹太传统保持一定的依恋，但却对日常生活中的这种意识形态问题或慈善问题不感兴趣。对这些问题的关注在多大程度上影响了不同犹太社团的日常生活？我们很难清楚地了解。当然，重建犹太集体认同界限的挑战主要是由犹太领袖和知识分子中的一小部分群体来承担的，但这一直是明确表达的文化创造力的重要例证，正如在中世纪时期，哈拉哈传统也是由这些犹太

领袖表达出来的一样。尽管如此，犹太社团中的诸多部分，尤其是很多知识分子和领袖都接受了重建犹太生活的各种挑战。

通过上述方式，在犹太人解放和融入欧洲社会的影响下，犹太生活的现实显示出社会和文化创造性、活动的多样性，以及彼此联系和相互关系之间的某种结合，这一结合超越了用纯粹的宗教或淡化了的族群术语来重新定义犹太认同的种种尝试。因此，除了那些完全或几乎完全抛弃了犹太身份的犹太人之外，这些进程证实了犹太人不可能被完全同化，而将其定义为一个纯粹宗教的、信仰的社团也是错误的。而且，在某种程度上，共同的犹太认同的丧失和对宗教传统依附的减弱带来了看似非常矛盾的结果，即一方面为犹太认同带来更多的原生元素，另一方面也常常会引起主流社会诸多领域出现激烈的反犹主义运动。从这一点上来说，犹太人也是不可能被完全同化的。

因此，从 19 世纪西欧和中欧犹太人经济发展，犹太人的社会和文化创造力，以及相应地，他们融入主流社会框架的潜能的角度来看，犹太人的生存和发展确实存在悖论。隔都高墙的坍塌为犹太人打开了经济、职业、政治、文化领域的创造力之门，当然这些领域从任何意义上讲也不只属于犹太人。然而，与此同时，犹太人参与这些领域的程度和模式，使得犹太人作为一种特殊的、独特的社会文化元素更加引人注目，也强化了犹太人的某些具体特征。

107 对欧洲社会中的某些部门来说，犹太人的这些活动被看成是正在出现的国家或公民文化中的一种积极元素，但其他更为保守的和民粹主义的元素却以负面术语评价犹太人的社会参与，尤其在那些犹太人被卷入到影响深远的社会起义、民族运动的时期和地区，这种情况尤为明显。而当这些进程（犹太人参与社会活动）遭遇独裁政权（比如在德国）时，这种负面评价更显严重。在犹太人这种积极而显著的社会参与之中，尤其是在获得快速发展的经济和职业成就方面，欧洲许多部门都看到了犹太人的一意孤行、无根性及“世界主义”观念。而不断发展的现代反犹主义也就有关犹太人的这些话题进行了越来越夸大的宣传，强调了犹太人的独特性、不能令自身被完全同化的特性，由此将犹太人视为外来种性或种族。

在这些现代反犹运动和意识形态中，古老的宗教竞争和敌意朝着更激进的种族方向转化。而且，这些反犹运动和意识形态同欧洲历史上的第三种转变和趋势——出现于中世纪或现代社会早期向现代时期的发展阶段——有着密切联系。正如在本章开头所提到的那样，第三种趋势（前两种转变趋势分别是：一、社团中的传统宗教朝着对世俗事务的普世主义的世俗定义转变；二、传统合法性向统治者的世俗合法性转变）则是将新的民族集体同强烈的原生及宗教元素紧密结合起来。[18]

共同的语言、历史和领土，这些原始元素毋庸置疑地成为各式各样民族运动的宣传对象。但这种宣传力度在如英国、瑞士、丹麦，某种程度上也包括荷兰在内的欧洲社会中相对较弱，因为在相对较早的时期，这些国家的民族共同体就随着国家统一的不断稳固而逐步定型。

而在如德国、奥匈帝国，或许多东欧社会中，这样一种即时性的民族共同体的凝聚力并没有因国家的建立而出现，所以，这些国家对民族认同中原始元素的宣传力度就显得较强。而这些原始元素在不同社会的集体认同构建中的相对重要性也就构成了持久性争论和政治斗争的焦点。

在塑造犹太人与主流社会关系上，这些斗争有着至关重要的作用。作为第三种趋势，民族集体与原始元素之间的结合使得欧洲社会不仅
对犹太集体认同中的原始宗教和历史元素，还对这一认同构建中不断 108
交织的普遍主义和特殊主义元素的反应特别敏感。这种敏感性为现代反犹运动与意识形态的出现提供了肥沃土壤，而在那些民族认同与国家形成并不同步的社会中，情况尤为如此。

现代东欧犹太人的历史经历

现代犹太历史经历在中欧和东欧都有着很不同的发展方向，甚至某种程度上可以说是向着两极方向发展。正如我们所看到的，东欧犹太人的经济、政治和教育现代化进程相对比较缓慢、曲折。东欧“传统”犹太社会的解体也要缓慢得多；甚至直到两次世界大战期间，在诸如波兰的一些地区，传统犹太社会仍以一种相当收缩性的方式得以持续。

然而，在现代初期，一些影响深远的变革得以出现。随着萨巴泰运动的失败，波兰、俄国地区出现了第一次大规模的拉比犹太教的半异端运动，或者至少是宗派性运动——哈西德运动。在与正统拉比们的激烈斗争中，这场运动逐渐发展壮大，并成为传统犹太社会的一部分。

而这场运动在完全接受哈拉哈的基本前提的同时，将犹太宗教的重心从学习和遵守律法礼仪转变为包含强烈神秘主义因素的个人宗教体验，并以一种拉比犹太教内完全不为人知的方式，将某种中介性权力赋予领袖、义人（柴迪克，Tsadikim），从而产生了历代哈西德领袖。除萨巴泰运动之外，哈西德运动与“正统”拉比们之间的分歧撕裂了传统犹太社团，但这样的一种分歧与斗争是以何种方式进行的，这在整个“中世纪”或“流散”犹太教历史中都不得而知，或者说至少从7世纪卡拉派运动从拉比犹太教分离出来之后就不得而知了。后来，在启蒙运动及随后各种犹太民族运动的巨大攻势，尤其是犹太复国主义运动的影响下，这些正统派的不同派别组成了某种共同的阵线以应对挑战。但是正统拉比犹太教与哈西德主义之间的裂痕不仅预示了传统犹太社会的巨大变革，而且有助于打破传统犹太社会的高墙。

18世纪末19世纪初，随着东欧，尤其是犹太社团内部启蒙运动与现代化运动的发展，犹太传统社会的高墙开始坍塌。虽然受到西欧的
109 巨大影响，但东欧的哈斯卡拉运动却朝着完全不同的方向发展。东欧

社会的一些独特性，如经济发展的相对缓慢、传统专制政体的持续存在、多元民族现实的存在、众多民族革命运动的发展、以及为应对犹太定居点的现代性挑战而形成的相对生态密度等，造成了东欧犹太社团在应对启蒙和现代性挑战时所涉及的问题和维度，远远超出了西欧犹太社团。后来，这些维度在东欧犹太历史经历中更加具有主导性影响，并解释了东欧犹太社会发展的独特性。

与西欧一样，东欧哈斯卡拉运动同样否定了犹太自我隔离的古老模式，寻求实现犹太文明愿景的新领域（属于现代世界一部分的新领域），并完全参与到这个世界之中。但除此之外，其与西欧哈斯卡拉运动及其影响下的后续运动差别极大。杰出的以色列历史学家本·锡安·迪努尔（Ben Zion Dinur）对东西欧犹太人哈斯卡拉运动的差异做了恰当定义：如我们所看到的那样，在西欧，哈斯卡拉运动自始至终都以充当桥梁作用、融入社会为导向；而在东欧，哈斯卡拉运动则是犹太社会内部机制重建的杠杆。[19]

因此，在东欧，尤其是俄国和波兰，以及较小程度上在奥匈帝国，哈斯卡拉运动都主要以犹太社团自身的内部重建为导向，用新近的表述即是，以某种集体制度模式实现内部现代化。而东欧哈斯卡拉运动的践行者也是从集体重建角度来看待犹太社团对主流社会的融入；他们不只从宗教的角度，还从民族的、政治的或种族的角度来定义犹太社团；将其和现代经济、教育和社会机制集中的内部建构联系在一起。虽然东欧犹太社团中也出现各种各样的宗教改革运动，但和这种范围较广的、体制性的社会、经济、政治和文化重建相比，前者在整体上处于次要地位。东欧犹太社会内部机制重建进程还特别地表现在，犹太人口生态和经济方面的重塑，以及犹太人口更集中地分布在城市且在城市中所占比重较大，他们不仅从事商贸、手工业，还从事工业活动，这促使了强大的（虽然是高度多样化的）工人阶级的产生。

东欧与西欧哈斯卡拉运动的基本差异，以及与之相联系的更广泛

的经济进程与社会运动，几乎体现在文化活动和社会生活的方方面
110 面。[20] 在 19 世纪和 20 世纪，直到第二次世界大战，东欧犹太社团的历史就是一部在某种犹太社团生活（即便从整体上看，不再是传统犹太社团生活）框架中进行连续的、现代机构建设的历史，这与西欧犹太社团的发展大不相同。东欧的这些机构既包含将希伯来语、意第绪语及各自所在社会的主要语言等多种语言教育结合在一起的教育机构，其范围涵盖了幼儿园、职业学校、现代高中、高等教育机构；又包括分布广泛的希伯来语和意第绪语新闻行业，以及后来的政党、社会和民族运动、工会和劳工组织。上述所有这些运动都发生在同一时期，并在已经基本具有现代性的犹太集体生活框架中持续发展。在这种框架中，这些运动显现出了一些非常具体的特征，不禁让人联想到第二联邦时期：激烈的意识形态冲突，虽有着共同的组织和政治构架，但却不愿接受共同权威，经常彼此争斗，但有在政治剧变及迫害时期联合起来的多元化领导阶层。

东欧犹太人的政治活动多种多样，其中包括参与到多种政治运动和组织中。最初，从 19 世纪的最后几十年到第一次世界大战期间，大多数犹太人只是活跃在犹太社团内部。一战后，随着东欧众多“继承国”（波兰、立陶宛、捷克斯洛伐克、匈牙利、罗马尼亚）的建立，犹太人在整体上被赋予或最终被赋予公民权，并参与到普遍的政治生活中。他们组建了特殊的犹太政党、集团（包括正统派在内）或与其他一般性政治团体合作，以这样或那样的方式参与议会生活，并试图维护特殊的犹太利益。彼得·默丁（Peter Medding）[21] 将其定义为经济和政治适应意义上的幸存。一些犹太人也作为个体参与到其他政党或集团中，但除社会主义运动之外，这部分人在这些政党或集团中的地位并不突出。当然，在东欧和中欧犹太人的这些集体努力中，其中最重要的表现是犹太社团中所发生的众多民族运动：旨在在东欧多民族国家中建立某种犹太民族认同的运动；以及在欧洲以外地区寻找领土以建立犹太国为目标的领土运动；当然也包括犹太复国主义运动。

在犹太机构和社团生活框架中，现代希伯来和意第绪文学取得了 111
较高水平的文化（有时是书面文学方面）创造力，这在亚伯拉罕·马普（Abraham Mapu，1835—1867）、犹大·莱布·戈登（Judah Leib Gordon，1831—1886）、门德勒·莫赫尔·塞法里姆（Mendele Mokher Sepharim，1835—1917），或者哈伊姆·纳曼·比亚利克（Chaim Nahman Bialik，1873—1934）等作者（这里提到的只是一小部分）的作品中得以体现。与犹太内部广泛的公共政治社团生活和机构重建进程相一致的是，现代希伯来语和意第绪语学校、新闻业和戏剧在这一时期也都得到发展，并一直持续到大屠杀时期。[22]

在东欧，建立在犹太教科学成就基础之上的精深的犹太学术（历史的和哲学的）也得以发展，尽管其与犹太教科学的历史视阈并不必然一致。如历史学家西蒙·杜伯诺夫（S.Dubnov，1860—1941）和巴拉班（M.Balaban，1877—1942）的著作，虽然以历史学家格雷兹的著作为基础，但在有些方面却超出了格雷兹，发展了一种更倾向于以民族性为定位的犹太历史视阈——不仅强调宗教信仰，同时也强调社团组织，甚至将众多的异端运动（如弗兰克运动）包括在内。同时，关于当代犹太社团数据统计或人口研究的犹太经济史研究是这部作品关注的另一重点。[23] 毋庸置疑，东欧犹太人的所有现代活动并非完全被局限在犹太社团框架内。很多犹太人都参与到主流社会中不同的制度性领域之中，并在一些更激进的、更具革命性的运动中崭露头角。东欧犹太人也参与到各种文化领域，尽管这种参与比起西欧受到更多限制。在很多领域，尤其是学术生活（特别是一战前的俄国）中，改宗是犹太人进入和参与这些领域的条件。

此外，东欧的传统“正统派”阵营发生了重大变化，开始向两个方向发展。方向之一是在传统阵营，尤其在匈牙利，以及较小程度上在奥地利加利西亚表现明显，尽管这些地方正统派获得了更长足的发展，但与德国新正统派的发展有所不同。在这些地方，正统派社团已经以相对现代的方式被组织起来，正统派人士将孩子送到普通学校读书，但依然维持着很强的犹太体制和社团框架。方向之二在东欧表现得比西欧明显。在东欧，正统派群体中出现了一个现代的半政治性组织，其发展顶峰是建立于 1922 年的以色列正教党。以议会集团或党派的身份，该组织在那些继承国中得以发展，并导致很多现代慈善，甚至教育协会的确立。

在诸如匈牙利的某些国家中，正统派群体很少与其他犹太公会参加共同活动，保持了一种完全隔离的状态。但在其他一些国家，尤其是波兰，正统派犹太人则会参加这些共同的制度性，甚至政治性组织。

112 与西欧不同，东欧犹太生活的重建是以不断创建和参与现代机构为特征的。而且，犹太社团框架中的机构创建不仅与犹太集体认同重建的特殊模式的发展有关，还与犹太自我定义中某些永久主题的表达联系在一起。

在东欧犹太社团中，将犹太人定义为纯粹宗教和信仰的群体是相当边缘的倾向，但看起来有些矛盾的是，这一倾向在更加正统的犹太社团中还在某种程度上存在。宗教改革在东欧整个犹太社团的丰富生活中只占有次要地位。对大部分犹太人来说，以下这些因素易于引发非常剧烈的犹太集体运动：他们自身的社会密度，其所居住的多民族环境，反抗俄国及奥匈帝国的各种民族运动力量，以及对于俄国专制政权的负面态度。由此，东欧犹太人中出现了世俗或半世俗定义之分——有些犹太人明确反对犹太传统中的宗教元素，其他一些人则不否认犹太传统的宗教元素，但却在极力弱化其优势地位。这些不同的定义数量众多，不仅涵盖集体的、文化的、半政治性自治（例如，由著名历史学家西蒙·杜伯诺夫所提出的观点）等观念的各种变体，还包括崩得主义者所倡导的民粹主义—社会主义观念。

这些定义中的大多数强调了在缺乏一块具体的、集中的犹太领土的前提下维持这些集体框架的可能性。其他一些人，就是那些所谓的领土主义者，则坚持认为维持这种自治的先决条件是必须存在犹太领土的集中，但是与犹太复国主义运动相比，他们并没有强调古老的历史之地——巴勒斯坦——的独特性。

所有这些定义的共同之处在于，除强调以希伯来语或意第绪语言进行犹太教育（毋庸置疑，不同语言的支持者之间进行了尖锐的、激烈的辩论），并将其与通行的现代欧洲教育结合起来之外，还强调某些民族性机构和组织，尤其是犹太政治组织和自治组织的重要性，而后者可能成为19世纪晚期和20世纪早期最主要的新趋势。

这里，犹太集体自我定义更加普世主义的元素受到更多压制，并被理所当然地认为是这一定义和集体认同重建中的独特元素。同西欧犹太人相比，普世主义主题在东欧通常并不被定义为一种文化使命，而被定义为更普遍的历史趋势在犹太人中的具体体现。

只有在更激进的社会主义者群体中，这一主题才与犹太文化认同的重构结合在一起。在极具革命性的社会主义运动及后来的共产主义 113
运动中，一些具有较强犹太性的成员强烈否定了犹太集体认同的特殊性与寻求犹太问题解决方案的必要性。他们中的一些人提出了这样一种设想：犹太人对普遍革命运动的贡献会证明犹太传统中具有普世主义元素，而且，通过将犹太人完全融入未来革命社会之中的方式，具体的犹太问题也将得以解决。

在东欧大多数犹太运动中，这样的普世主义取向与犹太集体性内部机制的构建在犹太社团生活的框架中紧密联系在一起，不过，这些运动并没有表现出对犹太人履行普世宗教使命的强烈信念。在东欧犹太社会背景下的这种联系，与另一个西欧几乎完全缺失的主题（18世纪启蒙运动最初一波发展时可能出现过这种主题）相互交织在了一起：犹太职业结构的“生产化”（在经济层面）及伴随其发生的“正常化”。当然，这一主题同对机制建构的普遍强调密切相关。

这样的“生产化”与“正常化”被视为在现代世界创建一种可行的、创造性的犹太生存的可能性的关键因素。但诸多的这些运动，甚至后来的犹太复国主义运动都对大流散时期的犹太职业结构持相当负面的评价（这种负面评价不同于许多反犹主义的说辞），并强烈要求犹太人从寄生性的隔都职业转向生产性的农业和工业。相应地，他们发起了一项庞大的意识形态和体制性项目，即一般来说利用教育机构的形式，尤其是职业教育的形式，建立农业定居点、学校，并向可以实现这些项目的新地区进行移民（像巴龙·赫尔施在阿根廷地区进行的著名尝试）。

这种对经济现代化及生产性的强调同东欧哈斯卡拉运动兴起之初的两个其他主题密切相关。第一个主题是“正常性”或“正常化”，它使得犹太人不一定要否认自身独特的文化遗产，而是依据这样的正常化来实现自身独特的遗产。第二个主题则重点强调了犹太问题的物质、人口和经济方面，以及寻求解决犹太大众经济困境的必要性。这里所说的犹太人问题主要是依据身体上的幸存与经济上的生产性来定义的，而且希望生产性能够提供解决这一问题的方案。19 世纪 20 年代末之后，东欧和中欧这些解决犹太人问题的努力被笼罩上了一层阴
114 影。这一时期，各国经济衰退，移民美国的大门被关闭，反犹运动不断兴起，大多数东欧继承国政治体制不稳定（除捷克斯洛伐克），在这些因素的共同作用下，犹太人在这些国家的生存形势严重恶化。因此，寻求新的移民出路和定居点就变得非常紧迫——尤其在希特勒上台之后——但大多数努力都徒劳无功，并且随着第二次世界大战的爆发，欧洲大陆（东欧、中欧、西欧）的犹太社团被推上了大屠杀之路。

无论欧洲（东欧、中欧、西欧）不同犹太社团之间存在何种差异，但直到第二次世界大战，它们都有着基本共同的框架。这种框架源于传统欧洲社会和文明的解体，以及新的政治和文明框架、新的政治文化集体的形成。这种传统社会解体和新框架重建的进程是在法国大革命、工业革命和现代民族国家建构等因素共同影响下发生的。

犹太人、各种现代欧洲民族和民族国家，几乎都遭遇了一种共同的事实，即集体认同中的现代普世主义元素或公民性元素不仅与古老的宗教元素相连，而且也与强烈的原始元素结合在一起。在所有现代

欧洲社会中，集体认同中的原始元素被民族主义和种族性之类的现代术语不断加以重新建构，也不断面临着现代普世主义元素和公民元素的冲击。这些不同的集体认同元素相互交织的模式在极大程度上塑造了发展于其中的多元主义的本质，且对犹太人融入这些主流社会的模式产生影响。只有当身份认同中的公民和普世主义元素成功地将原始元素包含在内时，这些因素才能“和平”地交织于各自集体认同构建的过程中（某种程度上英国、荷兰和斯堪的纳维亚国家就是例证），这些社会能够允许犹太人相对大范围地融入主流社会，但这种融入是以否认或弱化犹太经历中的原始元素为代价的。

在某些现代民族国家集体认同构建（诸如中欧的德国、西欧的许多社会运动及中欧其他国家）中，原始元素与公民性的、普世主义元素之间存在着张力，受其影响，犹太历史经历朝着一种不同的方向发展。在集体认同重建过程中，原始元素与公民元素、普世主义元素之间存 115
在的张力，导致这些社会和运动强烈地、否定性地强调犹太集体认同中原始元素的中心地位。这种强调与原则性地否定任何犹太人融入现代民族国家的可能性紧密联系在一起。正如我们已经看到的，这些趋势的发展最终导致了大屠杀的发生。

在东欧地区，由于多民族帝国或国家的存在，这些犹太认同中的原始成分并没有遭到否认。但对犹太认同中的原始成分的接受并不等于能够促使犹太人融入这些国家的政治生活。它也可能导致否定犹太人融入这些国家政治生活的可能性的出现；无论从传统社会、传统或现代反犹主义的层面来说，或者是从两者的某种混合来说（都是如此）。

欧洲犹太人所面临的主要挑战是如何整合到这种框架中，他们要么被完全同化，要么以某种方式重建其集体身份的边界与认同。欧洲（地区的犹太人）在这几个极点之间摆动：争取解放的斗争通常与强烈的同化趋势混在一起；现代反犹主义；重构犹太社团集体边界的许多尝试，以作为在现代民族国家背景下多元主义不同模式中社会空间的一部分。

与所有这些趋势相一致的是，首先，对于不同选择的原则性和意识形态构建的强烈趋势，包括被视为向犹太社团敞开大门的同化行为；其次，犹太认同中有关原初历史和宗教内容的所有此类建构与不同欧洲民族国家建构过程中的上述内容存在的潜在冲突。

18、19 世纪，在所谓的东方犹太人中也发展出了另一种犹太历史经历模式。东方犹太人，即居住在阿拉伯及穆斯林国家中的犹太社团：北非、埃及、叙利亚、伊拉克、伊朗和也门，成为犹太人口的重要组成部分。他们的独特历史经历，使其与欧洲犹太人的情况有着较大不同。[24]

19 世纪中期，大约有 50 万犹太人居住在奥斯曼帝国的不同地区：土耳其本土，后来的伊拉克、埃及及北非、叙利亚、巴勒斯坦以及较远的也门。他们中的绝大多数自古代起，或最迟在 1492 年西班牙大驱逐以后，就定居在该地区。他们自认为是后来被称为塞法尔迪或东方
116 社团的不同部分，即马格里布或埃及犹太人，一些人强调他们纯正的塞法尔迪（西班牙）起源，而通常他们又细分为许多次级的社团。

整体上说，随着地中海贸易和奥斯曼帝国的不断衰落，东方犹太人社团的经济和文化繁荣期也随之结束。从那时起，他们中的多数都生活在相对封闭的社团之内，通过与其邻居的某种共生关系来维持自身的传统生活方式——双方关系有时相对和平，有时陷于冲突、敌对之中——但犹太人通常是受压迫的少数群体。这些东方犹太人维持了用于祈祷与学习的特定犹太机构。这些机构中的一些，例如遥远的也门或伊拉克的犹太机构，成为重要的知识中心；但从整体上说，在西班牙大驱逐之后的 16 和 17 世纪，这些犹太机构也丧失了其在 9 世纪到 12 世纪曾经拥有的中心地位。

这些犹太社团通常是相当不安全的存在，它们代表着盛行于伊斯兰文明的多元主义传统模式下的宗教少数群体的处境，尤其是那些属

于一神教的群体，他们居住在被隔离和高度控制的生活空间里，与主体社团有着鲜明的区别。从大约18世纪末起，一部分犹太社团开始缓慢地被吸收到现代经济扩张和社会文化运动的框架中，这主要是由于欧洲的殖民扩张所致。

随着欧洲殖民主义和帝国主义的不断扩张以及奥斯曼帝国的持续衰落，从19世纪最后三十年起，这些东方犹太社团开始了影响深远的变革及现代化进程。在这一时期，特别重大的事件包括：法国对北非不同国家（阿尔及利亚、摩洛哥、突尼斯）的殖民化，欧洲对埃及的不断渗透，欧洲强国在奥斯曼帝国所有领土内的争夺。

在北非地区（摩洛哥、突尼斯、阿尔及利亚），大批犹太人从内陆地区迁往沿海城市：1830年到1900年期间，大约三分之一的摩洛哥犹太人移居到这些沿海城市。另外，新的犹太移民也进入到这些国家，如意大利犹太人移民到突尼斯，法国犹太人移民到阿尔及利亚，中欧和俄国犹太人移民到埃及。

与这些过程伴随而来的是旧的传统环境及精英团体的持续衰落，犹太人对奥斯曼权贵的依赖性不断下降。许多犹太人开始尝试接受欧洲列强的保护。在著名的1870年《克雷米厄法令》规定下，阿尔及利亚的所有犹太人都成为法国公民。而在其他国家，犹太人试图寻求欧洲列强的保护，以使自身从奥斯曼帝国的羁绊中解放出来。

所有这些发展变化削弱了传统社团以及世俗和拉比领袖的权威， 117
并对犹太人的教育和职业变化产生了深远影响。在第一次世界大战前夕，北非地区约有48,000名犹太儿童在世界犹太联盟的学校中上学；而且当时还存在一些其他的类似机构。在埃及，许多处于社会上层的犹太人生活在特有的世界主义氛围中。当然，这种世界主义趋势在一战后不断被强化，不仅出现在北非的犹太社团中，还出现在伊拉克和叙利亚；新的现代犹太组织包括不同的犹太复国主义组织及运动也在这些国家得到了发展。

东方犹太社团的现代历史经历总体上与欧洲犹太社团的那些经历

大为不同。这种不同的原因在于：他们居住的穆斯林国家没有经历在欧洲国家所发生的从传统到现代时期的内部变革和重建过程。这些国家的现代化来自于外部，是随着欧洲扩张以及在殖民统治、半殖民统治下而被迫进行的。与这种状况密切相关的是，现代性的世俗维度在许多国家相对淡化，而无法成为在建构现代国家政治认同中的关键因素，不过凯末尔时代的土耳其是个例外。

直到一战结束，在奥斯曼帝国保护之下的这些穆斯林国家的传统政权就处在上述的一种状况下。在这一期间，犹太社团与主流社会之间的关系继续建立在古老传统之上，没有产生要求犹太人改变其传统集体认同的新需求。然而，在一些具有世界主义倾向的圈子内，类似于欧洲模式但并没有其意识形态色彩的同化倾向有所发展。

犹太人的现代化、经济和教育进程能够与犹太人某些参与到、甚至是同化进这个社会的世界性领域（cosmopolitan sectors）的行为联系在一起，如参与到、甚至同化进当时像开罗或亚历山大那样的世界性半殖民地中心。但这种参与、甚至是同化从未与改变犹太人集体认同的原则性要求相关联。

在其他国家中，例如伊拉克，在现存的犹太公共机构与关系的框架下，犹太人在经济、职业及教育方面开启了影响深远的现代化进程，
118 但他们并未有同化方面的尝试。欧洲的启蒙思想在他们中间最多处于次要地位。因为在奥斯曼帝国传统的、伊斯兰统治的背景下，处于被殖民状态下的该地区不会出现促使改革派或自由派犹太教之类的宗教运动发展的具体推力。由于在宗教层面，或者自由主义的、民族性的层面没有遭遇到新的、力量强大的意识形态挑战，传统的塞法尔迪拉比机构和社团组织仍占据优势，但其在现代和世俗生活方面的控制权威也大大减弱。

因此，该地区并未出现宗教改革运动、或者强有力的世俗或半世俗运动以及比较激进的现代正统派。而且也未出现以一种新的、现代“非正统”的方式来重建犹太宗教生活的尝试，更没有出现融入现存殖

民区域的意识形态上的尝试（北非社会的某些地区除外）。

一战前后，中东地区的多数阿拉伯民族运动和新的半殖民国家得以建立，而定型于二战后的现代国家也发展出了一种迥异于欧洲现代国家的现代性文化议程。在很大程度上，这一议程的重点放在解决世俗民族主义与集体认同中的伊斯兰元素之间的冲突。尽管不同时期、不同国家为解决这一冲突所采取的方法有所不同，但这些国家普遍缺乏欧洲启蒙运动中的普世—世俗内容和历史议程却是不争的事实，而欧洲多数犹太社团都包含这些普世–世俗的内容和历史议程。因此，从整体上而言，这些国家并没有要求犹太人放弃自身认同中的集体或原始性元素，并认为这些原始和集体元素的存在是理所当然的（土耳其世俗的凯末尔主义者或法属北非地区的同化者除外）。

因此，在犹太社团中，虽然一部分犹太人选择继续维持其传统的生活方式，但另一部分人（通常是同一社团或家庭的成员）却可以在不需要放弃对犹太集体生活依附的前提下——虽然脱离犹太集体生活对他们来说很容易——同犹太的传统生活框架相分离，以一种原则性的，意识形态的方式走上同化之路。然而，无论是传统还是更为现代的犹太社团，都面临着分别来自传统的宗教敌意及现代民族运动或半世俗政权的政治宗教敌意，而且这种敌意将随着犹太复国主义运动的深入发展以及后来以色列国的建立而不断增强。

第五章

犹太人融入美国社会

引言：犹太人美国经历的独特性

119 犹太人融入在美国现代社会的模式存在几个比较鲜明的特征。它不管从数量上（就犹太人在某个国家的数量或者他们的经济和职业发展而言），还是从质量上（就他们融入整个美国社会模式的某些核心特点而言），都有别于犹太人融入欧洲社会的模式。[1]

二战前，美国犹太人和欧洲犹太人的命运确实有许多基本的相似性。同欧洲犹太人一样，美国犹太人是一个少数民族群体，在整个国家里，居多数的民族所属的宗教或文明不仅与之不同，而且在历史上与之敌对。虽然美国没有宣布确立国教，并实行政教分离制度，强调宗教自由，但它常常被认定为基督教国家。这种认定在很长一段时间里成为美国社会大多数行业身份认同的基本要素，即使它们承认其他宗教的合法性。历史上，强调宗教自由的重要性在不同时期有所不同；大移民时期对宗教自由的强调自然更加重要，因为这些不同的外来群体的移民浪潮让居于统治地位的新教徒的盎格鲁撒克逊裔美国人（WASP）群体感受到威胁。同其他现代西方国家一样，犹太人尽管在政治获得解放，其在社会上仍然处于相对隔离或自我封闭状态。他们的大部分社会生活，某些时期甚至连职业上的交流对象都是犹太人。就此，犹太复国主义领导人哈伊姆·阿洛索洛夫在其关于美国犹太人的文章里做了精彩介绍，这些文章发表于20世纪二三十年代。[2]

反犹主义在美国历史上一直存在，并在经济萧条、大移民和经济 120
动荡时期爆发出来。在某些时期，特别是大移民时期，犹太移民的第一代子女被排除在许多职业之外，20世纪20年代，美国的重点大学也建立了针对犹太人的配额制度。

犹太人的“分离”倾向在某种程度上贯穿整个美国犹太史，但它在不同时期的重要性有着很大的不同。在殖民地时期，犹太人数量比较少，尽管总体上容许他们存在，但在清教徒眼里，他们仍然是半传教努力和劝服改宗的对象。可能有些矛盾的是，清教徒对《旧约》的熟识，反而加强了劝犹太人改宗的想法。只有在新阿姆斯特丹或纽约，“自由”的城市氛围相对宽容，禁止犹太人拥有地产甚至担任公职的法令逐渐得以废除。

在美利坚共和国的第一个十年，犹太人从一开始就被赋予了完整的政治权利，即使19世纪30年代前后德国犹太移民开始涌入美国的时候，这些“分离”趋势也是处于被弱化的状态。19世纪60年代以后，“分离”趋势被弱化的倾向再次占支配地位，而且势头更猛，更为明显。然而，同犹太人融入西欧和中欧的模式一样，在始于19世纪80年代的大移民之后，或者说随着在美国出生或长大的第一代移民子女开始在教育和经济方面崭露头角，这些有着强烈反犹主义色彩的隔离倾向开始在美国占据主流地位。虽然许多犹太精英及领导人过分强调欧洲犹太经历的范例作用，但即使是在这个时期，美国犹太经历同欧洲犹太经历也只具有部分相似之处。而且事实上，美国犹太模式的一些鲜明特征完全掩盖了其同欧洲经历的这部分相似之处。

在美国模式的这些鲜明特征中，最为重要的是犹太人被赋予了完整的公民权，所以不存在争取欧洲意义上的解放。一个犹太人可以、至少渴望在不放弃某种形式的犹太集体认同和集体活动的情况下成为美国共同体的一部分。因此，在美国，犹太人可以将这些活动与成为正式的美国公民结合在一起，视自己为这个社会的正式公民，这一身份似乎也为他们的主流社会所接受，而不是像处在战争之中的东欧犹太人那样，犹太人视自己为众多少数民族群体中间的一支，必须在政治舞台上争取自己的合法地位。

犹太认同及生活方式开始以一种新的、美国式的方式得以不断重
121 建，这种方式将公共、慈善、政治和文化活动的发展同具体的犹太目标结合起来，并认为从整体上来保持某些独特的犹太认同是理所当然的。尽管犹太社团中有一部分人（有的时候比较多）趋向于回避犹太人的集体认同，走上同化之路，但也只有极少人像在欧洲地区那样，用原则性的意识形态术语来定义这种同化进程。只有相对少数的犹太人在被动劝说下选择改宗。他们中的一些可能是大规模移民潮时过来的移民的后代，在发现通往所在国的职业及学术道路被阻塞时选择了改宗。矛盾的是，在较为“宽容”“良好”的时期，反而有相当数量的犹太人选择逐渐疏远犹太传统框架。

我们不会过多论述美国犹太生活的一些广为人知的特点，例如教育、职业流动和晋升。我们会把重点放在美国犹太经历中最为突出的方面：犹太人几乎融入到美国生活各个领域的现象，以及这种融入对犹太生活和犹太人自我认知构建的影响。[3]犹太人融入美国社会的模式最突出的特点是：经济不断飞速发展，犹太人职业地位不断上升；犹太人进入到了包括公共领域在内的大部分生活领域；虽然具有间歇性，但美国大众普遍接受了犹太人的集体生活以及犹太认同中的原始元素。

犹太人融入美国的模式在19世纪就已初见端倪，在过去二三十年更加显而易见，这种模式首先体现在犹太机构的飞速发展上，尤其是宗教和教育机构的发展，接着是更广泛的社团和政治机构的发展；它还体现在犹太机构的公共可见性和接受度上；体现在非常强调民族意识元素的美国犹太人对他们集体身份的定义，以及他们参与美国社会大众机构领域，特别是政治和知识领域的模式。

美国社会中的这些不同倾向的共性是：接受并公开展示犹太人的公共经历和活动，不仅用宗教词汇定义这些活动和经历，还经常，特

别是近来，用更广泛的“民族”或“民族性”词汇对其进行定义。犹太认同、集体意识和集体努力并不局限于半私人的宗教和慈善领域；尽管正如我们所见，它们通常以宗教符号和宗教机构为基础。

同19世纪的欧洲经历相反，这种新态度接受甚至强调将犹太性中公共的、“民族的”和政治的内容同他们民族意识结合起来，尽管宗教组织一直是这些公共组织的主要基地。正如之前所揭示的，犹太人融 122
入美国的模式自20世纪60年代后期以来变得清晰可见，但是它发端于19世纪，在19世纪80年代大移民之前初见端倪，两三代人以后变得不那么明显。因此，在19世纪，美国（犹太教）改革运动得以发展，而其意识形态基础在于，对美国人来说，宗教改革是一件很平常的事。虽然信奉该意识形态极端派的教团并不多，但在保持犹太属性的前提下融入美国社会的这一思想却得到了广泛传播。所以，后来的一些最热忱的犹太复国主义领袖出自改革派运动也就不足为奇了。

美国文明的特定前提、美国多元主义与犹太人的融入

犹太少数族群融入美国社会的特殊模式是以美国文明的独特前提为背景发展起来的，而美国犹太人集体认同的基本特征也使其融入美国的模式与欧洲大为不同。[4]这种集体认同的主要内容来源于多种信仰之间的结合，它既包括清教主义与洛克学派政治取向之间的结合，也包含启蒙运动的基本价值取向与非国教徒宗教取向之间的结合。随着《独立宣言》《联邦宪法》《权利法案》的发表，集体认同中的这些主要内容逐渐成型，并促使了贝拉（R. N. Bellah）所定义的“公民宗教”——集体认同中强有力的因素——的产生。而这种集体认同脱胎于宗教感情与政治理念的融合。从17、18和19世纪的美国社会来看，这两者之间的融合将一种独特的耶稣救世论渗透到了美国生活的社会、政治领域以及美国共同体的建构领域。

这两者之间的融合赋予早期美国社会政治尝试一种强烈的“弥赛

亚”和千禧年性质，使团结性和个人主义的结合成为美国集体认同的主要元素，并促使了美国社会中的反集权主义取向的产生。另外，它也解释了为何美国的民族主义或集体认同既不根植于原生性因素，又没有建立在有机历史发展以及美国价值和信仰体系的强烈未来取向之上。[5]最重要的是，两者的融合着重强调成就及平等、共和政体的自由，并拒绝设立任何官方宗教。

123 同欧洲文明相比，美国文明是建立在以下几个前提之上的，即超自然的平等和没有象征意义的（有别于具体的）等级，其最重要的一个方面是中央对所有社团成员的有原则的开放。在基本的文明前提方面，美国与欧洲及加拿大的最大不同在于美国对所有社团成员的超自然平等的强调（正如托克维尔所强调的那样），美国非常强调社团成员能够无需中介直达中央，几乎将等级制度象征意义上的有效性（当然也反对等级理念）完全排除在这些前提的基本要素之外。在这些前提下，美国的所有公民在原则上都具有了直达中央的权利。该权利与先前所提到的平等概念密切相关，所以它并没有像欧洲地区那样成为原则性斗争的核心领域。

与此同时，欧洲经历中居于核心地位的国家与社会之间的对抗，在美国，却随着社会逐渐占据优势地位，且在某种程度上将国家淹没其中，而逐渐削弱。在美国，国家观念和意识形态（与民族和共和国的观念和意识形态不同）的淡薄凸显了社会的强势，或者借用R. 内特尔的表述，与欧洲大陆国家观念的极端重要性以及英国“王权”或“王在议会”观念体现的国家观念较为重要相比，美国只在很小程度上具有“国家性”。[6]

同欧洲不同，美国这种新的集体认同及其政治表述并不以在历史和原生趋势中形成的传统为基础。它虽然从宗教中分裂出来，但却被转变为罗伯特·贝拉（Robert Bellah）[7]所说的、基于政教分离之上的、带有未来而不是过去导向的“公民宗教”。美国式的生活方式是建立在带有宗教含义的公共的政治意识形态之上的，它强调的是基督教遗产，而不是宗教传统同历史的、种族的或民族的身份认同的之间的结合。用塞缪尔·亨廷顿的话即是：

> 对多数人来说，国家认同是长期的历史发展的产物，它包括共同的观念、共同的经历、共同的种族背景、共同的语言、共同的文化，通常情况下，还包括共同的宗教。因此，国家认同在特征方面是有机的。然而美国社会却不是这样。美国国籍是从政治层面加以定义的，并不是一个有机术语。美国国家认同的基础是其信仰中的政治思想……因此，美国国家认同来源于有意识的政治行为、基本的政治原则以及基于这些原则之上的宪法协议。[8]

事实上，美国的集体认同是建立在政治意识因素之上的，几乎不 124
包括领土或历史因素。虽然它同犹太复国主义运动一样都强烈依附《圣经》文本，但在对父辈土地的原始依附方面，美国并未将新的领土神圣化或将其视为悠久历史的天然所在地。

在这些前提框架之内，美国多元化的模式及其对待少数群体的态度同多数欧洲国家大不一样。由于原生元素在美国集体认同构建中力量较为薄弱，因此美国文明显示了一种巨大的宽容性。这种宽容性不仅体现在美国宗教的多样化上，还体现在对接受美国文明基本意识形态—政治前提的、注重原生元素的群体的宽容上。甚至在宗教宽容方面，虽然欧洲地区也有类似的关于宗教宽容的表述，并以限制或解散国教为基础，但美国的宗教宽容观点并非是对欧洲宗教宽容观念的简单发展。美国政教分离政策的出现，并不是宗教与国家在历史中长期对抗的结果，而是因为美国是由各种各样的新教教派成员组成的。正是由于美国社会的这些基本特征，只要不同群体成员原意接受美国政治信条，美国就有可能接受——即使是犹豫不决地或间歇性地——除黑人之外的宗教、政治及种族的多样性。因此，包括犹太人在内的外来移民不需要为了获得完整的公民权而斗争，犹太解放问题也就从未出现。

1790 年，乔治·华盛顿在给位于罗德岛的纽波特希伯来会众的著名信件中第一次对这种态度做了完整概括：

> 美利坚合众国的公民都有资格为自己鼓掌，因为他们扩大了的、自由的政策为人类提供了榜样，该政策值得世界模仿。所有人都应拥有信仰自由及公民豁免权。
>
> 现在不仅仅是谈论宽容，仿佛是一个阶级在纵容另一个阶级行使他们与生俱来的自然权利，因为联邦政府不偏向任何派系，不支持任何迫害行为，只要求生活在它的保护下的人民奉公守法，
> 125 在一切场合为政府提供有效支持。
>
> 愿生活在这片土地上的亚伯拉罕的子孙继续享受其他居民的友好——每个人都应该安稳地坐在自己的无花果和葡萄树下，应无人能使他害怕。[9]

在对待涉及犹太人的宗教及群体多样化方面，美国所表现出来的独特观念在后来一系列的法律文件中也都可以看到。

1810 年，美国国会通过“周日可以邮寄信件”的《周日邮寄法》。二十年后的 1830 年，西摩·马丁·李普塞特（Seymour Martin Lipset）注意到，“由众议院优先批准的一份参议院委员会报告声称：‘政府部门不应该在周末工作’这一法律对非宗教人士或非基督徒来说是不公平的，它使得基督徒这一群体享有特殊待遇。”这篇报告是由一位笃信宗教的、活跃的浸礼会教友所写：

> 宪法将犹太人的信仰看得同基督教的信仰一样神圣，对于影响个人信仰的举措和影响整个社团信仰的举措，它不会赋予任何一方更多的权威……如果国会宣布一周的第一天为圣日，它既不

> 会让犹太人，也不会让守安息日的人感到满意。它无法满足这两类人，当然也无法让他们改宗……这让人回想起在早期殖民地时期，迫使早期移民离开故土的迫害精神被他们带到了新的定居地；由于不信奉统治者的教理，一些基督徒被鞭笞，其他人则被判处死刑……如果有一个严肃的法律条文可以对上帝进行定义，或者向民众指出某种宗教义务，那么它就可能同样被用来定义神的启示，执行每一个宗教义务，甚至规定崇拜方式及礼拜仪式，界定教会的捐赠及神职人员的供养。
>
> ……政府的职责是：向所有的群体——犹太人、异教徒、无宗教信仰者或基督徒——提供保护，并使良性机构在周末正常运转。[10]

犹太集体活动；融入美国主流生活；同化的模式

事实上，宽容的基本前提的存在并不意味着犹太人很容易就能全面融入到美国社会中。犹太社团与美国社会的不同部门之间在宗教和 126
社会层面上一直存在着张力。在这种张力下，反犹主义事件在各个历史时期时有发生，只是每个时期的强度及爆发的领域有所不同而已。在19世纪初期，正如前面指出的那样，在扩张的领土区域，尤其是在东海岸以外的地区，犹太人及犹太群体活动被当地社会生活所接受，而那时的犹太群体活动多带有宗教性质，在某种程度上带有慈善性质。但19世纪末，这种情况发生了巨大变化。随着大规模移民的出现，占主导地位的新教徒的盎格鲁撒克逊裔美国人开始担忧：在美国这个对原生性因素表示宽容的社会框架中，大量移民的移入将会损害到美国基本的文化及社会环境。在该时期，当大量涌入的移民群体似乎威胁到了美国人“天然”的主导地位时，或当经济衰退、移民群体同美国本土工人之间就有限的工作岗位竞争不断增长时，反犹主义就会在美国爆发。

美国的反犹主义表现为，在各种各样的大众运动爆发的情况下，犹太人在许多经济部门受到排斥，这种状况在正常的社会氛围下也经常出现。的确，该时期出现了对犹太人社会参与和发展产生深远影响的限制措施，即大学中的配额制，以及对犹太人在经济领域活动的诸多限制。同时，该时期犹太社会相对广泛的阶层中也出现了类似于西方的同化趋势。

但无论是该时期还是在这之前，美国的反犹主义在程度和规模上都无法与19、20世纪的欧洲相比，更没有长时间对犹太人的职业发展及其不断增长的在公共领域集体受瞩目的状况造成障碍。

虽然美国的反犹主义传播广泛，而且有时候还相当猖獗和恶毒，但与欧洲的反犹主义相比，两者在某些重要方面存在差异。在美国，反犹主义并没有和民族主义联系起来，它也不是历史意识形态的一部分。反犹主义也不是美国仇视群体的一个特殊焦点。用乔纳森·萨纳（Jonathan Sarna）的话说，美国的反犹主义“不得不与其他形式的敌意相竞争”，如种族主义，反贵格会，仇英心理、反天主教会，反共济会，反摩门教、反东方主义、本土主义、反条顿主义，原始的反共产主义，以及其他形式的敌意行为，这些敌意行为时不时横扫美国全境，给美国民众造成创伤。由于憎恨的多样化及扩散化，没有哪一个群体
127 会遭受美国社会完全的、长久的憎恶。而且，多数美国人依然保留着他们的祖先在过去遭受怨恨的痛苦记忆。因此，至少在某些情况下，这种记忆会约束他们的行为。因此，与欧洲的反犹主义相比，美国的反犹主义力度较小，而且面临着很多天然竞争者。而为了达到广泛流行的程度，反犹主义思想必须要先从众多的仇恨憎恨中跻身出来……无论美国人自身是怎么看待犹太人的，美国开国之父们赋予了犹太人完整的平等权。因此，在美国，犹太人在对抗反犹主义方面相当自由。由于犹太人向来没有将“解放”视为一项“奖赏”，故他们自然也不害怕失去。相反，犹太人从一开始就充分利用了他们的言论自由这一项权利。[11]

自20世纪50年代后期或20世纪60年代早期以来，无论犹太人内部纷争及反犹主义是多么跌宕起伏，最重要的是在20世纪70、80年代，犹太人融入美国社会的具体模式得以定型。该模式将犹太组织的迅速发展及特征与对犹太集体认同宣传、犹太人密集地参与美国生活的具体模式（不仅在职业和经济领域，也体现在政治和文化领域）的强调结合在一起。

在大规模移民期间，新移民同质化作为美国社会中一次意义深远的尝试流行开来。这期间，在少数族群中，尤其是犹太人中产生了熔炉思想。虽然它接受了“所有族群最终将相似”的想法，但这一思想也强调每一个族群都可以为这个“熔炉”贡献某些独特成分。在这个时期，尤其是在大萧条时期，同质化思想在学校和媒体中广泛传播，因此，在一个相当长时期里，较为特殊的身份认同只能在私人领域内得以发展。然而，即使是在大规模移民时期，甚至是移民大量涌入的19世纪晚期及20世纪早期，美国生活的真实经历允许多样化的存在，犹太人在美国的经历也与他们在欧洲的经历大为不同。

即使在大规模移民早期，犹太人在经济上的不断进步也没有促使他们放弃自身的宗教及社团活动。犹太人的家庭团结以及社团凝聚力、互助思想依然很强大——同犹太民族积极的宗教认同、原生性认同，甚至政治的认同一样，虽然在第二代和第三代移民中间，受熔炉思想、与之相关的社会压力以及反犹主义的各种表现影响，这些方面通常（或
至少）有所削弱。但即使在本世纪30年代，当很多到处流动的犹太人 128
在美国遭遇了生活方面的限制时，犹太组织模式和意识形态开始出现了一些新的、非常有意义的发展。

所有这些发展——后来得以完全展开，都是在美国文明独特的意识形态前提和制度框架内发展的。此时，先前简要提到的犹太人美国经历的鲜明特征得以发展起来。正如我们所看见的那样，这些特征的核心部分早在19世纪的前三分之二的时间里已有所发展，而那个时期

也是犹太组织及犹太集体意识的某些鲜明特征在美国发展的时期。这些特征中最为重要的有：宗教、犹太会堂、犹太组织（其数目繁多，以这种或那种方式同犹太会堂相联系并在特定的美国方式下建立起来）的重要地位；几乎完全缺失的犹太民族运动；犹太人可以作为个体、集体性的有组织的群体（但不仅仅代表犹太人）参与到一般性政治领域。

虽然犹太组织、活动以及关于犹太主题、身份认同的公共宣传大量存在，但其中多数（除极端正统派之外）都是在美国社会的一般框架内进行的，而不是像东欧那样在独特的犹太框架内发展。

值得注意的是，从较早时期开始，犹太公共活动就专注于宗教机构，如拉比神学院——1875 年，改革派的“希伯来联合学院”在辛辛那提成立，1886 年，保守派的犹太神学院在纽约成立，还有它们各自的会堂、公共集会也建立起来。而各种各样的正统派耶希瓦学校力量却比较薄弱，（这种情况）直到二战前（才发生了转变），众多杰出的正统派拉比从欧洲移民而来，挑战了既存的美国正统派现状。

改革派和保守派会堂及联盟在其神学信仰和一般宗教立场方面与许多新教教派相似。在发展初期，改革派会堂和希伯来联合学院更多注重精神层面，如犹太教的自然神论概念；后来，尤其是在一战后，其重点变为较为传统的宗教概念，而二战后，犹太集体认同中的原生元素则较为流行。保守派从一开始就信奉更为传统的宗教及社团概念，也朝着承认犹太民族性的方向不断发展。

后者对正统派不太适用——特别是考虑到他们对宗教的解读，但是在组织上他们也在调整自身以适应美国大环境。

129 在较早时期，犹太人就开始用更加多样化的方式组织自己，不再局限于宗教、文化或慈善活动的范畴；首先在地区层面上，犹太人开始充满活力地在一系列分散的社团中开展活动，后来则扩散到全国的宗教及慈善组织。他们开始组织起来，积极与歧视现象作斗争，如建立于 1913 年的为处于困境中的犹太人提供帮助的反诽谤联盟，以及 1914 年建立的联合分配委员会。

可能更具戏剧性的是新型犹太组织的发展和对犹太生活的意识形态定义。对此，摩迪凯·卡普兰（Mordechai Kaplan）在其著作中进行了最好的概括，当然也并不局限于他的作品。虽然之前可能存在这些尝试，但卡普兰首次提出将会堂从祈祷场所转变为众多犹太公共活动的基地。[12]这种组织观念遭到了改革派及保守派这些更古老的宗教派别的反对，但随着其与“重建派”之间联系的不断发展，这一观念与犹太属性思想观念也密切相连。虽然从纯粹的宗教层面来说，它甚至超出了极端改革的范畴，但在卡普兰看来，这种观念同犹太民族观念以及犹太人作为独特文明的载体联系在一起，这种文明可以成为美国文明的一部分，但没必要成为唯一的部分。

在该时期，犹太会堂成为众多犹太组织的基础。犹太会堂不再是礼拜场所，而是犹太民族意识的表达场所和多样化的社团活动中心，就这一点而言，它是符合卡普兰的设想的，但并未接受卡普兰的宗教思想。因此，内森·格雷泽（Nathan Glazer）评价说，犹太人认可的是卡普兰的做法，而非他的意识形态构想或宗教信条。

对东欧犹太移民的第二代后裔以及早期移民群体的后代而言，这种发展尤为重要，它是同犹太人移居混合城郊的运动密切联系在一起的。在组织形式上，它更多地遵循了美国宗教组织的会众模式（尤其是新教组织），但就其活动及整体构思而言，它又远远超过多数美国宗教组织。

美国的犹太会堂及宗教组织与在欧洲犹太社会更为传统的行业部门中发展起来的犹太会堂及宗教组织不同：一个中心点，一个传统社会，或者一个有着清晰结构界限的自我隔离的社团。它们也不只是许多部门或组织中的一个，像 19 世纪最后三分之一的时间里东欧犹太人更加多元化的生活模式一样，它们中的大部分已不再关注宗教生
活，而是以世俗的方式组织起来，指向的群体也只是犹太人选民。犹 130
太会堂也不再是现代西欧意义上纯粹的宗教组织（只从宗教意义上定义自身，以区别于其种族或民族意义），最多从事一些宗教教育或慈

善活动。

在美国，犹太会堂的专注于从事宗教活动，但这些活动也并非全是自我封闭的、与外界隔离的宗教性质的活动，而被视为其他一些犹太集体活动（这些活动没必要是宗教活动）的基石。而宗教或宗教性的活动也不再是犹太集体认同的唯一表现形式。

在美国，作为传播犹太认同的最重要机构之一，犹太会堂及社团中心成为至关重要的众多犹太机构、不同形式的犹太教育、日间学校（除了正统派地区，其余地区较少）、"周日"学校及下午学校的基础。

另外，多种多样的乡村犹太组织得以成立，它们不同于犹太会堂中心，却又是以后者为基础或者至少与后者密切相关，如 1934 年成立的犹太联合募捐协会、犹太人联邦和福利基金委员会、美国犹太社团以及其他一些犹太组织，它们广泛进行各种活动，诸如调动财政资源、争取公共及政治支持。这种情况在美国社会中的其他民族或宗教群体中是不存在的。

毋庸置疑，对很多犹太人，甚至是那些依附于社团的人来说，会堂并不是那么至关重要，犹太人中还存在有其他的、相互作用的、半正式的一些组织，但总体来说，会堂及紧密相连的社团中心构成了犹太组织生活的核心。

在美国，会堂和宗教在犹太人生活中的中心地位同美国式的生活方式完美地结合在一起，正如威尔·赫伯格（Will Herberg）在《清教徒、天主教徒与犹太人》（1955 年出版）一书中所表述的那样：既强调犹太教中宗教因素的中心地位，又承认其作为美国社会或生活方式多样化的一部分而具有的完整合法性。但即使是在该书出版之时及以后的时期，该书对于美国犹太教的这种观点也是不全面的。就强调宗教多元化的合法性及宗教活动的中心地位而言，这种观点是正确的。但它并没有将多种多样的犹太集体活动考虑在内，这种集体活动是从宗教公会的基础上发展而来，且其范围超越纯粹的宗教领域，它强调犹太认同（或者开始被称为犹太"民族性"）中集体的、种族的、甚至政治的内容。另外，该观点也没有将与这些不同内容相协调的、多样化的犹太活动包含在内。

在美国，就犹太人的融入模式而言，其最鲜明的一个表现是犹太 131
人中缺少民族运动，而这也是其与东欧犹太人融入模式的不同之处。随着19世纪末期和20世纪早期的大移民运动，东欧主要的犹太民族运动，如崩得运动和其他意第绪主义运动被带到了美国，但这类运动逐渐消失于第二代移民时期。只有犹太复国主义运动在美国犹太社团中得以扎下根来。然而，在犹太复国主义运动中，其来源于东欧和中欧的一些基本特征很快发生了转变。从很早的时候起，复国主义运动就被看作是为需要安全的犹太人寻求一个避难港，而不是文化复兴，旨在为新的现代犹太文化的重建寻找一个新的舞台。这种观点在美国犹太复国主义运动阵营中是占主流的。

随着以色列国的建立，犹太复国主义运动早期的意识形态基本上都转变成对以色列国强烈的情感认同，而不再从整体上认同美国犹太人内部生活的重建。的确，在20世纪50年代早期，以色列国的建立和成为国际社会中的一员以及其取得的军事胜利为美国犹太人的活动提供了越来越多的政治合法性。但随着时间的推移，人们逐渐对这些习以为常，并认为它们只强化了犹太人成为美国生活的一部分的那种感受。

当然，在美国，犹太民族主义运动的弱小（基本上说是缺失）是同犹太人融入美国的一些重要方式以及美国集体认同的一些基本特征联系在一起的。由于美国的集体认同是围绕政治认同而非历史原生认同建立的。因此，犹太人融入美国社会的模式中很重要的一点即是犹太历史意识处于劣势地位，这与犹太民族运动的缺失有着密切联系。

东欧犹太人的不同部分和不同运动，在持续地重构犹太历史意识不同内容的过程中彼此相互竞争，相比较而言，美国犹太人的集体意识则多是围绕宗教社团以及文化象征与活动建构起来的。这种集体意识的构建也只是稍微涉及犹太人在美国或其他国家的历史经历，后来，这一意识集中在大屠杀上，描述犹太人的被动命运以及不主动建构他们自身生活的状况。正如之前发生民族运动的其他地区一样，美国犹太人在当时的大背景下也坚定地发起了很多活动。

132 尤其是20世纪60年代后，在19世纪前三分之二的时间里得以发展的美国犹太经历的一些独特特征开始完全固定下来。而发端于20世纪50年代的美国形势的改变，尤其是熔炉意识、种族自豪感的苏醒使得美国社会更广泛地接受犹太人的独特性。[13]

这个时期，犹太人的教育和职业水平都在飞速提高。之前对犹太人实行事实上的限额制的主要大学开始放开招生，犹太人得以进入学校学习，毕业后在职业、学术、文化及大众传媒领域表现突出。虽然直到20世纪60年代末或70年代初，诸如银行、工业要害部门依然将犹太人拒之门外，但这种情况在20世纪70年代中期前后就发生了变化，有许多其他的经济部门对犹太人打开了大门。

对犹太社团的大部分行业来说，经济和职业流动性的不断增强促使了大范围的犹太合资企业的产生以及犹太教育在地区、国家层面上的成长。虽然犹太人教育和职业发展进程是在20世纪70年代早期后变得更加迅猛，但其源头可以追溯到二十年前。

从20世纪50年代开始，同以色列国关系密切的集体政治活动的迅速发展成为犹太人努力的中心。以色列国的形象是建立在征服荒废土地的神话及《圣经》愿景之上的，它同美国神话的一些基本要素密切相连，而后者在将以色列所从事的活动合法化方面意义重大。后来，代表苏联犹太人的有组织的活动成为犹太政治生活的另一中心。

该时期犹太历史经历新模式的定型不仅是由于美国社会的影响，还归因于其他的一些普遍的原因。而且，毋庸置疑，这些原因是与二战后历史的中心事件分不开的，特别是大屠杀和以色列国的建立。这些创伤性的、戏剧化的事件不仅影响到了美国的犹太社团，也对欧洲尤其是英国和法国的犹太人产生了影响。在这些国家中，我们不仅看到经济上的进步，还看到犹太社团组织更加开放、更为普遍的发展，但只有在美国的大环境之下，犹太人的这些发展才看起来影响深远。

事实是，即使在该时期，针对犹太人的经济进步以及不断增长的文化、社会和政治知名度，美国社会中的某些部门有时也会表现出强烈的反犹憎恨。从20世纪60年代末开始，美国种族意识的高涨也导致在一些少数族群——尤其是黑人群体中——反犹主义不断增长。反 133
犹主义的滋长还表现在事实上针对犹太人的显性歧视和配额制要求上。在整个80年代，黑人中的很大一部分与犹太社团之间的冲突日益上升，并在地区层面以及更为中心的政治层面上不断爆发。

许多犹太人作为个体开始活跃于政治领域，犹太游说集团产生，犹太人在政治上组织严密、力量集中——尤其在代表以色列及苏联犹太人的问题上。而且正如我们后来看到的那样，从20世纪70年代起，这种热烈的交流不断增多。但同东欧地区情形形成直接对比的是，直到第二次世界大战，犹太政党（在美国）仍没有发展起来，国会中也没有专门的犹太代表。

在这一时期，犹太精英的社会地位也发生了重要的、意义深远的转变。在移居美国的犹太移民中，知识分子的数量很少。在大移民时代的初始阶段，犹太人中只有极少数的杰出知识分子。在老一辈移民的后代中，有一些伟大的法律界人物，如布兰代斯（Brandeis）、卡多索（Cardoso）及后来的一些改革家。

第一代犹太大学毕业生不怎么关心犹太问题，这个时期的重要作家也不把自己的犹太性作为创作的中心。美国犹太作家如索尔·贝娄（Saul Bellow）、伯纳德·马拉穆德（Bernard Malamud）的初作虽然涉及到了犹太主题，但却相当隐晦。而这种现象也出现在那一代的犹太知识分子和学者身上，这些人发现美国学院和大学的大门将他们拒之门外，他们开始活跃在激进的社会主义运动之中，试图疏远广阔的美国和犹太公共大环境。

但这种情形很快发生了变化，在20世纪50年代后期，出现了与之前完全不同的情景。许多诸如索尔·贝娄、伯纳德·马拉穆德、菲利普·罗斯及其他的犹太作家开始在美国文学界崭露头角。同多数西欧和中欧的作家不同，美国犹太作家并不以同化为目的，他们并不否认或抵制自身的犹太传统或体会身为犹太人的忧虑。恰恰相反，在这些作家的作品中，他们常常强调犹太主题及犹太人是广阔的美国大环境中的一部分，他们中许多人支持犹太活动，且同犹太政治和公共团体的关系也比较紧密。但同时，与东欧地区的犹太作家不同，美国犹太作家并没有创造出专门面向犹太民众的希伯来语和意第绪语文学。

134 此时，犹太人中开始出现文化主义运动现象，它由犹太组织发起，却在很大程度上以美国社会出现的大众问题为导向。这些发展将犹太主题和犹太人广泛参与美国的知识分子生活结合起来，试图让犹太思维加入到对美国问题的更广泛的讨论中。而美国犹太委员会独立出版的月刊《评论》（*Commentary*），以及更左翼的犹太知识分子最近出版的《修复》（*Tikkun*）都是这一关注的体现。

在该时期，一大批的犹太教育机构发展起来，但这些机构中多数都是构成犹太主要教育框架的一般教育体系的附加物或补充物，如与犹太会堂联系在一起的多种形式的周末学校等，它们都是为犹太儿童服务的。全方位的犹太教育体系只存在于正统派犹太人中，其中包括幼儿园、小学、初中和高中，通常情况下，这些学校与发展于20世纪50、60年代的传统耶希瓦学校有关联。只是在后来，在很大程度上，犹太社团其他部门出现了某些新的趋势，即将普通课程和犹太传统课程结合起来，这种做法让人联想到了东欧地区的现代犹太教育机构。但这些新的发展只在犹太教育大环境中占据一小部分，犹太教育在整体上仍然牢固地确立于一般的社会框架之中。近期，许多大学中开始出现类似的犹太研究中心，一般科研院系或学校也开始设立犹太研究中心。

20世纪60年代末，之前所简要提及的犹太人政治参与的独特模式获得了发展动力。除了犹太组织为了严格意义上的犹太事业而进行的大量政治运动之外，犹太人及犹太领袖也积极参加各种一般的政治运动。的确，犹太人自身所发起的很多具体的犹太活动都是为了适应美国大环境。犹太领导人及其组织将社会正义理想视为犹太人的天然权利而加以宣传，但是同西欧社会中的情景有所不同，社会正义理想被宣传为犹太集体活动的一部分，而不是活跃的犹太人离开犹太组织而加入一般社会运动的理由。民权运动即是一个很重要的证明。与犹太人参与欧洲激进运动不同，民权运动被描绘成犹太人对美国政治生活的贡献之一，或者说是有组织的犹太人所作出的天然贡献。

从 20 世纪 70 年代后期开始，前文所提到的犹太个体在地区及国家层面的政治生活中流动性更大、知名度更高。即使当多数黑人组织将矛头指向犹太人的时候，当犹太学生和年轻的激进分子的经历在 20 135
世纪 60、70 年代开始成为问题的时候（考虑到这些运动强烈的反以色列立场），犹太人对其作为犹太人，他们可能为美国政治生活添加独特维度的这一感受也从未减弱过。

值得注意的是，犹太人开始从美国政治、社会及知识大背景之下的左翼和自由主义领域转向为更中立的或者右翼领域。这种情况从《评论》杂志的整体格调及犹太知识分子的相对突出地位上可见一斑，很多知识分子（如与《评论》杂志关系很近的人）在 20 世纪 20 年代年轻的时候都属于左翼运动的成员。这不仅仅是个体犹太人接受保守思想或成为中立者，或成为右翼理想主义者的案例（在东欧和中欧地区都可以发现这样的案例，如瓦尔特·拉特瑙）。重要的是有相当一部分犹太知识分子和记者转变为右翼分子，这表明这些人完全参与美国公共政策，不仅需要采取左翼抗议保守派或传统中间派的形式，还可以接受（美国）中间派的理念，而且意味着他们可能要全面接受（美国）核心价值观。

美国犹太社团组织的模式，以及犹太人参与到美国大众生活领域的这些经历以一种相当独特的方式展示出犹太文明的特定主题。[14] 在犹太人参加公共活动以及融入美国生活领域时，他们常常强调他们正在践行犹太文明中的某些特殊主题，尤其是更具普世性和道德性的主题，并将这些主题描绘成犹太人对美国生活全景所做出的独特贡献。然而，这种贡献并没有像在19世纪西欧地区犹太社团那样被宣传成一些模糊的、几乎是超自然的、只有犹太人承担的对西方文明的使命，同时，该使命可能和犹太集体性实体的消失有关。

犹太文明中的这些主题在美国的传播通常与犹太公共的、社会的及文化活动的发展有关，并与其作为独特群体能直接进入美国生活的核心领域有密切关系。尤其是20世纪70年代以来，尽管犹太人对美国社会许多领域中的集体犹太人形象问题依然很敏感，但大多数的犹太知识分子或领导人在宣传具体的集体性犹太利益的合法性方面却毫不迟疑，当然这种宣传是在美国生活的大背景之下进行的。

以各种趋势为背景，犹太人中间（某种程度上也在犹太人所生存的主流民族中）兴起了一种新的愿景，这种愿景是从集体犹太生存观发展而来。它的主要特点是用不同的方式定义犹太人在现代世界经历的
136 主要问题，以表现流散地犹太人的身份认同，犹太人的民族性。而且，这种探究不仅注重犹太认同的宗教层面，还注重政治与文明层面。然而，犹太人依然将自己视为各自社会或国家的正式公民。

从根本上说，尽管夹杂着许多对犹太人在流散地生存能力的疑虑和担心，在寻找不同的方式表达那种身份认同的同时，这种愿景仍然认为将犹太集体独特性的存在视为一般社会的一部分是理所应当的。这种感情在美国犹太人中逐渐盛行开来，以至于他们既可以把自己视为美国人，又可以视为犹太人。与19世纪以及20世纪前半叶的欧洲不同，即使在他们强调自身犹太性的集体、历史和政治维度的时候，美国犹太人并不认为这两种身份存在任何矛盾之处。

与这一愿景紧密相连的是，犹太社团为明确表达犹太生活的模式而提出了许多路径。在美国犹太人中，将作为美国人生活和作为犹太

人生活一分为二的想法已经站不住脚了。许多犹太人开始不断地改变自身生活方式，并未过以犹太性为主的生活，但无论如何界定它，他们都不愿丧失自己的犹太性。作为结果，犹太生活中出现了不同的、不断变化的重塑模式和对犹太认同的重建，以及对犹太传统中的不同因素的更强的依附，对犹太经历也有了不同的诠释。

犹太人对宗教习俗的回归已经成为一种集体民族意识符号：在哈努卡节或安息日前夕点燃蜡烛，在行割礼、成年礼、婚礼及葬礼上举行庆祝或纪念活动。虽然这种对传统的回归并不意味着接受犹太律法为犹太生活的基本框架，但这一进程在某种程度上确实在发生。正统派和新正统派的崛起与这一进程联系紧密。

在这个过程中，比较有意思的是，犹太人对犹太习俗的依归与对犹太认同的执着这两者之间的关系不再简单。即使在正统派的圈子里，在过去二十年，人们也越来越多地参与到一些“大众”生活领域，如被年长的东欧传统主义者视为可憎物的高等教育和政治活动。

二战后，美国政治舞台上开始出现集体性的犹太政治活动，这些我们先前已经提过。在现代流散历史上，这可能是全世界的犹太社团首次以犹太人身份积极公开地参与到政治领域中。虽然犹太人认为自身是完全自由的，但事实上他们为自己设置了诸多限制，我们后面（在第九章中）会详细探讨这个问题，阿兰·德肖维茨（Alan Dershovitz）
在其畅销书《无所畏惧》中也谈到这个问题。尽管存在着这些限制， 137
但犹太人在一般政治领域内的社团活动范围依然是其流散历史上前所未有的。

对于这些趋势将在多大程度上使关于同化的不可避免性、人口衰落或者反犹运动的极端强化等基本的犹太复国主义信条无效，这仍然是个悬而未决的问题。的确，美国犹太人的集体记忆中普遍包含着对大屠杀的设想。在这样的背景下，尽管可以看出许多问题迹象，但黑人群体日益增长的政治重要性，黑人与犹太社团之间的紧张关系，或者美国和以色列政府之间可能出现的裂痕对犹太社团的影响却很难评估。

抛开这些可能性不谈，在犹太人中间，对这些问题表示关注的那些人明显能够将他们的历史社团同完全参与到美国社会中结合起来。而许多依然保持犹太性的美国犹太人拒绝将反犹主义视为犹太人融入美国社会的威胁。他们时常指出即使是内部通婚也可能出现意想不到的结果，而同异教妇女结婚的、被同化的犹太人也可能被其保持传统的妻子带领着回归犹太生活，而且这些情况发生的频率比欧洲地区要高。

因此，在现代社会中，关于犹太人肉体和文化上的生存这个“经典”问题已不再重要，取而代之的是另一个至关重要的问题，即犹太人如何在新的环境下找到认证其犹太属性的新方式。

美国犹太人生活的悖论：社团活动与走向疏离

因此，从对比分析犹太人融入西方社会的角度来看，美国犹太人的经历是相当矛盾的。美国集体认同中相对薄弱的原生元素、美国多元主义的具体模式以及随之而来的美国同欧洲反犹主义的不同促使了犹太人的同化，以及犹太公共生活中犹太性的消失。

欧洲意义上的同化——一种有意识的、常常是跨越集体界限的意识形态——也出现在美国犹太人中，尤其出现在20世纪上半叶伴随大移民浪潮而兴起的熔炉思想占据主导地位的时期。当然，这些同化现象并不是犹太人融入美国社会的全部内容，甚至不是主要内容。在构
138 建美国集体身份的过程中，原生因素和历史意识的微弱，以及高度发达的宗教社会（从很多方面来说美国都是最具宗教性的现代社会）同有原则的政教分离政体的联合使得犹太集体认同中的原生及宗教元素变得合法、合理，并使得多样化的犹太集体活动得以进行，为犹太人参与到美国生活的中心秩序打开了大门。同化倾向比比皆是。但从整体上来说，美国犹太人的同化思路与欧洲完全不同。事实上，特别是20

世纪20年代到50年代期间，迫使犹太人改宗、否认其自身犹太性等压力都被施加到犹太人身上，尤其是施加到那些职业性的、受过大学教育的犹太人身上，对此，很多犹太人采取了相应的行动。

在美国，同化在很大程度上缺乏盛行于欧洲的原则性的意识形态维度。由于美国集体主义不是用原生的、历史的或领土的术语加以定义的，更多的是用政治意识形态术语——即“美国式的生活方式”，所以美国国内并未出现否认不同的少数群体认同中的原生因素的强烈要求。少数群体的压力大多源于（认同）漂移朝向何种方向。

而这种与犹太生活方式渐行渐远的趋势由于一些原因而不断强化。向小社团发展和犹太人口的普遍减少（至少部分解释了犹太人经济进步的原因）使得维持犹太社团及其活动变得越来越困难。越来越多地参与到大众生活领域可能使得为犹太活动服务的领导人数量不足，正如正统派犹太人的涌入所展示的那样。20世纪70年代，犹太大学青年被吸引加入到各种各样的宗教派别如摩门教中，这可能与前述现象所造成的影响类似。如前文所示，黑人政治权力的影响及其不断增长的对犹太人和以色列国的憎恨都必须考虑在内。而人口趋势强化了犹太人这种渐行渐远的可能性。最近的一项研究预测到流散地犹太人的“长期”减少，从1970年的1070万人到1980年的970万人，由于移民、世俗化、现代化及同化现象，到2000年犹太人口预计有790万人。[15]

或许这一过程中最重要的是逐渐的、没有任何痛苦挣扎的犹太同化或与犹太生活方式渐行渐远的可能性，因为事实上在这些进程中，同化并不是被要求的。矛盾的是，在主流美国犹太生活中保持最小程度的犹太集体认同的能力进一步强化了这种可能性，因此，对很多人来说，走上与犹太生活方式渐行渐远这一方向并不需要付出什么特殊的努力。的确，那些促使犹太活动和组织不断发展的进程可能激发了相对快速且平稳的同化，因为在这些进程中，犹太人无需改变宗教或否认自己的犹太属性便可以被吸收到当地社会中。

相互矛盾的是，这些进程一方面强化了犹太人与犹太生活渐行渐 139

远的可能性，但同时它又改变了同化进程的本质。美国社会中的同化已变得越来越不要求跨越宗教或种族界限，而且其中也几乎不存在在欧洲同化过程中表现强烈的意识形态元素。它更多的是以一种渐行渐远的方式呈现出来，而矛盾的是，犹太社团活动（似乎认为终将会在某处回归）的高知名度反而不断强化了犹太人的这种渐行渐远的趋势。[16]

因此，例如，最近的一项调查表明，“这种情形与上一代相比发生变化，今天的美国犹太人一样有可能同非犹太人结婚。即使这种同化速度有所加速，但犹太人依然依附于宗教传统。例如，在犹太人与非犹太人组合的家庭中，有 60% 的家庭声称它们要么参加逾越节佳宴，要么参加在哈努卡节的点蜡烛仪式。”[17]

上述以及相似的调查结果引发了犹太社团不同阶层对同化的矛盾性评论。许多领导者及拉比对异族通婚的危险性以及宗教服务、禁令和诫律的淡化表示了担忧，另外一些人则着重强调寻找新的方式为那些异族通婚家庭的孩子或可能同犹太生活渐行渐远的那些人提供帮助。

可以预见的是，这些进程将可能导致美国犹太社团及其他当代犹太社团中三大组成部分的发展。第一部分由各种各样的正统派社团组成，这些社团将抛弃犹太文化传统中的普世倾向，越来越朝着狭隘的、宗派的方向发展；第二部分是多数非正统派中的中坚力量，他们通过对犹太教育的依附，在继续融入美国社会的同时试图保持其强烈的犹太认同，然而，这一派同时面临着正统派群体及第三派别的威胁。第三部分指的是经过几代之后，最后选择了没有痛苦的、偏离犹太生活的同化模式的大多数犹太人。

因此，虽然犹太人在融入美国社会、大力发展犹太活动及以多元化模式参与到美国生活各个领域方面取得了成功，但所有这些成功本身并不能确保犹太集体生活及创造力的延续性。如果美国的内部发展或一般犹太社团与具体以色列犹太社团之间关系持续的再结合都没有改变犹太人的这种融入模式的话，那么这类成功将连同人口的衰落一起，可能会对犹太认同以及犹太人的集体凝聚力造成致命性的削弱。

第六章

现代犹太民族运动与犹太复国主义运动

引　言

在欧洲尤其是东欧，现代犹太生活中至关重要的一个方面便是各 141
种民族或民族主义运动的发展。在讨论东欧犹太人经历时，我们仅对该运动的一些主要特征加以简要论述：它们不仅丰富多彩，同时各种意识形态既有差异性，通常又相互竞争。这种丰富内涵远远超越了同时代发展于欧洲的其他民族运动。无论温和主义抑或极端主义，宗教或世俗，在这些基本的公共范式中，不仅仅只是侧重点之间的多样性。根据定义，尽管所有的犹太民族运动均将重建现代意义上的犹太民族生活视为共同目标，但是考虑到犹太历史经历与生活所体现出来的具体特征和异常情况，以及其缺乏领土基础——而这又被所有现代民族运动视为核心要素——（因而）正如我们看到的那样，在此类重建过程中，不同犹太民族运动在某些最为核心的问题上大相径庭，特别是在如何维持现代犹太集体生活的活力上更是如此。这些运动经常植根于这样一个事实，即它们的目标并非颠覆其他统治者，或推翻那些与其合作的权贵，而是探寻新途径来详尽叙述并阐明现存民族遗产、语言、民俗、文学与历史的不同维度。当然，犹太民族运动蕴涵着对盛行的传统生活方式的一种背离，试图重建他们的民族传统和遗产，并开辟新途径来实现犹太文明的主题话语。

为达到这种重建，不同的民族运动主张不同的途径或范式。然而，它们之间最大的分歧在于，其他现代犹太民族运动旨在于大流散地实
142 现此种重建，而犹太复国主义却否认在现代大流散地实现这种重建的可能性。从此意义出发，犹太复国主义运动可谓最为激进的现代犹太民族运动；从根本而言，它是一项具有革命思想的民族运动。有鉴于此，它的确可以被视为现代犹太民族主义的象征，也与多种多样的现代欧洲民族运动具有最紧密的联系。然而更进一步对其审视后发现，在许多至关重要的方面它又与这些运动有所不同，或许比其他犹太民族运动具有更多的差异性。

因此，我们面临的问题是，除了不同民族运动间总是具有的多种地方差异性之外，犹太复国主义究竟在何种程度上区别于其他民族运动？我的观点是，它在多个显著方面（都与其他民族运动）有所不同，而且犹太复国主义运动的一些典型特征也只有通过参考前文章节中所探讨的、称之为犹太文明和犹太文明框架的概念才能得以理解。

我并非有意去否认犹太复国主义与其他运动所具备的共性。我们都知晓犹太复国主义诞生于东西欧的民族主义时代，它与其他民族运动共享许多特征。与此同时，它也与这些民族运动共享很多词汇，（这一特征）或许远多于它与这些民族运动的其他共性。出于众所周知的历史原因，犹太复国主义运动的构成词汇主要来源于中东欧民族主义者的思想与意识形态，而非西欧。无论怎样对这些运动的共同历史框架进行解释［许多著作已经对这一问题进行探讨，最近则多见于欧内斯特·盖尔纳（Ernest Gellner）和本尼迪克特·安德森（Benedict Anderson）的引发争议的分析中[1]］，民族主义的形成仍是现代史、尤其是欧洲现代史中的一个现象。

我想通过强调一个相当明显、但时常会被遗忘的方面来开始我的分析，即现代民族主义是一个非常重要的案例，正是通过现代民族主义，集体认同、象征以及疆界才得以在人类历史中成形、结晶。现代民族运动与人类历史上其他时期构建集体认同的进程有着许多相同的

因素；然而由于所处历史环境的不同，它们也会发展出各自独特的特征。在与其他时代的集体认同形成过程所共享的特性中，最为重要的则是对原生性认同的强调，这种认同与土地或语言，同时也有可能与宗教传统和历史际遇相关联。19 世纪这些因素以不同的方式在欧洲民族运动中得以形成，这些方式都与人类历史其他时期集体认同的构成因素有所不同。

犹太复国主义运动与大部分欧洲民族运动（特别是中东欧的民族运动）共享其历史架构。然而在有关集体认同至关重要的标志上，它也 143
表现出了一些迥异于（其他民族运动）的重要差异性。我的文章只有通过将它们与犹太历史和犹太文明的主要方面联系起来，才能够最好地去理解这些差异性。

让我们从犹太复国主义运动的一些基本史实开始，但我们不会试图去描述这一运动史，因为许多优秀的著作已经对此加以论述。[2] 犹太复国主义的第一批先行者，诸如耶胡达・什洛莫・阿尔卡莱拉比（Yehudah Shlomo Alkalay，1798—1878) 和兹维・赫尔施・卡利舍尔拉比（Zevi Hirsch Kalischer，1795—1874)，于 19 世纪中叶从宗教和世俗犹太知识分子中涌现。对于这些脱身于更加传统化圈子中的（犹太知识分子）而言，他们的犹太复国主义信条是将传统的半弥赛亚因素与现代民族主义因素结合起来，要么彰显其理想的政治层面，要么突出在以色列地重建充满活力的犹太定居点具备实际的必要性和可能性。他们将这一定居点构想为弥赛亚降临前的预备阶段，弥赛亚完全被视为上帝的旨意，超越了人类奋斗的疆界。

摩西・赫斯（Moses Hess）是社会主义者的领袖和思想家，他在《罗马和耶路撒冷》(1862 年版）一书中提出了具有现代乌托邦社会主义理想的犹太复国主义。这位犹太复国主义者的构想是基于对特定类型的犹太宗教信仰所具备的普世性意义的承认，这在黑格尔派哲学家有关世界史辩证法的术语中能够得以体现。

犹太复国主义运动在 19 世纪七十年代开始与一些“锡安山热爱

者”组织合流，（这些活动）大部分位于俄国，并随着19世纪八十年代初期的一系列反犹暴行而走向高潮。1882年，J.L. 平斯克（1821—1899）的《自我解放》问世，便是对上述事件所做出的一个反应，这是第一本全面系统的犹太复国主义手册，该书书名使其内容不言自明。随着西奥多·赫茨尔（1860—1905）迅速享誉世界，以及1897年在巴塞尔召开第一届犹太复国主义者大会，成立了世界犹太复国主义组织，标志着犹太复国主义已经发展成为一项成熟的政治运动。

19世纪80年代，人们同样见证了犹太人移民巴勒斯坦浪潮的开端，“锡安山热爱者”组织是这一活动的先锋部队。此后定居活动便持续发展，（该活动）最初受到了埃德蒙·罗斯柴尔德男爵的帮助，后来又得到了世界犹太复国主义组织的援助。

两次世界大战期间犹太复国主义运动已经进入繁荣发展时期：1917年《贝尔福宣言》的发表，巴勒斯坦英国委任统治地的诞生，伊休夫的不断成长；东欧俄国和奥匈帝国一系列继承国的建立（波兰、捷克斯洛伐克、立陶宛、拉脱维亚和匈牙利），以及对稍早建国的东欧国家独立地位的全面承认（罗马尼亚、塞尔维亚——后称为南斯拉夫——以及保加利亚）。

作为一场民族运动的犹太复国主义：革命的维度

144 大部分犹太复国主义者的思想都能以现代民族运动的术语进行表达，无论这些术语是属于马志尼、加富尔抑或是德国浪漫主义者（的言论）。自然而然地，犹太复国主义运动和思想有时就被诠释为现代犹太民族主义的高潮，或被理解为其他现代民族主义运动的犹太对应物。

尽管这一诠释部分正确，但是它并未完整地表达出犹太复国主义者的思想与信仰，也未能公正对待这一思想中的几个关键要素。它未能考虑到这样一个事实，即完全意义上的犹太复国主义运动和思想，是对发展于中世纪的传统犹太希伯来文明的解构所做出的最为激进的反应。犹太复国主义是对欧洲犹太人多次尝试在现代文明的维度内、尤其是在现代欧洲民族国家的范围内重建犹太文明边界与内容的一种反应，这一反应否认了其他反应以及更加古老的希伯来模式[3]的有效性。

犹太复国主义与这些反应共同承认这样一种基本假设的可能性甚至必要性，即犹太文明的理想能够在现代世界的舞台上得以实现。它与其他发展于东方犹太人内部的民族运动有着相同的假设，即将犹太人融合于世界历史、融合于世界民族之林只能基于集体重建这一过程，该过程不仅仅要从宗教方面，更要从民族方面对犹太社团加以诠释。与此同时它也采纳了东欧哈斯卡拉运动（犹太启蒙运动）所阐发的一个主题："生产化"（productivization），即犹太人职业结构的标准化，它着重强调构建现代体系的重要性。

然而，一个基本前提将其与犹太人应对现代性的整个范围割裂开来，但是，这也同时将其缔造为所有现代犹太运动中最为激进、最具革命性的一员。这一前提即为了应对现代性的挑战，坚持对实现犹太文明理想、重建犹太集体认同的理念予以贯彻，这一坚持只有通过在自然、民族、地域环境内创造一个犹太集体实体才有可能得以实现。与所有其他东欧人尝试集体重建犹太生活相比，犹太复国主义运动和思想强调集体重建和民族集体生活只能在以色列地得以实现。这将使犹太民族与以色列地的立约焕然一新。根据犹太复国主义者的思想，以色列地——上帝的应许之地、犹太民族的发祥地，犹太民族与犹太文明最初的构建之地，缔造犹太群体意识源远流长的组成要素——是重建犹太集体实体与 145
环境的唯一之地，也是犹太人能够重新迈入历史，成为一个富有成效且正常的、能够对其自身命运负责之社团的不二之地。[4]

由此，犹太复国主义者的抗争或者革命便针对这样一种观点，即一种完整且有意义的犹太生活与传统，哪怕仅仅是犹太人的实际存在，都只能在现代欧洲民族国家的社会框架内得以维持。这是犹太复国主义思想的基本信条——它在许多方面都与现代犹太史的主旋律格格不入，反对各种试图融合于西方社会的声音——在欧洲民族国家的社会框架内，由于不完全同化和现代社会缺乏吸纳他们的能力，犹太人将面临种族灭绝或者精神、文化灭绝的威胁。只有在以色列地，一种全新的、现代的和行之有效的犹太社会才能够得以建立并走向繁荣；只有在那里，独特的犹太文明理想才能够得以实现。

绝大多数犹太复国主义运动派别均强调只有在此环境下才能确保犹太人在现代社会的简单生存。在他们眼中，这属于“犹太问题”、特别是东欧“犹太问题”的核心位置。他们相信一个全新犹太政体的建立能够为犹太民族提供避风的港湾。

由于这一终极信条，犹太复国主义时常被认为是对现代反犹主义做出的一种反应而已，但这一说法并不完全正确。诸如“德雷福斯事件”和 19 世纪 80 年代初期的反犹暴行等，确实触发犹太复国主义去做出反应；该反应的一个关键要素就是要为犹太人寻觅一个安全家园。但是它们同时也激发了其他现象，包括移民美洲、南非地区，这些移民潮从数量上看远远多于犹太复国主义运动的成员或定居于以色列地的人员。

犹太复国主义者坚持认为只有在以色列地才能找到安全的避风港，这是基于对“犹太问题”本质做出的一种特殊解读。这一解读的另外一个关键要素是强调文化创造力或者体系构建，它们声称不仅能够构思出妥善解决定居以色列地这一具体问题的方法，或者探寻出化解犹太问题现实层面的方法途径，同时也能够掌握普世价值。因而，许多不同类型的犹太复国主义运动都清楚表明，以犹太文明为前提，犹太传统中特殊的犹太价值与普世意义通过新方式构成了一种古老的结合，并彰显特定传统中的普世性因素。

不可否认的是，人们并不能总是完全清楚地知晓究竟该建立哪种类型的犹太社会，也不清楚这一理想的准确内涵。犹太复国主义者的
146 著作中给出了许多解答，这些解答多种多样，涵盖传统的、革命的、

宗教的、世俗的以及社会主义的立场与维度。这些思想具备共同的消极因素，例如那种人们并不需要的社会类型，也许要比它们的积极内容更清晰。但没有一个犹太复国主义者给出的答案愿意让传统中世纪的犹太社会成为永恒，这种类型的社会在东中欧的许多地区依然存在着；他们也不愿意接受发展于中西欧地区的那种已被同化了的犹太社团，虽然这种犹太社团只能通过宗教层面才能予以界定。他们都在探求将犹太性与西方启蒙运动或者现代性予以综合；他们绝大多数并不拒绝犹太传统或者现代性本身。诸如 J.H. 布伦纳（Brenner, 1881—1921）和 M.J. 博帝杰乌斯基（Berdyczewski，1865—1921）之类的极端主义者，的确试图否定大部分的犹太传统。然而，从整体而言，即使他们，也倾向于从犹太史内部去追寻那些古老的因素，并使之复兴。同样，只有一小撮人拒绝任何形式的现代性。尽管许多社会主义犹太复国主义者强调某种社会主义性质的乌托邦社会，反对资本主义者和“大众社会”的邪恶性，但是他们中的绝大多数，特别是那些更加西化的犹太复国主义者，设想出了一个在某种程度上融合了社会主义性质的现代自由民主式的国度。[5]

因而，正如大卫·维塔尔（David Vital）教授在其新书[6]中指出的那样，试图重建犹太集体生活的新方式解释了为何犹太复国主义几乎可以称之为独一的、尝试进行社会政治革命的民族运动。通过社会政治革命，我并非意味着要颠覆传统政权或者从政治压迫中获得解放，而是试图成熟地创建一种新型社会政治秩序，尽管这并无必要非得建立一个社会主义政权。大部分犹太复国主义运动——例如劳工犹太复国主义——试图融合民族主义和社会主义这两股潮流，已故的雅各布·塔尔蒙（Jacob Talmon）在其新书中将二者称之为 19 世纪最矛盾的两股潮流；但是它们却通过一种相当特殊的方式成功融合，甚至那些不属于劳工犹太复国主义阵营的犹太复国主义者（本质上他们才是犹太复国主义运动的主流），至少也赞同此种革命性构想的某些要素。

在此方面，只有一个例子与犹太复国主义者的经历相似：美国的集体认同。尽管许多著作都已对美国民族运动进行了探讨，但是我仍然质疑，正如我稍后将在本章加以说明的那样，用（美国民族运动）对美国集体认同进行定义是否恰当。[7]发生在美国的并非是民族运动的发展，而是如托克维尔所清楚洞察到的那样，它只是脱胎于独特革命性宗教传统[8]中，是一种全新且独特的现代文明的结晶。

在这两种例子中，美国、犹太复国主义运动以及具有开拓性的定居以色列活动，都有相似的殖民经历。与其他殖民社会不同（例如澳
147 大利亚、加拿大甚至南非），这里的殖民与构建一种全新社会政治秩序的思想相联系。与路易斯·哈茨（Louis Hartz）的著名分析不同，美国与伊休夫并不仅仅是欧洲社会的碎片化，它们虽然来源于西欧社会，但却被视为更具高效性的白人统治。[9]

的确，在美国没有人能够以其特有的“社会主义”内涵来谈论社会革命，但是人们确实能够谈论一种新型文明范式的构建。随后，我们将要探究以色列社会、犹太复国主义运动的主要类型与美国的区别。（但是）这里能够明确指出的是，伊休夫（我们将在后文对其进行更加详细地探讨）、巴勒斯坦以及随后建立的以色列国犹太社团与美国犹太社团存在着两大基本差异。其中一个区别就体现在不同劳工组织所宣传的犹太复国主义蓝图的重要性上，美国则完全不存在这一情况。更为重要的一个事实则是，犹太复国主义运动，连同其所有的革命性意识形态，都大力强调犹太集体认同的原生性和历史性要素，美国（民族运动）则不存在这些因素。

由于与其他民族运动具备这些相同的要素，将犹太复国主义运动视为一项民族运动确实是恰如其分的。但与此同时它又在很多方面迥异于其他民族运动，这些方面与它和美国民族运动共有的革命性特征紧密相连。只有当我们将这一革命与犹太历史文明历程的持久关联考虑进去后，才能理解这些差异的全面影响。

犹太复国主义者民族主义的特定维度：领土、语言和历史

犹太复国主义运动与其他欧洲民族运动、后起的第三世界民族运动的主要差异，以及与犹太文明历程息息相关的差异，能够通过民族运动的一些核心要素，即构建民族原生认同的符号予以辨识，这些符号包括领土、历史和民族文化。让我们先来探讨一下第一个明显的差异，领土维度。与大部分其他民族运动一样，犹太复国主义运动也强调政治认同与领土之间的统一；但是不同于其他民族运动的地方是（这里需要再次将美国民族运动排除在外，因为从这一意义出发，美国民族运动并不能称之为民族运动），犹太复国主义并不看重现存领土，这一领土是其构想的、试图让集体成员实际生活的地方。同样与美国民族运动不同的是，在某种意义上它强调这一领土是原生性土地，这与大多数西方民族运动的领土并非同一概念。 148

犹太复国主义运动与中世纪犹太文明一样，在对领土的原始依赖和对意识形态的依赖之间存在着融合（在第三章中已经对此加以分析）与紧张的关系。在大流散时期，犹太人将领土视为他们唯一的自然物，（因而）领土在犹太人的自我概念中是一项重要的、几乎形而上的因素，但却不是他们实际生活的地域。犹太人对自然领土的复杂态度使犹太复国主义运动产生了一项迥异于其他民族运动的重要差异。[10]

在某种程度上，这一形而上的、意识形态的以及神秘主义的领土观念也可在美国民族运动中得以探知，而且它也足够重要，并与强烈的《圣经》符号和形象相结合。[11] 然而，又与美国民族运动不同的是，犹太复国主义运动致力于回归故土，这一故土在犹太史上一段漫长的岁月中曾是犹太人的自然家园，他们对此有着强烈的原始寄托，它也在整部犹太历史中担当集体认同的恒久元素。

犹太复国主义运动与其他民族运动的另一项重要差异，也许能在其对待民族风俗与传统的态度上得以窥探。捷克人、波兰人和其他欧洲民族声称，他们各自的共同体所赖以生存的风俗，若从政治甚至文

化视角来看将会更加明晰，因而他们一旦能够从沙皇、哈布斯堡皇帝和奥斯曼苏丹等国外统治者和压迫者的桎梏中解放出来，他们的共同体便能够在新的环境下繁荣昌盛。但犹太民族运动却并非如此。犹太复国主义运动，事实上大多数的现代欧洲犹太民族运动，并未将犹太现存风俗和生活方式浪漫化。恰恰相反，这些民族运动，尤其是犹太复国主义运动，全部都与犹太风俗相背离。

犹太复国主义运动区别于其他民族运动的另一个因素是有关民族语言的复兴。与其他此类运动不同，犹太复国主义运动并非试图复兴“死”语言，也不打算将现有方言神圣化。与许多犹太自治论者和“崩得主义者”相反，犹太复国主义者反对中东欧大部分犹太人实际使用的语言——意第绪语。取而代之的是，犹太复国主义运动复兴了希伯来语，它长久以来都是犹太生活、祈祷、宗教静思和法律、商业演讲的基本要素。此外，正如我们将要更加详细论述的那样，他们复兴语言的方式完全不同于其他民族运动所做出的类似尝试。

犹太复国主义运动复兴希伯来语的一个重要且有趣的方面，是有意
149 识地从阿什肯纳兹式发音转变为塞法尔迪式发音。这一转变根植于犹太复国主义运动对大流散的抵制。在祈祷和某些社交礼仪中使用的阿什肯纳兹式发音，被视为大流散时期生活模式的一部分。塞法尔迪式发音则被视为更古老、更正宗的（发音），或许最为重要的是，它被视为大流散时期世俗希伯来创造力黄金时代的语言，是希伯来诗歌在穆斯林西班牙（以及较小规模的基督教西班牙）全面兴盛时期使用的语言。

犹太复国主义者对犹太人历史经历的评价同样展现了区别于其他民族主义运动的重要差异，这些差异堪称犹太复国主义运动独特性的关键因素。每一民族的民族运动都要追溯其民族史，并试图重构这一历史。这通常涉及高度的地域与时间的连续性，在此地域与时间范围内，他们试图在一个独立的地域框架内，在其居住地重构本民族的近代史。

犹太复国主义对待犹太史的态度却有所不同。它指的是早已存在了一千八百年之久的整部政治史。犹太复国主义运动并未回溯到波兰、

捷克抑或斯洛伐克那种相对晚近的民族、国家、领土记忆，而是追溯到更加遥远的历史中去，这是他们在整个“加路特”时期都不曾忘却的历史。与此同时，它又拒绝“加路特”时期犹太人的大部分历史经历与生活。因而犹太复国主义者承认拉比哈拉哈模式的基本观点，即在他们作为一个民族和一个文明的思想蓝图中，现世、“加路特”是没有意义的。然而，他们也反对犹太人必须等待弥赛亚降临、而非将本民族历史掌握在自己手中的拉比观念。因此，他们力图重构并予以重新释读的历史经历就与其他民族运动大相径庭。

犹太复国主义运动强化了犹太史学的剧变，这一史学早在 19 世纪之前就已产生：（这一剧变是）回归于全面历史的书写。历史书写在一定程度上早已存在于犹太人之中，特别是第二圣殿时期那些希腊化的犹太人，他们之中最声名卓著的代表就是约瑟夫斯。然而，缺乏独立性与哈拉哈模式的主导地位，伴随着有意识地退出于历史，终为真正的犹太史学画上了句号；就连编年史也相对罕见。[12]

史学复兴的首要标志能够从文艺复兴时期的犹太人中得以探知，但是只有在启蒙运动时期它才真正走向繁荣，这尤其能够见诸德国犹太教科学学派的著作中。[13] 随着东欧犹太人积极的集体意识日渐发展以及犹太复国主义运动的兴起，它的发展势头愈发强劲。受后者影响的史学家们强调犹太人在任何时期都在积极构建集体生活，甚至中世纪时期亦如此，因而他们得以从哈拉哈模式的犹太自我定位与自我意识中解脱出来。[14]

犹太复国主义者革命性取向的具体特征

犹太复国主义运动以区别于其他民族运动的方式重构了基本的原 150
生性因素——共同历史、共同地域、共同语言、共同先祖等等，尽管实际上这仍是同类型因素的重组。正如其他民族运动一样，犹太复国主义运动致力于将这些因素的重构与重建或建立民族国家相结合。但与此同时，这些因素重组与结合的方式却与其他欧洲民族运动采取的方法截然不同。

犹太复国主义运动所有的这些鲜明特征将我们带回到这一观点上，即犹太复国主义并不仅仅是一场民族运动，同时也是一场革命运动，尽管它是一个非常特殊的例子。之所以称其为革命（运动），是因为它不仅仅旨在将犹太人从压迫者手中解放出来，更试图重建犹太人自我的生活方式。它并不是狭隘政治意义上的一场解放运动，因为它并没有需要推翻的内部统治者。不像大部分现代民族主义，特别是欧洲形形色色的（民族主义那样），犹太复国主义运动并不反对外国统治者，在这点上它甚至不如美国的民族运动。它反对的是 19 世纪欧洲的犹太生活方式；正是由于这一反对，它才能够被视为一场革命运动。

犹太复国主义运动首要反对的就是当时欧洲犹太现状的基本范式：西欧的同化论者和中东欧的守旧传统主义者（尽管这些守旧派事实上已经发生转化），以及作为竞争对手的其他犹太集体运动。它拒绝采纳犹太革命分子提供的答案，即犹太人问题会在革命之后自动消失。

这一点严重影响了它对敌人的定义。当然，所有犹太人都知道他们是被压迫者；整个中世纪他们都知晓这个事实。然而对于如何获得解放的看法才是新鲜事物。这并非通过推翻苏丹或者沙皇的统治便可获得（一些“崩得主义者”和其他犹太政治组织可能有过此种想法，但犹太复国主义者没有）。犹太复国主义者对推翻犹太人生活地区的政权不感兴趣。他们将解放理解为当前生活方式的变革，理解为拒绝接受主流——同化主义，已经转化的正统派和新式世俗集体运动——这些主流早在 19 世纪就在犹太人中得以发展。

因而犹太复国主义的反抗指的是反对现存的犹太生活方式，并不是反对外部压迫者；尽管被压迫这一事实是大流散时期犹太生活的基本组成部分，对犹太复国主义者宣称的犹太人无法在大流散中获得全
151 面而独立的犹太生活这一论断具有至关重要性。因此，犹太复国主义反抗的核心焦点便是，期待再一次——我特意使用这一用语——以全

新的、集体的、现代方式去重建犹太社会、犹太文化和犹太文明。

让我来总结一下我的论点。犹太复国主义运动，其独一无二的特征发端于19世纪世界历史背景下的政治民族运动，试图以革命的方式重构犹太文明的多重要素；这未必是社会主义概念上的革命（尽管社会主义意识形态在犹太复国主义运动内部具有高度重要性），也未必是通过推翻压迫者统治而称之为革命，而更多地是以美国方式去创造一个崭新的文明模式。然而，与美国不同的是，它强调强烈的历史的、原生的因素和倾向。正如我们将要在第八章详述的那样，美国从未试图重建并延续一个古老的文明；当然，一种新的文明和政治实体是由政治、意识形态和文明因素所缔造的。正因如此，美国从很多方面缔造了一个脱离强烈原生性因素的、全世界最为纯粹的意识形态社会，这也是不易探讨美国民族主义的原因。依我看来，这才是美国革命和犹太复国主义运动的最大不同之所在。犹太复国主义运动同样具备高度的意识形态性和革命性，但是它将这些因素与犹太认同中强烈的原生历史因素相结合，借此将其政治理想衔接起来。反观美国革命，在这种非历史、非原生态的意义下，它并不是纯粹的意识形态化运动。

犹太复国主义，或者至少大部分的犹太复国主义运动，将其自身视为对犹太文明加以革命性重建的载体。与其对手——已经转化的哈拉哈模式、原则性很强的同化论者以及中东欧各种各样的犹太民族运动——一样，犹太复国主义也强调犹太文明的理想；但是它更看重如何更好地实现这一理想。犹太复国主义坚持认为只有在以色列地建立一个民族的、地域的以及最终的政治实体，才能实现这一理想。有鉴于此，当与其他民族运动相比较时，犹太复国主义运动通过一种特殊的、独一无二的方式缔造了犹太传统与文明的多样元素与不同主题。

犹太复国主义者的重建活动促使多种文化和意识形态主题或侧重点变得清晰透彻，并对其进行了影响深远的重塑，这些主题或侧重点在传统拉比模式下要么是隐晦的、次要的，要么就是理所应当的，而那些被同化的人群则大部分忽略这些主题或侧重点。这些主题中最为重要的内容就是希伯来语的复兴和重新强调以色列地与犹太历史传统
152 中《圣经》元素的重要性。

希伯来语的复兴是一项伟大的成就，它始于哈斯卡拉时期，随后通过犹太复国主义运动和犹太人定居以色列地得以全面完成。奠基于中世纪以来绵延不绝的传统之上，希伯来语的现代重建使其成为共同的民族语言：它是幼儿园、学校以及日常对话用语；与此同时，希伯来语也证明了它自身足以满足科学、现代文学和技术的要求。正如我们将要在下一章看到的那样，如今，希伯来语在传统语言中占据着特殊地位，其发展已经对以色列社会的文化架构产生了重要影响。

对以色列地的强调，从受拉比传统严格规定的，主要是宗教或形而上的倾向，转变为重视土地及其景观的物理特征，这通常以田园牧歌或者神秘主义方式予以呈现；转变为强调对这一土地的原始依附，并突出世俗——形而上的荣耀；转变为对以色列地的神圣性进行宗教的、半神秘主义色彩的圣化的新模式上来。这一最新模式远远超越了拉比目标，更多地与哲学、诗歌的表述相一致，尤其多见于中世纪西班牙的犹太诗人和哲学家之中，耶胡达·哈列维就是代表之一。

对以色列地的重视以及希伯来语的复兴，与犹太传统中《圣经》因素的复兴息息相关。这在拉比模式下是处于次要地位的因素，它包含于律法和宗教仪式的维度中，并强调犹太法典的学习与祈祷，但却被更多已同化的人群所否定（尽管他们也强调《先知书》的伦理倾向）。这一因素的复兴始于东欧哈斯卡拉运动中的文学活动，诸如在亚伯兰罕·马普的浪漫史小说《锡安山之恋》（*Aharat Zion*）和《撒玛利亚的罪恶》（*Ashmat Shomron*）中都可见到，从整体来看，在与不同的民族运动产生联系时，这一复兴甚至变得愈发显著，犹太复国主义更加如此。[15]

犹太复国主义者的视域与犹太文明的基本主题：流散、回归与救赎

不同文化符号的重塑对犹太文明的一些永恒主题以及这些主题间张力的变化与更新产生了深远的影响。犹太复国主义理想自然而然地吸收了犹太文明的一些永恒性主题，并按照自身基本的倾向对这些主题予以重新阐释。对民族重建与复兴的着重强调，必然是吸收了更加古老的救赎理论中的弥赛亚观点，尽管这些观点已经按照世俗化、政治化或者社会化的概念予以重新界定，这正如戴维·维塔尔的描述那样："流散、回归、救赎"。[16] 这一强调再度激活了弥赛亚观念中实用 153
政治主义和末世论之间的冲突。

对弥赛亚信仰的世俗转换似乎需要为犹太文明的永恒困境寻找一个特殊的解决方法。最为重要的是它强调犹太人以自主个体的身份重回历史舞台的能力。犹太复国主义运动同样强调犹太团结这一观点，这早在中世纪时期就已凸显，并以强烈的政治倾向渗透其中。

与阐释犹太文明的这些主题息息相关，犹太复国主义运动为犹太集体认同的不同因素：政治、民族和原生因素打造了一套并行的重建方案。所有这些主题都与可能是犹太复国主义的核心主旨（这一主旨在中世纪时期业已存在）以及大流散首要否认的原则紧密交织，这些主题同时也与一种期望紧密相连，即在以色列地重建并复兴犹太民族将为政治征服（Shiabud Malchuyot）和内隐于"加路特"中形而上的过错画上句号。

在犹太复国主义运动的萌芽阶段，以及随后的定居巴勒斯坦运动中，犹太复国主义的理想可谓是一场融合了所有这些不同主题的民族复兴运动，这一理想也通常被刻画成犹太传统中许多永恒性困境与矛盾的解决之道。为了实现这一理想，它将糅合所有主题并将其锻造为文明创造力的新模式，并为这一创造力注入广泛的普世价值，将犹太民族打造为世界民族之林中的一员，并把他们带回到历史中。这是一

个天真而又乌托邦式的理想。或许能在阿哈德·哈阿姆（亚瑟·金斯伯格的笔名，1856—1927，他是赫茨尔在思想上的对手）的著作，以及赫茨尔的乌托邦浪漫主义小说《新故土》（*Altneuland*）中找寻到有关这一理想的最为纯粹的表达，《新故土》是自由和平实现这一理想的蓝图。[17]

为实现这一理想所做的尝试揭示了理想本身蕴含的冲突与矛盾，这使得犹太文明中的许多基本矛盾以新形式进行重组：（这些矛盾包括）方法的普遍性与特殊性矛盾；实用主义与末世论间的矛盾；内向型的隔离政策与外向型的、开放态度间的矛盾；政治团结、制度构建与犹太复国主义理想的普世文化的矛盾；渴望成为“正常”民族与企盼作为“列国之光”的特殊犹太国家或社会间的矛盾；对大流散的态度既排斥又依赖的矛盾。在现代化背景下，这一理想的实现又逐步引发了与重建不同犹太传统与认同相关的一揽子问题。所有这些对立面都
154 与实体安全问题以及犹太人存在的文明层面间的矛盾息息相关，也与犹太复国主义运动的政治、社会和文化维度紧密相连。

犹太复国主义运动面临着一种新式的跨文明局面。这一前提是，随着现代社会的进步以及世俗化的进一步发展，其他宗教与文明的长期对抗不仅大幅削弱，而且（这一对抗）似乎变得温和起来。（然而，事实却是在这些宗教与文明的内部早已包含了现代种族反犹主义的萌芽，这一反犹主义在大屠杀时期已经登峰造极）。[18] 因此，犹太复国主义思想倾向于探寻具体的犹太方式，这些方式不能与其他文明在共同的文明理想上发生对抗，尤其是西方文明。

其中一些对抗与矛盾长久以来已经处于休眠状态，只是在后来伊休夫和以色列国的发展中才变得清晰可见。另一方面，那些与意识形态目标相关的、较少与制度现实发生联系的（对抗与矛盾），则在犹太复国主义运动的第一阶段就已显现。

政治行动、意识形态与经济文化制度建构之间的矛盾则在运动的最初阶段就已出现。对自治的、政治的犹太实体的强调构成了犹太复

国主义运动以及其后建立的以色列国的主要原则之一。然而，最初采取迅速的政治解决之道的尝试却未能收获巨大成功。赫茨尔试图从苏丹手中获得一纸特许令的尝试宣告失败；这催生了 1903 年的“乌干达计划”，英国政府想要通过此计划允许犹太人在东非建立一块自治领地。这一计划使年幼的犹太复国主义运动四分五裂（诸如赞格威尔之类的领土主义者建立了自己的组织），也极大削弱了其对政治层面的重视。取而代之的是以普世性的、时而形而上的目标，强烈推崇在以色列地建立殖民地和进行制度建构。尽管深受政治影响，但对这样一种新目标的强调为了自身利益而远离政治活动的神圣化，远离见证政治目标的眼前成就，并将这些成就看成犹太复国主义运动的主要推动力。[19] 至少在犹太复国主义运动与定居以色列活动的最初阶段，政治弥赛亚主义和对纯粹政治活动的强调在当时尚未居于主导地位。但两者持续地（如果只是潜在地）存在于犹太复国主义运动和定居以色列地的活动中。

由于与阿拉伯人和英国人的政治冲突愈演愈烈，犹太复国主义活动的政治属性在 20 世纪 30 年代末期愈发强化。看似非常矛盾的是，劳工犹太复国主义运动的最初主张是在建构主义者的观点之上构建制度，但却走在了强调政治行动的最前沿。同样在 20 世纪 30 年代，由弗拉基米尔·亚博廷斯基领导的修正主义运动也强烈阐明了这一立场。[20]

155

一方面伴随着远大的政治理想和末世论目标，另一方面实用政治和制度建构具有紧迫性，（促使）不同侧重点间的紧张关系自始至终持续存在于犹太复国主义运动和以色列国的事业中。期冀成为“正常”社会或国家的目标与希望成为“特选”民族这一理想的冲突在初期并不明显，这主要是因为追寻正常化本身就是对欧洲犹太生活的现实所做出的、具有思想革命性的一种反应，尤其是早期“阿利亚”的先驱们对这一反应做过清楚的阐释。然而伊休夫和以色列国社会结构的具体化使得这两种态度的矛盾性日益凸显。这种紧张关系同样体现到意识形态和制度层面，伊休夫和以色列国的政治变迁催化着它，持续发酵的阿拉伯世界和英国对犹太复国主义定居以色列地的反对之声影响着它，安全和防务领域越来越多的资源需求刺激着它，作为弱小国家和社会的现实不断影响着它。

在普遍性与特殊性因素之间，在内向型的团结一致与更加开放的、外向型态度之间，在伟大理想与实用政治之间都存在着深层紧张关系，这些紧张关系似乎本应该随着犹太复国主义理想的实现而得以解决。这一理想的实现也以不同的方式展示了犹太集体认同中的不同因素——原生因素、种族因素、政治因素以及宗教因素——间的多种潜在矛盾，（犹太复国主义）通常以相当惊人的目标对它们中的个别因素或者组合因素予以强调。

犹太复国主义者观念中的大流散

大流散是另一个与其他民族运动无关的独特现象，以上所有紧张关系都与犹太复国主义对待大流散的态度紧密相连。这一态度只有通过犹太文明和历史经历的具体特征才能予以解释。

这里，我们同样需要对几种不同类型加以区别。在犹太复国主义的原始基本概念中，它必然强调大流散不足以担当犹太民族实体的、或者文明文化发展中的可行性架构。然而，犹太复国主义运动事实上却与犹太社团生活相伴相随，它是在犹太社团中得以逐步演变的。将大流散中的犹太社团生活与对“加路特”的原则性否定密切结合，促使犹太复国主义针对“加路特”的思想目标不仅非常矛盾，通常也不明确。因而在有关犹太复国主义运动与大流散关系的思想内涵方面，它也产生了一个特定的盲区。[21]

156 许多犹太复国主义的伟大人物，特别是那些将犹太复国主义视为犹太现存困境解决方法的人物，认为犹太复国主义梦想的实现，将会把每一个坚持特定犹太民族认同的犹太人带回到以色列地，带回到犹太国土上，其他人则会在大流散的土地上被和平同化。这一假设在犹太人和非犹太人的公共意识中都占据突出地位，并在20世纪60年代被法国犹太社会学家乔治·弗里德曼重新采纳，乔治的小册子《犹太民族的末日？》[22]阐明了这样一种观点，即以色列的成功建立将会通过同化将犹太民族引入末路。

犹太复国主义运动的革命性本质是对“加路特”的极端否定予以强化，这一极端否定在伊休夫和以色列国内长期盛行。即使那些不赞同这一立场的犹太复国主义者，也未曾勇敢面对大流散过程中持久的犹太集体存在为犹太复国主义思想所提供的营养。阿哈德·哈-阿姆，这位在犹太复国主义运动中具有重大影响力，并反对赫茨尔政治主张的著名公众人物，将犹太复国主义构思为能给犹太民族创造精神中心（的一种理念）。这一设想并不否定在以色列地建立一个独立的犹太国，而是假设大流散中犹太社团如持续存在，它们将会在巴勒斯坦被民族文化中心给予精神启发。然而，正如绝大多数犹太复国主义者的思想那样，它并未赋予大流散中的社团任何特殊的文明涵义；也没有为在这些社团内界定并构建一个有意义的犹太存在提供任何具体方法。自觉或不自觉地，这一方式与所有其他犹太复国主义目标都对“加路特”予以否定，或者至少都对由此产生的问题予以回避。在有关与犹太复国主义运动成形于同一时期的新式犹太社团以及美国问题上，这一回避就变得更加明显。

集体认同与传统的重构：犹太复国主义与宗教

所有这些主题都表明大多数犹太复国主义思想与犹太传统的不同维度息息相关，也与他们追寻传统蕴含的内核或元素紧密相连，这一传统能够被用来构建新型的犹太集体认同和文明模式。然而，与此同时，这些思想又相当清晰地表明，他们与拉比模式以及犹太传统不同元素的具体结构截然不同，这一犹太传统成形于哈拉哈的系统与象征中。犹太复国主义运动的目标不仅仅是延续犹太传统，更要重建这一传统。

157

那些将自身视为正在永恒化哈拉哈模式的犹太组织反对犹太复国主义，这一反对对于理解犹太复国主义运动以及以色列社会的一些具体特征，特别是对于理解当代政治局势的一些显著方面具有高度重要性。这是将犹太复国主义与包括美国民族运动在内的其他民族运动区别开来的又一方面。

“锡安山热爱者”以及随后的犹太复国主义运动中的许多领袖及成员，都是虔诚的宗教遵行者；一些人甚至是著名的拉比。除此之外，宗教犹太复国主义党派（米兹拉希）在犹太复国主义运动史上很早就获得了发展。[23]但是，宗教犹太复国主义者不论在犹太复国主义阵营还是宗教阵营中始终都是少数派。大多数犹太复国主义活动家并非宗教人士；有些人，尤其是第二次和第三次阿利亚中的社会学家先驱们，更是激烈的反宗教人士。无论在何种情况下，宗教人士或非宗教人士，他们都公然地或秘密地在这样一种框架内活动，即它并不将哈拉哈体系及象征视为犹太文明创造力的唯一或主要的框架。

在犹太复国主义运动中，非宗教人士占主流，这毫无疑问是正确的，这些非宗教人士不仅不接受宗教信条，甚至会违背它们。即使那些恪守信条者，也未必能够为集体认同的新标志，以及传统哈拉哈模式内最为重要的体系构建寻找到他们的主要灵感。正如我们看到的那样，在自治环境下重建犹太生活正是犹太复国主义运动理想的缩影。尽管这一假设并不一定违背了各种哈拉哈禁令，但是在有关当代历史舞台中的犹太政治活动上，它确实违背了哈拉哈文明中一些最重要的前提。

犹太复国主义运动中的宗教恪守似乎存在着这样一种假设，即新体系的现实一旦确立，就会遵行哈拉哈。他们中的一些人开始关心将哈拉哈运用到新问题和新条件下。但是，很少有人能够从现存哈拉哈模式中获取灵感，这一灵感服务于将在以色列地获得发展的新体系。

一些伟大的宗教人士，诸如以色列地首任阿什肯纳兹大拉比亚伯拉罕·以撒·库克，对犹太整体存在以及在宗教信条之光下重建以色列地进行了新式的哲学神秘主义解读；其他人则强调犹太复国主义思想根源于（犹太）宗教传统及其象征符号。然而，除了强调遵行哈拉哈信条，以及需要将传统包含于新程式（例如，学习《塔木德》）之中外，几乎没有人能够清晰定义哈拉哈模式将如何引领人们去创造新体系和新的政治集体认同。之后在宗教基布兹运动中便开展了相当规模的宗教知识活动；但是在这里，构建新体系的最初势头并不一定要从现存 158
宗教模式中发展而来，尽管它们的合法性最终在此体系内得以彰显。[24]

极端正统派对犹太复国主义的基本特征了如指掌。他们对该运动的激烈反对源于这样一种认知，即无论犹太复国主义理想怎样强烈地与众多的传统符号相联系，它都背离了哈拉哈模式的基本前提，并企图在当下历史中掌控犹太人的集体命运。他们将犹太复国主义对弥赛亚因素进行的世俗化篡夺，以及在当前获得“救赎”的可能性都视为危险分子。

犹太复国主义者与极端哈拉哈模式承载者间的基本冲突不仅仅只是超越了犹太国家的文化或宗教背景。犹太复国主义常常会被锁进宗教势力尖锐反对的牢笼中；许多犹太复国主义者都是极端世俗化人士和反宗教人士，但这并非问题的关键所在。从肇始之时，以色列地的世俗与宗教阵营便达成了临时协定。尽管这一“现状”经常受到挑战——但是双方从最初就互谅互让。例如，他们彼此同意安息日时，犹太民族基金会所购置土地上的一切工作也都要停止。基于犹太复国主义领袖和宗教犹太复国主义者的联合，犹太复国主义运动，而非传统主义者在巴勒斯坦设立了大拉比一职。于是，在这一实用性层面上，双方始终存在着互谅互让。

正如极端正统派非常熟知的那样，关键问题并不涉及遵行犹太饮食法或者安息日律法。这基于一种事实，即在有关犹太民族是人类历史中一个积极因素这一本质上，犹太复国主义运动否定哈拉哈模式的基本思想前提。犹太复国主义运动也否定中世纪哈拉哈主流核心思想，即犹太人并不将政治和历史命运掌控于自己手中，而是交付于弥赛亚。正统派反对犹太复国主义运动的主要方面必须面对犹太复国主义者背离犹太文明本质的基本前提，因为犹太文明衍生于哈拉哈模式之下。不可否认的是，哈拉哈模式确实包含了伊休夫以色列地、定居以色列地的概念；但是它却拒绝接受以色列地应当作为新社会类型的定居地，这一社会要将自身的政治命运掌控在自己手中。

我们已经见证了中世纪的犹太生活不仅仅只包含了弥赛亚梦想与希望的因素，还包括了更加积极的政治立场。这些趋势存在于形形色
159 色的弥赛亚运动中，并在萨巴泰运动中体现得最为明显，这些趋势的最终命运似乎也在支持着哈拉哈模式的前提。

正是围绕这些前提——不仅仅是围绕遵行宗教的程度，尽管这在其中可能也很重要——正统派和犹太复国主义运动的主要争论才持续发酵。自然而然地，这一争论也与两派阵营相互矛盾的声明息息相关，他们都宣称自身是犹太文明的合法解释者与犹太集体边界的守门人。

其他民族运动中并未见到此类对峙。当然，每一民族运动中都存在着更多的世俗和宗教阵营，它们彼此间都存在着持续不断的冲突。民族运动与作为普世性教会的天主教之间也存在着对抗。但是在犹太复国主义运动和正统派间却从未出现过这些竞争与冲突。

犹太复国主义者与哈拉哈模式争论的本质，为我们看待作为一场民族运动的犹太复国主义所具备的具体特征的有关看法，特别是有关这些特征与犹太文明历史经历密切关系的看法提供了另一佐证。在接下来的章节中，为了解释以色列社会特定方面（的问题），我们将要对这一经验的某些方面加以分析。

第七章

以色列社会的形成与转变

以色列社会的形成及其最初的制度模式

引言

在本章中我们将以几个重点关注的方面为视角，对以色列社会的 161
一些特征加以分析。我们将以色列社会的独特性特征视为一个具有革命性思想的定居者社团，并在特定犹太历史文明经验中的某些基本犹太文明主题的语境下去考察究竟要在何种程度上，它们才能够被理解。这些分析自然而然地得出以下结论：以色列社会不仅是犹太复国主义运动的主要成果，也是这一运动理想的实现。

在对以色列社会的一些主要特征进行分析之后，在接下来的一章中，我们将通过对比以色列与美国来聚焦以色列社会的一些具体特征，将它们（以色列和美国）视为定居者和移民的现代革命思想社会而加以比较。

以色列社会的背景与发展

在过去的几十年中，以色列社会已经发生了许多深远的变化，在某种程度上，对它的质疑已经产生，即它是否仍是那个结晶于伊休夫时期（奥斯曼帝国时期和英国委任统治时期的巴勒斯坦犹太社团）和以色列国建立初期的那种社会。这些变化在政治领域表现得最为明显。

1977 年的政局更迭，这是自 20 世纪 30 年代中期以来工党首次坐在了反对党的位子上，而非组建执政联盟；持续的政治动荡和 1981 年大选前后尤为引人注目的语言暴力（实际上，在一段时间内不仅仅是语言暴力）；不断涌现的新式的、却又纷争不断的主题——民族的、宗教—
162 世俗的、政治的；宗教团体和以色列社会其他部门日益紧张的关系；围绕黎巴嫩战争及其后果所产生的巨大分歧；在政治辩论的氛围和语调中兴起的一种颇为强烈的民粹主义倾向；对法律条款的挑战；超议会（extraparliamentary）运动和极端主义运动的壮大。现在对这些变化的全面影响进行评估或许为时过早。尽管民主与宪政的框架已经展现了其强大的实力，正如我们将要在下一章所要详细探讨的那样，这些框架在某些方面甚至得以加强，但是毫无疑问的是，以色列社会，特别是其政治和文化方面已经发生了重大变革，政党构成及其领导层面上的变化则更加深刻。

为了理解连续性及变化，我们必须考察塑造以色列政治生活最初模式的各种力量，以及在其中悄无声息产生的深远变动与转型，这些内容我们都将在以后加以详述。这一分析将从一个观点中的两个互补方面展开：首先，革命性社会的转型；其次，新型犹太社会——一个现代犹太社会的结晶，在这一社会中犹太文明那些经久不衰的主题已经通过独特模式加以解决。[1]

伊休夫和以色列社会的基本问题与特征

犹太复国主义者在奥斯曼和巴勒斯坦委任统治地的定居点（伊休夫）以及以色列社会，与其他革命后的政体——苏联、墨西哥、许多新兴的第三世界国家，或许还包括 19 世纪早期的美国——一样，都经历着许多相同的转型进程与问题。这些进程中最重要的方面包括从社会政治运动的革命组织转型为国家的统治精英；在现代国家框架中与革命理想相伴相生的制度化；与社会分化同步膨胀的经济扩张及“现代化”；以及在这一经济扩张框架内吸收相对“欠发达”部分的人口。

伊休夫以及随后的以色列社会与一些非帝国主义的殖民社会有着共同的重要特征，就革命性而言类似于美国，就非革命性而言则如英国白人统治的社会。首先，它们的共同性体现在强烈要求平等，这至少表现在最初的定居者组织中，（要求平等的）结果就是不存在任何强大的世袭封建贵族地主阶级；其次，与其他宗派殖民化社会一样，在广泛却又统一的组织框架中将各式经济和行政活动予以强化性集中；最后，同样是与其他殖民社会相同，犹太复国主义定居点强调通过努力开荒，这体现在主要生产性职业的扩大化，以及殖民化框架和边界 163
的不断扩张。

合作努力和经济殖民企业的类似结合还能在摩门教徒定居荒地的例子中发现。工会组织与企业家的工业金融活动相结合，也可在其他以政治性为导向的劳工运动中，特别是在斯堪的纳维亚半岛，以及在相对较小程度上，在英国找到影子。然而，这些特征的融合正如在劳工联合会内发展的那样，似乎具有独特性，本身也由劳工联合会的政治角色和前景加以解释。这一点也同时说明了劳工联合会的政治力量，尽管从经济层面而言它从未成为以色列的最大部门。

这些特征与以色列社会的其他组成要素紧密交织，诸如党派或社会运动、强烈的弥赛亚末世论目标、拓荒组织和派别的强有力的全能主义世界观，也与它们强烈的内部思想凝聚力，以及在面对日益严重的社会分化背景下这一思想的制度主义化相联系。然而，与许多类似组织不同的是（诸如各式各样的美国境内的乌托邦定居点），拓荒组织从一开始便希望成为现代社会的开拓者，并投身于许多制度框架和组织中，这些框架和组织也许是这一发展的先驱，通过它们，犹太社会内更加广泛的组织才能够参与伊休夫的经济、思想和政治生活。

在伊休夫党派与社会运动之外，另一个关键趋势得以发展：强烈的精英意识形态倾向，致力于通过完成一项意识形态项目来实现新型社会，这一项目是先驱者形象和首批公共定居点的完全写照，其最重要的代表就是基布兹和莫沙夫。在此，以色列与诸如苏联、南斯拉夫或者墨西哥等其他革命社会类似，都试图将相对传统的社会塑造为特定的现代化模式。然而，在犹太复国主义运动内部发展的意识形态，与那些封闭性的宗教教派或者革命性政治运动相比，则更多地包含多样化的、异质的元素。这种意识形态的多样性通过共存于伊休夫联合框架内的许多不同组织而得到极大强化，创造出了面向更加广阔的、更具普世性的文化和社会价值的新型制度内核。此外，伊休夫——不像之后的以色列国——不曾面临将“传统”因素熔铸进这种意识形态理想的核心问题。

以色列与其他拥有大规模移民的国家一样，同样具备许多特征，也面临很多问题。它不得不处理持续性的移民浪潮，并（让这些移民）
164 融入到新兴的制度框架内。但是它同时也发展出了自身的具体特点，这些特点源于移民们基本的创业动力和目标，也源于他们对民族和社会目标的着力强调。

特别是伊休夫社会，也包含了许多与其他发展中国家类似的因素与问题，它与那些从欠发达环境下或者依靠传统人口资源着手发展现代经济框架的国家尤为相似。这一相似性能够从殖民者统治下的精英阶层构建的新型政治框架中得以窥探，也能从精英阶层随后转化为统治阶级的过程中发现。然而，一些重要的差异仍然凸显出来。

与许多当代发展中社会不同，以色列最初的制度框架是由现代精英团体沿着现代路线创建的。这些精英团体拥有庞大的受教育人群，他们决心以意识形态、世界观或者教义信条来创建一个现代社会。传统因素只是在很久之后才被注入到这些框架中，但它们的现代化过程却比任何其他新兴独立的发展中国家都要迅速、激烈。除此之外，仍与大多数新兴国家不同的是，（以色列）获得独立并未造成与传统的尖锐决裂，这是因为伊休夫和犹太复国主义运动已经发展出多方面的政治、行政和经济组织。因此，即使并未强调末世论的取向，对“政治王国”的强调也微弱得多。

每一个后革命社会都会呈现出不同的制度模式。在每一个社会中，这一转型的起点都是后革命精英阶层的努力尝试，他们试图指导新发展，并为这些新方向探寻思想和政治支撑与合法性。首先，在所有的革命社会中，革命思想伴随转型的核心焦点一直都是革命和后革命时代精英统治群体思想出发点和经济现代化进程之间关系的重建。其次，这一重建与革命象征间的关系。再次，这些转型对新政权合法性基础和获取支持的影响。

作为一个革命社会，以色列的具体特征及其转型进程由以下几个因素共同塑造：领土狭小；地缘政治位置；最后，但并非最无足轻重的是，其脱胎于犹太复国主义理想，并反对 19 世纪欧洲大流散的犹太社团。人们对伊休夫现今的形成特点已经有了很好的研究。[2]伊休夫以及随后的以色列国从犹太复国主义组织的活动中发展而来，这些组织兴起于 19 世纪 90 年代后期的中东欧地区。犹太复国主义意识形态认为只有在巴勒斯坦，才能建立一个新式的、现代化的、可独立生存的 165
犹太社会与政体，也只有在巴勒斯坦，传统与现代的犹太性与普世性的人类文化才能实现一种新的综合。

伊休夫建立在不同的移民浪潮和阿里亚之上（单数为 Aliyah；字面意思为“上升”）。第一次阿里亚（1882—1903）由第一波犹太复国主义运动——“锡安山热爱者”在俄国和罗马尼亚发起，其主要驱动力是 1881 年出现于俄国南部地区的屠犹浪潮。这些移民将土地定居点视为犹太民族复兴的首要条件。在首批犹太农业定居点时期，创建了佩塔提克瓦、里雄莱锡安、罗什皮那、济康雅科夫和哈德拉，伊休夫的基础由此奠定。第二次阿里亚（1904—1914）主要由俄国形形色色的犹太复国主义劳工组织成员组成，他们都对那里（在那里他们都积极参与改革运动）的社会改革运动心怀不满，这些改革运动随着 1905 年革命终止于屠犹暴行中。他们在一个危机时期来到了巴勒斯坦，无论对俄国，还是对犹太复国主义运动而言都是如此。尽管第二次阿里亚运动中“工人”本身只占少数，但它仍然被视为一场劳工移民，因为这些工人的积极性和力量改变了犹太社团的整体结构。新的土地定居点方式得以采用，为巴勒斯坦劳工运动的整体结构奠定了基础。在此期间，世界犹太复国主义组织于1908年在巴勒斯坦正式运作，首个混合型农庄得以建立。这一阶段同样见证了城市发展的开端。特拉维夫（1909年）这一完全犹太化的城镇的基础得以奠定，工业雏形随处可见。

随着《贝尔福宣言》的发表，犹太世界将之解读为实现犹太复国主义理想创造的新起点，第三次阿里亚（1917—1923）肇始于一战正酣之际的1917年。它大部分由年轻人组成，这些年轻人在前往巴勒斯坦之前已经由“犹太先驱者”组织加以培训，无论多么艰苦的工作，只要国家需要，他们都时刻准备并乐意承担。

第四次阿里亚，开始于1924年并一直持续到1931年，（此次阿里亚）部分归因于巴勒斯坦地区改善的经济条件，这一改善使得未来吸纳更多的移民成为可能，另一原因则是波兰犹太社团不断恶化的经济状况，这是由波兰政府实施的禁止犹太人参与多种贸易的政策所致。此次移民主要的新元素是靠小生意谋生的中产阶级，他们中的大多数都得以定居于城镇，步入商业或工业领域，或者成为技工。然而，如果
166 考虑到移民的绝对数量，先驱者因素也在这一时期占据主导地位。由于移民大量涌入，这一时期爆发了严重的经济危机，此次阿里亚之后，相当数量的移民离开了巴勒斯坦。

第五次阿里亚开始于1929年，但直到1932年才达到顶峰，这一年大规模的移民重新回归，产生了巨大的经济繁荣景象。截至1935年，大约15万犹太人来到巴勒斯坦地区，他们中的许多人来自德国；他们带来了数目可观的资金，大规模地协助发展工业、贸易和农业。1936年到1940年，是德国遭遇严重困难的时期，政府开始限制移民，只有大约10万名犹太人得以进入巴勒斯坦，其中包括约1.5万名“非法”移民者。

首批先驱者，特别是第二次阿里亚（1904—1914）中的先驱者将伊休夫设想为一个名副其实的现代化国家，一个体现了更加广泛的、

可能具有超越意义的普遍价值观的国度。这代表了传统犹太社会遗产的延续与转型，它将对普遍意义的热情向往与一个被压迫少数族裔的现实生活结合起来。只要这一波少数群体依旧自我封闭，那么这种渴望和现实之间的紧张局面，正如我们在第三章所看到的那样，将会产生宏大的文化创造力，但这种创造力在体制上却相当有限，它将接受其普遍要求的所有希望都寄托到遥远的未来中去。在19世纪肇始之际，当欧洲社会向犹太人部分敞开大门之后，犹太社团的许多人便有能力迈入社会文化的舞台，在那里他们能够高度施展其创造力。然而，与此同时，他们要么面临着丧失其共同的犹太特性的危险，要么无法完全被更加广泛的欧洲社会完全接纳，或者兼而有之。

犹太复国主义运动，正如我们看到的那样（第六章），试图在自由、现代、自给自足的犹太社团框架内，为具有普遍意义的文化和社会创造力提供机遇。这一结合为其极力彰显社会文化创造力，强调社会领导阶层那种强烈的精英主义取向提供了解释，至少在其发展的最初阶段是这样。

正如我们所见到的那样，不同定居者组织和伊休夫的理想都是由不同要素构成的，首要因素是所有犹太复国主义的基本原则和方向，其次是至少在开拓的革命者组织间存在的一种强烈的、融合了多种社会主义理想的混合型思想。“纯粹的”犹太复国主义理想强调创建一个现代化的犹太社团——在此社团中犹太人能够像一个经济上和政治上正常的现代民族那样共同生活，构建民族复兴的思想并复兴希伯来语。更加独特的“劳工”开拓者组织则将这些趋势与另外两种主题相结合。其中一个主题，在一定程度上而言，所有的犹太复国主义组织都蕴含这一理念，即在犹太民族内部对正常化和生产性予以高度强烈的革命性强调。这必须通过回归于农业和工业的途径得以实现，其中首要的 167
是锻造一个工人阶级和正常的职业结构，这一职业结构与犹太人专注于经营小商贸的传统相对立。第二种主题则更像是具体的社会主义理想，即使这一理想会更加朦胧、更加乌托邦，它强调平等主义的、没有剥削的公社生活和集体主义的框架，尤其是在一战之后，它通常体现在有关阶级的激进思想中。

这些理想和取向在第一代犹太先驱者中萌生，这些先驱者主要对其父辈在大流散（特别是在中东欧地区）中的出身予以反抗，他们将自身组织于狭小却世俗化的先驱者群体中，并重返故土巴勒斯坦去打造一个全新的、充满活力的现代犹太社会。伊休夫一些最为显著的特征就由这些第一代移民的性格特征所塑造。尤为重要的是思想核心的发展，即一个社会的基本集体认同通过意识形态得以表达，通过民族复兴、文化创造力和社会理想来表达。

这些群体最初意识形态的革命性的动力是围绕犹太先驱者（Halutz）的形象得以形成的，其旨在促进国家发展，在这个国家内，社会价值观与民族事业休戚相关。它强调这些价值观并非在纯粹乌托邦的理念下得以孕育，而是构建一个新兴民族组织和体系过程中不可或缺的因素。[3]然而它并非必然地反对这些取向的末世论因素——虽然伴随着体制构建的持续展开，这些因素正在逐渐衰微。

伊休夫和以色列社会从肇始之日起便一直面临的特定趋势和定位以及主要的长期性问题，根源于这些理想、意识形态以及在狭小且相对欠发达的国家中——这是一片陌生的领地，无论对于构建者、抑或是对于新移民的子孙后代而言都是如此——在奇特甚至敌对的环境框架内实现这些理想和意识形态的尝试之间的结合。即使它们的具体表述有所变化，但这些问题仍旧相对持久地贯穿于伊休夫和以色列社会的整个发展阶段。这包含最初的移民和吸纳新移民；现代化经济基地的开发；发展与现代化带来的挑战；试图缔造以色列集体认同标志，（这一标志）一方面与犹太传统和集体精神相关，另一方面又与现代世界和中东地区相联系；以及植根于奇特且基本充满仇视的环境的同时强调安全而产生的问题。

犹太复国主义者定居以色列地面临这样一种状况，即与刚处于萌芽阶段的阿拉伯民族主义以及随后新兴的巴勒斯坦民族主义爆发了绵

延不断的冲突。一战后，阿拉伯民族主义的发展势头首先在许多阿拉 168
伯国家和托管国家中达到高潮，这些国家如雨后春笋般兴起于解体的奥斯曼帝国领土上，这一状况在二战后达到新的高潮。面对阿拉伯国家向新生国家的宣战，伊休夫的成型以及以色列国的创建强化了这一对抗，催生了巴勒斯坦民族主义，这一民族主义在六日战争以及以色列占领西岸（犹地亚和撒玛利亚）和加沙后则更加激进。以色列国和巴勒斯坦民族主义之间的对抗愈演愈烈，突出了这一对抗在塑造以色列社会并影响其发展过程中的中心地位。

这些问题由于社会和文化现实之间持续的紧张关系而不断恶化，这一现实就是一个狭小的、相对现代化的社会，却拥有成为社会文化创造力中心的理想，这无论对于犹太民族抑或是全人类而言，都是与其领土规模极不相称的。以色列展示了所有现代化小型国家所面临的一些基本问题，主要是试图将经济和社会文化生活标准与当时国际体系中通行的标准基本维持在同一水平之上。[4]对于如此之小的一个实体而言，这一问题则显得尤为尖锐，特别是有鉴于其国内市场不足，所以以色列自身必须向那些大的发达国家开放并寻求市场。因为在竞争高度激烈且相对开放的全球市场中，小国必须为其商品开拓市场，通常他们不得不特色化，并要能够从其地理位置或者社会经济结构中探寻出能够获得提升或者创造出优势的领域。

为了理解伊休夫和以色列社会的这一独特特征，我们必须记住它们一个主要的“外部市场”就是大流散中的犹太社团。伊休夫、以色列社会与大流散中的犹太社团之间关系的主要变化，正如我们很快将要看到的那样，成为伊休夫和以色列社会框架发生重大转型的成因或者指示器。

对这些问题做出的反应首先受到成型于伊休夫早期阶段的制度结构特征的影响。伊休夫主要的制度结构在第一次阿里亚时期得以发展。在三大主要城市（耶路撒冷、特拉维夫和海法）以及诸如提比利亚、采法特等许多次中心城市中都存在着形形色色的定居点（莫沙瓦、小型

169 农场、基布兹和莫沙夫）、各种联盟以及城市中心；主要教育机构、政治组织和自卫力量的核心；以及创建于 1920 年的以色列总工会，使得各种各样的定居点、联合贸易活动、希克基金（Silk Fund）形成了独特的结合，许多工业聚焦点，以及住房、贸易和运输合作都处于"工人公司"（The Company of Workers，以色列总工会的经济分支）的管辖下，并成为伊休夫一个主要的经济和政治权力中心，即使并非是最重要的中心。

构建于这一时期的伊休夫的制度框架极度复杂，其形成过程由四种主要动力或因素决定，这些因素与犹太复国主义运动的基本主题及其活动的具体形式息息相关：第一种因素是不同犹太先驱者、定居者和移民组织最初的革命理想；其次是在奥斯曼帝国和英国委任统治下的巴勒斯坦去实现、实施这一理想的过程中所引发的具体问题；第三种因素则是伊休夫不同分支与大流散地区犹太社团间的关系问题；第四是伊休夫本身的内部发展和结构所提供的动力。

特别是自从 20 世纪 20 年代以后，伊休夫政治性的经济的形成在这一决策的指导之下不断发展，即尽可能地打造一个独立的犹太经济体——不依附于英国，不做类似肯尼亚、罗德西亚或者南非那样的殖民经济。主要由劳动部门颁布、提倡和实施的这一决策在伊休夫新近成立的经济部门中间、在伊休夫和阿拉伯工人之间造成了竞争。在经济领域这一结构的主要特征是，伴随着私有领域的持续增长，经济发展主要部门将公共资金予以集中。[5]

形成于该时期的以色列社会经济组织包括定居点、基布兹、莫沙夫等主要类型；城市地区合作型企业的发展；尤其是根据以色列现实状况的独特特征，整合而成的大多数合作型企业，以及存在于统一的框架内，尤其是在以色列总工会内的定居点实体。这一整合允许机构超越定居者组织早期设定的以农为本的蓝图，服务于伊休夫的城市发展。

一个最为有趣的结果存在于伊休夫劳工先驱者及其思想的相对领

导地位形成过程中，即劳工先驱者及其社会主义思想自 20 世纪 20 年代中期开始，随后在以色列国成为主导性的、并演变为统治性的群体和思想。这一思想不仅指导伊休夫经济活动，也为其提供了合法化依据。这些经济活动创建了许多经济部门，并为伊休夫以及随后以色列 170
国的政治性经济的整体模式塑造了一些关键因素。

伊休夫社会发展的第二个层面则是在思想层面高度强调平等主义，反对职业专门化。从两个方面可以看出其最初的表现：试图缩小不同职业间的工资差距，减少明显可见的社会差异，创造简易跨行业行为的可行性。

伊休夫同时也发展出了别具一格的文化特征，这尤其体现在有关传统与现代的关系上。这里有两个现象具有特殊重要性：希伯来语作为一门现代语言的复兴，以及世俗群体与宗教群体的关系。希伯来语成为幼儿园、学校以及日常使用的全国性通用语言；与此同时，希伯来语也证明了自身能够满足科学、现代文学以及技术要求。“宗教性”“传统化”语言变成了国语和现代社会的交流方式，这降低了不同语言认同发生分裂的可能性，也减少了对外国中心的文化依赖，这些中心曾经是犹太文化创造力主要且唯一的来源。其次，正如我们将要在后文详述的那样，宗教与世俗群体间的关系也发展出了一种独特模式。

在政治舞台上，强烈的宗派取向与不同运动间持续增强的政治合作相结合。这一合作发展于宪政民主的框架之内，这一框架由犹太复国主义运动和犹太民族委员会所创建，以不同运动间强烈的联邦—宪政规划为特征，与荷兰和其他学者描绘的协商模式非常类似。[6]

从伊休夫到以色列：犹太复国主义理想的实现

前文分析的特征构成了以色列最初社会框架的特殊背景，这一结构将以色列社会与其他革命性社会和后革命性社会区别开来。这些特征成为前文提到的转型进程的起点，这一转型在 1948 年以色列建国时完成。以色列国的建立不仅仅是以色列地犹太定居点发展史上的一个重大的历史政治事件，更是深远社会转型与发展的前兆。

然而，在对这一社会转型与发展的本质进行分析之前，有必要指
171 出犹太民族史上深远的、引人注目的——有时略带悲情的——的变化，这些变化与以色列国的建立具有历史联系。这些变化主要有：纳粹屠犹以及中东欧犹太人的几近灭绝；苏联犹太人的逐步孤立，该犹太社团成为流散地第二大犹太社团；美国犹太社团以自身特有的模式发展成为流散地最重要的犹太社团，而且这种模式也日渐清晰，并不能以欧洲犹太人的历史经历简单加以解释；由于去殖民化、现代化和以色列建国等因素的综合性影响，东方犹太人重新觉醒，他们在一战前曾处于奥斯曼帝国的统治之下。

在对待犹太复国主义运动的态度上，特别是在对待以色列国的看法上，所有这些因素都对不同犹太社团造成了强烈却又相互矛盾、彼此冲突的影响；与此同时，它们又使犹太复国主义运动的本质发生了深远变化。从以色列建国初期开始，除了诸如犹太教美国理事会等一些早已丧失影响力和话语权的组织之外，反犹太复国主义思想，甚至反以色列态度（这二者在原则上并无二致）几乎从犹太公众生活中销声匿迹。作为犹太人苦难的历史长河中最为悲惨的遭遇，大屠杀似乎很好地印证了犹太复国主义者提出的基本前提，即犹太生活是无法在现代大流散地（至少在欧洲）的领土上切实存在的。由于生活在同化浪潮和持续强化的反犹主义重压之下，大屠杀和苏联犹太人的共同际遇同样削弱了各种“自治论者”—联邦论者或者试图在大流散地寻找一些民族共存解决之道的活力，但这一解决之道在二战前的波兰，或者在苏联的比罗比詹案例上被视为一种可行之路。只有当大屠杀幸存者以及随后来自阿拉伯国家的犹太人首先在巴勒斯坦、随后在以色列国被公开接纳后，犹太复国主义前提及其理想的生命力才得以进一步增强。

与此同时，在犹太社团内部或者至少在以色列国彻底接纳了犹太

复国主义的前提，以色列国的建立潜在地为大流散地犹太人生活增添了新标志和新制度维度，这事实上非常迅速地削弱了犹太复国主义运动的革命性或者激进性因素，并几乎彻底废弃了其在犹太生活中原有的地位。然而，数十年以来无论是犹太复国主义者抑或是以色列领导人都在极力否认这一事实。实际上，以色列犹太社团、以色列国和大流散地犹太人之间的整个关系模式都在以多种方式发生着变化，尽管 172
这些变化在最初阶段并不明显，但它们却极大影响了以色列内部的整体发展。

先前分析过的一个事实有力强化了这一趋势，这就是美国新型犹太社团的发展，这一社团创立了一种重建犹太传统和生活的新模式，与二战前欧洲犹太历史经历迥然不同。这一新模式随后以温和的形式被这些欧洲国家不断复制，并相应发生了许多变化，诸如犹太社团从二战中幸存下来的英国，或者新犹太社团得以创建的法国、比利时与荷兰。

同样重要的是正统派阵营中发生的影响深远的变革，尤其是 20 世纪 60 年代之后的发展及其对新兴现代化背景的适应，这一问题我们将在本章之后以及尾论中加以详述。

与此同时，不同犹太社团命运的不同变化，对以色列犹太社团的社会框架产生了强烈影响。首先，正如我们在随后将要具体看到的那样，它极大影响了以色列地犹太人口构成。其次，大屠杀使得以色列地犹太社团丧失了其主要的领导人资源库，切断了其各种意识形态背景的人才资源的持续供给，过去正是这些因素抵消了那些自然发展却实际上正潜在地处于停滞状态的犹太社团人力资源状况。最后，大屠杀弱化了不同犹太复国主义运动中具有革命性的反加路特倾向，这一倾向很难在一个在悲剧性环境下被消灭的社团中得以维持。

以色列社会最重要的特征发展于整个伊休夫时期，随后伴随着以色列国的建立又经历了深远的变革。这些是拓荒者最初理想和倡导建立的组织所经历的常规化过程，它们转型为成熟的民主宪政国家，拓荒者领袖也发展成为精英统治阶层；经济扩张和现代化加速进行；军事安全问题日益强化，这一问题逐步被社会主要阶层视为以色列社会所面临的最重要的问题；作为小型社会，特别是与大流散地犹太人的关系方面，以色列社会特征也发生相应的变化。

具有特殊重要性的则是人口扩张以及同时发生于人口构成、文化背景、意识形态倾向等方面变化，这些都是由于 20 世纪 40 年代末 50
173 年代初大规模移民而引发。这些新移民主要有所谓的东方背景（即源于伊斯兰社会，他们直到一战末期至少在名义上仍处于奥斯曼帝国统治之下）的犹太人，以及欧洲犹太社团的大屠杀幸存者。追求安全成为激发这两类人群移民的动力，犹太复国主义思想中那些颇具革命性的意识形态因素并不一定是促进其移民的原因。这些移民在短短 15 年的时间里使以色列人口增加了 3 倍。

这些进程塑造了以色列现代化的特殊模式。这一模式的特征主要有：一开始就蕴含着强烈限制性色彩和协商性特征的民主宪政体系；向各阶层民众授予公民权；中央组织借用了犹太复国主义者和劳工拓荒者试图以自身方式获得合法性而打造的象征符号；高度强调通过构建新式民族文化传统，促使古老民族演变为新式国家；在私有化和集体化并存、相对受到控制的经济框架内持续进行经济建设。

集中化、大中型公有制企业（大部分处于劳动部队的广泛存在）、强烈的集体主义政策是以色列政治经济的主要特征。[7]

直到 20 世纪 80 年代末，以色列政治性经济都具备三个特点。第一，经济资源高度集中的状况不断发展，因而潜在地使经济权力（可能甚于其他任何非共产主义现代化社会）掌控在国家手中。第二，与社会主义国家或共产主义国家相同，以色列国家并非产品和主要工业金融企业的所有人。这些都被分配于三个主要经济部门：以色列总工会；从伊休夫时期延续至今的私有化部门；政府部门，该部门理所当然属于新兴部门，绝大部分是随着以色列国的建立而发展的。第三，政府对经济施加大规模管制权力和政策，这些政策根源于劳工犹太复国主义在以色列地缔造犹太社会的理想，这一理想随着以色列国的建立和发展不断转变。

这一理想最重要的结果就是决定向尽可能多的犹太社团敞开国门，打造现代化经济。具体政策脱胎于这一理想，并持续不断地与现存经济现状、因素以及政策本身所引发的问题发生碰撞，塑造了以色列经济发展的社会政治动力。这些具体的政策主要包括：首先，强调经济扩张、现代化与发展；其次，由政府对这些发展予以管理（总工会也有较小管理权限）；最后，朝着发展庞大的，持续扩展的福利国家的目标前进。

文化领域却发展出了截然不同的模式，这与融合犹太历史宗教传 174
统中的不同因素有关。正如犹太复国主义运动中大部分组织设想的那样，在重构犹太经历中民族的和原生的因素过程中，宗教元素持续占据着重要地位。无论多少犹太复国主义者，尤其是劳工犹太复国主义者领袖背离了正统犹太社会以及哈拉哈原则，但他们中的大多数并不否认宗教在犹太民族历史经历中的重要性。犹太复国主义革命的关键点在于其更多地是反对隐含于哈拉哈原则中的政治被动性，而非反对犹太传统中各种具体的宗教元素。伊休夫时期和以色列国成立初期，在有关构造新型民族认同问题上，宗教因素并未起到非常重要的作用；相对而言，世俗理念则更加强势。即使对于那些宗教性更加强烈的团体和党派而言，虽然它们极力强调宗教遵行，但除了精神中心工人党，尤其是宗教基布兹外，相对而言，在他们的蓝图和理想中，几乎没有自信能够使哈拉哈模式成为这一进程的驱动力。[8]

因此，以重建犹太民族宗教传统的主要维度以及重塑其与普遍文化价值关系为基础，伊休夫发展出一种独特的文化模式。这一模式以相对异质性为特征，但在原则上却以犹太复国主义理想的基本信条为基础。在这一模式中，至少在最初阶段，传统与现代的结合是以宗教群体缩小，弥合分歧，以达成意义深远的妥协为基础，这些分歧能够在后来兴起的许多国家中见到。

在这一框架内，宗教领域发展出了一种特殊类型的模式。理所当然地，犹太复国主义宗教群体是伊休夫和以色列联合协商体系中的一部分。他们因此参与所有联合协商性的资源分配——委任统治下的移民许可、土地、公共金融等诸如此类的事务——以及伴随这些事务所产生的艰难的政治博弈。除了基布兹和莫沙夫，宗教群体同样需要负责各种当地宗教机构，特别是大多数城市设置的理事会和拉比院。

伴随着这些宗教事务发展而来的具体安排，不仅影响着宗教团体，也会影响整个犹太群体。当劳动力在伊休夫时代占据主导地位时，甚至早在劳工运动尚未发展至领导地位前，以及随后在以色列建国初期的前二十年中，（在所有上述时间范围内）宗教领域内的制度安排几乎
175 与已确立的国家宗教体系相一致。其中一个安排便是官方规定大多数地区都要遵行宗教节日——安息日和安息年原则（第七年）。第二个不仅是支持将安息日定为官方休息日，且在有关购物、娱乐和大多数城市（作为工人堡垒的海法是一个例外）的公共交通方面颁布诸多限制措施，授予拉比院对屠宰人员和餐馆按照犹太饮食法进行相关认证的权力，因此也间接授予其对伊休夫大多数地区有关食品生产与消费进行间接监督的权力。但是，对社团产生最深远影响的安排则是将有关个人状况的法律——其中最重要的就是婚姻、离婚以及社团成员界限问题——授权于拉比法庭手中，这些法庭创立于 1922 年，虽然其未得到极端宗教人士的认可，但确实是伊休夫体系中的基本组成部分。

无论中央或地方，确立有组织的拉比院需要两个大拉比共同执掌，一个是塞法尔迪拉比（即所谓的首要犹太拉比，该称谓似乎可追溯到 16 或 17 世纪），另一个是阿什肯纳兹拉比。该设置堪称伟大创举，由犹太复国主义领袖所创造，但极端正统派组织却反对这一举措。

这一不同寻常的以色列制度模式植根于犹太复国主义理想；因而，它的成功可以被视作犹太复国主义理想的实现。两千多年来，它首次证明了犹太民族足以锻造出一个独立的政治实体，它能够成为包容万象、囊括整部民族史的活性剂，可以应对文明的挑战，这些挑战内生于犹太文明基本的自我定义中，而且仍潜在于长期的流散过程中。

现在的犹太人比第二圣殿时期更能意识到这些挑战与机遇。从很多方面来看，犹太复国主义运动都可视为这一意识的缩影；与第二圣殿时期不同，其文明理想不仅以政治宗教领域为方向，同时也包含了社会制度维度。除此之外，犹太文明与其他文明间的关系也不像盛行于第二圣殿和漫长的“加路特”时期那样充满敌对的火药味。由于现代世界西方文明的前提发生转变，尽管许多对抗因素依旧存在，但它们与其他文明的关系变得更加开放、和善。

因此，在某种意义上，伊休夫和以色列社会面临着双重任务：在一个相当敌对和欠发达的环境下，在极端困难的安全条件下努力探寻构造充满活力的现代社会之路，并将其与重构犹太文明的理想相结合。以色列以相对严苛却又稍许独特的方式，打造出了一支处于文官统治 176
之下的铁军；它当然并不想面临成为军事独裁国家或军事化社会的危险。尽管它与近邻的关系极不稳定，但其国际处境依旧相对较好；其外交关系网，包括其援助的第三世界国家，也已横跨许多大洲、遍布世界各个角落。此外，以色列国也成为世界大多数犹太社团寻求身份认同的共同关注对象。

这一社会向世人证明了其在文化领域上所具备的卓越创造力，这些领域包括音乐、戏剧和绘画，也向国际社会展现了其作为重要学术中心的地位。希伯来文学和犹太研究也迸发出了巨大的活力。总体而言，以色列的教育、学术和文化成就均让人印象深刻，尤其是考虑到其所面临的具体问题时，特别是在有关吸纳新移民的问题上，（这些成就更加令人称道）。实际上，在吸纳新移民问题上迅速取得成功的确给世人留下深刻印象，当与其他非选择性移民的现代化国家相比较，再考虑到其建国初期极度贫困的经济状况，这一成功则更加引人注目。

这一社会似乎同样能够应对以下这些问题：即国家创建者的意识形态愿景与实现这一愿景的尝试之间的结合——其创建者需要在一个狭小且相对欠发达的国家里、需要在一片无论对于开国元勋还是许多移民后代而言都是陌生甚至充满敌对的处女地上实现其宏伟愿景。

犹太国家中的少数族裔

以色列社会新兴的制度框架同样面临着不同非犹太少数族裔问题，其中最主要的就是阿拉伯少数族裔问题。实际上，这是第二圣殿时期以来，犹太人首次在一个犹太国家领域内面临少数族裔问题。

当然，以色列的犹太国家属性能够从许多方面予以强调。其一，这一属性正是在联合国决议的白纸黑字之下被世界予以完全接纳。从原则来看，几个标志性层面也能彰显（其犹太国家属性）；譬如，国歌、国旗都源于犹太复国主义运动；为了区别于其他宗教社团领袖，从协议上将首席犹太拉比的地位确定下来。

但是在此框架内，《独立宣言》确保了在以色列，所有公民不论其宗教或民族皆平等，这当然也适用于阿拉伯人。因此，阿拉伯人也被授予了公民身份，阿拉伯语也被认定为一种官方语言，在议会和公众讨论中予以使用。

177 阿拉伯人可以参与议会选举，以一般党派（例如犹太党派）的成员身份——特别是极左翼党派——或者以特殊的阿拉伯党派成员身份进入议会。

与此同时，在民事问题上，与犹太法庭类似，穆斯林、基督徒和德鲁兹宗教机构和法庭都被授予了广泛的司法权力。

居住在以色列的阿拉伯人仅仅是一小部分相对弱势的、生活于以色列国边陲之地的阿拉伯原住民。一些更积极的元素被遗留下来——无论是经济上的抑或是政治上的，其中一些是阿拉伯人的创举（或者更是阿拉伯领袖的创举，他们坚信在打败犹太人之后将会凯旋而归），其他则受到战争影响，还有一些可能是在以色列大军进攻的刺激下产生的。

遗留在以色列的阿拉伯人大概有 15.6 万人之多，其中大多数为穆斯林（约为 10.7 万人），还有一部分基督徒（3.4 万人），此外还有大约 1.5 万德鲁兹人和贝都因人。从生态学上看，他们的居住地都以加利利岸边的拿撒勒以及著名的“小三角洲”（北部从以色列峡谷延伸到南部的卡西姆市）为中心，也有小部分生活在海法、迦法和利达。

经济上，他们大多数都是略带城市元素的农民身份，主要是小店主或工人。来自农村地区的少数族裔在全国各地寻求工作机遇，大多数职业是司机、服务员或者非技能性的建筑工人。

他们的酋长大多数是更具传统性的家族长老，以及相对低层次的宗教领袖，但他们是被隔离于阿拉伯和穆斯林活动中心之外的。

以色列政府对待阿拉伯人的整体态度是复杂的，既有在基本的民主国家架构内对其予以官方承认与接纳，但与此同时却夹杂着强烈的不信任和忽视，对阿拉伯人的特殊问题视而不见。

正如我们所见到的那样，在正式授予阿拉伯人公民权并使其享有议会投票权的问题上、在承认阿拉伯语为以色列官方语言之一的问题上、在使阿拉伯人口享受基本公共服务（教育、健康服务、市政服务等）的问题上，承认并接纳阿拉伯人的公民身份是显而易见的事情。教育部还成立了阿拉伯教育的专门部门。

然而，出于安全考虑，以及遗留在以色列的阿拉伯人仍旧属于那些否认以色列国合法性之阿拉伯人的一部分（许多人在独立战争时期逃离以色列），与此相伴随的则是对仍留在以色列的阿拉伯人忠诚度的怀疑，这些因素限制了《独立宣言》中对待阿拉伯人的有原则的民主态度。

所有这些态度衍生出了一种特殊的、相对和善却又严苛的半殖民 178
主义式的家长制作风。一方面，阿拉伯少数族裔在经济上确实取得了很大的发展，尽管这些发展仍滞后于犹太人，但生活水平的提高同样使其社会结构发生了深远变化。但另一方面，这些举措并无法抹掉以色列社会中阿拉伯人不确定的地位问题。显然，这一问题的存在有其客观背景，但以色列当局和犹太社会的态度以及政治和社会体制的变化却强化了这一问题的困难性。

对阿拉伯人的不信任态度首先表现在拒绝其服兵役问题上，这一情况延续至今，尽管诸如德鲁兹人、切尔克西亚人甚至包括部分贝都因人等少数族裔均可应召入伍。这一不信任感的第二层表现则是军政府通过许可制度对大多数阿拉伯地区阿拉伯人在以色列境内的自由活动施加了种种限制，这一现象更多是暂时性的，1965 年以色列总理列维·艾希科尔宣布废除这一制度。与这些不信任感紧密相连的则是日常生活中的社会疏远与漠视，这同样存在于更加官方的体制之内。（除此之外）也存在着以各种家长式作风试图控制阿拉伯人的政治活动的措施。

绝大多数犹太社团都对如何处理犹太国家内的少数族裔问题缺乏行之有效的应对措施，加上前面所说的安全上的考量，他们的特殊文化问题彻底成为关注盲区——在他人看来，这一“无视”可以被视为是人为强加的、没有考虑少数族群特殊文化问题的一门课程，只有在知识分子、东方学者（Orientalists）以及一些左翼和自由组织的逐步关注下，这些问题才逐渐被世人认识到。

在这些基本变量所影响的框架内，以色列阿拉伯人中间兴起了一股有着深远意义的社会变动，这首先在人口和经济领域表现的最为显著。与高水平的健康与教育服务（此处“高水平”的参照物指的阿拉伯国家，与犹太社团相比，其健康与教育服务水平仍然滞后）相伴随的则是人口数量的增长——其增速居世界前列——促使以色列阿拉伯人在 1983 年达到 64.5 万穆斯林和 10.6 万基督徒的规模。

第二个表现则是受过良好教育的知识分子数量逐渐攀升，高中及大学毕业生是这些知识分子的主要构成部分。以色列阿拉伯人中已经普及义务教育。1973 年，90.7% 的阿拉伯适龄人群都已入学，犹太人中这一比例为 98.6%，到 1977 年阿拉伯适龄人群入学率已经达到 92.5%。

所有这些进步都削弱了阿拉伯人的“传统性”和自我封闭，并在
179 很多方面侵蚀了其传统社会结构，鼓励了阿拉伯人与犹太经济部门之间的交流与融合，这同时也引发了新的问题和紧张关系。

六日战争后不断发展的局势进一步强化了这些问题，其根源则在于：阿拉伯人（特别是知识分子）鉴于其教育培训以及融入以色列社会的困难——即使融入以色列社会的大门已经逐步敞开——在寻求充裕且适合的工作机遇时所抱有的新希望总是遭遇挫折和打击。

随着阿拉伯人口的不断增长，其政治意识和抗争也与日俱增，另一层紧张关系则主要聚焦在土地问题上——尤其是与其不断增长的人口相比，阿拉伯区域与可耕种土地范围较为狭小。以色列的领土政策又进一步恶化了这一局势，由于相对于阿拉伯人，犹太人在人口数量上正在失去优势，因而以色列的政策至少在原则上试图在加利利扩大犹太人定居点。

正如我们将要在下文具体看到的那样，到 20 世纪 70 年代和 80 年代，所有这些问题都变得紧张且不断恶化。

犹太复国主义理想的实现与犹太文明的持久冲突

犹太复国主义理想在伊休夫和以色列的实现，似乎足以应对犹太生活与传统的持久性问题。虽然犹太人迈入历史长河本身就是植根于其对犹太传统和同化论模式的严重背离，但这并不意味着其宣布与犹太历史、传统的诸多方面发生割裂。相反，对传统和现代大流散过程中犹太生活的严重背离，不仅促使暗含于犹太早期历史中的基本前提得以强化、更新、逐步走向公开化，而且使充满知识分子气息的主题和理想转变为以制度框架为基础的主题和理想。犹太传统与文明的所有主要元素——普遍性与特殊性间的紧张；自我封闭与面向世界间的紧张；闭塞内敛的团结一致与以灵活变通为基础谋求深远社会、伦理、文化创新之间的矛盾；宣扬民粹主义与彰显卓越标准间的紧张关系等都与构建并运行国家制度模式息息相关。对应该在现世还是未来强调半弥赛亚理念的紧张关系同样存在，这已经不仅仅局限于哈拉哈和公共生活模式中，也不囿于对以色列地和“加路特”的不同理念中。犹太政治文化的压力同样存在，不论这些文化是与团结问题相关，还是与法律秩序和强烈的唯信仰论、半无政府主义倾向间的紧张关系密切相连，这些倾向内化于此种文化中，我们将在下一章中予以详细探讨。

180 正如我们所见，所有这些紧张关系都在现代大流散过程中的主体部分寻找到了新的文学与思想表达，这首先是指二战期间的欧洲，最重要的是美国。在东欧，其次在美国它们在一定程度上都与体制构建的新模式相关联。然而只有在以色列地，它们才能与打造自立创新的社会制度模式密切相关，才能与奋力构建一个独立的国家实体紧密相连。

多种多样的创新模式不仅仅只发展于以色列地。这首先是与不同文化政治主题与构建并运行领土性的、民族性的社会相关联，也与构建并运行作为犹太复国主义革命缩影的国家及其所面临的巨大的持久挑战相关联。

在此背景下，以色列与流散地间的辩证关系则颇为重要和独特。对于伊休夫和以色列社会主体而言，流散地犹太社团扮演的主要角色是背离，作为领导层的储备器，它能够抵消那些内化于任何后革命社会或者小型社会中的停滞倾向；它是一种支援力量，也似乎可以担当实现犹太文明理想的另一个颇具可行性的竞技场。一种与犹太正统派遭遇的新模式也逐步萌芽（具体参看第九章）。

这种希望创建一个领土性的终极意义上取得政治独立的犹太实体——该实体是实现犹太文明理想、完成伊休夫定居点建设以及以色列国初期阶段进程的舞台——的尝试正如我们所见，其第一阶段可以说相对成功。在此阶段，即使最初受到种种限制，但一个生机勃勃、制度化、现代化的民主宪政社会得以确立，其社会框架与在一些犹太传统与文明的主题下构建民族社会相结合，与发展独特具体的现代社会模式相联系，我们已经简要分析过其主要特征。

这一新的制度模式远远超越了犹太人在大流散期间在客居国家所创造的制度范式，也超越了其传统犹太社团网络与学术中心的模式，或者更领先于较具分散性、多元化的现代组织。不仅仅是额外制度领域有所发展（政治、军事或经济领域）最重要的是，它们是在新式自治共同体或者整体制度框架的华盖之下凝为一体。

在此框架下，犹太文明的持久焦点便与犹太政治文化的基本主题及其内部的张力休戚相关，与在法律秩序和强烈唯信仰论、半无政府 181
主义倾向间产生的团结与对抗关系密切相关，这些倾向是犹太文化中与生俱来的。对团结的强调不再局限于公共安排或者思想、文字表述，而是与运行政治机构、施行法治紧密相关，这些规定包括文人对军队的控制。与此相类似，对礼仪和法治的强调，对其与民粹主义者以及唯信仰论和半无政府主义政治倾向间紧张关系的突出，以及对更高律法的推崇，使其脱离狭隘的知识界限，迈入曾在中世纪时期被予以限制的领域，并与一个功能完善成熟、拥有制度模式和政治力量的社会和政治实体紧密糅合。犹太复国主义理想所蕴含的强烈的未来倾向同时也与构建具体体制相联系，因而也与当前的迫切需求相关，并引发了当下与未来之间的对抗。

当然，这同样适用于犹太复国主义主题，它们与之前已经列举的一般性的犹太主题息息相关，更适用于其在渴求成为一个正常民族与作为各民族之光或者犹太民族之间的紧张关系上；（犹太复国主义主题）也与突出领土政治维度和制度建构相联系；也与作为庇护所和安全港的以色列国概念相关联，这一庇护所和安全港与以色列作为民族复兴舞台的概念相对应。

发展于以色列的最初制度和文化模式、框架或者范式并未消除不同理想和它们之间的紧张关系。相反，它们都能够继续存于其中，考虑到它们都与具体制度背景休戚相关，其对社会政治生活的影响更大。当然，这一成就是在这样一种事实上被予以证明，即发展于以色列的制度模式似乎足以对这些紧张关系予以规范。与此同时，这种范式的中央制度框架、精英阶层强烈的内部凝聚力以及其与更广泛人民群众的团结一致都能够限制并制衡无政府主义倾向。

以色列社会最初制度模式的解体

新问题与新冲突的产生

然而，这一成形于以色列建国之初 25 年间的制度模式，引发了许多新问题和新挑战。正如许多相对成功的革命社会一般，诸如早期的美国、墨西哥或者模式完全不同的苏联，它们最初理想的制度化均造
182 成了新问题、新紧张，并构成了深远的挑战。正是这一制度模式的成功才引发了以下这些问题和紧张：持续性经济发展；对新群体的吸纳，包括将来自古老社团的新移民、新生代人群纳入到经济社会框架内；拓荒者组织的元老领袖转型为精英统治阶层成员；统治机构及其与更广泛社会阶层的关系结构发生的深远变革。

同在许多成功的革命社会一样，这些问题的关键在于现存精英阶层究竟能在何种程度上吸纳新群体；为了维持统一以及处理新问题的能力，其是否需要具备足够的凝聚力和灵活性以便有能力以建设性方式来应对新压力和新需求，与此同时，又能允许精英阶层自身获得更具多元化的发展。

将更广泛社会阶层与群体吸纳进现存结构的最初成功以及持续的经济发展，加剧了社会分工与冲突的尖锐性，凸显了平均主义问题。不同群体间的差距，以及群体与社会中心的距离远近，引发了持续性的对比，促使他们按照平等主义思想审视各自的地位。不同群体间的冲突与日俱增：体力劳动者与自我雇佣的专业化工薪阶层间的矛盾；高收入群体、中等阶级与低收入群体之间以及各自群体内部的矛盾；那些占据关键经济职位、强力提出高薪要求的群体与无法获得这类职位的群体之间的矛盾。

许多此类问题及其引发的冲突，都与许多发展中社会和“后工业化”社会引发的问题类似；它们可以被视为此类一般性问题的以色列版本，由发展于以色列的、颇具特殊性的半工业—后工业化的社会所塑造。然而，这些问题又与伴随着革命性的意识形态社会的制度化和

发生于以色列的具体变革等一系列进程相互交织在一起。

这一变革中的一个具体特征便是，一个高度的意识形态社会转型为更具程序化、多样化、开放多元的社会，有强烈的消除生活诸多领域中的意识形态色彩的倾向。

尽管如此，首先，在广泛的群体中追寻特定的整体意识形态愿景，也许最好的范例就存在于对先驱者和集体认同中犹太复国主义象征的持续性推崇。其次，所有这些都在以色列相对狭小的社会框架中获得发展，构建于脆弱的国际环境下，由于安全问题而不堪重负。第三，在这些问题之外，一种核心困境隐约可见——这就是较为古老的先驱
者理想，强调犹太民族要转型从事适应现代化工农业的生产性职业， 183
因而需要彻底颠覆东欧犹太人那种曾被视为“倒金字塔”结构的职业特征，发展现代多元经济，这将从多方面恢复“金字塔”模式——即使这需要将农业和技术型产业置于首要地位。实现这一发展的唯一薄弱环节在于中下层工人相对较低的社会地位，以及在更传统的背景下、而非基于经验和技术基础上的蓬勃发展，这与许多发展中社会的服务活动、尤其是公共领域的服务活动类似。这一问题在六日战争之后变得愈发尖锐，来自约旦河西岸和加沙地带的阿拉伯劳工大量涌入以色列，这为以色列经济带来了相对廉价的劳动力，他们迅速充斥于较低的职业阶层，推动许多犹太人步入更高职位，其中一些是工业中的高技能岗位，其他人则进入服务业。

在所有领域，“东方社团”问题成为这一时期的核心问题。“东方”犹太人与“西方”犹太人在有关亚非出身问题上的相对地位存在着巨大差距，教育、经济以及一定程度上在政治领域都是如此，“东方”犹太人中处于更加贫困境遇的人数与人口比例极不协调。这一差距在以色列社会的不同领域愈发凸显。例如，1977 年非亚人口比例与其中学生入学比例的差距为 10.5%。根据年级水平，这一差距从高一的 0.8% 跃升到高中最后一年的 25%，获得高中毕业证书的差距比为 34%，高校毕业证书的差距比为 40%。从人口比例来看，职业学校成为唯一东

方犹太人能够与西方犹太人持平甚至略高于后者的教育机构，然而这本身又通常被视为歧视，切断了东方犹太人通往更有声誉职业的途径，因为这些职业都将学历视为必备条件。

与上述情况相似，在人均净收入上，按十分位数计，55%—56%的最低收入人群均为出生于亚非地区的以色列人，53%—65%的第七第八分位、65%—76%的第九第十分位都是此类以色列人。这一差距源于以色列社会的持续性经济扩张，与这些扩张相结合，导致在那些能够获得相对来说高度成功的许多领域更易见到此类新的紧张关系，这也证明了这样一种事实：正是此类成功引发并彰显了以色列最初制度模式中的多种固有矛盾。

正是由于所有这些发展，在以色列成立之初的前二十五年里，其
184 社会政治框架中出现了许多裂痕，“族群”示威与暴力事件、与日俱增的游行活动和年轻一代摆脱现行意识形态和政治框架的诸多表现等这些被广泛关注的热门问题正是这些裂痕的真实写照。这些裂痕，尤其在政府眼中，被视为边缘性问题，注定会消失得无影无踪。在此阶段，国家领导人也能够在主导的制度模式框架内游刃有余地处理这些问题。这些问题如果没有与以色列社会那些影响深远的变革——尤其是重建社会思潮与意识形态，主要精英阶层结构及其与其他广大阶层关系的转型，以及国内结构和团结网络不断弱化——同时发生的话，它们也许会继续这样存在下去。

社会思潮的嬗变

重塑基本社会思潮，首先见诸国家意识形态从强烈的宗派性、开拓性方向转型为有力的中央集权，并试图使自身与过去的开拓性象征和取向相适应。这一变革的第二层面指的是先前社会思潮中的平等主义因子发生转型，它们从有着强烈责任感、使命感的拓荒者组织和群体中的精英主义，转变为更具分散性的家长制取向，并高度强调经济发展与生活水平的提升。

意识形态上的这些变化与几个非常重要的结构变革相联系：首先，与伊休夫不同运动和分支中的领导因素转型为精英统治阶层有关。与所有后革命社会相似，这一转变促使不同精英团体之间以及精英团体与更广大社会阶层之间彼此愈发隔离。

与之前盛行的基本意识形态前提和制度模式相反，并在一定程度上也与具体情势不同的是，自20世纪50年代末期以来，以色列见证了“专业化”精英阶层（经济、军事和学术精英）与政治精英间持续不断的分异与隔离的过程。每一精英团体都能在其独特的制度框架中发展出一个广袤的自我空间，并努力获得更高的生活水平，但与此同时，他们中的大多数又激进式地疏远权力和政治决策中心。政治精英团体本身，特别是劳工犹太复国主义中的领导层，开始分裂为两派，一派支持本—古里安首倡的“国家主义”，另一派虽强调先前的运动理想，但事实上通常与党派或者总工会关系密切；然而，两派在将其他群体排除在权力核心之外这一问题上却达成了共识。

政治进程上的停滞不前成为这一进程的一个整体结果。在宪政民
主的总体框架内，一种强烈的庇护政治模式得以发展。这一独特模式 185
最能从政治机构与新移民之间的关系上得以窥见，但在与其他群体、许多“先前运动”中精英阶层的关系中，以及最重要的是，在与青年一代的关系中也能看到类似模式，只是这种模式显得更加隐晦。

与此同时，所有这些精英阶层开始与新兴的上层阶级关系密切，后者的生活方式在很多方面都迥异于先驱者和社会主义思潮，然而这些思潮却是这些精英阶层奠定其合法性的根基。这一发展自然而然地会削弱其与更广大阶层的团结性，特别是精英阶层与许多新移民的关系，但又不仅仅局限于这一群体。与此并行的是，强劲的经济增长导致社会广大阶层的流动性增强，削弱了其团结网络与渠道，也许首当其冲的正是精英阶层。

以色列社会思潮变化的其中一个最重要的表现，则是通过精英统治阶层施行的过剩政策予以证明，该政策与以色列社会的主要问题、

特别是与先前提到的“东方”犹太人和“西方”犹太人间的差距有关。对这些政策与以色列社会的变革进程所做出的反馈，对塑造以色列社会最初制度模式的前进方向至关重要——即将其制度模式先予以转型，然后在很大程度上促使其解体。

与许多后革命时代的社会相似，这些政策的整体模式是动态性的保守主义。这一类型的保守主义并不以维护现存群体和组织的狭隘利益为特征。相反，其颇具动态性，时刻可以放弃狭隘的既得利益，迎接新挑战，为组织框架增补新生力量。然而，与此同时，又试图去解决滋生于现存认知概念下的制度框架中出现的新问题，从而使现行权力中心得以保存，并对接近这些权力中心的精英团体予以有效控制。这促使权力中心与各种新兴社会集团间的关系发生急剧变化，正是因为这些新兴集团才建立了（新）组织，正是由于它们的问题才确定了重大政策的发展方向。

因此，例如，许多新移民最初定居于按照先前模式打造的莫沙夫中。与此类似，一些基本框架中，诸如以色列总工会，以及多如牛毛的工业企业、合作社和工业联合会，甚至包括为大多数人口保驾护航的健康服务部，都对移民敞开大门。但在这些框架中，新兴集团鲜有机会参与到权力中心，也很少能有创建新制度模式的机会。旧式集团
186 执掌这些组织的权力中心，通常情况下他们会与新兴集团发展出一种“同僚庇护”关系。

新的普通社会框架，能够共享相似的文化和社会取向，强调定性标准、责任和义务，这简直是极为罕见的现象。随后，在个别莫沙夫中、军队中以及某些私有经济部门中获得一些发展，但这些发展并未发生在中央机构领域中，这些领域是主要组织扩张的发生地。

最具指示意义的则是伴随着新兴社会问题而发展出来的政策，尤其是我们提到的所谓“东方移民”问题。至关重要的一个事实是这些政策颇具分配性，目的是为这些群体进行资源分配。总体而言，这些政策并未像开拓性思潮所推崇的那样，旨在为全面参与现行环境创造

条件，也不是为打造一个新环境提供条件。发展于这些框架内的大多数政策，都以民族或社会基础进行资源配置为导向，强调享受更多的权利和优待，承担较少的义务和责任。

在许多领域，如教育部门，也经历了重新定义，但基本上属于降低标准，从而使这些团体能够轻易获得成就，进而产生浓厚的民粹主义氛围，以及至少在事实上促使一种相当强烈的“平权政策”(affirmative action policies)倾向获得发展。无论隐晦还是明确，这些政策都基于这一前提，即民族问题根植于特定客观事实的联合作用，特别是“东方”犹太人和“西方”犹太人群体之间的文化和最初教育差距问题以及随之产生的其他现实，尽管对“东方”犹太人的歧视一点都不合法，但此类文化差距中固有的误解却引发了这一歧视。

这些政策直接或间接地吸纳了既定的民族问题和其他社会问题，这些问题并非由于历史或社会因素所造成。它们忽视了这一事实，即在这些发生了大规模扩张的制度领域内，新老移民与先前群体按照平等条件联系在一起的社会环境却很少发生变化。因而，这些政策强化了官僚家长式的保护伞，并与这一阶段发展于以色列的“庇护政策”密切相关。

由于这些政策，为了应对吸纳移民和经济发展问题而确立的所有框架，尽管以革命性的犹太复国主义—社会主义思想为基础，事实上却与这些思想的核心前提背道而驰。虽然他们接纳并实际强调共同的民族团结和公民前提，但却反对这些思想的创新性革命导向，也反对 187
各群体平等享有接近权力中心或参与权力中心的主张，同时还反对突出责任和义务。因此，一个能被感知的、影响深远的变革一方面发生在不同群体之间，在精英阶层、权力结构及其可利用的资源之间，另一方面发生在从中获得合法性的意识形态之间。

不同群体以不同的方式对意识形态和权力结构之间的联系进行解读。虽然精英统治阶层将现有的安排和框架及其在这一框架中的主导地位都视为自然而然的和既定的事情，但更加庞大的外围人群——新移民、广大青年群体以及一些表达不满的专业人士及知识分子群体，都倾向于将这一联系视为保护现存框架的直接动力节点。他们认为新政策的指导思想是上述这些考虑、不同权力集团间的内部活力以及各自力量的权衡，（这些指导）要远远多于实现最初理想的那份冲动，这一理想是统治阶层声称要为之奋斗的目标，它的基本前提也被国民中的新群体所接受。[9]

主流社会思潮、精英阶层结构、新政策的发展及其影响之间的联合变化促使以色列社会制度模式与文化创造力发生了意义深远的变革。与之前不同，诸如基布兹、总工会或希伯来语复兴等方面并未发生巨大的社会、制度或文化创新。相反，庞大的组织扩张伴随着制度想象和创新能力的相对枯竭，成为这一时代的显著特征。在以色列国初期阶段，这一创造力在一定程度上反映在军事、工业、学术和经济领域。此后不久，教育和部分工业领域也发展出了强烈的创新动力。

然而，所有这些创新倾向都不同于伊休夫萌芽时期。它们并非由结合了民族、社会和文化元素的统一理想所指导；最重要的是，这一创新的载体并未参与形成于此中心的政策宣传，在创新的不同领域、在这些领域与创新中心之间仅存在着微弱联系。许多重要领域的创新
188 都停滞不前，许多群体都对创新尝试缺乏回应。诸如基布兹或者总工会的领袖们，他们曾在先前阶段中被视为是此类创新的缩影，现在越来越被解读为当权者和大量既得利益的一部分，与新群体的关系并没有遵循自身所主张的平等理念。

主导意识形态的枯竭及其影响

因此，不断演变的社会现实与现存制度模式的基本思想前提间的矛盾愈演愈烈。最重要的矛盾发展于参与、创造并接近社会中心这些问题上。大部分群体都认为自身愈发地被排除在社会中心之外；在他们眼中，这些中心和意识形态都已僵化，中心内的主要精英正是依靠这些意识形态而获得其合法地位。然而，与此同时，精英统治阶层持续以潜在于其思想内的理念来确保其自身以及解决新问题的能力具备

合法性。

面对主流思想衍生出来的新问题，精英统治阶层无法伪造出具备可行性、代表性和制度性的解答。这一思想及其宣传者和载体，即政治精英阶层，特别是劳工犹太复国主义者，已经证明其无法向这些发展于以色列社会主流制度领域中的众多冲突、问题和矛盾提供指导，也无法为持续性创新提供指南。

这一情形对规范社会环境具有重大影响。中央与外围组织的那种庇护关系促使许多更具特殊性的“联合”标准得以持久发展，这一联合曾广泛流行于先前阶段。然而现在，这些标准已经不再与强烈的精英主义理想和各种运动的团结性紧密相关。相反，它们反映了统治集团试图收买外围组织及给予其压力。这违背了国家的普遍性前提，导致规范逐步弱化，它们又经常性地受到规范制定者尤其是政治精英阶层各种行为的反复催化。

新群体部分接纳这一思想，但却对以下这些问题的和谐性持怀疑态度：统治集团对这一思想的忠诚度及其政策和实际行为，精英阶层确保其地位合法化的尝试催生了民粹主义倾向，在向此前分析过的分配政策转型过程中，在对权利和权益的呼声日渐高涨的转型过程中，这些民粹主义倾向已经受到影响，并成为以色列国情的重要组成部分。

先前分析过的各种进程及其持续性的反馈，以最初开拓性愿景的 189
制度化和中央政策为根基，证实了这样一种事实：精英阶层的劳工犹太复国主义理想曾在以色列建国之初的前二十五年中指导以色列社会，现今已经变成约翰·加尔东（Johan Galtung）所称的“过气”理想。

所有这些发展，特别是不同精英阶层间的逐步分裂，以及许多创新动力的日渐枯竭，都彰显了这一至关重要的事实，即从犹太史的主旋律和犹太复国主义理想的视阈来看，伊休夫和以色列是在付出了特定且不可避免的代价之下才获得了这些成就。首先，从犹太历史经历来看，其文化和制度的创新轨迹发生了重大转变。在一个健全社会中发展基础设施建设的必要性，关注大部分社会能量的重新的自然分配，这些能量在现代大流散时期主要用于特定领域的经济活动，用于有关制度建构的智力和学术事业，尤其要用在安全、农业、经济基础和公共服务领域。

只有通过超常努力，创建于此环境之下的文化体系才能与欧美宏大的学术中心相竞争，在这些中心内越来越多地涌现出了犹太佼佼者和领军人，他们理所当然地成为以色列机构的奋斗目标和榜样。另一个问题也在不断发展着，这个问题是小型社会与生俱来的特质，尤其对于试图成为社会、文化、制度创新中心并希望具备高度重要性的社会而言更是如此。许多文化学术机构和经济企业尽管成就斐然，但却愈发具备外向型特征，不断侵蚀着原生模式。在保留独特的民族创新模式上，这一发展强化了维持高标准、国际化方向的难度，并催生了开放性和地方主义之间的深刻矛盾，这一点我们将在下文详细探讨。同时，这些问题又与小型国家有限的经济吸纳能力密切相关，它们通过基本思潮和各种教育机构来吸纳所有“成果”。

在不同文化和制度领域（法律、军事和经济）维持独特的高标准创新模式的困难，与强调卓越创新和日益增强的低标准之间的矛盾紧密相关，这些又与持续增强的民粹主义倾向和需求相互伴随。随着这些倾向日益占据主导地位，无论在出生于或受教于以色列的人身上，还是在那些来自西方国家的、数量日益减少的移民身上，所有领域之间
190 的紧张关系变得愈发激烈。西方移民数量的减少，促使迁入和迁出移民数量趋于平衡，后来又引发了新一轮的人口外流。

六日战争、赎罪日战争以及以色列社会问题

伴随着占据主导地位的劳工犹太复国主义思想的枯竭，这些进程与国内动荡的安全形势所产生的问题紧密交织，安全问题由此也成为以色列社会的核心问题。持续的外部安全问题并没有像通常预测的那样催生出一个驻防国家，反而构建了一个极具特色的以色列现象——开放性的民事堡垒。[10] 以色列国防军组织效仿瑞士的全民兵役制模式，

规定兵役年限为三年和三年半，此外需持续服预备役直到55周岁，（除了预备役）以色列还有一支高度专业化、久负盛名的常备军，主要由军官组成。以上特征造成了这样一个事实，服兵役成为绝大多数以色列人生活的一部分（只有一小部分宗教人士可以免服兵役，这一规定也引发了持续的公共辩论）。由于规定年龄在45—55岁的军官复员，因此军队核心保持了在民用经济和政治领域的可持续性导向，尽管这些军官确实自然而然地发展出了强烈的社会关系，但并未演变成为封闭性团体或自治政治力量。在政治领域，尽管许多将军（例如达扬、拉宾、巴列夫、魏兹曼、阿密特等）在20世纪60至70年代都迈入政坛，但他们仍分属于其他主要党派。

军队从一开始就置于文官统治之下，其安全部门由总理或国防部长负责，也处于高度自治的文官控制之下。多年以来，其他诸如议会或国家审计局等政治机构对军队几乎没有有效控制。然而，至少到最近，这一现存控制机制很大程度上被弱化，有关战争的最终决策通常只报告给总理、国防部长以及总参谋部。当然，总参谋部和国防部的民事机构关系紧张。但总体而言，安全部门的这两大机构仍密切相联。

然而，如果以色列发展成为一个开放性堡垒而非卫戍型国家，那么以色列生活中安全问题的重要性将会严重影响到这一开放性堡垒：极度强烈的军事安全思潮之发展，以高度强调重压之下的社会为特征。“一个被围困的国家”的形象成为以色列社会的基本构成要素，它也成为沟通大多数国民致力于创新与履行对国家义务的渠道。对这一情形 191
的意识与彰显通常也成为其他领域缺乏创新的借口。摩西·达扬的名言——人不可能同时高举两面大旗，一面是安全，另一面是社会问题的解决之道——此处暗指的便是这一倾向，许多公众人物也借此宣扬对于那些生活在安全和相对富足的城市的人们，有必要让其开眼见识一下军队和定居点前哨的艰辛。

但是安全问题在以色列社会中的显著地位并非只有集体意识的重要性才能予以说明。安全问题对以色列实际生活模式造成的影响具有同等重要的地位。首先，特别是对于预备役人员而言（他们通常需要服役到50—55岁），安全形势对其造成持续性压力；他们需要长期处于警戒状态；压力与不安全感成为日常惯例；战争和动员带来经济负担；有频繁面临死亡的可能性。在独立战争中，约6000名青年死亡，他们中的许多人是精英阶层的后备力量。所有这些都是以色列人日常生活、感知与意识的一部分，对其造成了持续性压力，促使以色列人对生活中许多领域的创新产生疲劳感甚至逃离感，尽管这同时也对他们提出了新的挑战。其次，军事精英日益专业化，其职业晋升的专门化渠道的发展——这本身也是自然之事——几乎完全限于军事框架内。

在军队中尤其是作战部队中服役，堪称培养忠诚、团结、牺牲精神的天然渠道，也是综合所有这些倾向、结合各种有益活动与标准的自然因素，与此同时也在其他生活领域削弱了这些倾向与趋势。这些倾向成形于巴鲁克·柯默林所称的“中断的社会”中：在战时展现出来的高度团结和忠诚与更明显的个人主义之间存在着持续的摇摆和轻微的无序性特征无序性，有时甚至会在以色列生活结构中产生出无政府主义问题。[11]

安全问题、战争形势以及敌对环境所带来的压力从两个层面强化了以色列社会的团结意识：主要群体、家庭的团结和亲密人际网络，以及（至少在黎巴嫩战争前）社会团结和对主要社会标志的认同。与此同时，尽管遭受着巨大的形势压力，它们也经常无意地削弱各种团结网络，弱化这两个层面之间的联系。

安全问题在以色列社会的中心地位也许最能从六日战争、赎罪日
192 战争及其后果中予以证明，无论对于以色列外部政治史还是其内部发展而言，这两次战争都堪称分水岭。六日战争对以色列社会模式、社会基础以及民族认同提出挑战。它对领土妥协的根基产生质疑，这一妥协曾确保了以色列国的建立；它要求以色列社会重新审视自身在中东的地位、与阿拉伯世界的关系、与以色列阿拉伯人的关系，重新考量以色列社会和民族传统与犹太复国主义先驱遗产之间的关系，重新

审度其与流散地犹太社团之间的关系。换言之，六日战争重启了构建集体界限与象征的整体框架问题以及以色列社会主要制度模式问题。

其中一些基本问题，特别是那些与以色列集体认同、民族意识密切相关的问题，也许正是通过与其他犹太社团、与犹太传统和犹太复国主义传统的关系而得以彰显。六日战争及其后果驳斥了当前的诸多假设，这些假设多流行于伊休夫和以色列社会之中，它们都与这些联系的本质以及以色列认同中和犹太元素的力量相关。强调犹太元素衰弱的论据并未得到证实。这一构成要素的背景及力量、以色列和海外犹太社团之间关系的本质，证明其超越了传统犹太复国主义模式。他们对战争的反应揭示出以色列人对犹太传统怀有深沉的依恋感，也阐明了海外犹太社团与以色列国之间的团结，这一团结以共同的历史、共同的命运以及共同的民族认同因素为根基。即使不同的犹太社团会对此予以不同解读，但正是这些多样化解读强化了共同纽带。[12]

以色列与流散地犹太人间的新型关系，否定了先前对伊休夫和犹太社团关系本质的普遍看法，这一看法来源于对犹太复国主义意识形态的原始假设。特别值得一提的是，它们也偏离了以下这些信仰，即移民以色列、实现开拓性理想是这一关系的唯一真实表达，以色列是犹太现代集体创新领域中唯一具有可行性、合法性的舞台。

正如我们将要在最后一章详细探讨的那样，以色列在世界犹太社团中的地位已经发生了微妙却有力的变化。一方面，它成为犹太历史的象征与中心：由于其所获成就——抑或由于对其失败的批判，（以色列）不仅融聚了团结和原始情愫，汇聚了希望与愿景，也是远离压迫的潜在天堂与民族自豪感的象征。另一方面，它不再被视为犹太创新的唯一中心和经典犹太复国主义意识形态的一部分，也不再是现代犹太社会、教育、文化创新得以发展的唯一之地。许多犹太社团的创新动力在流散地找到了新的表达方式；以色列的复兴尽管是此种创新模式的核心，但却仅仅被视为其中一种形式。 193

这些发展使移民以色列的“革命性”意义降到最低程度。与伊休夫时期的先驱移民不同，这样的移民通常不会引发强烈的革命的意识形态维度，其突破精英和领导阶层既定框架和甄选过程的能力也相当有限。由于受到以色列和流散地领袖们的极大鼓励，他们使甄选以色列精英阶层的进程更加陷入停滞状态，使原本就缺乏的制度创新雪上加霜，在过去，新式的半革命性移民浪潮曾经对制度创新予以复兴。

在所有这些领域中，以及在许多内部领域，六日战争、赎罪日战争以及随后的黎巴嫩战争及其后果引发了一系列紧张关系和问题。所有先前曾分析过的问题在六日战争和赎罪日战争之后都变得日益明朗化，其重要性愈发凸显。与此同时，六日战争和赎罪日战争之后的发展，重新打开了以色列与中东邻国关系问题的潘多拉魔盒，揭示了这些问题对以色列社会内部结构的潜在意义。

因而，六日战争和赎罪日战争的相继影响，开启了以色列以政治方式处理与阿拉伯国家关系的一整套问题的尝试，也引发了以色列在该地区被承认并获立足之地这一基本问题。六日战争的巨大军事胜利，以及随后在赎罪日战争中的决定性胜利，证明了以色列的基本军事力量，宣告了许多阿拉伯人梦寐以求的将以色列赶入大海这种可能性的破产；但与此同时，这些胜利也粉碎了所谓的本—古里安时代预设的政治基础。

一方面，以色列展示了其军事实力，打破了停战协议中规定的领土解决方案，这些方案曾被国际社会普遍接受；但另一方面，这一军事胜利在国际社会以及随后在以色列国内部起到了激起一种普遍意识的作用，即探寻更加稳定的政治解决方案之必要性，寻求除停战协定外能够通向和平之路的终极政治安排。对这些安排的必要性和寻求不同政治解决方案的信仰，始于六日战争结束时，并于赎罪日战争时期、也许更加反常地则是在《埃以和平条约》签订之后达到高潮。

所有这些发展势头与一切问题的重新开启，引发并加剧了巴勒斯坦问题的紧张和转型，导致难民问题演变为关乎巴勒斯坦共同命运的
194 政治问题；后者反过来又持续强化了这些势头与问题。当然在这里，最关键的进程则是巴勒斯坦解放组织的发展、其与日俱增的国际地位

以及与此相伴随的、极速成型的巴勒斯坦民族集体意识。

与这些发展紧密相关的则是针对以色列的内部的恐怖主义（特别是约旦河西岸）和国际恐怖主义，而这些恐怖主义分子至少能够披着各色知识分子、政治群体的外衣获得部分合法性地位。

以色列对西岸持续的军事占领，以及与此相伴随的将犹太定居点延伸至这些区域的政策，在国内外引发了日益高涨的批评之声，起初发展缓慢，但赎罪日战争之后，国际社会的反应产生了急剧变化。1977年，利库德集团执政，西岸正式被称为犹地亚和撒玛利亚。以色列成为占领国，控制着包括加沙地带在内的100万—130万的阿拉伯人。

六日战争以及随后不断变化的形势、赎罪日战争及其影响也许——在一定程度上首次——相对具体地重启了阿犹关系问题。其引发的形势变化加剧了这两大人口或两个民族间的政治紧张，但这种政治紧张与战前阿拉伯国家和以色列间的冲突有着天壤之别。至少对于西岸的阿拉伯人而言，其实不仅局限于此，最大的不同是打破了以色列的神话形象，它仅仅是一个插入中东腹地的外国组织的象征，阿拉伯人与犹太人的日常稳定交往将成为现实的一部分。有鉴于这些关系的本质——以色列人对阿拉伯人实施的持续性军事统治，它并不一定能够增加阿拉伯人对以色列的热爱之情。从许多方面而言，正如我们随后详细探讨的那样，这些交往、特别是与军事政府的交往自然极易加剧紧张局势。但与此同时，这种交往也促进了两个民族间的相互关系，尤其是通过对外开放政策——在战后的约旦、西岸以及以色列间架设桥梁，在约旦河西岸和以色列间开放一定的交通往来——也成为一种史无前例的具体现实。

许多阿拉伯国家发展出一种更加现实的对以色列的态度，虽然开始并不太情愿地接受以色列存在的事实，不过，围绕以色列定居点问题仍出现了日益加剧的紧张关系。这首先发生于埃及，催生了1979年的埃以和平，但可能并不局限于这一个国家。但另一方面，阿拉伯—伊斯兰与以色列间日益激烈的冲突风险也在不断加强。

195 以色列对领土的持续占领和统治同时也对以色列社会的内部结构产生了深远影响。在经济领域，与伊休夫和以色列政治性的经济所带来的原始压力相反，这一占领造成了半殖民化形势，总体而言，来自于西岸和加沙地带的阿拉伯劳工，经济上无法获得保障（他们未能享有内部经济发展的诸多机会），他们成为以色列经济的基本构成要素，颠覆了先前犹太复国主义理想中有关经济独立和自立的主张。这一情形在阿拉伯人和犹太人之间引发了诸多紧张。它削弱了大部分犹太人的工作热情，成为巴以冲突不断恶化的基本因子。

自然地，这些发展同样影响到了以色列国内的阿拉伯人。自以色列建国以来，阿拉伯少数族裔有史以来首次享受到巨大的经济繁荣和教育进步，但与此同时，与其他阿拉伯世界相比，他们像生活在近年异端般的隔离区之中，社会错位、缺乏能力、歧视以及难以融入以色列城市地区等问题也凸现出来，不过，他们与阿拉伯世界的联系依旧得以建立。这次相遇的初始阶段便加剧了以色列框架内的以色列—阿拉伯认同问题。

发酵于 1960 年代的各种问题和紧张关系——寻求充裕的就业机会和土地问题——不断恶化；存在于以色列制度框架内的所有这些具体问题都急剧转型为更具原则性的问题。

因而，例如土地问题实际上显示出更加基本的问题或紧张关系：犹太复国主义运动所倡导的定居点领土理想与作为以色列公民的阿拉伯人合法权利间的关系。这在委任统治时期的阿犹冲突中是一个影响深远的转型，在原则上也与西岸问题截然不同，因为约旦河西岸的阿拉伯人并未被授予以色列公民权。

以色列阿拉伯人中的这些发展与政府部门（这是艾希科尔政策的延续）向阿拉伯少数族裔的持续开放态度紧密相连，至少在部分犹太人中对阿拉伯人问题逐步变得敏感，报纸、媒体和许多会议上都持续涌现出关于这一问题的公众讨论正是这一现象的最好证明。

在有关占据人口多数的犹太人和阿拉伯少数族裔关系问题上，如果用有关这一问题的一个研讨会名字来形容，那就是“每一位第六个以色列人”，针对所有这些发展的本质提出了愈发深远的原则性问题。

从阿拉伯人的角度来看，在非阿拉伯国家成为少数族裔的可能性， 196
对于阿拉伯历史而言也是一种全新的体验，尽管他们曾经无数次遭遇外族入侵，但从未有过此番体验。以色列阿拉伯人开始摸索这一情形的寓意，试图从以色列国内以及境外去追寻答案——这里的境外指的是其他阿拉伯国家和“阿拉伯民族”——因为在此背景中犹太人被视为入侵的少数民族。

在许多以色列阿拉伯知识分子中，当然也包括在更广泛的阿拉伯群体中，探寻融入以色列公共生活可能性的愿望尤其强烈；对这一可能性的试验，通常与对待以色列认同中犹太复国主义元素的矛盾态度交织在一起；寻求在以色列框架内构建集体认同，同时又与其阿拉伯认同保持强烈的联系，并要求在这一领域内获取更多的自治权。尤其在 80 年代末期，随着以色列境内阿拉伯人起义（因提法达）的不断发酵，在以色列框架内探寻一席之地的愿景与忠诚于境内阿拉伯人之间，很多阿拉伯人内心饱受折磨。

所有这些发展揭示出以色列社会与作为犹太国家的以色列国在这里面临着民主本质的基本问题，这不仅仅意味着宽容非犹太人，也不仅仅意味着接纳《圣经》术语中的“门内的陌生人”，同时也意味着按照现代民主普世性前提，使他们充分享有自治的集体文化和政治参与。

这一情形所引发的事实情况——尤其是这一问题与以色列地缘政治及国际地位间的相互关系——当然无法提供简单的解决之道，但是对这一问题的意识以及日益加深的理解，却是自 20 世纪 70 年代以来以色列社会转变模式的晴雨表，这一转变是在六日战争和赎罪日战争的影响下发生的。

这些战争同时强化了以色列阿拉伯人对阿拉伯民族主义的团结情愫，却加剧了他们与以色列的矛盾关系。弱化以色列阿拉伯少数族裔与西岸居民之间差异的倾向不断发展，阿拉伯民族主义日益高涨，对以色列存在前提的质疑与日俱增，脱离以色列的倾向愈发激进，对阿拉伯和巴勒斯坦民族运动的认同也不断攀升。然而，与此同时，这些战争也与在以色列阿拉伯人中日益兴起的、寻求更加完全地融入以色列政治体系的趋势相联系，但却是以一种更具集体自治的方式来完成。因而，我们认为，六日战争和赎罪日战争对以色列所有主要的生活领域都产生了深远影响。

但是，这些战争对以色列社会的制度模式、对以色列自身问题的评估与自我认知造成了不同影响。六日战争的后果唤醒了许多沉睡已
197 久的问题。与此同时，巨大的军事胜利、大规模的经济扩张以及日益提升的生活水平似乎完全证明了现有制度模式的合理性，这些制度模式是在保守且充满活力的政策庇护下得以发展的。实际上，持续的组织扩张也在这一阶段达到顶峰。[13]

然而，所有这些发展都与制度创新的日益停滞相关联，这在诸如以下的政治路线图上得以阐明，该政治路线倾向于平息外部安全形势，以完全静态的“等待”来定义自身。正如我们所见的那样，与此相伴的则是来自约旦河西岸和加沙地带的廉价阿拉伯劳工的集聚，威胁到了先前开拓者理想中有关创建一个“自然”民族经济的主张。尽管如此，也许是某种程度上令人不安的总体感知——“我们从来没有如此好过”的想法开始主宰以色列社会。

赎罪日战争击碎了这一自我满足的感觉。战争进程及其影响造就了一种全民紧张的氛围，现行制度框架不仅无法应对国际安全问题，也许更无法应对日益恶化的经济社会问题提出的挑战。

赎罪日战争之后，许多变革迹象在以色列社会愈演愈烈。对社会不满的信号日益多样化，这些不满先前就已存在，但此时已达高潮。不仅新移民中具有更强话语权的组织发起了种族抗议，被贫困毒瘤缠身的人们也加入其中；规模庞大的专业、学术和文化精英团体脱离精英统治阶层的欲望愈发强烈。除此之外，六日战争重启的国际安全问题成为政治舞台的焦点；然而，除了种族、宗教—安全问题及紧张关

系之外，其他内部问题日益转移到地下层面。

所有这些都与以色列整个生活进程的巨大变革紧密交织，尤其与不同生活方式密切相关，这些生活方式发展于社会的各个领域，特别是在东方犹太人的第二代移民中（表现尤为明显），但也同时存在于全部新移民之中。这些新的生活模式，取代了旧模式——最初开拓型背景与其强烈的欧洲根源相结合——成为这一模式的基础，产生了多样化的、具备强烈地中海和民粹主义特色的新模式。

转变中的以色列社会

20 世纪 70 年代的多种变革：政府变革（Mahapakh）

20 世纪 70 年代的以色列面临着各种问题，内部问题主要有：被劳 198
工计划所累，与流散地犹太社团关系的变化，赎罪日战争之后严重加剧的安全负担。所有这些都导致了 1977 年的工党倒台，大选过后，利库德集团组阁，伴随着 1977 年的政府变动，所有这些进程都达到顶峰。[14]

1977 年工党组阁失利的原因不仅仅是东方犹太人群情高涨地投票给利库德集团，这通常被断定为工党倒台的首要因素，此外，规模庞大的专业人士、学者和商业群体脱离工党阵营也是其中一个原因。在前参谋长、著名考古学家伊格尔·亚丁（Yigael Yadin）的领导下，这些群体组建了新政党——民主变革党，并在议会中赢得了 15 个席位。（该党大多数成员在亚丁领导下加入贝京政府，少数人成立变革党加入到反对派阵营。1981 年大选之前，该党分裂，大部分支持者“回归”到工党阵营。）与此同时，东方犹太人群体中那些更加灵活的成功人士［穷人则总是支持自由党（Herut Party），自由党是利库德的前身］也从工党阵营倒戈利库德集团。因而，工党内部分裂、许多精英团体离开权力中心、新群体要求接近并加入权力中心的呼声日益高涨，加之工党施政方针缺乏远见，所有这些都有助于解释 1977 年号称“颠覆”（“The Turnover”，Mahapakh）的重大政府变动。

在很大程度上，许多创始机构的解体，民主化、代际化变革与日俱增，曾被“资深”精英集团阻隔限制的新群体日益融入，为政治舞台带来了大批新演员，他们竞相争夺领导权。然而精英团体构成要素的变化，与“政治阶层”内部日益衰落的团结性密切相关——这些“政治阶层”缺乏领导者必备的清晰远见和行政能力。

对于狭小且遭围困的社会而言，打造并维持社会框架的必要性、安全形势造成的严重负担、丧失了中东欧潜在领导层的丰富人才储备，所有这些都对大选选票、精英阶层的形成及其内部统一和团结造成了影响。

政府变动及其影响开辟了一个新时代，迄今为止我们仍无法看到这一时代的结局，但以色列社会的许多基本轮廓都在这个时代经历着影响深远的变革，探索新思想和新制度模式的进程一直持续。因而，工党主导下的制度模式宣告解体，从此再未提出任何清晰的新计划。
199 20世纪70至80年代的这一分裂进程以及对新方向的探寻，在很多方面耗费了以色列社会主流的大量精力。所有这些变革都与全面影响着以色列社会和公共生活的政治斗争、内部分裂和对抗冲突紧密交织。这些变革、转型与探索，同时发生于以色列多个领域，触碰着以色列社会的中枢神经。[15]

伴随着以色列社会中央舞台上演绎的变革与斗争，许多文化领域、文学、戏剧、手工艺品和艺术则颇具创新力。然而，尽管这些创新有时与斗争相联系，但总体而言它们远离中央体系领域。在这些领域和中央官方框架中内，仅对这一创新的多样性表现做出极少回应。

这一斗争与争论的首要舞台便是共同民族认同、共同意识的诸多象征。对这些象征的探寻以及相伴而来的斗争，与以下几个方面相联系：第一，涉及犹太复国主义理想的基本要素；第二，与重构并融合犹太传统相关；第三，这一探寻与斗争的发展同样与以色列在中东的地位相关，与安全形势的影响密切相连；第四，涉及以色列境内的以色列阿拉伯人的地位问题；第五，以色列对西岸（犹地亚和撒玛利亚）和加沙领土的持续性占领，引发了一连串问题。这一变革与斗争的第二大舞台与以色列社会主要制度模式相关，特别是以色列政治和政治性的经济。[16]

以色列社会问题的主要解决之道

一、国内外展望

所有这些进程引发了以色列社会原有制度模式的解体——社会思潮的变化，最初意识形态愿景的相对重要性的变化，精英团体转型为统治阶层，精英团体内部的日益分裂，曾经铁板一块的框架日趋衰弱以及上述所有变化的影响——催生了一些与其他后革命社会以及小型现代社会相似的特征。以色列社会也具备这些倾向，并借此来规范并阐明最初的革命理想，揭示出后革命时代的思潮也陷入相似的停滞状态。引发这些分裂的进程凸显了此类模式下的制度化和动态发展中所固有的冲突和跨领域抉择，相比于其他同类社会，以色列也许有过之而无不及。凌驾于这一切之上的则是忠诚于单一意识形态，反对多元主义；坚持精英主义，摒弃民粹主义；彰显责任与义务，谈化权利与 200
利益；弘扬积极参与社会文化创新，唾弃消极态度和将创新成果据为己有。最后，探寻兼容所有这些多样化理想的方式遭遇巨大挑战。这些进程及其影响在以色列社会得以成形的方式，催生了一些具体特征，这些特征与以色列作为一个燕雀小国却拥有超越其版图的鸿鹄之志密切相关。

为了应对这一形势引发的困境，以色列社会孕育了两种截然不同的道路。一条道路假设这些鸿鹄之志能够通过现行社会框架以及忠于犹太传统、社会主义原则得以实现。这条道路通常结合了强烈的极端宗教民族运动与口号，以持续增强的包容性为特征。另一条截然相反的道路则强调以色列的雄心壮志不可能仅仅通过其存在或弘扬民族认同的象征就能实现；若想打造民族身份，需要直接参与领土之外的社会文化框架，发展与其他国际犹太社团间的紧密联系以及与其他文明的密切关系。这样的抱负有助于强化以色列社会的多元主义，削弱前一条道路中的单一倾向。尽管这些不同道路在一定程度上与不同政治阵营相抵触，但右翼阵营以第一条道路为特征（这一道路在过去的二十年中愈发凸显），第二条道路则在中左阵营中更为流行。

这些不同道路对待所有上述问题也呈现出截然不同的态度。特别是在六日战争之后，这些问题愈发凸显，并持续贯穿了后续时期：赎罪日战争、黎巴嫩战争以及因提法达[17]。从此以后，犹太社团和非犹太社团都对阿拉伯世界和各种运动敞开了大门。一方面，面对更广泛、更灵活的关系，这些发展对以色列重塑民族认同起到了强化作用。然而另一方面，有时会出现极端沙文主义潮流，这些潮流混杂了宗教和世俗民族主义，它们由于犹太优越感、隔离于外部世界、对阿拉伯人的极度仇恨、地方文化主义以及构建以色列民族认同的日益僵化而得以大行其道。

二、犹太政治传统主题的复兴

这些倾向的外在表现很大部分归于这样一种事实，即最初的劳工犹太复国主义制度模式及其瓦解，与犹太文明理想在狭小且遭围困的社会实现过程中出现的问题紧密交织，后者甚至成为前者的催化剂。在此方式下，它同时使犹太人再次迈入历史长河中遇到的问题和困境得以凸显。

201 因此，不同精英团体间的日益分裂，团结统一框架的日渐瓦解，促进了犹太文明和犹太复国主义理想不同主题的复兴：这包括民族认同过程中的弥赛亚思想、领土因素、团结性等根本要素。每一要素都声称相对于其他要素具有自治权，对其他要素的有效性构成挑战，并认为自身在以色列社会制度形成过程中占据完全主导的地位。

日益瓦解的制度框架与逐步瓦解的思想象征，促进了这些主题的复兴。这些制度框架和思想象征曾经将犹太政治文化中的多种主题引进到以色列社会的最初制度模式中。将更高律法中的无政府主义政治和小群体中的团结一致相结合，更易于促进这些倾向的发展。但自相矛盾的是，由于犹太国家的存在，这种结合开始与抛弃对整个社团的责任（这在中世纪时期尤为强烈）相联系，与放弃在此框架内维持特定秩序而应承担的义务相关联。

实际上，许多迹象都表明，当把这些政治倾向移植到领土国家背景内，特别是移植到现代民主国家中时，将会削弱这种社会制度框架的活力。这很可能在第二联邦时期已经如此。

关于以色列社会基本形势的斗争

一、集体认同

在重塑以色列集体认同中的犹太复国主义思潮时，其努力方向已经转变为强化政治领土因素，这与犹太复国主义意识形态中的革命性因素不断弱化相一致，也与对族群主题与象征的强化性宣传的减弱相关，更与反犹太复国主义或者至少与宗教犹太复国主义的弱化有关。

犹太复国主义主题中最重要的变化，便是对军事力量和斗争予以彰显并使之部分趋于神圣化，这也是先前修正主义思想中所固有的理念。与此紧密相连的则是开始强调犹太复国主义中的领土问题。有关在历史和宗教层面对这一要素进行圣化或部分圣化已经做出了诸多尝试，但这一要素在最初的修正主义思想中体现得并不明显。

从对领土的认知转变为领土权概念，是为了实现民族重建，也是为了表达民族与土地间的特殊关系，抑或是将其作为国家安全的基础，领土和定居点几乎彻底披上了世俗或宗教神圣化的外衣，它们构成国家安全的基础，其自身便是最终的目的所在；（除此之外）这一转变也被视为犹太复国主义理想的典型缩影。[18]在许多“大以色列构想”（Eretz Israel Hashlema）的支持者、劳工阶层、许多基布兹和莫沙夫以及广泛的市民阶级身上能够发现这一世俗性圣化的影子。它将世俗的原始取
向与对定居点和安全问题的大力强调结合起来。从信仰者集团中发展 202
而来、并与其关系密切的宗教—民族主义类型，则强调领土的宗教性、历史性，有时甚至凸显神秘性，通常会将领土层面与政治神秘主义的弥赛亚思想相结合。

犹太和犹太复国主义的一般主题都彰显了犹太团结与犹太传统历史经历的宗教性维度。这通常与极力凸显特殊性、将自身隔绝于外部世界、强调犹太或以色列集体与生俱来的优越感和道德感相关联，也与犹太复国主义或以色列认同中的文明的、普遍性的维度日渐衰微相联系，这一文明的、普遍性维度与民族性和特殊性维度截然相反；此外还与“革命性”的体制建构的维度有关。

与先前劳工犹太复国主义思潮的没落相关，犹太复国主义象征的第二大变革体现为这一理想中精英主义内涵的消散。这一消散首先表现于精英主义阶层淡化责任和义务，与之对应的是强调权利和利益的有效分配——“由人民来做正确的事情”（Leheitiv Im Haam）是对这一句话的最好解释——以色列前总理贝京通常会引用这句话，但这也是早期分配政策中固有的内容。这一倾向逐步发展为具有更广泛意义内容的一部分：犹太复国主义革命性的，重建性的意识形态内容，以及那些强调犹太生活主要维度重建的内容的消解。

这一消散的其中一个最为重要的表现存在于对大流散历史、传统以及流散生活的态度上。一种更加宽容、甚至赞扬的态度代替了先前的消极看法。其中一个原因与大屠杀的主要影响相关联，这一滔天浩劫风卷残云般地将长期背离犹太社团及其生活方式的做法一扫而光。曾经对这些生活方式持消极、反叛态度的犹太社团开始反思这一行为，因而一种更加积极的、纪念性的态度应运而生。

面对以色列“族群”关系紧张、“族群”问题卷土重来的态势，一种更加积极的对待宗教传统和大流散的态度也得以发展，这一态度与堪称这一时代也许是最具建设性的进程相伴；这一进程便是将新群体融合进入权力中心。这一融合与持续不断地将民族宗教主题注入集体认同的主要象征中的努力息息相关。最初，这些主题以极不和谐的方式呈现在世人面前。随后，只有其中一些主题，特别是族群以及“较为温和”的宗教主题，稍许弱化了此前的分裂性，成为集体认同中更加广泛、更加多元化的主题谱系的一部分。

然而，在以色列社会中一些古老社团内部，包括个别基布兹，涌
现出了对各方面犹太传统——历史和宗教——的巨大兴趣。这种兴趣 203
的发展在很大程度上植根于劳工犹太复国主义意识形态和制度模式的瓦解，以及认为这一模式无助于丰富犹太传统的情感。

在极端且被大肆宣扬的例子中，这一情感催生了“回归信仰者”（Hozrim Biteshuva, those who “return to the fold”）现象，他们重新皈依极端正统派。这些例子之外，日益高涨的兴趣并未显示出此种“回归”，但却引发了要求探索将这些传统融合进“非宗教”生活方式的途径。这一要求可以采取研习小组的模式，包括诸如在安息日夜晚点燃蜡烛等宗教仪式。这些表达方式也可在探索源自美国的改革派犹太教和保守派犹太教过程中发现，因而是对大流散传统态度发生改变的又一信号。

犹太大流散过程中不同社团的新发展、以色列和流散地关系的变化促进了对待流散传统态度的变化，也促进了对待犹太生存态度的转变。二战以后，美国犹太社团成为散居犹太社团的领军人。该社团大部分成员，或者成员父母都来自于东欧地区，这与伊休夫中拓荒者来源地相同。犹太人融入美国的过程与欧洲不同（参看第五章），其背景与犹太复国主义运动迥然不同。正如我们所见，这一新模式与犹太复国主义愿景所构想的方式不同，对犹太集体生活进行了重塑。因此，正如我们在美国犹太人身上所看到的那样，他们对以色列的强烈认同，是基于共同的归属感与自豪感之上，而非否定自身的生活方式，因而这看似背离了犹太复国主义对待流散地犹太存在的基本态度。

与此同时，以色列社会的内部变化，气势磅礴的现代化、经济发展，小型社会面临的问题日益严峻，尤其是维持高度经济化、专业化和文化标准，事实上有力改变了以色列社会大部分群体对待大流散的态度。大流散中的许多犹太人，尤其是，但不仅仅是美国犹太人，在这些领域都声名卓著，这也强化了对待大流散的积极态度。无论在学术上还是经济领域，以色列犹太人与美国不同群体间联系日益密切，

用弗里德曼的话说，促使“美国在以色列人心中占据非常中心的地位”；从以色列移居美国的人数日益增多，这一现象被称为“下降”或“耶利达”（yeridah）（与“上升”或“阿利亚”相对），似乎也威胁了许多犹太复国主义的经典原则。所有这些极大地削弱并侵蚀了“否定大流散”的态度。

204 然而，这一发展还存在着极度矛盾的另一面。以色列社会大部分“资深”群体日益膨胀的“美国梦”以及随后的“欧洲梦”，强化了大部分东方犹太人群体这样一种情感，即他们在以色列社会古老社团中所遭遇的并非先驱者的开拓创新精神，而是西方生活模式。许多东方犹太人群体开始转向流散地，尤其是法国和北美地区，许多来自伊拉克和北非地区的社团成员在那里定居，那里通常也吸引了许多以色列亲属。但这仅仅强化了其摆脱以色列社会陈旧模式和西方化的阿什肯纳兹社团的情感。

二、犹太复国主义和宗教主题

强调重建犹太复国主义主题的多样性，融合族群认同的象征，在以色列主流社会得以发展。无论它们如何改变了以色列社会的典型面貌，削弱了社会的普遍性因素，但是，所有的变革仍然发生在基本的犹太复国主义象征性框架之内。这一情形不同于以色列正教党和其他极端正统派所阐明的各种反犹太复国主义思想，或者至少是非犹太复国主义宗教思想。这些组织充其量将以色列视为一个既定事实，或者强调将“在以色列地定居”视为对重建犹太社会的犹太复国主义理想的否定。自相矛盾的是，当民族主义的犹太复国主义主题主宰以色列社会时，至少它们也获得了部分合法性地位。

整体而言，宗教群体是联合政府的潜在合作伙伴，这一关键角色增强了这一群体的重要性；但事实上这一论述并非完全正确。伴随着劳工犹太复国主义模式的瓦解，宗教群体感知到了在以色列主流群体中出现的思想真空或者思想动荡，因而他们向犹太复国主义原则及其象征发起了一系列持续性猛攻，并将自身打造为犹太传统和犹太遗产的真正载体，犹太复国主义者试图在现代化背景下重建传统的进程已经使这些传统发生扭曲。

在此，极端正统派对待犹太复国主义运动的最初消极态度发生了有趣的转型，我们在前一章已经对此进行了探讨。极端正统派中一些更加激进的组织，持续地以消极态度看待犹太复国主义意识形态中的"革命性"维度，这些"革命性"都与重建犹太传统息息相关，有时他们的这一消极态度甚至会不断强化。但与此同时，大多数极端正统派事实上接纳了以色列国，并将其视为以色列地定居点或者是需要捍卫的、充满活力的现存犹太社团，在这一前提下，他们承认了以色列的合法性。他们越来越多地参与到以色列政治生活中，不仅对其组织 205
份额提出要求，而且正如我们所见，也要求将其自身理念融合到以色列公共生活中去。

正如前文所述，与此同时，这些极端正统派与以色列社会其他群体间的关系日益紧张。看似矛盾，但实际上非常自然，伴随着许多极端正统派人士加入改革派或保守派犹太教，以及他们对犹太历史宗教传统的兴趣日益浓厚，这些紧张关系仍在持续增长。

围绕构建社团象征、打造社团领土与边界而持续展开的斗争，不仅仅只与建构以色列社会中有关犹太传统地位的问题相联系。在有关问题上，犹太社团与中东环境的关系也成为思想政治斗争的又一焦点，这远远超越了直接甚至间接的安全问题。回归到中东地区这片既新鲜又古老的土地，是一项具有重大历史意义的举措——这是试图融入中东地区的重大尝试。这一融入的本质构成了潜在思想政治斗争的焦点，这些斗争即将爆发为犹太社团与周边邻国以及约旦河西岸阿拉伯人长久而激烈的对抗。

以色列对约旦河西岸和加沙地带实行长期占领，以色列政府自1977年以后便极不情愿与巴勒斯坦人开展认真且具有深远意义的谈判（除了1984年民族团结政府以及1988年工党试图推动政府参与谈判，但均以失败告终），从1988年巴勒斯坦人爆发起义后，约旦河西岸的定居点政策不仅加剧了巴以紧张局势，也进一步点燃了阿拉伯人和穆斯林对以色列的憎恨，为伊斯兰原教旨主义在加沙地带以及在以色列阿拉伯人中间成长为日益重要的力量起到推波助澜的作用。

如果说埃以和平以及以色列与约旦事实上的长期停战，表明从民族运动对抗演变而来的阿犹冲突具备发展成为更务实国家关系的可能性，那么后来的发展似乎表明其正在回归到先前状态，加剧并有可能扩大这些对抗。围绕集体界限和以色列社会象征所引发的持续性斗争和对抗，被动荡不安的国际安全局势所激化，这些局势使以色列在中东地区的地位问题愈发凸显，以色列阿拉伯人不仅要求世人关注其日益高涨的争取平等公民权的呼声，也要求关注他们的某些文化政治抱负。伴随着因提法达，即 1987 年阿拉伯人围绕领土问题爆发的冲突，所有这些问题都趋于激进化。

206 因而，实际上，小型社会的政治生态状况与犹太复国主义原生的民族的，历史的，革命性的意识形态取向相结合，其最为重要的一种回归便是有关构建新兴共同体的象征与边界，这一问题已经成为思想政治争论的潜在焦点。我们从犹太复国主义运动肇始时期，特别是其与犹太历史宗教传统间的关系，以及在该传统中具有相对重要性的不同历史宗教、领土元素，都可以看到此类斗争的风险一直存在。

这种情况同样不同程度地存在于不同历史时期犹太共同体普世主义与特殊主义取向之间的关系上。正如所见，六日战争后，这些因素在构建以色列集体认同过程中的地位问题重新显现，并持续存在于以色列政治斗争的最前沿。[19] 所有这些发展与斗争都极其尖锐地提出了有关以色列政治社会模式主要构成要素的基本问题，特别是在有关支持民权、道德以及法治问题上更是如此。[20]

政策新方向：右倾转向

对这些主题的大力弘扬，与利库德集团以及 1984 年和 1988 年成立的民族联合政府施行的新政策相联系，后者的政策内容与利库德集团相比并未发生重大改变。总体政策呈持续性右倾趋势，甚至衍生出了具备独特以色列意义的政策描述：对待安全问题尤其是有关西岸问题所持的鹰派态度；对民族主义以及一定程度上对宗教问题的强烈推崇；对更加普世性或者更具“自由”色彩等主要犹太复国主义理想的淡化。

以下事实同样可以说明这一右倾转向，利库德集团在整个阶段都主导着绝大多数政治议程，强调安全和民族主义问题，而工党通常只能对此予以响应。但这里的议程并非仅仅局限于狭义的政治层面。它囊括了以色列社会所有重大制度领域。安全、国防、外交、宗教以及更加宏观的文化领域最能全面体现新的政策方向及其制度内涵。

在安全、军事和外交政策层面，第一个具备重大历史意义的新发展便是1979年的《埃以和平条约》以及由此引发的1982年春以色列撤军西奈半岛。虽然这一成就并不一定与修正主义理论或者利库德思想有必然联系，但在显示出其巨大作用之后，它能够、也曾经被勾勒为旨在阐明主导以色列与阿拉伯谋求和平的理念的基本正确性。

第二个发展则体现为以色列在犹地亚、撒玛利亚和戈兰高地进行 207
的定居点建设。虽然极端右翼组织强烈要求以色列通过立法确立这些地区的合法性，或者通过直接合并，在犹地亚和撒玛利亚进行定居点建设等方式将其纳入以色列版图，然而约旦河西岸——以色列称其为犹地亚和撒玛利亚（该术语来源于委任统治时期，并被以色列官方指定为“约旦河西岸或者被占领土”的代称）——的法律地位并未发生改变；但利库德集团上台后，这一现状开始朝着新方向发展，并成为民族争端的焦点。这一结果源自利库德政府试图将整个以色列地境内的定居点予以政治合法化的思想、废除“绿线”（独立战争末期确立的停火线）并允许大批犹太人在此地区居住——事实上通过可观的补贴予以鼓励——借此降低其从犹地亚、撒玛利亚和加沙地区撤军的可能性。

该定居点政策与其在安全问题上的另一个更加积极的立场息息相关，即总体上采取积极打击恐怖主义的思想。1982年6月的“加利利和平行动”（Operation Peace for Galilee）标志着这一构想的实施，数日之后该行动便演变为黎巴嫩战争。这次军事冒险对以色列社会、外交关系及其国际地位均产生了深远影响。这是以色列历史上首次没有基于广泛的全国一致而发起的战争——事实上，它打破了迄今为止以色列在安全问题上的强烈共识。

对以色列国内外环境造成最为重大影响的一个分水岭，便是“因提法达”即约旦河西岸和加沙地带的阿拉伯人起义，这次起义开始于1987年末，并呈现持续性。这是以色列知识界和安全部队所始料未及的，使巴以关系发生了翻天覆地的变化。伴随着以色列安全部队的进入，曾经“温和”攻占约旦河西岸的时光一去不返，平民冲突和战争开始充斥这个地区。这次冲突在许多方面都可看作是巴以冲突的延续，该冲突自犹太复国主义定居点建设初期发展而来。然而它同样是旨在反对以色列作为占领军的一场平民冲突，阿拉伯人通过多种非常规方式发动。他们几乎没有使用武器，示威、投石（很大程度上属于孩童和妇女使用的方式）、焚烧轮胎、辱骂以色列士兵是最为常见的抗议方式。以这种非常规的方式将战争和平民抵抗相结合，在许多方面都对以色列造成了极其严重的影响。媒体，尤其是国际媒体，持续不断地报道以色列士兵使用枪杆或橡胶子弹对付妇孺的场景，尽管他们已经克制使用武器，但从画面来看这些士兵的行为却很残暴。当然，对这
208 种暴行的报道通常都成为“热门”新闻，整体而言，媒体通常都刻意避免凸显在这些抗议过程中对妇女儿童进行蓄意的政治利用，也避免报道他们对以色列士兵的持续性侮辱以及后者的极大隐忍；许多暴行事件——尽管并未广泛曝光于以色列社会之下——通常都在引发了以色列公众的极大愤慨之后，法院对这些施暴者都予以了相关处罚。

特别是在因提法达爆发之后，日益高涨的阿拉伯人抵抗运动和以色列军队愈发激烈的镇压措施，都是以色列军事统治不得不面对的事实，这在以色列广泛的社会生活领域成为滋生暴行的诱因，同时也说明了这样一种事实，即在以色列和约旦河西岸、加沙地带，法律规定并不能平等地加以适用。因提法达同样对以色列社会造成了深远的影

响，加剧了“鹰派”和“鸽派”间的分歧，后者对由大部分以色列公众以及被派到这些地区维持和平与秩序的士兵们引发的不可避免的暴行表示关切，同时也对破坏法律的完整性表示关心，要求遵行恰当且“正常”的法律程序，支持这些地区的民权。

宗教领域的政策也发生了重大变化，尤其表现在宗教群体地位问题、以色列社会象征问题以及宗教机构对生活领域的规范问题上。首先，与传统策略相一致，宗教党派有效利用在联合政府中的关键地位，其影响力扩展到以前难以想象的地步。这些党派通常以违反标准预算程序的方式而获得数目庞大的资金，即使在必须大规模削减教育、安全和社会服务预算的时期也是如此。有关宗教活动在公共生活中的地位问题上，宗教党派发挥着重大影响力，事实上它们已经超越这一范围，改变了国家—宗教关系的布局，也改变了宗教在以色列社会的角色。受宗教影响的立法包括对验尸行为施加规定的“病理学法规”；废除相对自由的堕胎法；将妇女包括在免服兵役人员行列；安息日和犹太节日期间停飞以色列航班。宗教党还试图限制考古发掘（有关挖掘犹太古墓），颁布所谓的“谁是犹太人”法，规定对于那些改宗犹太教者，只有当其遵行哈拉哈时，才能承认其犹太身份的合法性；这意味着犹太身份只有通过正统派拉比法院的认证才算合法。

1990 年末，以色列正教党加入由利库德和沙米尔领导的右翼政府
时，其提出的条件便是政府必须颁布几项宗教法律：例如禁止饲养生 209
猪和贩卖猪肉，基督徒区除外；对安息日的公共交通进一步加以限制，以及反对他们（正统派）所定义的“色情”广告。与此同时，宗教领域的财政预算却与日俱增，在预算紧缩时期，整个无助的“世俗”群体或非传统阵营都对此表达了强烈抗议。

在许多情形下，至少在公共领域，拉比法院都声称它是全体公民行为的仲裁者，隐晦地将自身地位凌驾于世俗机构之上。因此，尽管宗教与非宗教“世俗”群体间的紧张态势时而缓解，但却一直呈上升趋势。宗教和族群问题对教育产生了持续性影响。在课程设置中，宗

教问题所占比例愈发庞大，与犹太复国主义开拓者强调的基本的未来取向相反，它倾向于将过去予以神圣化。

1984年大选前，新型宗教政党“沙斯党”的成立，宣告了以色列社会又一新力量的诞生，即通过新的独特方式将宗教与族群因素相结合。该党从以色列正教党中分裂而来，绝大多数领导人来自于拉比和东方犹太人群体中的政治企业家，他们反对阿什肯纳兹犹太人主导以色列正教党。其精神领袖为前塞法尔迪大拉比奥瓦迪亚·约瑟夫（Ovadia Yosef），他与阿什肯纳兹拉比E.沙赫通力合作，后者是与以色列正教党关系密切的一个正统派组织的领袖，后成为以色列最高宗教（和政治）委员会主席。

无论在城市还是乡村地区，这个新政党在1984年大选中都获得了巨大成功，1988年的选举更是如此。这一成功可以归因于以下两点：将族群、宗教问题及其象征相结合并作为吸引选民的策略；超强的组织能力，这在许多方面都与以色列建国初期伊休夫中各种劳工组织相类似。犹太会堂、宗教学校、《塔木德》学校以及强大的家庭网络是该党的组织基础。

在宗教领域，该党领导层表现出了一种战斗性倾向，这与先前盛行于东方犹太人社团中相对包容的作风截然不同。首先，这种战斗性倾向从以色列正教党的学校以及《塔木德》学院中发展而来，这些学校培养出了大批沙斯党领袖；其次，也源自与“世俗的阿什肯纳兹”犹太社团和以色列社会主流群体的斗争经验。也许这种战斗性倾向，至少其极端形态并未得到该党广泛支持者的普遍赞同。

与绝大多数以色列正教党成员不同，沙斯党人至少在最初阶段并未脱离以色列的主流生活；相反，它恰恰在主流生活中得以发展。其
210 对待以色列社会的整体态度更具开放性。从对犹太复国主义革命性前提的接纳程度来看，该党自然不能归于犹太复国主义党派——实际上，该党许多领袖不仅经常反对这些前提，甚至宣布这些前提已遭淘汰。相对于以色列正教党，沙斯党对待国家和制度的态度则更加开放积极。

其强烈要求积极参与到国家和以色列社会的中央框架中去。至少在涉及与阿拉伯人的关系和安全问题上，该党领袖似乎倾向于展现其鸽派态度。

到 1990 年第二季度，当沙斯党领袖首次加入工党并推翻民族联合政府时，其领导层则丧失了部分影响力。当时，面对阿什肯纳兹极端正统派群体的施压，沙斯党于 6 月加入利库德集团并共同组建了右翼利库德政府。自 1990 年以来，沙斯党领袖多次卷入挪用公共资金的指控，并受到国家监察局和警方的调查。1991 年由于财政混乱，沙斯党议会派成员两次受到国家监察局的处罚。但是，无论沙斯党的政治命运如何变迁，总体而言，伴随着劳工犹太复国主义最初模式的解体，它似乎成为以色列发展过程中虽短暂却最原始的象征之一。

政治经济与社会阶层的变动

与此同时，以色列政治经济的整体模式开始经历缓慢变动与持续阵痛，从有着强烈集体主义特征的相对控制型经济转变为更加开放型的经济——但却始终笼罩着集体主义、民粹主义色彩。1981 年，约拉姆·阿瑞多（Yoram Aridor）被任命为经济部长后，试图摸清利库德经济政策的意识形态基础是极不容易的一件事，因为其初期试图实行自由化经济，随后不久又开始执行限制性政策。在阿瑞多的指导下，被称为正确经济的利库德新政或者自由政策得以确立，其目标为遏制通货膨胀、复兴经济增长。食品补贴大幅提升，耐用品消费税下降，预算限制得以放松。因此，在 1981 年大选后的几个月中，私人消费和工资急剧上涨。这一“民粹主义”经济政策在某些方面与阿根廷庇隆主义（Peronist Argentina）相似。

这些政策最终导致经济形势迅速恶化，始于 1983 年秋的经济危机也许堪称困扰以色列经济的最严重的一次梦魇，并使银行业面临巨大危机。从此以后，以色列经济改革便陷入周期性危机的痛苦中，在第二届利库德政府时期经历日益严重的通货膨胀，佩雷斯领导的首届民族联合政府期间（1984—1986）又成功抑制通胀趋势，此后经济稳定而趋于停滞，失业率上升。

伴随着政治经济上的变革，以色列社会地位结构、阶层形成及分化都发生了深远意义的变动。先前相对强烈的平等主义原则和对公共服务的推崇，逐步让位于对专业化、企业化经济活动的大力弘扬。各种不同身份的群体和生活方式不断发展；伴随着消费领域的飞速增长，收入差距加大；所有这些趋势先前已经出现但直到 20 世纪 70 年代中期，才可以说成为占支配地位的社会思潮。这一变化自 20 世纪 70 年代中后期开始，到 80 年代达到高潮。一些先前思潮的载体，诸如基布兹和莫沙夫，其经济形势曾举步维艰（这很大程度上归咎于草率的经济政策和消费扩张），也丧失了其典型的精英地位。一定程度上，军队服役和其他公共领域服务也经历了同样的遭遇。与此同时，炫耀性消费却开始盛行于以色列主流社会。然而，由于经济和地位的分配与奖励缺乏明确规范标准，无序、失衡的整体氛围普遍笼罩着以色列社会。金融企业失败的例子比比皆是，许多人因此锒铛入狱，这不仅被视为先前思潮瓦解的并发症，而且也加深了上述感受。

与此同时，正如先前种种迹象所表明的那样，将越来越多的以色列群体，尤其是“东方犹太人”群体纳入社会中央框架之内，成为其中一项最具建设性的发展。许多“东方犹太人”群体呼吁接近权力中心并参与社会其他活动，采取的方式便是要求将族群传统象征纳入到以色列主流生活中。政府更迭之后对这一呼吁做出了部分回应，与此相伴随的则是“换岗”，更重要的便是将新群体纳入到权力中心。随着接近权力中心的机动性不断增强（尽管这并不一定适用于职业领域），在许多发展中城镇以及其他区域产生了新的领导层，或者地位愈发显著，他们对参与到权力中心饱含热情，不希望被排除在中心之外。自相矛盾的是，随着以色列社会劳工犹太复国主义模式的解体，以色列社会的日益民主化成为这些进程的真实写照。

政治领域的矛盾性倾向

一、民主宪政的延续性与政治进程的失利 212

所有这些发展自然而然地影响到了政治领域、整体政治环境以及政治机构运作。在历经所有这些疾风骤雨式的变革和动荡之后，以色列仍然是一个民主宪政的法治国家。实际上，许多变动的根源都在于以色列社会的日益民主化：曾经由生机勃勃的保守派政策打造的旧框架焕然一新，许多新群体登上中央政治舞台。然而所有这些变动所带来的发展，均倾向于侵蚀政治进程中一些极为重要的构成因素。

政治舞台上一个重要发展便是两个相对平等的群体走向分裂，这一分裂还呈现出持续性。这两个群体是：由以色列劳工集团马拉赫（the Maarach）成员和其他权力中心组织组成的劳工阵营；由利库德集团和更具右翼倾向的组织构成的右翼阵营；宗教群体属于中间派，但愈发倾向于利库德集团。围绕以色列在国际上面临的困境以及安全问题、对待阿拉伯世界的态度问题，尤其是面对占领约旦河西岸领土问题上，这些阵营公开分裂为“鸽派”左翼阵营和“鹰派”右翼阵营。这一分裂多多少少成为政治辩论、政治分裂的核心焦点，自 1980 年到 1984 年分裂状况非常严重，从民族联合政府时期到因提法达期间斗争有所沉寂，但随着 1990 年 3 月民族联合政府的瓦解又再次达到高潮。

然而，这一分裂绝不仅仅是安全问题和外交政策上的分歧。正如之前提到的那样，它与以色列社会不同群体在有关生活方式、话语模式以及如何处理以色列社会主要问题上日益加深的分歧有关。[21]

前文已述的精英团体间的巨大分歧似乎不仅有增无减，而且日趋恶化——以色列社会面临不同话语群体间缺乏共同语言的境地。各种正统派群体与以色列主流群体间的关系成为这一现象的明证。然而，很大程度上，许多知识分子群体、左翼组织、一些旧群体、许多更为机动化的“东方犹太人”以及出生于以色列的新生代群体间的分歧同样存在。实际上，许多知识分子和学者都与工党相联系，尤其与工党左翼组织有关，他们似乎更加疏远于这些在以色列社会中变得越来越显著的领域，然而正是在这些领域更易打造出新的生活模式。

213 此类知识分子多将自身的公共活动聚焦于学术环境和安全局势，在这些领域支持民权活动。在许多情况下，在诸如“民权联盟”（League for Civil Rights）组织中，他们捍卫法治，开展了极为重要的建设性活动。与此同时，他们可能会给民众留下这样一种印象：他们不能体会到大部分以色列社会对因提法达的直观感受，即因提法达不仅仅是以色列在这些区域必须应对的平民起义，而且还是许多阿拉伯人为了“誓将以色列扔进大海”的目标而对其发动的战争。许多知识分子脱离以色列主流社会的另一层表现则是通过他们经常强调的观念得以强化，即他们感觉自身正如被赶下台的精英团体一样，无论是在政府部门还是更广泛的以色列社会其他领域，经常被从有影响的位置上所罢黜。此外，在很多领域他们都与以色列主流社会缺乏共同语言，也不愿意去接触广泛存在于这些领域的潜在领导层及其后备知识群体。他们的话语更多地倾向于海外犹太社团或国际媒体。甚至还出现了某些极端和反常的情况，他们之中更具左翼倾向的人表示，他们似乎不仅仅反对政府决策，而且还质疑以色列国的合法性。与此同时，中间派尤其是右翼群体中的知识分子和记者并不关注民权问题，整体而言，他们并不如左翼人士那样引人注目。除了有关世俗—宗教紧张关系的问题之外，所有这些群体几乎对绝大多数以色列社会的内部问题毫不关心，这些问题包括经济、教育、环境问题，或者与在以色列集体意识重建过程中重建犹太历史和传统地位相关的诸多问题和讨论。

在更具体的制度领域，反对派与政府间建立了一种新关系。以色列历史上首次出现了议会反对派人数与政府旗鼓相当的局面；事实上，1981 年后，工党比利库德集团多出 3 个席位，并成为议会最大党团。除此之外，反对派并不将自身仅仅视为政府的“制衡器”——工党主政时期各种右翼反对派组织通常这样看待自身——而是将自身打造为不接纳政府基本前提、不支持其大部分政策的主要反对派。在有关国际政治和安全问题上，这一反对阵线更加明显。这些问题包括：领土扩张政策、以色列持续占领犹地亚和撒玛利亚的决策、对超过100万名的阿拉伯人实行统治，这些政策与为了确保以色列的民主性和犹太性而做出某种领土妥协形成了对比。

颇具原则性的潜在反对派的涌现，在以色列政治领域，尤其是在 214
批评政府的问题上，开辟了全新局面。纵观以色列史，考虑到至少大部分反对派都赞同政府的基本前提，因而始终存在着试图将政府与国家等而化之的强烈倾向。然而，随着政府与反对派间新式关系的不断发展，这一等而化之的不确定性本质日益尖锐。反对派倾向于以更具原则性的言辞批判政府，这一现象变得尤为普遍；而政府通常认为这些指责超出全民性共识，有时甚至将这些批评与叛国罪相提并论。因而，政府与反对派关系的变化与以色列政体构成的基本问题紧密交织——这些构成包括民主宪政的力量、公民力量和法治力量。

随后的发展，尤其是民族联合政府的成立，尽管暂时削弱了反对派所造成的影响，但并未将其彻底抹除。与此同时，特别是在民族联合政府主政时期，最为讽刺的一幕是两大阵营间的界限日益模糊——即使这一现象并未发生在各个集团的极端势力身上，但至少两大党团未能幸免。正如我们所见到的那样，这在很大程度上归因于利库德集团和宗教群体过于强调政治日程上的国家、安全和宗教问题；绝大多数工党成员以及更加左翼的组织都对此予以反击。有时他们也赞成来自右翼群体提出的建议；例如，他们提议在戈兰高地施行以色列法律；建议宣布耶路撒冷为以色列首都（该举动导致一些大使馆从耶路撒冷迁到特拉维夫）。尽管许多行动大部分仅仅具备策略上的意义，但它们从根本上印证了工党最初计划的失败。除了与自身利益相关的具体日常政策，工党无法提出任何方案来解决社会经济问题，这反而强化了国家安全问题的重要性，但该问题大部分是由利库德集团提到国家议事日程上，这是工党政策失败的又一明证。

在对待民权和法治问题的态度上，更具左翼倾向的组织对此持极为强烈的鸽派态度，但是如前所述，他们基本从未碰触过以色列社会的其他问题（宗教—世俗问题除外），如教育问题、经济重建问题等。

这一矛盾的组合一方面使得两大政治阵营间、至少是两大党团间
215 的界限日益模糊；另一方面，又促使二者间的整体分歧日渐扩大。它与这一阶段政治领域内的第二大制度发展紧密相关，即典型的“协商民主”政治，它以一种新的模式得以复兴，这种“协商民主”通常用来解决主要党团与宗教团体在分配成果时产生的分歧，后者通常会占据上风。这一复兴与公共生活中各种更加普遍的礼仪标准的弱化，社会总体重要性的下降，以及日益增长的对相关准则的漠视密切相关，自20世纪60年代中期到1977年的政治剧变（“Mahapakh”）期间，这些力量一直在蓄势待发。例如，这一复兴能够从下面的例子看出——越来越多的党内政治任命被分配到公共机构，如政府经济部门，尤其是分配到电台、电视台机构等，这对许多独立的公共领域造成损害。这一复兴极大削弱了公共生活环境的规范性。

工党和利库德集团在很多领域都达成了一种强烈的共识，虽然其共识度较低，但至少不是最低水平。这种共识性特征表现在，在工党和利库德集团中，尤其是在1990年上台的沙米尔政府中，宗教人士都积极参与活动，对所有重大政治论争都产生重要的影响。然而大概在民族联合政府执政期间，以及1990年这届政府解散之后，以色列国内最重大的一项消极变化便是内部环境的持续僵化，没有任何证据能够表明利库德集团——其主要思想原则都被吸纳到社会的基本象征和背景之下，这些原则包括强调领土权和国防，它们决定了大部分的政治议事日程——有能力在重大制度领域进行创新；也没有证据显示工党阵营能够为制度建设提出新思想或者新的创新方向。随后，工党在自身比较关注的问题上，诸如索雷·博奈赫（Solel Boneh）建筑公司、以色列人寿保险基金（Kupat Holim）以及基布兹等，成为这些既得利益的支持者。

二、法治

这样，在中央政治领域出现了矛盾性的发展态势，尤其在民主政体的延续性问题和宪政进程在许多方面遭到削弱这两方面表现得更为

明显。实际上，在这一阶段，以色列政体中固有的几个矛盾倾向已经愈发明朗。随着以色列社会最初模式的瓦解，与犹太政治传统中不同取向之间诸多张力爆发相关联的多种矛盾显现出来。

其中一个倾向便是以色列特有的政治交易模式和团结一致、重压之下随时准备自我牺牲之间的持续摇摆，这一特有的交易模式也可称为“猪肉桶政治”“政治分肥”（“pork-barrel politics”）——或者用更合适的词汇“犹太牛肉桶政治”（kosher-beef-barrel）来表达。

以色列政治生活中另一个典型的摇摆运动遵循一条独特道路，尽 216
管这种运动也可在其他社会中发现。这宛如一个摇摆不定的天平，天平的一端是实用主义和精明的政治交易，另一端则是意识形态争论以及不情愿接受他者的意识形态基础。同一波人以无比的热情交替占据天平位置的两端。尽管思想争论有时仅需要动动嘴皮子，但其发生的频率却极高。这些争论残酷无情，以不情愿承认对手的合法性为特征，他们与对手的关系可谓水火不容。尽管部分去合法性活动只是策略上的需要，但往往不止于此。在社会分歧加深时，这种摇摆就愈发显著——例如，在1981年到1984年大选期间，那些尖酸的思想争论体现得尤为明显，足以将实用主义政策置于危险境地。

这些现象不仅反映了政治文明的特定缺陷，也表明即使借用更高效力的法律之名（如宗教法、国家法或社会法），或声称团结代表更高的法律，也无法使人们心甘情愿地接纳以色列地的法律。然而也许最为重要的是，法治与原则性的政治无政府主义间的紧张关系，才是犹太政治传统的基本因素。

在第三章我们分析了第二圣殿和中世纪时期这一倾向的根源及其在犹太生活中的“命运”问题。随着萨巴泰运动的瓦解以及解放大门的打开，困扰犹太教的危机接踵而至，它造成的结果便是原则性的政治无政府主义卷土重来。从此以后，犹太教内兴起了多种运动，对中世纪处于休眠状态的多种元素和取向进行了改造；它们同时也为原则性的政治无政府主义倾向的复兴注入了活力。

从我们讨论的角度来看，自解放开始以来最为重要的发展与民族运动和以色列国的诞生相联系。然而，某些发展却发生于大流散期间的犹太自治组织内，并在开放型社会中享有部分或完全的平等地位。例如，萨洛·巴龙（Salo Baron）教授指出，若想让19世纪纽约的正统派社团采取统一行动绝非轻而易举之事，甚至是天方夜谭。一旦外部形势发生变化，不仅不同宗教运动间立马纷争四起，甚至正统派运动内部也迅速阋墙。[22]当犹太人流散的国家放松限制之后，这些特征便迅速凸显。然而，当以色列建国运动开始后，这些特征发展得更加迅速和强烈。有关以色列社会和国家模式的争论便重新涌现：各种组
217 织和运动自发寻求解决这些问题的答案，探索之门重新打开。犹太传统和犹太文明中所固有的文化社会动力被重新释放，所有问题与紧张关系都曾是这一传统的标志。在多种可行性道路中，哈拉哈成为其中一种选择；其信徒不仅可以抗衡诸多形色各异的其他组织，还可挑战包括以色列法律制度在内的多种体系。

随着以色列的建立，犹太政治传统中各种矛盾性取向顺势爆发出来。除了社会发展的特殊背景这一原因之外，主要是由于以色列本身脱胎于革命性理想之中，这一理想是由具备强烈意识形态倾向的、怀抱极权主义思想或倾向的群体实现的。以色列国的建立，只是在实现犹太复国主义理想的漫漫征途中迈出的第一步，预示了犹太人重新走进历史。尽管这一过程植根于对犹太传统和同化模式的严重背离，但其与犹太历史和传统的许多层面都紧密相连。

与此相反，正如我们所见到的那样，对传统的现代大流散过程中犹太生活现实的背离，不仅促使隐藏在早期犹太史中的基本主题和取向得以强化、复兴与开放，而且使绝大多数思想能够摆脱纯粹理论化模式，转而以制度领域和制度框架为基础。这种制度模式的具体成就在以色列得以发展，其表现主要是该制度模式似乎有能力调节这些紧张关系，尤其能够限制无政府主义倾向。但也不能想当然地将这一成就理解为：正是主权国家的建立才为这些倾向的迸发创造了潜力，使

其重获新生，打破现存制度模式，对以色列社会和政治体系提出持续性挑战。简要回顾一下伊林夫和以色列国法律体系以及对这种法律体系态度的发展变化，在这里显然是有益的。

委任统治时期不仅对以色列法律体系的发展起着重要作用，而且也极大影响着对待法律体系、法规的相关态度。由英国委任统治政府和英国政策所设定的政治限制支撑着这些法规，总体而言（区别于政治问题，在民事和公共领域）它们都能够被接受，这也增强了许多移民对源自欧洲的法规的强烈信赖。

与此同时，犹太复国主义运动和委任统治政府间日益激化的政治
紧张、独立武装机构（哈加纳和伊尔贡）的相继出现、对英国颁布的限
制移民和获取土地的相关措施的公然违抗，弱化了上述态度。在更崇 218
高的集体目标下，所有这些发展都使违反委任统治下的土地法的行为
变得合情合理；与此同时，在日常生活中，对土地法视而不见和公然
违抗其规定的行为也时常发生。

随着以色列国的建立，其基本制度框架虽发生变化，但通常却朝着相互矛盾的方向发展。这一矛盾植根于“王国之法便是法”的古老律令与潜在地不接受国家法律间的关系之上。整体而言，后者以犹太传统的不同倾向为基础，尤其是政治无政府主义倾向。

与新的立法机构议会成立时间相同，依据委任统治模式，独立的法院系统也应运而生。作为独立国家的法院系统，似乎它应该被毫无保留地全盘接纳。但正如我们所见，事实并非如此。恰恰由于行政机关、立法机关和司法机关是新的主权国家的所有组成部分，他们才成为各种原则性政治倾向关注的焦点。

当犹太人成为国家当权者时，先前由外国统治者所制定，犹太人却无法享有全部责任的土地法已经不能自动融入到国家制度中去。实现犹太文明的愿景成为犹太国家义不容辞的责任。国家中的不同群体也许会对这一理想进行不同解读，这将导致激烈的政治论战，这一论战也只有在犹太国家法律的前提下才能发展。

尽管如此，法律体系尤其是最高法院和总检查长办公室的影响力与日俱增。法院是世俗性、纯粹司法性的机构，而非立法机关。议会依旧掌控着立法权，原则上可以否决高等法院的任何判决，但实际上这种情形极为罕见。事实上，最高法院的权威通常都会被予以尊重，许多由其首倡的立法原则都得以通过，其中包括对公共权威和政府的相关禁令。但与此同时，也许与伊休夫和以色列政治中的联合原则相联系，在“国家”或者“国家理性”（raison d’etat）的观念中仅仅衍生出了一种极度薄弱的、与安全和一般公共利益考量截然不同的传统。

然而，即使在此框架内，一些固有的紧张关系依旧从法律制度上衍生出来。其中一个涉及世俗法院、宗教界和宗教法院间的关系。极端正统派不承认世俗法律体系，尤其是最高法院的合法性。他们几乎
219 独立于该体系之外，自行处理民事（商业）纠纷；总体而言，他们倾向于使用自身的内部法庭或者准法律机构处理相关事宜。因此，从某种意义上说，一种与中世纪法律体系极为类似的情形出现，即不同法庭间的相互隔离，虽然看起来非常矛盾，但它们仍然共存于统一主权国家的框架之内。

以色列的官方拉比法庭则更具矛盾性。该法庭将委任统治时期的情形延续至今，其前身甚至可追溯到奥斯曼帝国时期，当时创建了包含拉比法庭和（塞法尔迪犹太人和阿什肯纳兹犹太人）大拉比的司法体系。以色列建国后，该体系彻底制度化；并与议会法令相一致，属于国家法律体系中别具一格且独立存在的一部分。

正如我们所见，有关犹太人个人生活的方方面面（婚姻与离婚）都受到拉比法院的影响，其同样负责监管犹太饮食法的执行情况，穆斯林、基督徒和德鲁兹社团的宗教机构也都享有这一司法权。因此，正如牢牢掌控社团成员的婚姻大事一样，宗教群体决定着社团成员的基本规范。

在某些司法权上，拉比法庭附属于（世俗化的）最高法院。对于“世俗法院”——以色列最高法院而言，尽管拉比法庭对其没有直接诉

求，但是当其行使最高法庭职责时，只要认为拉比法庭违反了司法基本的“自然”正义的原则，均可否决后者做出的任何裁决。这也引发了两者间持续不断的冲突。特别是近几年来，宗教群体频繁否定宗教法庭从属于世俗法院这一关系的合法性——此外，当世俗法院针对历届宗教事务部长依照自身对待哈拉哈的看法所采取的政治、和行政化行为进行司法审查时，宗教群体也会对其合法性提出质疑。

但是，这种原则性的政治无政府主义倾向，不仅只在看似边缘化的宗教群体中得以发展，它也正持续不断地向中心扩展。在当代以色列政治视阈下，这一倾向愈发清晰地呈现于中央政治领域。

这种原则性的政治无政府主义倾向，一方面体现在参与更高级法律的政治活动，另一方面则表现为积极参加突出资源分配的政治活动，这些活动通常借用犹太团结或者团结犹太社团不同部门的名义——这种无政府主义倾向，在中世纪和以色列建国的前二十五年间被各自的制度框架所限制和束缚，1977 年以后，随着工党模式的瓦解，这种倾向不仅愈发明显，而且得以持续。

在当代以色列政治中，这种倾向在右翼政党中表现得尤为明显：
首先表现在信仰者集团中，这个极端民族主义宗教群体的前沿阵线自 220
1967 年诞生以来，已经发展成为以色列政治舞台上的一支显赫的力量；其次，在许多“大以色列地”（Eretz Israel Hashelema，“The Whole Eretz Israel”）思想的世俗支持者身上也能见到这一倾向；最后，这一倾向也见于近期兴起的属于极端宗教民族主义的“犹太地下组织”中，该组织曾在 20 世纪 80 年代初期针对约旦河西岸的阿拉伯人、阿拉伯机构实施或蓄谋实施一系列犯罪活动。

并非只有右翼政党或极端宗教组织有这种倾向。在建国初期，即整个 20 世纪 50 年代早期，在围绕“帕尔马赫”（Palmach）与军队结构以及文官控制军队性质的激烈争论中，这一倾向在左翼团体中表现得更加明显；在另一场探讨与苏联关系性质的争论中也能发现这一倾向，这场争论与以色列社会早期历史中最为痛苦的事件——基布兹运动的分裂相联系。时至今日依旧能在左翼团体中发现这一倾向的影子，例如在一些较为极端的组织中，诸如“耶什·盖维尔”（Yesh Gevul，“凡事均有极限”之意）组织，它反对黎巴嫩战争，甚至连左翼团体中的主要反战组织也批判其反对服兵役的态度，一些更加左翼的组织更是对此感到愤怒。

与此同时，曾经发端于英国委任统治时期的许多非法行为，随着分配已协商政策的发展日益凸显。[23]总检察长和高等法院的裁决已经成为全民争议的核心，经常引发公共群体的争论，甚至有时政府成员也对此争论不休。此外，议会权力之外的极端主义也大规模发展。公共生活质量恶化，偏狭、残忍和暴力愈发严峻。文明及法治的许多方面日益弱化。其中一种表现是军事领导人史无前例地大规模参与到政治事务中去［尤其是时任参谋长拉斐尔·埃坦（Rafael Eitan）］。另一种表现与以色列法律的适用有关，尤其涉及犹地亚和撒玛利亚犹太人和阿拉伯人的关系。所有这些发展相互交织——文明特性的淡化、社会群体间的分裂、主要政治党派与其追随者的分裂、公共行为中许多标准规范的崩溃以及耻辱感的减弱——导致暴力冲突加剧、包容性下降。

尽管如此，其他倾向依旧存在着。虽然基本的民主框架以及民主进程的大部分原则面临着诸多威胁，大部分社会成员也对民主性产生质疑，但它们依旧得以维持下去。与此同时，社会的开放性、民众与政府的交流渠道也得以保存。尽管在有关黎巴嫩战争的报道中曾出现
221 干扰记者的插曲，但相关报道仍然较为全面地呈现于媒体中，有时甚至越过军事审查的法律限制，这与马岛战争形成鲜明对比。此外，在这样一种整体氛围下，维护法律、尊重法院的现代世俗权利、支持土地法规等趋势也得以加强。

以下几个原因能够对法律体系，尤其是最高法院和总检察长权威的持续扩张加以解释。首先，这可能归因于国家本身的成长与发展。随着以色列社会最初制度模式的形成、经济的不断增长和社会复杂性

的日益加深，许多新问题和诱发冲突的因素不断出现。其次，它与政府其他机构，尤其是行政机构的日益衰落，以及日益尖锐的政治分歧紧密相关。在这些时期，人们对最高法庭、总检察长的依赖度持续增强，甚至连政府也是如此。

法治确实在许多方面得以加强，即使人们并非总是能够完全接纳它，甚至有时会成为公共争论的焦点。这一强化能够在黎巴嫩战争中找到例子，当时设立的“卡罕委员会”（Kahan Commission，该委员会以时任最高法院院长命名）负责调查战争行为，对多名政治、军事人员予以审查，建议解除时任国防部长沙龙以及多名高官的职务；尽管这一影响深远的裁决只是部分被接受，但依旧是史无前例的，其他民主社会不可能发生类似情景。

其他一些例子也能对此予以说明，如当以色列电视管理局禁止播放巴勒斯坦解放组织的相关报道，或者禁止播出反对以色列政府的阿拉伯领导人采访时，最高法院对其进行了相关处罚。与此相似，与警局意图背道而驰，法院允许为了纪念被杀害的和平主义者埃米尔·格林兹维格（Emil Grinzweig）而举行的示威游行活动。此后，经过与警察总监的谈判，总检察长发出一道指令，对于合法的示威游行，即使大部分民众对此持反对态度，即使这些游行有可能扰乱公共秩序，保护游行的安全依旧是警察义不容辞的责任。与此相似，总检察长办公室倡议设立“卡普委员会”（Karp Committee），旨在对法律的应用与执行予以调查，尤其要调查犹地亚和撒玛利亚犹太人与阿拉伯人的冲突。最高法院司法独立性的最新表现是，1991 年 1 月波斯湾战争前夕，它规定军队要向约旦河西岸的阿拉伯民众分发防毒面具。此外还有很多类似例子可以对此加以说明。实际上，在有关政治和公共事务冲突中，诉诸最高法院已经成为以色列政治场景的基本组成部分。

毋庸赘言，这些并不是全部的趋势。许多迹象表明文明淡化、多 222
样性和包容性下降的趋势不仅持续不断，而且日益恶化。总检察长和最高法院的某些裁决，已经成为公共争论的核心，民众甚至政府成员都对此颇有微词。

围绕法治和最高法院在以色列的地位问题出现的紧张态势，在1986年7月以色列国家安全总局的案例中强烈体现出来。从我们讨论的视角来看，该案例最为有趣的地方也许在于，尽管在一般法律体系之外存在着诸多努力，但只有在最高法院支持总理宽恕安全总局前局长及其随从（这一宽恕行为在公众中引发了激烈争论），并经过司法调查之后，该案件才算告一段落。这一案件主要是由于国家安全总局成员涉嫌谋杀被捕的阿拉伯恐怖分子，并对政府调查委员会撒谎而引起，而时任以色列总理的沙米尔也卷入其中并默许纵容了这种不当行为，由总检察长领导的司法调查最终赦免了沙米尔总理的渎职行为。在这一过程中，媒体在支持法治的过程中发挥了至关重要的作用，对许多右翼政要的渎职行为进行无情揭露（但不仅限于这一群体）。

相似的一幕发生在另一重要部门——国家审计局（the State Controller），它对支持公共领域中的适当规范与准则起到重要作用。在以色列最高法院前副院长M.本—普拉斯（M. Ben-Porath）的提名下，国家审计局报告中对有关政府机关、公共部门和政治机构中违反适当规范和准则的行为予以了猛烈抨击，这不仅引发了公众的激烈声讨，而且也促使议会和媒体对此加以讨论。

首先，在维持民主宪政的基本框架内，在民主和持续的宪政进程之间，这些矛盾性趋势都在发展着。尤其需要认识到，大部分民众、甚至包括许多政治领导人都对这些框架持有相互矛盾的看法。其次，在法治和不同的无政府主义倾向间也能见到这一矛盾趋势的发展，无论这些倾向是植根于原则性的政治无政府主义，还是以不同的团结概念为基础。在后者和法治中，维持并强化基本宪政框架都引发了紧张关系。

转变中的以色列社会：一些结论

对于以色列而言，1977年以来社会动荡不安，并充满了矛盾性。整个20世纪80年代，以色列局势依然在持续动荡的车轮下向前发展

着，除了矛盾性发展，并未形成任何清晰的制度模式或范式。 223

先前许多存在于正统派与世俗派之间、犹太人和阿拉伯人之间的紧张关系不仅持续发酵，而且经常重新爆发。除此之外，无论在约旦河西岸还是耶路撒冷，阿以关系都持续恶化。这体现在阿拉伯人对以色列持续占领的憎恨情绪日渐加深，恐怖主义活动愈演愈烈，因提法达的爆发又加剧了阿以冲突，以及随之而来的大部分犹太人反阿拉伯倾向的强化，这包括为了报复阿拉伯人杀害犹太人而采取的暴力行为。越来越多的迹象表明彼此憎恨的恶性循环正在发展，这有极大可能会对以色列社会生活的许多方面以及对一些政治解决方案的前景造成毁灭性影响。

与此同时，这一时期的持续性特征表现为以色列社会各个领域都兴起了文化创新，甚至制度创新；但政治进程全面受损，社会中许多核心机构持续萎缩。在社会生活各个领域都展现出的巨大创新潜力与中央制度领域日益僵化的趋势之间形成尖锐的矛盾。以色列社会重建制度模式过程中面临的挑战，其能否突破盛行于 20 世纪 80 年代制度僵化这一严重趋势的问题仍然横亘于整个社会面前。

自 1989 年以后，最具戏剧性的变化便是来自俄国的犹太移民大量涌入，到 1990 年底其数量已达 20 万人。无论俄国移民融入以色列的过程历经了何种艰辛，并对以色列社会造成怎样史无前例的挑战，然而不可否认的是，正如其他移民一样，这一波移民将促使以色列社会发生重大转型。现在断定其发展方向自然为时尚早。

这些趋势的持续再次证明以色列社会正处于转型过程中。这一转型仍在继续，对其进行深入探讨，或全面分析与之相关的各个方面不在我们研究的范围之内。然而从我们讨论的视角出发，需要引起高度重视的是，若不考虑犹太文明或精神传统中的一些重要方面，我们将无法理解整个叙事。因而，文明概念的弱化，彰显了犹太政治文化中的特定主旨——永不妥协、弘扬更高效力的法律、在民族团结的名义下强调分配制度——都曾出现于历史舞台，然而，这些主题却只是在中世纪时期和以色列建国的前二十五年中在一定程度上处于主导地位。

224 随着时间的流逝，对这些趋势起到促进作用的并非是犹太政治传统中各种意识形态取向的存在，而是与强烈社会动力相联系的上述主题的驱动；这些社会动力主要有多样化的社会群体、精英阶层以及视自身为各种理想载体的运动。以色列社会的变革进程强化了这些取向。

犹太政治传统各个基本主题间的紧张关系在这一进程中发挥了至关重要的作用；包容性对抗理念，或者新制度模式或范式的发展能够限制这些紧张关系进一步恶化的趋势；解决这些紧张关系的方式，不仅会对这一进程引发的结果造成影响，而且还会为以色列社会的发展方向提供重要指导。

第八章

美国与以色列：一种比较分析的尝试

美国与以色列的某些共同特征：宪制的、现代化的、革命的和意识形态的社会

试图将美国和以色列进行类比似乎是一件非常奇怪、甚至不合适的事情。两国之间可谓存在着天壤之别：一方是超级大国、世界头号工业化国家，幅员辽阔，拥有超过 2.2 亿的人口；另一方则是一个身处敌对环境、被围困的小国，人口仅有 450 万，经济不稳定，政治体系动荡且内含不稳定因素。

然而，尽管两国间存在着上述这些明显的差异，但它们还是有着一些非常有趣的亲缘关系和相似性。自以色列建国以来，美以两国间的紧密"特殊"关系便是最简单却又相当重要的一个层面。[1] 1948 年 5 月 14 日，仅仅在以色列宣布独立的数小时后，美国便实际上对其予以承认，这预示着国际社会开始接纳以色列。从此以后，正如世人所熟知的那样，美国成为以色列最重要的盟友。在具体政策问题上，例如在六日战争后以色列统治约旦河西岸领土和加沙地带问题中，无论两国间的分歧多么巨大，即使当以色列面临着广泛指责，甚至遭遇军事袭击的情况下，美国的支持使以色列在国际舞台上得以存续。

实际上，美国的经济军事援助对于以色列的经济和安全具有至关重要性，也许正是因为过于重要，才使以色列在很多方面都极其依赖

美国。然而，即使两国存在着政策争端，但相比于美国对以色列的援助和支持，其施加于以色列的压力似乎相对较轻。

当然，在黎巴嫩战争期间，两国在政府层面，以及在与公共群体
226 和一些媒体关系方面存在着分歧和误解；随着 1988 年爆发于占领区内的阿拉伯人起义，这些分歧和误解进一步加深。然而，尽管分歧重重，毫无疑问的是，两国间强有力的纽带很早便开始萌芽，1991 年初爆发的海湾战争再次充分展现了这一关系的牢固性。

在很大程度上，美国犹太社团的力量、受接纳程度以及存在感，社团的特殊历史及其对美国政治生活的巨大影响力，能够对两国间的这一亲缘关系予以解释。但事实并非全部如此。犹太人在美国的历史特征只能通过与美国自身的独特历史以及美国人的生活方式相联系才能得以阐明，在某些方面，它们可以与犹太社会的发展相比较。这些比较可能会引发一些相当矛盾的共性，这些共性有助于解释两个社会间的强烈亲缘性和特殊关系，同时也能对两国间的一些显著差异予以解释——这不包括明显的领土大小、人口数量、财富、经济和国际地位上的差别——这些差异不仅是引发两国紧张和误解的来源，同时也是以色列犹太人和美国犹太人间发生冲突的触发器。平等与不公的萌芽早在定居美国的早期历史中就已产生，这远远早于以色列国的诞生，成为后期发展过程中的一个重要背景。

其中一个萌芽便是《圣经》、尤其是《旧约》的特殊地位，及其在清教徒定居美国历史中的形象和象征问题。例如，许多早期清教徒移民都认为美国是“应许之地”，沙漠荒地的形象以及对其进行的征服与治理——在上帝与人的立约中的形象——成为殖民地集体认同和政治文化的重要组成因素。

清教徒，尤其是宗派倾向明显的美国人和美国犹太人的经历之间存在着许多紧密联系。特别是对于犹太人而言，有时这仅仅是宽容这一普遍原则的延伸而已，乔治·华盛顿给罗德岛（Rhode Island）纽波特犹太会堂成员所写的那封著名信件便是例证。有时则不仅如此，正

如 20 世纪 20 年代卓越的社会学家罗伯特·帕克（Robert Park）所提的建议，有鉴于美国犹太人和美国新教徒在思想上有着极其紧密的联系，因而犹太史应该成为美国学校课程中的一部分。与英国类似，19 世纪的美国也出现了许多建立犹太国家理想的预兆。然而，只有在美国社会一些基本特征的框架中才能完全理解这些不同理论的内涵。美国社 227
会的这些特征可以与一些巴勒斯坦犹太社团、伊休夫和以色列国的犹太社团相比较。

两个政体间共同具备的最重要的特征便是它们的构成：

1. 革命性的，意识形态的社会；
2. 开拓型殖民地社会；
3. 宪政民主社会，有着相当独特的宪法制度且有一个共同特征；
4. 该社会能够从殖民化的原始动力中产生出现代化、工业化经济；
5. 在这类社会中，迥异于早期定居者或拓荒者的移民潮促进了经济的发展。

因此，使这些移民群体融入到由拓荒者构建的制度框架中，以及他们对框架的影响问题，成为两国发展过程中的一个中心议题。接下来我们将会对这些跨国共性进行详述，其中有些部分已在第 6 章有关犹太复国主义运动的分析中有所涉猎。

美国、伊休夫和以色列社会都是通过自觉性奋斗从而创造出了一个新社会，这一新社会是对旧社会的反抗，而先驱移民者均来自于旧社会。在这两个例子中，这些努力均建立于强烈的乌托邦理念之上，甚至不乏末世论、宗教或社会理想。清教徒定居美国的过程着实是为了反抗英国国教（Anglican England）（在一定程度上也为了反抗清教徒中的某些阶层），旨在打造一个未被高教会派（High Church）思想和腐败行径所玷污的新社会。[2] 在伊休夫和以色列社会的案例中，其反抗的则是犹太历史经历，尤其是现代大流散时期的历史经历，旨在构建一个能为犹太人提供集体安全的社会，该社会同时也能够从宪政制度和文化层面证明其富有创造力。[3]

在上述两个例子中，反抗或革命的最初目标并非颠覆现存政权，而是选择通过移民方式离开母体社会。起初，这两个移民社会都接纳了“外部”统治，美国殖民地效忠于英国，以色列地的犹太定居点则同时臣服于土耳其和英国王室。对这一统治的反抗，美国革命和以色
228 列独立战争，则开始于后期阶段，是在主要革命意识形态取向及其制度衍生物成形之后才得以发展。当然，就此而言，无论起义（或革命）均与发生于法国和俄国的欧洲大革命有所不同，也迥异于后来的中国革命，中国革命推翻现存政权是构建一种完全不同的意识形态的预兆。在美国和以色列，完全获得政治独立是革命思想得以制度化的关键环节，虽然美国革命被视为打造了一种全新的政治秩序，但其并非这一成型化和制度化的起点。

在美国和以色列，这些意识形态成为其集体认同、基本前提和根本制度形成的关键要素。在美国殖民地时期，这种意识形态植根于清教徒的宗教取向和象征主义中，也来源于英国政治和法律传统。在以色列，犹太复国主义理想在塑造社会认同和制度范式过程中具有至关重要性。

由于美国认同中存在着强烈历史性、原生性因素的弱点，对此我们将会详细予以探讨，（因而）在某些方面，相较于以色列，美国是一个更富意识形态性的社会，较为矛盾的是，美国社会也许还是所有现代社会中最具纯粹意识形态的社会。美国和以色列某些中心意识形态和殖民化要素围绕一系列极为类似的场景而得以成形，其中一些已在前文提及。它们中最重要的有：开拓思想；开荒，将沙漠改造为应许之地的想法。许多此类场景都来自于《旧约》，它们都成为这两个社会集体认同的一部分——正如我们将要看到的那样，尽管这两者间仍存在巨大的差异性。

在这两个国家中，革命的意识形态愿景的承载者被统称为先驱者，但它们并非各自社会中唯一重要的模式塑造者。与其具有同等重要性的还有那些意识形态色彩略轻的因素，例如在所谓的以色列私有领地

上的一些大的区域，以及美国殖民地南部半贵族化的定居者。

这两个社会与加拿大、澳大利亚、新西兰、南非等国家一样，都受到相似的殖民动力所驱使，即西班牙和葡萄牙征服拉丁美洲的首波浪潮，[4]只是方式不同而已。然而，上述所有国家的移民与美国、以色列移民间存在着重大差异性。除了地方经济、生态环境以及与原住民的接触范围与强度上的巨大不同外，最关键的差别在于除了美国和以 229
色列（也许南非也存在部分例外性），所有这些社会都完全缺乏革命思想因素，或者至少其革命思想因素较弱。在所有其他殖民化、移民国家中，移民和定居的主要动力通常是经济因素：追寻新的、更优良的经济环境，或者正如拉丁美洲那样，将此类考虑与强烈的政治征服与扩张动力相结合。尤其在后一例子中，诸如基督教的扩张当然也发挥了作用，即使基督教传教士思想中的一些因素在此过程中发挥了重要作用，它们却并非这些社会塑造核心机制过程中的动力因素。与此相反，在美国和以色列，革命的意识形态愿景却是基本制度框架形成与发展以及塑造集体认同象征过程中最重要的因素，或者至少是这些重要因素中的一环。事实也确实如此，它们制度框架中的许多方面，诸如两个社会代表制度和法律制度的重要性，能够通过其欧洲起源得以解释。然而按照路易斯·哈茨（Louis Hartz）的理念，与之前的自治领地不同，它们不可被视为欧洲母体国家的一部分。[5]它们的集体认同和前提以截然不同的方式予以发展，这远远超越了其欧洲传统。它们继承下来或者效仿欧洲的许多制度，都随着不断发展的新思想前提而发生了重大转变。

因而，美国文明的基本前提是欧洲文明发生了意义深远的转型后形成的，其中最重要的则是新式集体认同的成型以及对平等理念的高度强调。正如我们在第六章指出的那样，美国文明最重要的前提便是“弥赛亚”观念和早期美国社会政治努力的千禧年理想之转型，将美国集体认同中的团结和个人主义、美国社会的反中央集权取向以及美国价值观和信仰体系中强烈的未来观念予以特殊化结合。

这种新式美国文明的一个关键方面则聚焦于构建基于政治意识形态之上的文明模式，这种政治意思形态强烈根植于清教徒的宗教理念、根植于上帝和选民间订立的特殊契约之中，该契约旨在创造一个高度宗教化的政治实体，但根植于政教分离原则之上。[6]

在这些理念之外，根植于清教和洛克的政治取向，启蒙与不信奉国教的新教，一种新的奇特的“公民”宗教得以发展。把宗教感情和
230 政治价值予以意识形态化的融合，强调成就、平等、共和自由以及废除官方宗教，这些都被注入到美国生活的社会、政治领域和美国集体主义的构建过程中。由于这些因素，美国民族主义——如果这一富有欧洲内涵的术语仍然适用于美国例子的话——或者集体认同既非基于原始因素之上，也非根植于欧洲模式的有机历史发展之中。[7]在基本的文明前提问题上，美国和欧洲、加拿大（或者澳大利亚）之间存在着另一个关键差异，即前者高度强调所有社会成员抽象的平等性（托克维尔曾对此明智地予以分析），强调平等的个人主义，以及几乎彻底否认等级制度象征的有效性。[8]

鉴于上述这些前提，从原则上而言，美国所有公民均可步入权力中心。与欧洲不同，它并未成为原则化、持续性斗争的焦点。因而，旨在废除等级制度或要求等级制度转型、重建权力中心的抗议或阶级意识非常弱小。相反，一种将高度道德化政治与“猪肉桶政治”结合起来的独特模式在美国得以发展，两者之间出现持续的摇摆和动荡，S. P. 亨廷顿将此描述为持续性的“不和谐允诺”（promise of disharmony），但这一“不和谐”是建立在完全接纳权力中心前提的基础之上。对这一中心的重建，发生于杰克逊执政和罗斯福新政时期，通过尝试重建中心政治结构而非基本前提的方式以达到重建“和谐”的目标。

这些具体的前提同样通过影响深远的方式促使许多制度发生转变，这些制度从欧洲借鉴而来，但它们在独特的美国场景中显得与欧洲大为不同，按照西摩·马丁·李普塞特后来详细指明的那样，同样使他迥异于加拿大。[9]这里可以提供一些示例，如三权分立原则；行政、立

法和司法间的相互制衡；政教分离；以及最重要的人民主权的学说远远超过了在英国或加拿大所看到的情况。同样关键性的差异在于，即使美国和英国都以习惯法反对在欧洲大陆居于主导地位的民法，但两国的法律和法律制度在政治领域中的地位问题依旧差异显著，这能从自“马布里诉麦迪逊案”（Marbury *vs*. Madison）之后得以发展的司法审查原则中予以体现。

以色列制度框架的基本前提所具备的特殊性，区别于不同移民群体来源国，或者也区别于移民来源国的社团布局，这几乎是不言自明的事实，即使后者对前者的许多具体方面产生了重大影响。尽管以色
列许多政治制度都以不同的欧洲模式为原型，包括欧洲大陆和英国模 231
式，同时又受到犹太社区传统的影响，但以色列政治生活的基本前提和动力仍然不同于欧洲或中东模式，虽然这些地区都是以色列人口的来源国。不考虑到犹太复国主义运动具体的革命的意识形态取向，以及通过这一革命理念的成形而促使犹太文明基本主题发生转化的确切方式，便无法理解以色列的政治文化。

这两个社会都起源于宪政民主制。就此而言，他们在革命或后革命社会中具有独特性，不仅不同于通过革命建立集权体制的苏联和越南，同样与在墨西哥得以发展的独裁政权有所不同。它们与诸如英国和法国等早期革命社会存在着巨大差异，在这两个国家内，获得完全发展并得以制度化的宪政民主政体演变极为缓慢，至少以法国为例，这一过程更加动荡不稳。

自美国和以色列成立之日起，宪政民主政体就在两国确立；而且与许多其他“新生国家”不同（在此回顾李普塞特将美国描述为“首个新生国家”尤为重要），即使两国历经重重困难，它们依旧坚持走在宪政民主制的道路上。[10] 宪政民主制在这两个国家的建立与延续，很大程度上首先是从各自的革命或者起义中获得动力，这些革命或者起义采取的方式是移民到新的国度，而非推翻现有政权和社会结构；其次，又通过具有分散化特征的殖民获得发展，这些特征与拉丁美洲的

殖民化不同，一定程度上也迥异于澳大利亚的殖民化。[11]

在两国例子中，民主宪政制都衍生出了一些尤为具体且独特的特征。美国的权力分治和政教分离、以色列体系中的协商民主特征，以及宗教在以色列具有相当特殊的地位，大多数这些特征对两国而言都具体而特定的。然而在两国中都发展出了一种共通的或者相似的特征，即使它们的具体内容有所差异——如法治或法庭的特殊地位问题——我们之前的章节中已对以色列的这一问题予以分析。

尤其是在近十多年来，最高法院之所以在以色列位居相对主导的地位，究其原因颇具偶然性，例如行政机关和立法机关逐渐式微，而美国的分权结构使最高法院能够持续不断扩张势力。但在某种程度上，
232 以色列最高法院的主导地位，正如我们将在接下来一章中所要看到的那样，深深植根于犹太政治传统的历史根基中，与美国的例子有着某些极为有趣的相似之处（尽管这些相似之处看起来可能互相矛盾）。

这一相似性首先植根于犹太文明和美国新教教义中那些共同的文化取向之上：强调无需借助强大的中介、牧师或教会，个人便可与上帝建立直接联系，也可直接接近权力中心。正如我们所见，这一取向很容易产生原则性的政治无政府主义倾向，这些倾向曾在先知运动或宗派活动中得以呈现。这两个社会最初历史经历中的一些相似特征同样强化了这些倾向：早期定居活动中的分散化、半宗派化的特征，以及这一分散化特征对有序政府所造成的挑战。

与其他绝大多数现代的、后革命社会相似，两个国家都致力于工业化（例如，以经济发展为导向），并将之作为国家议程中极端重要的因素。尽管在有关具体蓝图、发展速度和规模上存在着巨大差异，但这一发展的总体特征，从农业、制造业和贸易向工业化过渡，成为两国的共同特征。

与其他大多数进行殖民开拓的国家相似，美国和以色列也并非肇始于“传统”社会经济结构，而是脱胎于相对现代化的社会中（这里的“相对”指的是时间和空间），并未受到所有传统农业负担的阻碍。

在这一方面，它们与其他革命社会差异显著，同时也迥异于大多数第三世界国家和拉丁美洲国家。最重要的是，两国都将大规模移民作为推动工业化和经济发展的巨大动力，移民为两国注入了更多的人口，他们的社会文化背景以及对新国家的憧憬都与两国早期开拓者们存在着重大差异。

美国至关重要的发展在于19世纪末涌入的，拥有独特历史经历的庞大移民群体，这些移民大多数来自于东欧，该地区也是当代犹太社团的核心组成部分。在以色列，当犹太国家宣告成立后，移民浪潮旋即展开，一部分大屠杀幸存者和所谓的“东方犹太人”群体（例如，那些来自于新中东和北非地区的移民）成为移民群体的中流砥柱。在两国的例子中，这些新移民浪潮的组成要素尤其是价值取向都与开国先辈（Founding Fathers）截然不同，非常重要的是，在这两国中他们都不再被称为“先驱者”，而是被称为“移民”——或者在以色列被称为“欧利姆”（olim）而非“哈鲁特兹姆”（halutzim）。

这些新来者和先驱者间的显著差异是，前者较少持有或完全缺乏 233
早期“先驱者”所具备的革命意识形态动机与价值取向特征。取而代之的是大多数人都抱着寻求提高经济地位、从政治迫害与压迫中解放出来的目的来到新国家，这成为大部分新群体移民最为重要的动机。对移民以色列的人而言，特别是对于有着强烈传统半弥赛亚理想的所谓东方犹太人群体而言，这一动机尤为复杂。

在两国中，这些移民群体的加入极大改变了人口的整体构成。这一变化对社会的基本制度和象征框架构成了挑战，也对社会将这些群体融合到现存制度框架、尤其是融入到民主宪政框架内的能力构成挑战。在两国例子中，对这一挑战所做的最初反应便是极其强烈地彰显“同质化”（homogeneization），这体现为美国的“熔炉思想”以及以色列的“聚集流散者”（Ingathering of Exiles）理念，后来导致族群反抗，并逐步在动荡中形成了不同类型的多元主义。[12]

美国与以色列之间的意识形态分歧：个人主义与集体主义

在这一部分，我们将对两个社会的一些重要差异加以分析。基本而言，这些差异可以分为两类。首先是前文已经分析过的相似特征间的差异，其次是在规模、地缘政治环境和历史经历中的主要差异。

就前文已述的美国、依休夫和以色列相似特征的问题，它们各自的革命性的，开拓性的意识形态内容和倾向，尤其是在各自强调个人主义和集体主义问题上，以及在集体认同象征的不同类型问题上有明显差异。其中一个重大差异便是，美国思潮中最强大的一个要素便是高度强调个人主义，这成型于清教徒以及其他英国传统要素中，并在18世纪发生转型。犹太复国主义运动中较为积极的主要意识形态取向，则是强烈推崇集体主义，并在很大程度上受到包括十月革命在内的、19世纪末期中东欧革命运动的影响。后一意识形态取向是基布兹、莫沙夫和以色列总工会等多种劳工组织意识形态的完全缩影。即使在伊休夫所谓的私人领域，对私人企业的强调也与发展于殖民地和美国的那类强烈原则性个人主义倾向并不相关。

234 在有关美国和以色列集体认同的基本构成要素方面，双方主要差异在于构建各自认同过程中不同基本要素或象征之间的相对重要性有所不同。正如所见，以色列格外强调共同集体背景和原生性要素，如共同领土、共同历史、共同的得以复兴的语言，在这一认同的基本要素中仅最低限度地发展了一种鲜明的政治思想。

对美国而言，这些原本性要素则极为淡化，最重要的宗教政治思想则演变为所谓的美国公民宗教，随后成为“美国生活方式”的写照，并正如我们在前文提到的那样，最终发展为主流意识形态和集体意识的核心因素。

这一框架更易容纳各族群的原本性要素，即使最初它们总会遭遇到更早期的已确立在美国地位的群体的反对，特别是那些新教徒的盎格鲁萨克逊裔美国人都将自身视为最适宜代表和弘扬特定的适合于美国集体意识中那些共和美德的人。

对美国和以色列制度生活、形态和动态的许多方面而言，彼此革命的意识形态取向中的这些基本差异有着深远内涵。一种基本的个人主义政治和社会意识形态开始普遍流行于美国生活的各个角落，这植根于英国法律政治传统，更多地存在于新教、清教徒对个人直接与上帝建立的联系强调之中，并由宗派性新教群体的主导地位所强化。[13]高度强调经济成就与成功，彰显财产权利的神圣化成为其具体表现。在政治领域，这一个人主义要素体现为完全接纳追求个人利益是社会政治活动中的合法模式。这一倾向的力量甚至在盛行于当前美国的一些主流社会批判中得以展现。因而，例如一些新近著作如《心灵的习惯》(*Habits of the Heart*)，以及有关这种批判的另一类著作，如迈克尔·沃尔泽的著作［这两类作品都与大卫·李斯曼(David Riesman)的《孤独的大众》(*Lonely Crowd*)关系密切］[14]，聚焦于个人主义的精神和社会空虚，这种精神和社会空虚由强调契约和各种宗教群体中固有的社会传统遭到削弱所引发。

犹太复国主义意识形态的出发点，尤其是但不仅限于劳工犹太复国主义，在很多方面都与美国意识形态相反；它具有强烈的集体主义特征。这一集体主义拥有以下几个根源：例如中世纪犹太公共生活的一些因素，特别是强烈推崇团结性；许多东欧革命性的社会主义运动的集体 235
思想，这些思想对犹太运动产生了重大影响；以及这些群体所具备的强烈宗派特征。从传统而言，犹太社会对个人权利的强调要弱于美国；无论如何定义，集体主义及其在不同领域的利益都具有更高的优先权，即使在原则上所有个体都能自主接近集体中心。用雷纳·鲍姆的话来说，社会秩序的整体概念或者以色列社会大部分领域的共同利益是一种“全面性”(ex-toto)例子，与盛行于美国的“片面性”(ex-parte)相对。[15]

美以这些差异中的一个有趣方面能够在两国“自由”党派和意识形态的命运上，以及在有关“个人”或“基本”权利的概念上得以体现。相比于欧洲，两国特定的“自由”党派和意识形态十分薄弱，但产生这一现象的原因不同，甚至在某种程度上相反。

正如哈茨所指明的那样[16]，美国并未发展出特定的自由党派或自由意识形态，因为与欧洲不同，美国并不存在与强烈等级制度和集体主义取向相联系的保守传统，但欧洲羽翼丰满的自由意识形态却有意识地反对等级和集体主义取向。从一开始，自由取向便是美国政治思潮的主要构成要素，基本未能给特定的自由思想或保守的意识形态或党派发展留下自然空间。

纵观以色列史，一些政党得以发展，诸如伊休夫时期各类综合犹太复国主义者（后来演变为以色列自由党），大部分由富裕私人地主和一些小规模群体组成；进步党（the Progressives）主要由小型专业化群体以及将自身描述为自由人士的知识分子所构成。尽管这些群体通常都是工党主导的联合政府中的成员，在这一联盟中他们居于次要地位，这些群体同时也是后来的利库德集团成员，利库德集团通过部分融合自由党（Herut），在 20 世纪 70 年代由梅纳赫姆·贝京所创建，其成员主要来源于伊尔贡（Irgun Zvai Leumi），并成为工党主导的政府、自由党和一些其他小型群体的主要对手。[17]

以色列自由党派或自由群体弱小的原因，在一定程度上不同于美国的情形。这一原因植根于霸权意识形态的集体主义取向占据支配地位，植根于与这种支配状况相关联的制度内涵之中。足够真实的情况则是，工党的这一意识形态霸权及其对经济政治领域的大规模控制，促使不同群体——诸如伊休夫的“私人”群体和“综合犹太复国主义
236 者”——试图在经济和政治领域打造自身的空间。但总体看来，这些群体中的大部分人强调了其不同的经济利益，而只是在较小程度上突出了诸如民权的自由原则。此类权利原则居于次要地位，除了 20 世纪 70 年代初期在创建利库德集团时自由党（Liberal Party）加入自由党（Herat）群体过程中，能够在较小规模的自由群体中发现这些原则外，其他群体几乎见不到这类原则的身影。

与两国自由党派的命运息息相关，个人主义和集体主义取向的相对

重要性体现在各自政权中的个人民权概念中。然而，毫无疑问，这一概念在美国政治体系的基本前提中占据中心地位，但在以色列其影响却尤为薄弱。以色列的宪政协商民主制源自不同群体间的权宜之计，大部分这些群体都具有强烈的集体主义理念，并非基于强大的个人主义构想之上。强调个人权利的意识形态被限定在主要由专业人士和知识分子构成的“边缘化”小党派中，例如以色列建国之初的“进步党”，后来演变为“独立自由党”，或者近来的“变革党”（Shinui）和“民权名单党”（Ratz）。[18]

至少直到最近，这些小群体及其对个人权利的彰显，对整体盛行的意识形态和制度实践的影响相当有限。值得注意的是，工党对此类运动的支持同样有限，尤其是每当呼吁反对以色列总工会健康保险或工会部门其他利益时，以及反对社会秩序中更普遍的极权性的“全面”概念时。自 20 世纪 70 年代起，只有伴随着劳工犹太复国主义的制度和思想模式解体之时，这些群体才具有潜在重要性，对个人和公民权利的强调也与日俱增，并逐步在公共议程中占据更中心地位，这些公共议程通常由最高法院的决定发布。

在以色列和美国，强调个人主义或集体主义理念的意识形态对比鲜明，它们并非是纯粹“意识形态性的”或“学术性的”。它们拥有许多重要的制度内涵，但这里我们仅涉及寥寥几个。

强烈的集体主义—平等主义取向所蕴含的制度内涵，以及社会秩序的“全面”概念，能够从许多领域的倾向中得以窥见——劳工、宗教以及某种程度上的私人领域——它们管理自身内部事务，包括依赖自身规范纪律，不求助于外援、国家或机构。只有在后期，随着上文提到的对民权的不断弘扬，这些倾向才开始被法院所支配。确保所有合作社和集体组织的成员都享有向法院提起诉讼的权利，由法院决定 237
各种集体内部机构的司法权限。从国家层面来看，安全问题尤其能体现这一态度。长久以来，各种国家机构所提的诉求（部长、高官以及最重要的军队和安全部门）都能被法院所接受。这一情形只是近来在一定程度上才开始发生转变。[19]

与以色列社会主要领域集体主义取向密切相关的一直是以色列民主结构中极其强烈的协商民主因素，以及与此相伴出现在伊休夫时期和建国初期主要党派和群体之间强烈的组织上的、意识形态上的界限。这在伊休夫时期和以色列建国后前二十多年间的劳工、宗教和私人领域以及当代劳工组织，不同宗教领域以及利库德集团中真是表现出来——与美国此类党派严重缺乏组织性，且具有分散的联邦特征形成鲜明对比。

然而，在两国政治经济基本模式的差异中能够发现另一核心内涵。美国高度强调竞争性、进取性以及个人主义经济，重视私有财产和市场竞争，以色列与此形成强烈反差，正如所见，以色列政治经济的特征表现为高度集中化，由国家、主要企业实行集体公有制（大部分处于劳工部门控制之下）以及用强有力的集体主义政策进行规范。[20] 正如我们将在下文予以详细探讨的那样，盛行于美国的个人主义取向与主导以色列的集体主义取向间的差异，影响了两个社会“平权法案”（affirmative action）政策的发展。

美国和以色列之间的意识形态区分：集体认同构建中原生的、历史的和宗教的元素

美国和以色列各自意识形态取向中的第二组主要差异，能够从构建集体认同中的主要因素，和两个社会中的制度化衍生品中予以识别；尤其见诸原生性因素、领土、历史、语言、民族和宗教中。正如所见，这些多种因素在美国却十分微弱，其政治意识形态来源于宗教基础，并在特定的公民宗教中得以成形。相对而言，美国历史不算悠久，其集体意识中的历史维度尤为薄弱，这与领土层面上的附庸物同样薄弱
238 是一个道理。这对不同族群间的融合产生了显著影响，尤其对于犹太人融入美国社会而言，这一影响也许更加明显。[21]

伊林夫和以色列的情况几乎相反。自建国之日起，宗教性、原生性、历史性和领土性因素就与其密切交织在一起。大部分的犹太复国

主义运动派别并不否认这些因素及其相关性；而它们的目标便在于对这些因素进行再解读和重建。

因而，正如我们所见，一种独特的文化模式在伊休夫得以发展，基于持续性对犹太民族—宗教传统的主要维度及其与普遍性文化价值的关系予以重建。该模式以相对巨大的异质性为特征，但从原则上而言，它却以犹太复国主义理想中的基本宗旨为基础。在这一范式内，传统与最小程度现代性的特殊结合至少从最初便开始弥合后来发现于许多新兴国家中的那些裂痕，这以与宗教群体进行的深远妥协为基础。正如我们所见，在这一框架内，在有关宗教问题上，以及在有关宗教象征、传统和特定宗教群体在伊休夫、以色列社会总体框架内的地位问题上，一种极其特殊的安排得以发展。

在有关两个社会各自的“原教旨主义”运动问题上，宗教在集体象征主义和制度框架内的地位差异，对于理解后来发生于以色列和美国的一些主要紧张局势和动荡问题具有特殊重要性。新教原教旨主义，是 19 世纪末期和 20 世纪初期美国历史的重要动力，在美国可谓生生不息。尽管其反对美国思潮中许多既定的规定和前提，但通常它展示给世人的都是其完全设定于美国共和和宪法的基本象征和体系框架内的存在。在涉及国家与宗教关系的一些方面，尤其是在有关学校祈祷和学校课程问题上，这些群体声明将正确地对宪法予以解读，这对法院有很大的吸引力，总体而言可以令其接受，即使这并非法院的裁决，但至少确保了宗教的合法性。此外，美国新教原教旨主义者从未试图将任何特定原生性取向灌输到其活动和意识形态中。其活动和取向均被限定在美国集体认同的基本政治—宗教—意识形态象征的框架内。[22]
这与以色列的情况可谓截然相反。在以色列，两股宗教原教旨主义倾向，伴随着许多其他分支，在工党模式解体过程中获得了大力发展。第一股便是以信仰者集团（Gush Emunim）为缩影的极端民族主义犹太复国主义组织。第二股则是在正统派中似乎占据上风的反犹太复国主义或者非犹太复国主义的极端正统派。二者都对以色列国的基本象征 239

前提构成了挑战。[23]双方都试图在犹太复国主义范式之外，重建犹太集体认同中原生性、历史性和宗教性因素之间的相互关系。这两个运动的共同点是并未完全承认以色列主要机构和制度的合法性——但是基于相反的原因，在信仰者集团的例子中，这一“部分承认”通过向犹太复国主义理想灌输完全的弥赛亚理论合法性，将彻底接纳犹太复国主义理想作为根基。这在推崇更高法律的至上地位中表现明显，在这一例子中，它们宣扬的律法强调了以色列地的神圣化，这与土地法相违背；也就是说，在有关约旦河西岸、犹地亚和撒玛利亚问题上，他们反对任何形式的政治妥协，因为这将否认圣地在当代的神圣性。其次，二者都强调哈拉哈的神圣性，虽然在很多方面都略显薄弱。在非犹太复国主义正统派的例子中，包括大拉比在内，他们都不接受以色列国及其制度的合法性，这以反犹太复国主义者或者反犹太复国主义前提为基础，将其自身在以色列地的存在视为处于“精神加路特”、“精神大流散”过程中。他们中的绝大多数至多只是将以色列国的存在视为一个既定事实。他们对待以色列国的态度是完全功利化的，试图从国家机构中最大化地获取资源，然而从未打算承认其任何基本的合法性。在非犹太复国主义阵营或者非犹太复国主义宗教群体中，尤其对于那些更加极端化的群体而言，正如我们所见，许多人仍持有这样一种强烈倾向，即不借助国家法庭的力量，虽然近年来这些群体中的一些人已经开始利用此类法庭解决其内部纷争；不过，这一倾向也只是在近来才发生了些许改观。

将集体认同象征中的强烈原生性因素与盛行于以色列社会的强烈集体主义取向相结合，对两个社会“族群”问题发展的某些方面造成了非常有趣的影响。自 20 世纪 60 年代早期或中期开始，这两个社会中的族群问题几乎同时爆发。在这两个社会中，该问题与早期“同质”范式的解体相关联，尽管在美国，原始意识形态模式本身早在杰克逊执政时期之前便已发生翻天覆地的变化。但内战结束一个世纪之后，距离大规模移民也经历了七八十年之后，族群问题成为美国的核心问题。

导致这一问题爆发的一些原因，如抗议经济与教育差距，反对歧视——这些抗议的主体多由族群中那些社会经济地位更具流动性的人们所发起，有时也与饱受贫困折磨群体的社会领袖们相联合——这在 240
一定程度上都具有相似性，尽管发生于以色列的抗议在参与度上从未达到美国那般广泛。在两个社会中，同样具有深远意义的“平权法案”政策得以发展；值得注意的是，正如我们稍后将看到的，这些政策肇始于以色列，甚至在族群动荡发生之前便已产生，与美国相比，围绕这些政策引发的争议也要小得多。然而，除了所有这些共同特征之外，一些极具重要性的差异也开始在两国族群运动的基本取向中发展出来。

两国族群取向差异的关键问题在于，采取何种方式来推动包容诉求的发展，最重要的是如何推动族群中象征性包容的发展。两国的整体取向中存在着许多相似点，但同时也存在着一些重要差异。

在美国，包括犹太人在内的多数族群都试图在广泛的美国框架内为自身、为族群传统和象征，以及为公共领域内各自族群活动和组织的合法性和肯定性开辟出更广阔的生存空间。尤其对于黑人而言，许多族群斗争都聚焦于在美国框架内争取完全的法律平等，随着 20 世纪 60 年代民权运动的发展，他们获得了“白人”主流群体的广泛支持。正如犹太人反对反犹主义的斗争一样，这些斗争是在美国普遍价值的名义之下、在美国文明的基本前提之下进行的。尤为值得一提的是，为了纪念马丁·路德·金，而为其设立特殊节日以“褒扬圣名”，这一褒扬也是在美国公民宗教的基本框架之内而设定的。此外，这一褒扬也由于其弘扬、争取美国民权的基本前提而获得合法性。

许多族群并未挑战美国的基本象征和制度框架；无需赘言，虽然他们成功地改变了这一框架的基本环境。只有更加极端的分子，诸如黑豹党人（Black Panthers）才试图破坏这一框架。

直到更近一段时期，一种分离主义运动开始在一些黑人群体中发展起来，西班牙裔族群中也有小规模的此类运动。其中一种显著的分离主义倾向便是打造出一种美国黑人文化，或在较小程度上打造出西班牙裔文化，从而使其区分于主导美国的西方文化。大学校园、娱乐媒体成为宣扬这一倾向的主要阵地，并试图推动其制度化发展。在一些西班牙裔族群中，要求在学校和政府中扩大西班牙语使用范围的呼声愈发高涨——当局通常都接纳了这些诉求——但直到现在，试图将西班牙语作为美国几个州官方语言的尝试依旧尚未成功。

241 与此同时，尤其是在 20 世纪 80 年代，下层社会中的广泛群体开始出现影响深远的疏远于美国主流生活的现象，这主要以黑人群体和西班牙裔群体为代表（后者开始要晚得多），这进一步强化了这些群体中的分离主义倾向。然而，大多数其他族群接纳了既定制度框架，接纳了美国生活方式的基本因素，并不强调其原生性因素，因而能够为容纳不同族群的原生性象征提供更广阔的空间。[24]

在以色列，不同“族群”，尤其是“东方犹太人”群体同样试图为自身争取更广阔的生存空间。但除此之外，该族群提出的诉求关键在于，将自身融入到本族群的中心，融入到本群体的代表中去，也融入到其独特集体、独特传统的原生性或历史性象征中去，这一独特集体和独特传统受到以色列社会吸纳和融合族群过程的影响，并在以色列持续性获得重建。在以色列，探寻参与到权力中心的道路，无论是“真实的”抑或是象征性的；探寻将自身的一些独特集体象征融合到以色列整体象征中的努力都在不断发展，在此，这一点尤为重要：这一追寻植根于强烈的国家思潮中，植根于身处这一思潮内的各种族群成功的社会化进程。因而，例如，20 世纪 70 年代初期，小规模群体“黑豹党人”所提出的其中一个关键诉求便是能够被征召到以色列军队中。由于他们教育程度相对较低、行为不良或者有犯罪记录等原因，他们被以色列军队排斥，但此举并不像在美国一些族群中那样，被视为是从越南战争中那些繁重且不合法的要求中获得解脱，而被视为被社会所排斥。

在呼吁融入到社会中心的诉求中，其中一个最有趣的方面在于，将一些族群节日设立为全国性节日取得了巨大成功，例如摩洛哥人的“米穆纳”（Mimuna），这一节日最初是通过高度重构的形式作为分离主义节日而得以发展；但作为全国性节日，总统、总理以及各界名流都会参与其中。与此相似，一些传入型圣徒崇拜，特别是来自于北非地区的那些教派，开始在以色列得以重建。一些宗教节日被选定为官方节假日。然而，这一象征性包容意味着对基本国家象征进行了具有深远意义的重建，最重要的是对先前的革命性意识形态的开拓性取向，而非总体国家思潮造成了严重削弱。[25] 在美国，唯一直到现在仍能体现出将“族群”或少数族裔象征融入到公共集体神殿中的例子便是马丁·路德·金纪念日，其展示的并非一些独特的种族元素——纵观美国的所有族群，黑人在很多方面都堪称地位最低的“少数族裔”——而是对美国普遍价值观的再次确认，这一价值观一度因黑人被排斥在美国社会主流之外而遭到破坏和颠覆。

只有在近来，彰显多元文化主义、强调西方文化的堕落、宣扬 242
“政治正确”的立场，在美国许多学术机构以及一些教育部门开始传播，这似乎在传递着这样一种信号，即新的舆论氛围不仅试图为不同文化传统打造出新天地，而且潜在地否认美国集体认同中许多基本前提的合法性。这些倾向也许正在被美国人口中持续增长的非白人群体——黑人、西班牙人、亚洲人所强化。

正如我们简要提到的那样，在美国和以色列“平权行动”政策发展过程中，一些有趣的差异性不断演化。相比于美国个人主义取向和彰显机会均等，以色列的这些政策更多地与集体主义取向，以及、强调由此衍生的结果均等相一致。

在伊休夫时期以及以色列建国早期，对“结果均等”的预设在一定程度上通过政治体系中扇形协商民主的特征得以实现。新移民尤其是所谓的“东方犹太人”移民的汇聚，引发了他们和以色列其他居民，尤其是阿什肯纳兹犹太人的教育、就业差距问题。相比于美国，以色列许多旨在促使结果均等的各种强力平权运动政策并未引发太多的公共争议。

在有关法律体系在政治领域中的地位问题上，宗教在两个社会中的象征、制度结构中的地位差异，彰显了一些有趣的不同之处。由于以色列没有宪法（或者权利法案），以色列议会行使完全的统治权，以色列最高法院无权修订宪法；其所作出的任何裁决从原则上而言都可以被议会所否决。这一点也可能以一种相当矛盾的方式增加高等法院的权力：因为没有宪法的制约，法院看来可以作出一些影响深远的宪法式解读。因而，例如，当美国最高法院近来支持来源于《独立宣言》的自由表达权利时，宪法便没有限制权。

但也许美国和以色列最重要的差异在于正统派对待高等法院的态度，以及不同拉比法庭和最高法院之间的关系上。正如我们在上一章简要提到的那样，这一差异的关键在于，对于以色列大多数正统派群体来说，最高法院缺乏根本合法性，而终极合法性却是美国最高法院独特地位的真实写照。

243 对于数量众多且很可能持续增长的宗教群体而言，最高法院成为世俗制度下犹太国家的一部分，不仅仅意味着除技术合法性之外，其缺乏任何合法性，而且也意味着那些最极端的正统派群体不会寻求国家法庭的帮助。与此相伴随，最高法院和拉比法庭之间的关系也逐步出现了一些问题。对于许多宗教群体而言，也许尤为重要的是，最高法院不支持这些源自哈拉哈的法律，而宗教群体将这些来自哈拉哈的法律视为以色列公共生活的基本框架——没有哈拉哈，以色列则无法被称为一个真正意义上的犹太国家。

从原则上来看，包括最高拉比法庭在内的拉比法院，在某种程度上地位不如最高法院。但从更加正式的意义而言，最高法院无权上诉或修改拉比法庭所作的裁决，这一点也足够真实。但最高法院能够决定拉比法庭的职能范围，且如果最高法院认为拉比法庭的裁决违反了“自然公正”的原则，便可对裁决予以干预。然而在有些问题上，例如结婚或离婚，大部分的宗教群体则不会感到困扰（因为他们把持了这些领域的权利）；当最高法院宣布——正如以色列珊迦大法官在1988年所做的那样——哈拉哈效力的真正界限需要由最高法院来界定时，这一情形变得更加复杂。

因而，与美国的情况相反，与最高法院在政治领域的至高权相联系的基本文化或文明前提，则有可能在以色列引发潜在的紧张焦点，这一紧张情形是由于对更高律法予以不同解读而导致。这甚至促使不同宗教群体试图否认高等法院所作裁决的合法性，虽然有时大拉比采用的是温和方式。尽管总体而言这些积极的尝试是微弱的，但近来却有增强的趋势，而且该问题爆发的潜在性与可能性也始终存在。

美国与以色列的不同：领土大小、政治生态与国际关系

然而，美国和以色列的一些重大差异并非只能从它们基本的革命的意识形态取向中得以窥探。同样重要的是历史和地缘政治经历的基本差异，当然也包括已经提及的国家、人口和经济结构规模等存在的相对差异。

领土大小和人口差异及其对两国相对实力和财富所造成的“自然”影响是显而易见的。然而，这些差异的其他影响则需要加以说明。最
重要的差异与现代小型社会的一些基本特征相关联，这种小型社会依 244
赖于外部市场和活动舞台，具有强烈的外向型取向，这种依赖和取向对制度文化创新模式造成影响。[26]

首先正是在有关这一外向型取向上，美国和以色列间的一些主要差异才表现突出。无论其外部影响如何之大，尤其是对一些精英阶层中的学术或文化群体而言，美国通常都呈现出强烈的内向型的自我中心意识，在这一特征内，外向型取向并非基本的意识形态参照点。美国的生活方式通常被解读为自然之道，从原则上而言更适合于整个世界。其对外部市场的经济依赖度较小，这也与美国的相对孤立息息相关。

在以色列，面向外部市场始终是其基本取向的构成要素，即使这会与更加内向型的取向产生持续紧张关系，以色列对各种外部市场的依赖——包括经济市场和文化市场，这指的是国外各种犹太社团或国际学术、专业团体等——将长期持续。

然而，两国间的另一重大差异存在于不同的政治生态形势。美国自殖民地时期，至少一直到一战期间，都在相对孤立的环境中发展，这使其远离了同时代国际政治的主要环境与潮流——正如“门罗主义”清楚阐释的那样，其努力使自身隔离于这些潮流之外。这一孤立主义以及当时欠发达的通讯媒介，促使殖民主义者以及后来的美国政府得以在相对和平的直接环境中，在不引起国际社会过多关注的前提下谋求扩张政策。[27]

当然，伊休夫和以色列国的情况则完全不同。从一开始，伊休夫和以色列便在极其动荡的国内外环境中夹缝求生，这不禁令人想起第一圣殿、第二圣殿时期的诸多场景。[28]

无论在早期还是当代，其内部环境始终是以色列地不断遭遇其他定居者和移民群体。宏观背景是以色列地或者巴勒斯坦处于古代伟大帝国的交汇之地。这一动荡的最终结果便是政治疆界呈现的持续变动性和开放性，以及围绕疆界引发的持续冲突；人员的持续流动；以及维持一个稳定、紧密政治认同和一个独特文化认同的艰难性。美国和伊休夫及以色列社会在不同政治生态环境下产生的最重要效应，能够从其与原住民
245 的关系上得以探知，这些原住民是定居者在新大陆或者古老的新土地上发现的：在美国是美洲印第安人，在巴勒斯坦是阿拉伯人。

首先是巨大的数量差异：印第安人数量极为有限，其领土也相对分散；反观阿拉伯人，无论从绝对值还是相对值而言，其人口数量都极为庞大，且聚集在相对狭小的领地范围内，他们是更加庞大的阿拉伯省份人口中的一部分（隶属于奥斯曼帝国和后来的阿拉伯国家）。两个社会在国际地缘政治环境中的差异进一步强化了这些人口数量上的差异。美国的相对孤立，国际通讯媒介的相对缺乏，促使定居者与印第安人之间的交往难以为人所知：这纯粹成为一个内部问题、一个似乎被边缘化的问题。巴勒斯坦和以色列的位置处在世界大国争夺的交汇之地，处于现代报纸、电台和电视媒介兴盛的时代，阿犹冲突被持续暴露在国际镁光灯之下。

这些基本地缘政治环境对以色列社会的制度动态产生了关键影响。其中一个与美国形成鲜明对比的影响是，安全在以色列人生活中占据中心地位，这在前文已经有所探讨。将小型社会的政治生态环境与犹太复国主义运动的原生—民族性和历史的、革命的意思形态取向相结合，产生了另一重要影响，即有关构建新兴集体主义的象征和界限问题，构成了潜在意识形态和政治斗争与争论的持续性焦点。正如我们所见，自犹太复国主义运动诞生之日起，此类斗争的潜能便已存在，尤其在涉及犹太复国主义与犹太历史和宗教遗产的关系，以及这一遗产中不同历史宗教、领土元素的相对重要性的问题上更是如此。我们已经探讨了犹太复国主义运动和各种宗教群体间的持续性矛盾关系。在美国，构建公民宗教与政教分离相伴随，因而为集体认同创造了相对稳定的象征和界限，也创造了政教关系的基本制度框架。然而，与美国不同，以色列并未发展出这一稳固的象征性制度框架。

然而，这一情形的发展并不仅仅与集体认同中的宗教因素相关。在不同程度上，集体主义普遍性和特殊性取向之间的关系在不同历史阶段表现出相同特征。正如我们所见，六日战争后，有关构建以色列集体认同过程中这些因素的地位问题，不仅重新出现，而且持续存在于以色列政治斗争的最前沿。

围绕构建社会的象征性和领土界限问题所引发的持续性斗争，甚 246
至比传统在构建以色列社会的中心地位问题引发的斗争更多。在有关构建此类界限问题上，与中东环境的关系构成了意识形态和政治斗争的另一个焦点，远远超越了直接的、甚至间接的安全问题。回归到中东地区这块崭新而又古老的土地上，是融入中东地区的举动，被认为是一项历史壮举。这一融合的本质成为潜在意识形态和政治斗争的焦点，当其与周边的阿拉伯民族运动频繁发生冲突时，或者当其与发生于阿拉伯国家内部的民族运动发生剧烈争端时，抑或是当其与约旦河西岸的阿拉伯人频繁发生龃龉时，这一斗争就濒于爆发。

两国发展的不同历史时期以及各自历史经历的不同，与两国不同政治生态环境休戚相关。这一差异似乎完全遵循了年代顺序：美国殖民地自16世纪开始发展，而犹太复国主义者定居以色列地则始于19世纪末期，并在20世纪获得了充分发展。然而，当把这一年代差异与两国各自历史经历的差异紧密结合时，它们便对两个社会各自历史经历的本质特征造成了许多关键影响。

与美国殖民地时期以及建国后相比，定居以色列地和以色列国的时间处于技术经济发展更加密集的时期，不同社会主义、民族主义的意识形态和运动间的扩张与竞争也更加激烈。与这些差异紧密相连的是已经提到的通讯技术的发展；以及以色列的发展与动态持续且彻底地暴露于国际媒体的聚光灯下。

美国和以色列的经历不同，不仅表现在各自发展处于不同时期。它们各自的发展在时间跨度上的差异具有同样的重要性。两个社会共同经历的各种进程，诸如经济发展、工业化、最初革命模式的解体、新移民的涌入以及种族问题的出现，以色列至多共经历了六七十年，而美国却历经两三百年。

美国和以色列各自历史经历在地缘政治维度上的差异，能够通过一种简化的，而且是必然简化的方式加以概括：以色列的历史经历在极其短暂的时期内被压缩到相当狭小的空间中，但却承载着极其强烈的历史记忆和意识。

247 这一情形的主要内涵在于，与美国相比，发生于以色列的所有进程都尤为激烈。这一强度能够从以色列人精神生活所经历的各种波澜中轻易看出，当然，这也能从先前探讨过的小型社会、地缘政治环境及其衍生物中强烈体现出来。这些差异的主要影响在于，尽管两国社会都存在着许多相似的进程和问题，但相比于美国，以色列的这些进程不仅在空间上被挤压，因而总是对社会中心造成更大影响，同时在时间上也被高度压缩，导致在以色列公共事务的诉求表达得更加激烈，正如在美国，那些纯粹私人问题和利益比在以色列能够拥有更加广阔的空间一样，这使得以色列的政治生活和制度动态更易处于高度不稳定状态中。

第九章

总结观察：现代和当代的犹太经历

两极特征：大屠杀与犹太经历的异质性

在本书第二部分的章节中，我们对现代犹太历史经历的诸多方面予以了探讨：犹太社团融入现代社会的不同模式，以犹太复国主义运动为代表的犹太民族运动的主要维度；以及以色列社会某些最显著的特征。在对这些问题进行探讨时，我们阐明的首要问题便是，这一历史经历在何种程度上将自身与其他相似社团或社会的历史经历区分开来：这包括其他宗教或民族社团、少数族裔，其他民族运动，其他意识形态的、革命的，或定居者社会。其次，我们也论述了这样一个问题，即如果这些差异确实可以被探知，那么它们究竟在何种程度上能够被归因到特定的犹太文明和历史经历中，我们已经在本书第一部分对此予以分析。

在这些问题之外，另一个基本问题，即犹太文明的可能的命运问题也隐现出来。犹太文明是轴心时代文明之一，其基本前提首先存在于宗教术语的“后轴心”或者“后现代”时代上，在此时代中，文明的前提不再与宗教范式或愿景相关联，集体认同中的原生性、历史性元素也经历了广泛而深远的转型。

现代犹太经历中两个具体的、但又似乎自相矛盾的特征便立即凸显出来。第一个便是梦魇般的悲剧性经历——纳粹屠犹。与其他种族

250 屠杀相比，无论纳粹屠犹某些特定方面的可比性有多大，然而，各类修正主义历史学家（尤其是德国学者）针对所有这些比较所作的结论，不仅具有局限性，而且从根本上而言都具有误导性。它们之所以具有误导性是因为，在人类史中，纳粹屠犹的基本前提具有独一性。它不“仅仅”是由于宗教迫害，在战争中一个民族对另一个民族实施的大屠杀，对外来的少数族裔进行种族灭绝，如对亚美尼亚人的大屠杀或者对吉普赛人的大屠杀；它是基于意识形态之上的、有意识、有预谋地在充分阐明前提之后，对一个民族宗教群体予以集体灭绝。纳粹屠犹是唯一试图将另一民族整体灭绝的大屠杀，而且是在完全清晰的意识形态基础之上灭绝整个民族，这一意识形态将这个集体关在了人类界限的大门之外。[1]

尽管这一思想的成型与完成从根本上而言属于现代现象，能够从犹太历史经历的跨文明方面，从更早的犹太人和主体民族的跨文明关系方面（尤其是与基督教文明），及其现代转型方面发现其根源。但纳粹屠犹可被视为犹太人与主体文明，尤其是基督教文明之间这一跨文明关系敌对因素的悲剧顶点。

因而，尽管还存在着不同方面，但只有依据这种历史经历，才能够理解现代犹太经历中其他的构造性特征；即集体生活方式的具体模式具有丰富性和异质性，它们在这一时代不断发展，其异质性和多样性是中世纪犹太生活模式无法比拟的。

这种异质性和丰富性远远超越了中世纪的犹太历史。在那个时代，这种异质性从不同习俗、不同公共组织模式和不同文化认同方式中得以体现；但是大多数却囿于哈拉哈模式的公共框架之内。中世纪，这种异质性同样在特定跨文明背景下的框架内得以发展，犹太文明、基督教文明和穆斯林文明之间的历史宗教关系塑造了这一特定的跨文明背景。

到现当代时期，所有这些条件都发生了翻天覆地的变化。哈拉哈模式在犹太人中丧失了主导地位，但没有一个单一的主导模式得以发展。犹太文明的多种元素和主题仍旧持续地在不同犹太社团中以不同途径进行重建；这些元素和主题均无法对行为和公共组织进行明确无误地描述和界定。

与此同时，各种犹太社团与主体文明间的关系也发生了巨大变化，这与西方文明的基本前提发生的变化相一致。这些变化为犹太人打开 251
了西方文明的大门，引发了两种在中世纪从未出现的可能性：一是将犹太人融入到主流社会的全新方式，二是他们又完全被这些社会所排斥，这一排斥在大屠杀中达到极点。

在将犹太人融入到现代社会的所有可行性成为现实，他们必然地增加了犹太生活的异质性，这不仅仅超越了中世纪时期，而且也是第二联邦时期所无法比拟的。不同犹太社团正在经历着不同的历史，这一事实强化了其异质性。在很大程度上，主流社会的历史经历塑造了犹太经历。有鉴于犹太人与这些社会的关系已经发生了变化，这些不同历史经历不仅影响了犹太人身体的命运，而且影响了犹太社会文化活动以及由此发展的犹太生活重建的模式。经典的欧洲民族国家在当代不断衰落，并强烈彰显集体意识、集体认同中的历史性和原生性因素，这也为当代犹太生活的异质性增加了新维度。而许多西方社会集体意识中的历史和原生性因素不断弱化，诸如在美国和后来的欧洲，同样对重建犹太生活提出了新挑战。它引发了这样两种可能性，一是重新确认犹太集体意识及文化和社会活动，二是这种意识的持续弱化。

通过对这种丰富性和异质性予以考察，纳粹屠犹的悲剧便显著地隐现在这一背景之中，犹太现代经历的特殊性问题、现代或所谓的后现代犹太文明的命运问题便随之产生。

前文的分析已经对不同犹太社团与其所融入的现代社会之间的关系问题进行了复杂的展示。这些分析凸显了伴随着所有的紧张关系，不同主流社会不仅对犹太社团融入其中的模式造成了巨大影响，而且对存在于这些社会之中的犹太生活及活动模式也影响深远。

然而与此同时，一些独特性特征在几乎所有的犹太社团之中发展开来，这些特征将他们与其他类似的宗教或种族、少数族裔或集体区
252 分开来，这些几乎成为所有不同犹太社团的共性。其中一个独特的特征便是各种知识分子和有影响力的人物所宣称的，至少试图将发展于犹太社团中的某些生活方式、文化或制度活动融汇到犹太文明的一些宏大主题中去；试图对犹太认同和主题中的一些要素重新予以构建，这些主题已经成型，且在古代和中世纪时期也持续地被重建。

现代犹太经历的第二个独特的特征实际上是各种相互关系、相互参照和共同利益焦点的持续，它们在不同流散时期的不同犹太社团中，以及随后又在以色列得以发展。这些关系聚焦于现代、后现代时期不同犹太文明主题中，犹太集体生存、不同犹太社团间的相互帮助以及不同重建方式等问题。

与中世纪的情形相比，现代犹太历史经历的第三个具体特征，也许是最新的一个特征，便是对于犹太文明中犹太认同和主题的不同要素，犹太社团中的不同群体似乎能够自行选择如何强调与舍弃；因而，从某种意义上而言，就提出了哪些应该被视为犹太集体认同、文化、文明愿景的最小核心问题，以及在现代或所谓的后现代时期该如何发展的问题。

现代流散状态下犹太经历的主要模式

伴随着犹太人融入现代西方社会，现代犹太历史经历的这些特征便从现代早期得以发展，但是在不同时代和不同国家，它们的具体表现却迥然不同。除了一些我们先前已经简要提到的多种地区差异性之外，我们也能从广泛且特定的层面用必要的简化了的术语将犹太人融入现代社会的大致周期和类型加以区分。

第一种类型自 18 世纪以来先后发展于西欧和中东欧地区。它聚焦于将犹太社团融入到新兴欧洲民族国家的可能性。正如所见，这些民

族国家是通过在相对同质的民族社团内大力强调普遍公民权而得以建立的，集体认同中强烈的原生性民族因素在这些民族社团内极为重要，但通常又与这一认同中的公民因素和普世性因素相冲突。

在西欧和中欧国家的这些框架内，犹太人首次被呼吁要将自身转
型为一个纯粹的宗教团体。他们随后的发展方向被设想在以下几种类 253
型之间选择同化，或者不断适应，作为宗教团体生存下来，无论是自由派或“改革派”，还是正统派或者新正统派，这一社团处于一种基本现代的，原则上也是传统意义上的非宗教环境中。

事实上，犹太人融入到中西欧社会的进程已经证明上述假设无法成立，但长久以来这些假设构成西欧社会犹太命运中主流的意识形态话语。即使这些运动——尤其是东欧“古老的”正统派群体，以及以犹太复国主义运动为代表的各种犹太民族运动——反对这些假设，也否认同化的可能性，或者否认犹太人成为纯粹宗教社团的可能性，但这些假设依旧对这些运动产生了重大影响。他们的反对意见往往是根据这些基本假定来表达的。

在东欧，首先由“古老”的正统派发起，在不放弃哈拉哈模式的前提下为继续存在于现代背景的可能性而斗争；随后，各种形式的犹太民族运动不断发展。但即使如此，正统派也发生了根本性变化，19世纪中东欧犹太社团内部其中一项最有趣的发展便是正统派的重建与转型。

从原则上来看，这些正统派群体不仅支持遵行所有的哈拉哈禁令，这与西方新正统派相似，同时也赞成从整体上遵守“中世纪”体现犹太历史和文明基本概念的哈拉哈。然而事实上，他们至少在两种方式上已经超越了中世纪模式的假设。首先，与西欧的新正统派一样，他们接纳了“加路特”的存在，不仅作为一个“暂定的”、必须适应的事实予以承认。事实上特别是通过独特的政治组织和团体，他们已经开始参与其中。

其次，随着正统派群体在犹太社团中丧失了主导权，变得愈发激

进、“保守化”，愈发呈现出半原教旨主义倾向，中世纪犹太教中许多宏大的文明取向也随之暗淡，并愈加朝着宗派化的方向发展。他们开始与犹太社团中的其他阵营发生持续的思想冲突：首先是与有着世俗同化倾向的自由派和改革派犹太教，随后又与各种民族运动发生冲突。

发展于犹太社团中的各种民族运动，特别是东欧地区，同样受到同化前提的重大影响。尤为重要的是，对当前以及在当前重建犹太生
254 活问题上，他们与同化主义者的取向相同，此外还有不少世俗取向。正如我们所见，这些运动同时也具备一些特征，使得它们与中东欧地区的民族、少数族裔或民族运动区别开来，与许多被同化的犹太人一样，其中最重要的特征是与其他犹太社团的紧密关系，对重建犹太生活和犹太文明主题的共同关注以及构建持续的互相参照群体的事实。

在中东欧地区，大流散时期有关不同犹太存在模式的终极生存能力的问题，由于大屠杀的发生而不复存在，但一些发展倾向与由此引发的问题仍旧得以出现，并在二战后发生转型。与此同时大屠杀的经历仍然为另一种恐怖可能性敲响了警钟。

第二种将犹太人融入到现代社会的主要方式发展于美国，它不是一种欧洲模式的民族国家构建，而是一种具有意识形态特征的政治社团。正如我们所见，美国文明的特征极大影响了犹太人融入该社会的模式，产生了另一种犹太现代历史经历的全新模式，也造就了重构某些犹太文明主题的独特方式。

在欧洲和美国，犹太人融入主流社会的过程取决于所在国多元主义类型的程度或广度，多元主义源自这些国家，但是不同现代社会的多元主义本质有很大不同。在构建集体认同过程中原生性因素的相对重要性方面的差异在很大程度上造成了这种不同。

在所有现代欧洲社会中，这一认同的原生性因素，按照民族主义和种族等现代术语而持续地被重建，同时也不断与现代的普世性的、

公民性的因素发生矛盾。集体认同中不同因素相互交织的模式，极大地塑造了发展于这些社会中的多元主义本质，也对犹太人的融入模式产生了影响。

在原生性因素被相对成功地归入到公民性和普遍性因素的情况下，在构建各自集体认同的过程中，这些因素和平地交织在一起，至少在一定程度上，英国、荷兰和斯堪的纳维亚半岛国家的社会为犹太融合留下了相对宽广的空间，但代价便是犹太经历中的原生性因素遭到否定或削弱。

在这些社会或群体中，构建现代民族国家集体认同中的原生性和公民普世性因素间的紧张关系不断发展，尤其在德国、许多西欧社会 255
运动以及中欧其他国家表现出来，对犹太经历的影响朝着不同方向发展。在构建集体认同过程中，原生性、公民性和普世性因素间的紧张关系促使这些社会和运动强烈而消极地突出犹太集体认同中原生性因素的中心地位。这一强调与从原则上否认犹太人融入到现代民族国家的可能性紧密相连。正如我们所见，这些倾向最终导致了大屠杀。

在东欧的跨民族帝国或国家中，没有必要对这些原生性因素进行否认；然而承认犹太认同中的原生性因素不一定对犹太人融入到这些政体中起到促进作用。无论按照传统背景、传统反犹主义术语或现代反犹主义，甚至两者的混合体，这一承认都同样可以导致否认犹太人融入的可能性。

在构建美国集体认同的过程中，发展于美国的多元主义从最初便以最小化原生性因素为基础。因而，正如我们在美国犹太人历史的绝大多数时期看到的那样，犹太集体认同中的原生性因素从未被彻底予以否认。事实是，很长一段时间以来，尽管从时间上看，其发生早于欧洲，但包括许多美国犹太社团在内的大部分犹太社团都认为美国犹太人的经历从根本上而言居于次要地位，而且是现代欧洲犹太经历的衍生品。只有在二战和大屠杀发生以后，随着欧洲民族国家基础不断弱化（虽然其并未消失殆尽），美国犹太社团的经历在流散地犹太社团中才越来越具有典范性意义。

同样在二战以后，犹太历史经历的另一种类型开始占据中心地位。迄今为止虽然其在自身的框架中非常活跃，但在现代犹太历史背景中它似乎处于静止状态。这就是所谓的东方犹太人。[2] 在第三章中我们已经分析了自 18 世纪末期以来这类犹太人的一些特征。

我们强调现代化是自外向内影响这些犹太人的，是欧洲扩张的一部分，通常在殖民统治或半殖民统治的影响下发生。与此紧密相连的是，除了实行凯末尔主义的土耳其之外，其他大多数此类国家现代化的世俗
256 维度相当薄弱，在构建其现代民族政治认同中并未成为关键因素。

欧洲启蒙运动思想的重要性充其量居于次要地位。在奥斯曼帝国基本传统和伊斯兰基础的框架内，以及考虑到其殖民地形势，此类宗教运动发展没有如改革派或自由派一样的特殊的刺激因素。传统的塞法尔迪拉比和社团组织占据优势，但在更加现代或世俗化的生活方式面前，即便它们无需面临任何新式的、强有力的宗教意识形态、自由意识形态或民族意识形态的挑战，也会丧失许多权威性。

因而，正如我们所见，那里并未发展出宗教改革运动，也未发展出极端强烈的世俗化或半世俗化民族运动，与此相伴随，也未发展出激进的现代正统派。没有人尝试按照新式、现代的“非正统派”方式去重构犹太宗教生活；此外，除了北非社会中一些群体之外，也没有人尝试从意识形态上融入现存殖民社会。

总体看来，也没有人强迫犹太人放弃集体认同，或者放弃犹太身份中的原生性因素。这一因素的存在很大程度上被视为理所当然，实行凯末尔主义的世俗化土耳其以及法属北非地区的同化主义者群体除外。因而，尽管一些犹太社团能够按照传统生活方式继续存在，但其他人——通常是同一社团，甚至同一家族中的成员能够轻易逃离这一传统框架，迈入同化的社会；他们能够按照原则性的意识形态方式，无需放弃自身与犹太集体生活间的关系，尽管他们能够轻而易举地逃离这一集体生活。

然而，传统群体和更加现代化的群体都会遭遇到现代民族运动或半世俗化政权中传统人群和政治宗教群体的宗教敌视。随着犹太复国主义运动不断渗透到这些社团，这类敌意日渐增长，以色列国的建立之后更是如此。

二战后，大部分这些团体都移民到以色列、法国和美洲、尤其是北美地区（美国和加拿大）。正如我们所见，在以色列，他们对以色列社会的转型进程产生了极为重要的影响。

那些移民到欧洲、美洲地区，特别是移民到法国和北美地区的人，发展出了新式的且颇具多样性的犹太生活方式。特别是在法国，一些人与法国知识界关系密切。其他人，也许是绝大多数人的生活方式，都将参与经济职业领域与发展积极的犹太公共政治活动相结合。后一 257
种模式在许多方面都与大部分美国犹太群体发展的模式相类似；但后者缺乏特定的“文明”维度，也较少强调将这些活动与主流社会的公共领域紧密联系在一起。作为犹太人积极参与到各自社会的公共生活和文化领域，并通常把一些与犹太公共生活密切相关的、特定的普世性和文明维度融入其中，这点显得相对薄弱，仅仅在相对狭小的知识分子群体中才是如此。可以说，大多数这些犹太社团都是从颇为传统的背景中直接转向后现代社会，在这一时期内，启蒙运动最初的历史计划以及欧洲民族国家的构成开始发生重大转型。

伴随着戈尔巴乔夫推动苏联发生巨变，苏联犹太人特定的历史经历开始走向前台。尽管很容易探知苏联犹太人经历的基本趋势，但解读苏联犹太人经历却遭遇了更多困难。其中一个趋势与美国犹太人经历极为相似，即具备高度的生态流动性和经济流动性，城市化趋势不断增强，人口流向第三职业——犹太人口学家 J. 莱申斯基（J.Leschinski）在 20 世纪 30 年代发现这一趋势与美国相似。[3]

苏联犹太人经历的第二个层面是官方与半官方的反犹主义，这主要体现在有关允许犹太人在学术机构任职和受雇于其他职业的问题上，存在着许多事实上的限制政策，尽管当局也会压制许多民粹性的反犹主义言论，这些言论通常掺杂着其他自发的政治诉求。

与美国不同，苏联犹太人经历的第三个层面则是，要求犹太人同化的强大压力始终存在。从最初开始，希伯来—犹太文化体制便被视为资本主义—犹太复国主义运动的代表而遭到压制；他们试图保留一些意第绪文化，但也几乎面临灭顶之灾；在比罗比詹试图建立特殊犹太共和国，并将意第绪语作为官方语言的尝试也是昙花一现；任何犹太公共或文化生活或者维持犹太传统的努力都被压制。

因而，苏联犹太人实际上成为苏维埃共和国唯一被禁止拥有任何广泛的宗教组织的宗教群体，也是唯一被截断自身文化活动的族群，更是唯一文化传统未被融入到某种总体或特定框架内的族裔。

在这些趋势的框架中，一些惊人的现象得以发展。在事实的社会隔离状态下，犹太传统生活模式、特殊的家庭模式与联系在苏联能够
258 持续存在，即使这一模式的犹太性被高度淡化。除此之外，对犹太人实施的限制措施，持续强化的反犹主义倾向、态度和政策，以色列国的建立，以及一定程度上通过许多美国、欧洲犹太人到俄国访问而持续增多的与世界犹太人的联系，都使犹太认同中的强力因素变得愈发活跃，这一情况至少适用于部分苏联犹太人。这引发了逃离苏联运动（苏联犹太人约有二三百万，到 1987 年以前，将近 4000 名犹太人获得移民以色列的许可，这几乎是逃离苏联的唯一官方途径）。这些移民一部分选择定居以色列，但大部分人最终移民到美国。直到 20 世纪 80 年代末期，这一移民运动仍在进行，它们也遭到了当局的迫害，反犹主义、反犹太复国主义政策和宣传仍在持续。

然而迄今为止，分析这些倾向的范围和强度依旧不易，俄国犹太人是否最终会走向某种民族主义道路或遭遇更加强大的同化浪潮也不得而知。但不论同化，抑或是犹太身份的强力发展，都表现出了强烈的迹象。这一发展至少存在于部分犹太人口中，而且当局持续增强的反犹主义和反犹太复国主义态度在很大程度上促进了上述倾向的发展。

在 20 世纪 80 年代末期，随着戈尔巴乔夫治下的苏联体制的开放

以及苏东剧变，一种“传统的”原始的、先前发生过的反犹主义死灰复燃，似乎证明了犹太复国主义经典原则的正确性，但与此同时也催生了多种不同趋势。最引人注目的趋势便是1989年以来苏联犹太人大规模移民以色列的浪潮。

此次犹太移民潮汇聚了前所未有的力量。大约25万犹太人离开苏联和东欧——其中约20万人来到了以色列。考虑到基本的民族精神的发展，以色列自然成为，唯一不对准入移民数量作出限制的国家。

显而易见的是，这些人的离开是由于其作为犹太人而感到不安全，即使他们并未被驱逐出境。就算他们内心强烈感受到自身属于犹太集体，属于犹太民族，他们也不清楚作为犹太人究竟意味着什么；在多大程度上他们认同犹太民族或犹太传统，在这一点上他们也知之甚少。然而，正是移民这一事实强烈增强了犹太集体意识在犹太社团及其它领域的中心地位和显著影响。

与此同时，许多犹太组织——包括宗教组织、民族组织和世俗组织——在苏俄开展了许多犹太教育和文化活动。当然，很难预测这些影响的持久性，也很难推测出苏俄犹太人将发展出何种新式的犹太集体生活。

在东欧国家也发展出了相似的犹太活动（但却更加集中、根基更 259
加牢固），这尤其体现在匈牙利，其次在捷克斯洛伐克，这两个国家成为回归积极犹太公共生活和文化活动领域的代表。

同样在二战后，另一种犹太人融入到现代世界的全新模式彻底成型：通过建立伊休夫和以色列国创造出一个独立的犹太社会。犹太人融入世界的这一模式源自于大流散时期有关犹太存在可能性的最极端的批判之中，它在犹太复国主义运动中获得了发展。与此同时，通常被视为现代犹太民族运动缩影的犹太复国主义运动，在一些关键层面迥异于大多数欧洲民族运动。与犹太复国主义运动的特征相似，包括犹太复国主义运动和以色列国在内的这些特征与犹太文明框架紧密相关，并在许多层面显而易见，这包括犹太复国主义试图将不同元素作为犹太文明的主题加以重建。

犹太人的当代经历

犹太人生活和集体意识存续过程中导质性的新模式

因而，二战后，在现代或后现代的新时代中重建犹太文明所遇挑战造成的影响愈发凸显；一方面，现代或后现代社会犹太社团融入模式的差异，这包括持续地重建正统派；另一方面，建立以色列国，发展以色列社会。这一挑战的全面影响能够从犹太生活异质性模式的发展中窥知，我们在本章开头曾涉及这一内容，其核心内容很早便开始萌芽，但在此阶段终于开花结果。这种异质性能够从犹太生活和身份的诸多明确模式中体现出来。

首先，一种情形得以发展，曾被视为是自然之道的一种简单关系不复存在。这一关系尤其指的是，19 世纪的西欧徘徊在抛弃传统生活方式和放弃犹太认同之间。许多犹太人持续不断地改变生活方式，大多数流散地犹太人并不主要按照犹太方式或者不完全按照犹太方式进行生活，但他们也许并不想放弃犹太身份。他们试图重构这一认同，即使这一认同已经不再是唯一生活方式，甚至已非主流生活方式。此外，他们也试图为独特的犹太活动寻找社会空间。

260 其次，与此息息相关的则是对犹太认同的要素和象征持续予以重建。在此，两种进程持续发生。第一种进程指的是，除了放弃犹太认同中特定的元素和象征之外，也一直试图以不同方式对这些元素和象征进行重建和重组。第二种进程指的是，在多数例子中大多数宗教传统元素的再生与重组，并在其中加入更多的原生性元素，再混合一些“民族”因素，并对这一传统的政治因素再度予以强调；纵观 19 世纪甚至更早的时期，这些元素曾被视为犹太人融入现代社会的对立性因素。

二战后一种新元素获得了全面发展。这就是在各自社会的政治框架内出现了犹太集体政治活动的合法性。在大流散的历史中，全世界的犹太社团有史以来首次在政治上变得积极主动，并终于意识到作为犹太人的政治自觉。当然，这一发展的顶峰便是以色列国的建立及其与流散地犹太社团间关系关系的持续发展。

在大多数犹太社团中，对犹太认同不同元素进行再生和重建的过程，与挑选犹太传统中不同元素的进程紧密相连。同样，有关这一方面我们知之甚少，并依旧处于持续探索之中。与先前的认知相反，这一进程最有趣的方面在于，不同犹太习俗和传统之间，在对犹太认同的忠诚度和参与到主流社会更广泛的社会领域之间，并不存在一种简单关系。即使在似乎应该始终保留古老元素的正统派群体内部，这一情形也非常复杂。因而，正如我们所见，正统派和新正统派的兴起，与持续不断地参与到整体社会生活有关——这些社会生活包括高等教育和其他职业领域，对于古老的东欧传统主义者而言，这些行为都曾被视为可憎，或者至少对其而言不能相容。与此同时，它也与持续参与到一些新式的犹太政治活动相联系。

在非正统派犹太人中，这一情形更加复杂。有时一些回归特定传统或习俗的倾向不断发展，这些传统或习俗都具备宗教根源，已经成为集体认同的象征，例如在哈努卡节和安息日点燃蜡烛等，或者庆祝这些与传统有关的最原生的犹太生活的方面——例如割礼（显而易见这由父母决定）、成人礼、婚姻、丧葬礼仪等。重建宗教象征的不同模式并不一定要与回归正统派生活方式相联系，也无需接受哈拉哈作为 261
犹太生活的基本框架，尽管在一定程度上犹太社团确实经历了这一进程。因而，在不同犹太社团中，这一“内容”和犹太认同、犹太义务之间并不存在简单关系。

然而，另一种与犹太文明活动或犹太理想相联系的新元素开始占据主导地位。在许多例子中，那些寻找民族认同符号的犹太人倾向于将这一探寻与中世纪模式中在某种程度上被“压抑”的主题和问题相联系，它们在早期同化时代被排斥在犹太公共生活的大门之外：这便是试图寻找能够化解犹太集体认同中普遍性和特殊性矛盾的方法。在某些例子中，古老的半同化主义态度和“伦理”态度（包括自由主义、社会主义和民族主义）持续存在。然而在大多数例子中，这些态度与一种更加积极的犹太集体认同和义务之间的联系愈发紧密。在许多情况下，对这些主题的弘扬开始紧密地与犹太公共活动、制度组织活动联系起来。这些主题被视为当代社会总体背景下的建设性、积极性因素，在与以色列相关的事宜中，通常会对它们进行宣传。

此外，这些活动不仅发生于犹太私人领域之中，在颇具中心地位的公共政治舞台中也能见到它们的身影。大多数情况下，犹太人会使用各自居住国的语言（英语、法语、西班牙语等），按照这些社会中的知识分子话语来开展此类活动。然而，与此同时，通常也用它们来表达犹太认同的不同维度，并将其作为整体社会合法性的一部分。

当前，在有关犹太人该如何实现这一任务的问题上，不同犹太社团或群体采取的方式也大相径庭。对犹太集体认同、犹太集体意识的不同因素所做的强调有所不同，这些因素之间的某种特定结合并不存在一种完全独特的定型模式。相反，在每个犹太社团、犹太群体中，犹太认同不同因素都在持续经历着一种不断尝试的过程；没有哪个社团已经找到了这一“解决之道”或者已经抵达终点；所有社团都处在一个持续的动态探索中。这种动态极为关键的一个核心层面便是，大部分犹太社团正在持续性地脱离犹太组织框架，放弃遵从犹太传统、犹太象征的各种义务。然而，尝试和不断探寻便成为联接性因素，让不同犹太社团相互意识到它们彼此间拥有共同的遗产，拥有共同的追寻，各个社团中成员生活的具体环境对这些细节产生了巨大影响。

262 因而，当前人们能够感受到，犹太人对实际内容意味着什么并无明确概念。因为，很难在组织上把握犹太制度与教育的动态变化即使与以色列、苏联犹太人问题紧密相连的事宜服务于这些活动聚焦的关键主题，但犹太制度与犹太教育严重滞后于发展和前进方向。

尽管与这种异质性密切相关的是现代历史经历的不同模式，尤其是不同犹太社团都在经历与发展于不同犹太社区的主体文明的现代性的遭遇，但这种异质性甚至远比犹太习俗、犹太认同和传统中不同因素选择过程中巨大的异质性更加重要。犹太生活方式中持续增加的异质性，也许通过一种矛盾的方式，似乎与通常被视为后现代社会的发展趋势完美匹配。在此，集体认同、社会阶层与群体的民族宗教实体，以及拥有早期现代性特征的那些相对同质的生活方式，它们之间的界限愈发模糊。与此同时，这些愈发模糊的边界对犹太人提出了新挑战。[4]

一方面，这些挑战在构建犹太经历不同模式的过程中激发了日益增长的创造性的可能。另一方面，它们也提高了大批犹太人逃离犹太阵营的可能性。与此同时，这些挑战也加大了这样一种可能性，即随着主流社会许多领域认同的原生性因素意外爆发，犹太社会许多群体开始有机会与其进行接触并增加了受其影响的可能性。

最重要的是，当前犹太社团究竟能否创造出适应犹太公共生活和活动，能与犹太文明相适应的新范式，这一问题由于上述挑战而变得愈发尖锐。有鉴于犹太生活模式巨大的异质性特征、犹太集体生活中的不同因素愈发支离破碎，因而该问题变得愈发紧迫。这些分散的因素主要有民族习俗，犹太公共组织、犹太认同构成要素之间的不同形式，犹太文明不同主题的宣传普及问题，西方文明模式的不断变化，犹太社团与居住国社会互动的多重模式。

流散地犹太社团中开展的犹太活动和犹太组织正在经历的意义深远的转型，尤其体现在美国和相对较小程度体现于西欧的犹太社团中，它们与同样正在经历重大转型的许多犹太社团相联系，这些犹太社团也被犹太集体存在问题所困扰。这一变化从整体而言已经超越了 19 世 263
纪 20 世纪欧洲犹太经历的基础，尤其也超越了犹太复国主义的经典意识形态，塑造了以色列革命和意识形态前提的思想也被甩在身后，此外，以色列人对大流散的认知和态度也受到了这一变化的引导和塑造。

在一个纯粹的犹太环境中究竟是选择同化还是维持犹太集体生活；究竟是选择闭塞的正统派，还是选择众多的、原则上更加开放的犹太复国主义，抑或是在由诸多少数族裔组成的、只有一个主体民族的众多国家中充当少数民族；虽然他们断断续续且不总是能明确地对这一问题进行阐述，但问题的形成并非基于上述困境。相反，在当代大部分流散地犹太社团中，当然只有那些真正关心这一问题的社团才会持续追寻表达犹太集体认同和犹太民族性的不同方式，彰显这一认同中的政治文明因素，努力成为各自民族或政治共同体中完全平等的成员。

与反诽谤联盟（Anti-Defamation）和其他不同形式的自卫派一样，部分犹太公共文化活动总体而言都具有防御性。部分活动似乎贯彻了19世纪以来此类活动的传统，具有慈善性特征。但大多数却在更具动态性、更加丰富的模式中成型，它们都含蓄性地假设自身具有在流散地犹太社团发展此类活动与框架的可能性，尽管这些假设通常都与以色列相关。

根据不同历史经历，这一问题在不同犹太社团的不同模式中发展着，但基本的假设对于它们来说是共同的，即不同的现代或后现代社会，犹太人能够探寻到表达集体认同的不同道路，大多数犹太社团都可以融入到所在国的社会中。基本上，虽然对于流散地犹太生活最终会缺乏活力的担忧和恐惧依旧普遍存在，尽管犹太社团在流散地的存在问题仍旧是犹太集体意识中的一个困境，但大多数流散地社团仍旧或多或少地将这一自由的集体存在的可能性视为是理所当然之事，并聚焦于探寻表达犹太认同的不同方式。

尽管存在着种种矛盾的趋势，我们也会对此简单分析，但犹太人中那些关注此类问题的人似乎能够在其居住的国家和新的背景之下寻找到维持公共认同和活动的可能性，这些认同与活动以原生性、政治性和文明的取向为基础，通过充分参与他们所在社会的进程从而将这些因素结合起来。事实上，大多数美国人、越来越多的欧洲人和犹太
264 人，甚至那些积极维护犹太性的那部分人，拒绝承认在美国认同（或英国认同、法国认同等等）和自身犹太性之间存在着基本矛盾，也拒绝将反犹主义（有些人甚至试图否认其存在）视为其融入社会的基本威胁。然而事实上，这一情形尤为复杂。

各个犹太社团，尤其是美国和欧洲犹太社团在过去二十多年的发

展，强调新式的现代和后现代犹太历史经历中固有的不同矛盾，及其通常能够互相强化的各种可能性。因而，首先，特定的犹太组织仍在持续发展，它们在有关犹太教育、公共活动以及国际犹太组织（诸如世界犹太人大会（the World Jewish Congress）中日益增多的政治活动领域进行着新的冒险和尝试。其次，它们仍在持续不断地参与到美国生活的一般性领域中（其次是欧洲生活），随着许多犹太人进入到曾将其拒之门外的经济领域和各行各业中，他们在地区、国家和民族层面愈发积极地参与到政治生活领域。

然而，某些发展确实孕育了同化的萌芽。小型犹太社团的生态运动，犹太人口的整体下滑，其强大的经济成就也在经历着衰退，我们已经从美国犹太人身上观察到了这类现象，所有这些可能会使维持犹太公共生活和活动变得愈发困难。此外，1990 年 8 月以来的海湾危机，以及 1991 年 1 月爆发的海湾战争表明，由于各自社团领袖的观念容易受到各自所在社会的诸多限制，加上自由的流散地社团也有诸多掣肘因素，因而通常会限制或阻碍犹太集体活动。

许多犹太领袖和知识分子日益担忧由于生态分散性和通婚而引发的犹太人同化浪潮，同时他们也越来越热衷于把发展犹太教育机构作为强化犹太归属感的一种途径。即使许多此类活动和义务在很大程度上都与以色列有关，但这一担忧依旧牢固存在于流散地犹太社团的基本框架之内。对于其他人，也许最终是对于大多数人而言，伴随这一忧虑的则是在事实上接纳愈演愈烈的同化浪潮，或者从犹太框架内逃离出去。

因而，一种极为矛盾的情形实际上已经发展起来，我们在美国犹太人中已经观察到了这一现象，即强化了犹太活动和组织的这一进程同样能够导致相对迅速、平缓的同化现象或放弃犹太性现象。原因在 265
于，无需要求改宗或否认犹太性，这一同化便可发生。各种犹太社团正行进在不同的历史道路上，他们无需拥有同样的历史经历，这一事实也许强化了这一疏离犹太性现象。

究竟在何种程度上，所有上述倾向能够使犹太复国主义基本原则丧失效力，这仍旧是一个悬而未决的问题。这些犹太复国主义基本原则包括不可避免的同化浪潮、人口锐减，或者反犹主义迫害甚至种族灭绝等更极端的例子。大屠杀话语在当代犹太人的集体记忆中变得愈发重要，这一点具有重大意义。

新正统派

二战后犹太生活转型过程中一个最为有趣的现象发生于正统派群体中，这些现象再次违背了迄今为止几乎所有的现代犹太主导意识形态的基础，这些意识形态包括同化主义、犹太复国主义或者正统派思想。根据大多数这些“经典”模式的基础，它们根植于19世纪犹太人世俗化的总体趋势，而正统派本身也根植于这一经历，所以，它注定会变得愈发虚弱，也许终有一天会消散，或至多仍旧处于完全隔绝于现代生活的狭小隔都之内，并在各种“传统”犹太职业，例如小型贸易、手工业等职业中找寻到适合自己的工作。

对于个别极端正统派犹太人而言，这些预测实际上并非言过其实。但即使是美国、英国或者比利时的极端正统派群体，至少在经济层面上，他们正在变得日益多样化和“现代化”。此外，由于大部分这些群体超越了传统的隔都模式，因而这些发展也成为一种更庞大的、具有深远意义变革趋势的一部分。他们与职业化、生态化的现代社会环境的关系愈发密切，而且也具备世俗生活方式的一些特征，如工作、阅读习惯以及观看的媒体等。足够真实的情况是，在较为开放的新正统派和极端正统派之间存在着巨大的差别，后者试图从意识形态上，在一定程度上也试图从社会、文化层面脱离于其他社会，但经济层面不在此列。即使如此，这些群体也会参与到居住国的政治选举中去，这在美国表现得尤为明显。

尽管并无详实的数据可供参考，但是仍然可以轻易看出正统派犹太人遍布许多城市的中心地带，他们在传统职业以及新式的专业化、学术化岗位中的人数持续上升。他们，或者他们中的一部分人，以及他们之中更加开放的那部分人群都反对极端传统的正统派，这些人在高校中非常普遍，他们的专业多为化学、物理和计算机科学，与纯数 266
学专业不同，这些都是生活在栅栏区的正统派犹太人早期所无法接触的专业领域。那些首先面向现代“新式”正统派民众的特殊综合性学术机构，例如位于纽约的耶希瓦大学（Yeshiva University）和以色列的巴伊兰大学（Bar Ilan University），开始在正统派犹太人中兴起。极端正统派群体并不接受此类现代机构以及稍微现代化的生活方式；实际上，他们对此极端厌恶。

总体而言，自 20 世纪 30 年代以来，尤其是大屠杀发生之后，一些杰出的正统派学者定居美国，建立了强大的正统派犹太学院和中心，它们影响深远且富有活力。属于正统派自己的特定教育机构也开始增多，而且愈发多样化，有时这些机构也会开设一些世俗课程，或者允许学校学生将耶希瓦学校的学习与一般学校教育结合起来。更加极端化的正统派群体则强烈反对此类冒险，即使当他们被迫需要遵守居住国法律，将自己的孩子送往学校，或者让孩子到提供世俗课程的学校就读时，他们依旧会表现出强烈抵制。

在私人生活领域，许多人都过着非常丰富多彩的生活，甚至在某种程度上，他们的文化生活还相当繁忙，但他们通常都会对世俗犹太人产生极为矛盾的，常常是敌对的态度，有时甚至会尝试说服这些人皈依正统派。与此同时，他们也发展出了与以色列国和其他核心机构的特殊关系。

与上一代人的经历相反——在这一点上我们同样缺乏准确的数据——他们似乎并未在世俗世界中失去自我。恰恰相反，那些来自于更加世俗化家庭的年轻犹太人发起了一种非常显著的运动，即正在向某种多样化的正统派群体过渡，即使其并没有正统派群体宣称的那么普遍，而放弃正统派古老生活方式的人数依旧在持续增多。

因此，这些正统派群体并不认为自己已经处于防守性地位，他们在公共活动中也不会“隐藏”自身的正统性。相反，他们对此持特别开放的态度。至少德国的新正统派群体较为隐晦地支持一句古老的欧洲哈拉哈谚语，“在家里要成为一名犹太人，在公共生活中则要做一个真正的人”，但这句话完全不适用于极端正统派犹太人。除了极端正统派，大多数正统派犹太人与世俗犹太人一样，并不犹豫出现在公共场合，但是他们的独特着装通常使人们能够轻易将其辨认出来。因而在某种程度上，他们阐明了另一种发展犹太集体生活的可能性，这主要发生在美国，因为在这里他们正在被美国社会所接纳，其次是在欧洲。

在犹太人的不同群体中，也许他们才是自身最为分裂的一个群体，如他们可以分为不同的“哈西德”社团和“非哈西德”社团，在这些分裂的社团中，彼此又相互不和。然而，毫无疑问的是，在 20 世纪 80 年代中期，他们却成为犹太生活总体框架中最具内向性、最为紧凑的
267 一个群体，不断发展教育机构和公共机构，正如我们所见，大部分的犹太日间学校都由他们所建。

与许多拉比一样，在有关内部的和常规的犹太事务问题上，他们的中央组织都会观点鲜明、直言不讳，与此同时也展现出内部的巨大分歧。许多正统派犹太人领袖，即使他们并非属于极端正统派，也开始在犹太机构中日益占据中心地位，这也许与受过高等教育的年轻犹太人不断发起的运动有关，这些运动旨在使犹太人更加广泛地融入包括政治领域在内的美国和欧洲社会。他们似乎正在成为犹太领袖的后备军，同时也潜在地正在改变对以色列的支持基础，其与以色列的关系也在发生变化。无论未来如何，在居住国内，以及在有关与以色列关系的问题上，不同的正统派群体已经发展出了强有力的现代犹太生活的新变种，在这些新形式的犹太生活中，宗教社团、民族性甚至政治活动等主题相互结合，一种超越了欧洲“传统”正统派或者 19 世纪新正统派模式的新范式已经成型。与此同时，极端正统派社团，尤其是哈西德犹太社团领袖的影响（如鲁巴维奇拉比或者萨特摩尔拉比）极其显著，他们的影响力已经延伸到犹太社会的许多领域，有时甚至扩

散到非犹太人社会。

有时在此范式内，两种相互重叠的倾向开始发展：一是不断积极地参与到流散地社会的公共生活，二是宗派主义倾向日益鲜明。这两种倾向变得非常重要，实际上已经处于主导地位。

以色列国及其在犹太人生活中的中心地位：以色列与流散地关系的复杂性

犹太社团融入到现代社会的一种迥异方式在以色列出现。以色列社会具体的内部发展及其作为意识形态性、后革命性、殖民性和移民社会不断发展的特殊范式，需要发展一种相当独特的犹太历史经历模式，以及对犹太传统和文明主题进行重塑。

以色列建立了现代世界中唯一获得了独立、拥有领土政治实体的犹太社团。正如我们所见，这一政治社团正是通过犹太复国主义运动的历史和意识形态根基与在以色列地这一特定环境下构造政治社团的紧迫性之间发生持续性相互作用而建立。与其他所有现当代犹太社团形成对比，通过不同于其他犹太社团发展的方式，在以色列构建犹太 268
集体认同象征，宣传弘扬犹太文明经久不衰的不同重建主题之象征，它们与领土政治共同体的整体制度框架持续交织在一起。然而，贯穿始终的是，伊休夫和以色列社会与世界各种犹太社团不断进行着互动；这些社团也成为相对广大的以色列社会环境的一部分。

与此同时，以色列犹太集体生活形成的特殊模式，对以色列内外犹太集体活动和集体认同形成的新范式发挥了特殊作用。首先，其有助于在以色列复兴犹太存在的政治维度及其价值取向，这能在几乎所有的犹太社团和群体中发现，并成为这一维度的核心所在。因而，例如，在法国这个相对而言拥有长期同化传统的国家中，其将犹太身份视为一种宗教社团，这一态度能够从雷蒙·阿隆（Raymond Aron）与戴高乐在六日战争中的争论中看出，也能从赎罪日战争时期大拉比的讲经中窥探到，同时能从20世纪70年代大多数犹太社团日益频繁地参与到法国对以色列政策的活动中发现，这一政治参与由于法国犹太社团中青年一代的影响而逐步扩大，而北非犹太人也是强化这一政治参与的重要因素，他们在犹太活动和组织中变得格外积极。与以色列国有关的这种政治表达在其他犹太社团影响同样深远。由于英国设有“犹太人代表委员会”，加之伦敦多年以来一直都是“世界犹太复国主义组织”（World Zionist Organization）总部所在地，因而在参与此类活动问题上，英国犹太社团有着较长的历史传统。在美国尤其能够发现这一活动，诸如主要犹太机构的主席团：“犹太联合募捐协会”（the United Jewish Appeal），以及包括后来从事多种世界性活动的“世界犹太人大会”在内的各种犹太人政治游说机构。除了与以色列相关的事务外，与苏联犹太人相关的活动也成为此类活动的主要焦点。

大部分犹太人都承认以色列是犹太共同遗产和民族团结的地缘中心和象征，实际上，对于所有或者绝大多数犹太人而言，它还是唯一的或者主要的犹太中枢。此外，它还是犹太集体认同的核心焦点——尽管这一认同核心并不总是让人感觉轻松简单，实际上通常极为矛盾。对于许多犹太社团，尤其是20世纪50至60年代的美国社团而言，以
269 色列从诞生之日起便是犹太“公民宗教”新的、有力的核心要素。它也自然成为大多数犹太组织和家庭重大聚会的会面地点，迄今为止几乎所有犹太公共生活都或多或少地与以色列发生关系。

许多犹太人来到以色列探寻犹太存在和犹太文明主题的各种维度，他们对此期待已久；这包括政治军事力量和集体认同、社会正义、完全的宗教实现、追寻伟大的文明愿景以及“简单的”族群团结和家庭和睦。从这些视角出发对以色列所做的期待通常具有乌托邦性质，有些言过其实也并不现实——虽然颇具多样性但通常又相互矛盾——但是凡此种种都证明了以色列成为这些取向的永久性核心。20世纪70年代中期以后，针对以色列的矛盾心态和批评之声与日俱增，但即便如此，它们依旧证实了以色列在构建当代犹太集体认同中处于相对核心的地位。

足够重要的是，围绕犹太复国主义及其愿景的可行性而展开的古老争论，从犹太复国主义诞生之日起，以及从犹太人定居以色列地开始，便开始遍及欧洲和美国的犹太社团，但如今几乎销声匿迹。大屠杀的悲剧性经历，巴勒斯坦和随后的以色列至少从一开始就是愿意为来自欧亚地区犹太难民敞开大门的唯一地区，以色列国的成功建立，这些既定事实使得大多数争论变得毫无意义。当一些组织，如“美国犹太教理事会”（American Council for Judaism）在 20 世纪 40 年代或 50 年代初期试图继续对此进行争论，但他们发现在犹太社团几乎没有引起反响。自 20 世纪 70 年代早期至今，争论虽然仍在继续，但这些争论聚焦于以色列究竟在何种程度上能够不辜负犹太世界对它的种种期许；不辜负犹太民族对它的支持；后来这些争论又与对以色列政府所作的决策，犹太人在多大程度上享有公开表达异议的权力有关。

只有在正统派，尤其是极端正统派中，才出现了日益疏远以色列的倾向，这尤其体现在有关犹太复国主义层面，但总体上是出于对犹太存在这一焦点问题的关注。但是即使这些从不接受犹太复国主义原则的群体，由于其因为自身事宜愈发有求于以色列，因而他们也开始从事实上承认这个国家；许多定居以色列的人都与以色列发展了极为密切的联系。

许多正统派群体都在以色列开展了大量活动，并设立了诸多组织，在有关诸如“谁是犹太人”的争论等犹太认同的关键问题上，他们都 270
试图对以色列政策施加持续性影响。

与此相似，犹太民族性和犹太复国主义之间的差异，也是东欧不同犹太民族运动意识形态争论中的核心焦点，这一争论至二战以后也几乎销声匿迹，促成这一现象的另一因素则是 20 世纪 70 年代爆发的反犹主义将以色列国等同于犹太民族性。然而如今，这一反犹主义不仅增强了犹太复国主义倾向，此倾向也是最早的犹太复国主义假设的一部分，而且催生了对以色列更加矛盾的态度。

所有这些多样化的发展都远远超越了犹太复国主义意识形态原则，在一定程度上甚至超越了到二战末期犹太复国主义运动的整体实践，尤其超越了伊休夫开拓者群体的复国主义实践。这些发展同样改变了以色列和流散地犹太社团之间的关系本质，在以色列，这些改变以六日战争为分水岭。悄然之间，以色列和流散地犹太社团间的“交换规则”以一种意义深远的方式发生了巨大转变，它们在很多层面削弱犹太复国主义的大部分原则。以色列一直以来源源不断地从流散地犹太社团中获得经济资源、政治支持等，流散地犹太人也频繁地访问以色列。与此同时，以色列也作为政治主权、集体存在的政治性、犹太国家的自豪感以及堪比许多移民群体家园社区的民族社团、独立港湾以及至少在赎罪日战争前仍显强大的军事力量的象征回馈流散地犹太社团。[5]

代表以色列的活动或者与以色列相关的活动为很大一部分犹太领导人参与他们所在国的政治活动打开了渠道。随着时间的流逝，许多犹太领袖都开始将此种参与活动视为理所当然。然而这些活动仍旧是犹太团结和忠诚于犹太民族的象征。

对于犹太社团内部的许多人而言，参与到与以色列相关的活动中，或者以半官方身份访问以色列（例如“犹太联合募捐协会”开展的诸多活动）能使其非常兴奋，因为他们可以参与到许多创造性工作中，也可以接触到核心领导人，这是他们在本国很难遇到的机会。

如前文所述，以色列确实已经成为犹太认同的主要象征和中心，也是潜在的，远离压迫的港湾，民族团结、民族希望、民族梦想的核心归宿，甚至在一定程度上还是实现犹太生活文明潜能的象征，因为其取得的伟大成就，它成为犹太人骄傲的象征，因为其经历的失败，
271 犹太人又常常苛责它。因而，以色列越来越成为世界犹太人生活的核心要素。然而，这一核心性与以色列地在第二圣殿时期，以及后来辉煌的《密西拿》和《塔木德》时期的中心地位不同，它极大地弱化了对这些散居地犹太社团潜在的革命性影响。以色列不再像原始的犹太复国主义理想所设想的那样，被视为重构现代犹太人生活的唯一场所。

按照犹太复国主义经典意识形态，它也不再被视为是犹太创新的唯一中心，也不是新式社会、教育、文化活动和犹太民族创造力得以

发展的唯一圣地。至少在 20 世纪 80 年代早期，即便以色列还是犹太民族创新的核心场所，但许多犹太社团的创新动力无需聚焦于以色列的生活，发展于以色列的犹太复兴模式也仅仅是所有犹太创新模式中的一种而已。

此外，即使对于那些坚定地忠诚于以色列的犹太人而言，以色列也不再被视为现代犹太历史经历中真正犹太性的唯一源泉。海湾战争时期，田纳西大学犹太研究教授塞斯 · L. 沃利兹（Seth L. Wolitz）曾在《耶路撒冷邮报》上发表了一篇宣扬这一观点的文章，虽然这篇文章在表述过程中略微有些夸大其词。

> 对于以色列人而言，在有关美国犹太人的问题上，他们是时候需要面对一些不愉快的事实了。他（指美国犹太人）并不认为自身处在“大流散”中，他的“犹太”身份从根本上而言带有乡愁“犹太性”“根源”的宗教性，这一“犹太性”是历史性的，相比对贝特谢姆什（Beit Shemesh）或者卡发萨瓦（Kfar Sava）的憧憬，它更接近于夏加尔充满幻想的《犹太小镇》(*shtetl*) 和《屋顶上的小提琴手》(*Fiddler on the roof*)。
>
> 他与以色列的联系基本遗存性的，而非生机盎然。他对以色列的认同感带有理想主义色彩和对不现实成就的期待。
>
> 在他的心中，他坚信所有的以色列人真心追求的便是身处在这样一个位置上，即他能够复制美国为其带来的所有利益以及他进行的金钱投资所带来的利益。他并不渴望阿哈德 · 哈阿姆（Ahad Ha'am）所憧憬的“以色列文化”；他由于本国诞生的诺贝尔奖获得者而感到自豪。在犹太性上，他认为自身并不逊于任何以色列人——但这一“犹太性”并不是政治民族性的表达，因为其祖先对犹太复国主义采取了不同的策略并选择美国这块“黄金之地”。[6]

不仅仅在有关“革命”维度或“阿利亚”层面的问题上，作为现

代世界犹太性的主要源泉，以色列的吸引力似乎已经减弱，其本质也
272 在发生改变。同样重要的是，对于许多寻求安全的犹太人而言，以色列已经不再是庇护港湾的首选之地，这从很多方面都使大部分以色列人感到相当震惊。

在犹太移民的地图上，甚至对于那些从让自身感到威胁或受到迫害的国家中逃离出去的犹太人而言，只要有其他国家愿意接受他们，以色列都会变为次要选择。因而，足够重要的是，在20世纪70至80年代，许多来自南美、南非、伊朗甚至俄国的犹太人都选择移民到北美或西欧地区，而非以色列。

虽然以色列具有象征意义，但以色列在很多年中都只是难民的最终选择地，即使比较矛盾的是，其作为避难场所的这种存在恰恰可能推动了其他的移民进程。只是在20世纪80年代末和90年代初，当美国开始对来自苏联的犹太人施加极为严苛的政策时，他们中的很多人才选择来到以色列，正如前文所述，这一进程可能预示着以色列社会发展的新阶段，也预示着以色列与整个流散地犹太社团关系进入到新阶段。

以色列在当代犹太经历中的中心地位，并不意味着其与流散地犹太社团间的具体关系就很和谐或稳定。实际上，这一关系是双方相对流动性经历的一种体现，彼此间的关系处于持续变动之中。20世纪五六十年代，这些关系开始发生变化，当时以色列国的建立成为流散地犹太社团的骄傲之源，并可能在很大程度上有助于这些社团融入各自所在国六日战争爆发后这些社团在各自国家的团结又转化为对以色列国安全的巨大担忧，战争结束后他们又因以色列的胜利而骄傲。但在这以后双方关系便开始发生变化，许多潜在或实际的紧张焦点和冲突日益凸显，而在20世纪70年代中期以后，尤其自80年代中期以来，这些紧张关系进一步加剧。在很大程度上，这些变化与以色列社会最初制度模式的解体有关，此外，流散地犹太社团也逐步认识到，试图让处于敌对环境、挣扎求生的小型社会肩负起实现犹太文明理想的重担，这本身就蕴含着许多问题。

近来，针对以色列和以色列政府政策的指责越来越多，以色列与流散地犹太社团关系中存在的基本困境或问题也日益凸显。这一困境或问题从根本上植根于彼此截然不同的历史经历。这一困境发生在两个不同性质的犹太社团中，一个不仅拥有独立领土，犹太民族在这一领土上还是主体民族；另一个便是流散地犹太社团，即便他们似乎是 273
能够完全参与到所在国家生活的少数族裔，但他们终究还是这些土地上的少数民族。

在以色列建国后的前三四十年，以色列的存在大大强化了流散地犹太社团内部的自我肯定，基本历史存在条件的不同、各自历史经历以及彼此活动议程之间基本差异都被掩盖。20 世纪 70 年代之后，由于前文已述的原因，这一情形开始改变，以色列和流散地犹太社团关系的差异性意识以及这些差异性所造成的影响愈发凸显。

在 20 世纪 70 年代早期，时任法国教育部长的西蒙尼·威尔（Simone Weil）在接受希伯来大学荣誉博士学位时发表的演讲中对此有所提及。

> 今天犹太教的价值已经融合到一个国家之内；融合到一个社会之内，这个社会曾在历史中消失了两千年之久。我们流散地犹太人，希望以色列仍然是这些价值的守卫者，是这一人道主义的捍卫者。我们必须清楚表达的是，让这些价值在一个独立国家中得以薪火相传是一件更加困难的事情，尽管这个国家再也不是（犹太人）被迫作为少数族裔的国家。
>
> 作为一名法国女性、一名法国犹太女性、一名犹太裔法国女性，我希望我们的国家能够互相协助，继续传递这一火种，无论发生什么，他们必将不遗余力地捍卫这些价值。我相信，无论对于哪个国家而言，有时这都很艰难，需要作出动员；无论对于哪个国家来讲，都会遇到假以国家利益之名而拒绝协助的处境；然而，恰恰当我们身处上述困境时，当我们被迫想要争取更多时，

我们才总会引以为豪。今天，我的希望是能够重现以色列奇迹和耶路撒冷奇迹，我坚信这一挑战（我并非只是心怀希望，而是满怀信心）将会成为你我实现的胜利。

对于许多流散地犹太人而言，他们通常很难接受以色列成为“正常”国家的事实，或者至少在许多情况下，当其要捍卫自身利益时，它不能按照一些乌托邦准则，而是必须表现得像一个正常国家。在有关对待各自居住国的立场问题上，尽管并非所有流散地犹太人都充满自信，但他们都倾向于跟随大部分媒体的舆论风向，用高于其他国家
274 的不同道德标准来对以色列进行评价。20世纪80年代在有关黎巴嫩战争、约旦河西岸阿拉伯起义问题上，这些倾向性通常会更加明显。许多媒体都用“双重标准”对这些事件和争端的有关各方及不同方面进行报道，这催生了潜在的反犹主义倾向，将争端聚焦于以色列也使犹太人内部产生了矛盾性的反应。一些人强烈反对使用这类“双重标准”；其他人也许由于自身在居住国仍处于不安全地位，因而似乎接纳了这一“标准”。一些流散地犹太人领袖发表声明，宣称希望以色列人不要从事会使他们陷入尴尬处境的活动；希望以色列的行为不要损害他们试图在所在国树立的形象。围绕以色列的争论也从先前有关犹太复国主义理想可行性的问题转移到有关以色列按照这些理想的原则发展的问题上，当然，这并不必然与以色列生活和政策中的其他犹太社团相关。实际上，以色列在犹太社团生活中的地位不断发生矛盾性的变化，在这一背景下，许多否认其在犹太生活中占据中心地位的趋势和矛盾心态不断出现并发展。

一种更加极端的新态度在许多犹太领袖的公开声明中体现出来，他们强调流散地犹太社团和以色列在犹太生活中具有平等的地位，批评以色列似乎无法按照流散地犹太社团尊崇的价值或主旨去发展，他们认为这些价值或主旨是其在自由社会作为少数族裔能拥有生存活力的原因所在，同样也为以色列为何会丧失犹太创新力做出了解释。

自20世纪80年代初期以来，人们经常能够听到流散地犹太人拥有许多创新模式——这尤其体现在犹太人取得了较高的学术成就，获得了许多诺贝尔奖，在经济领域也有很多建树——然而以色列却与此截然相反，因为伴随着以色列社会最初模式解体，它正在经历所有由此衍生出来的变革进程。不可否认的是，那些有此想法的人似乎忘记了或者没有意识到这样一种事实，即流散地犹太人，尤其是自由的流散地犹太人所取得的所有成功都取决于犹太人是一个少数族裔。作为少数族裔的成员，他们无需像作为一个集体那样，必须考虑他们各自所在社会基本框架的前提，便可以探寻到通往合适位置中心领域的道路。当然，在以色列，构建这一基本框架对以色列社会领导层的创新动力提出了强烈要求。只有少数人，例如斯图尔特·艾森斯塔特（Stuart Eizenstadt，他在耶路撒冷美国犹太以色列关系研究所的演讲中）承认，无论流散地犹太社团处于多么繁荣，甚至多么安全的地位，它们也无法掌控自身的集体命运（这与以色列的情形形成鲜明对比）。但是这一不绝于耳的批判之声却成为以色列和流散地犹太社团关系发生变化的标志，也是两者不同的集体活动议程不断发展的标志。275

正如前文所指出的那样，20世纪80年代以后，以色列和流散地犹太社团关系的变化愈演愈烈。第一，自20世纪70年代末期以来，以色列社会最初模式发生解体，后又出现短暂联合，这一趋势强化了上述变化；第二，由于以色列的国际地位发生了重大变化，媒体和国际政治中针对以色列政策的批判之声日益增多；第三，流散地犹太社团内部力量愈发强大，其对犹太社团内部及国际犹太活动的参与度与日俱增。所有这些都加剧了以色列和流散地犹太社团关系的变化。

首先，流散地犹太社团领袖相对于以色列领导人的自信心日益增加，他们对以色列事务的干预方式（例如犹太代办处或在以色列的各种经济企业）从之前接受以色列政府的安排转变为独立自主行事；在支持以色列政府政策问题上，这一趋势也开始发展。

其次，大部分犹太社团中出现了持续疏远以色列或者脱离以色列的现象。这些疏远现象同时发生在那些积极参与犹太事务的社团中和那些游离于这些事务的群体内。这些疏远现象似乎符合情理，通常体现在对以色列，尤其是对基本的普世性犹太文明主题产生失望情绪，也对以色列社会在犹太创造力方面的成功感到失望。

然而，与此同时，以色列在构建犹太集体认同界限中的中心地位并未减弱。1988 年以色列大选后，这一现象成为引起强烈关注的焦点。当时一些宗教党派强烈要求严格按照哈拉哈模式在《回归法》（该法律使以色列向所有犹太人敞开了大门）中对“谁是犹太人”进行界定，甚至将此作为加入联合政府的条件。这样一种改变会使保守派和改革派拉比在有关皈依和婚姻问题上的裁决丧失合法性。自然而然地，这一提议会在大部分美国犹太组织中引发愤怒，它们对时任以色列总理的伊扎克·沙米尔施加强大压力，要求其拒绝这一要求。这也是美国犹太组织唯一一次以官方态度直接干预以色列政治，声称在此情势下不仅仅只有以色列处于危机之中。

以色列在犹太集体意识中的中心地位，以及犹太社团对以色列命运的敏感性——与此同时它们倾向于按照自身理解，依据自身在各自
276 社会中的地位来表达这一敏感性——也在 1990 年末和 1991 年 1 月的海湾危机和海湾战争中愈发明显地体现出来。由于以色列面临的敌视和明显威胁，整个犹太社会不仅对以色列的关注与日俱增，同时也开始担心以色列的应对行为和政策会对居住国社会和各自政府作出的反应产生可能性反响。那些更加官方的犹太组织反而对此表示沉默。

在敌视行动发生前期，几乎很少有犹太人因为团结以色列的使命来到这个国家，虽然也确实有这样一些人。来以色列旅游的犹太人甚至比非犹太人还要少。当敌对行动开始后，尤其是伊拉克的导弹开始向以色列发射后，他们对以色列的关注度开始上升，并与媒体和大部分反伊拉克同盟一道，对以色列自我克制的政策大加赞赏。犹太人也开始自由表达他们的团结之情，派出民族团结代表团，支援以色列的现象开始增多。

即便如此，各种团结代表团数量仍旧相当有限，仅有极少人能来以色列逗留较长时间，一些表达团结的方式，如来以色列充当志愿者的人数要远远少于六日战争或赎罪日战争时期。

即使在这一时期，至少那些更具官方性质的犹太组织和媒体在很大程度上受到了各自政府政策的影响。法国政府长久以来的迟疑政策在一定程度上似乎使得法国犹太人的官方机构怯于行动。在 1 月底出行的民族团结代表团更多地来自于犹太社团中的非官方机构。

因而，尽管以色列持续成为犹太认同中的核心要素，但这一要素的本质和力量似乎一直在改变流散地犹太社团各自历史经历和集体活动议程的差异性。对以色列的矛盾态度似乎在与日俱增。1990—1991 年似乎成为以色列和流散地犹太人关系的转折点。俄罗斯犹太人在海湾战争期间源源不断地移民到以色列，即使数量不大，也似乎证明了犹太复国主义的基本前提的合理性，即只有在以色列，犹太人才能找到避难所。一些美国犹太人领袖后来承认其社团没有足够的经济资源来接收数量庞大的俄罗斯犹太难民，这进一步强化了上述观点。

与此同时，海湾危机时期，流散地犹太社团相对有限地对以色列表达了团结之情（即使以色列不是他们关注的焦点所在），对以色列提供的经济援助也相对有限，在有关接收俄罗斯犹太移民问题上，也说明了“自由的流散地”在自由地表达犹太集体主义方面能力有限。
1991 年 9—10 月由于中东和平进程问题，美国和以色列政府的关系骤 277
然紧张，对此许多美国社团心生忧虑，这也是不争的事实。

总结评述：当代犹太文明面临的挑战

我们已经来到了故事的结尾——尽管故事本身仍在持续演变、永不停歇。在本书的前几章中，我们试图阐明主要观点：从文明的视角分析犹太历史经历才可称之为最佳之道。正如在本书开头指出的那样，这本书的主要论点是，理解这一经历的最佳方式在于，不要仅仅将犹太人视为一种宗教、一个族群、一个民族或“人民”，尽管他们具有以上所有属性，但更重要的是要将其看做一种文明的承载者；也就是说，以一种总体性的（文明）愿景为目标，犹太人试图按照本体论视域对社会生活进行建构或重构。我们已经阐明，所有这些能够应用于分析犹太历史经历的术语，恰恰说明它们之中的任何一种都不足以解释这一经历，只有人们从文明维度来看待这一过程，才能开始去解答犹太历史经历的最大谜团：即尽管其遭遇了毁灭、经历大流散、丧失政治独立和领土延续性，但犹太文明却延续下来。

因此，我们从文明的视角对犹太历史经历的特定方面进行了考察。在第一部分，即本书的前三章，我们探讨了犹太文明、形成时期——即第一、第二圣殿时期，以及漫长的中世纪流散时期——的一些基本特征，并分析了它在哪些方面迥异于其他并非独特文明愿景的承载者，但通常作为其中一部分的“人民”、民族，宗教派别或团体。我们同时指出在有关各自前提和历史经历问题上，犹太人和其他文明的一些重大差异，这些文明包括：古老以色列文明起源框架中的异教文明，悠久的希腊罗马文明，特别是其他两种一神教文明——基督教和伊斯兰文明，犹太文明与它们的遭遇成为犹太历史经历的基本要素。

在有关文明问题上，尤其是关于轴心时代文明问题中，犹太文明的具体轮廓发展于其基本文明愿景之间的彼此结合。这些结合性的因素指的是，犹太历史经历的特定环境，尤其是发展于其中，并在其中与其它文明发生关系的政治经济环境，这里的其他文明特指轴心时代文明，但又不限于此。

正如我们所见，古老的以色列和犹太文明是所谓的最初“伟大文明”中的一部分，毫无疑问，它更是地中海地区和一神论宗教的首个
278 文明。这一文明发展出了一种极其复杂的愿景，带有强烈的普世性取向以及尤为独特的制度前提和框架。这一愿景的实现与一个民族休戚相关，产生了极为复杂的集体认同构建，正如我们所见，这种认同包括原生性、政治性、宗教性和伦理性元素。这一愿景的实现也发生于

特定的地缘政治环境之中，在诸多民族和帝国的交汇之地创造一个新社会，这一情形在犹太复国主义者定居以色列地时又再度上演。

地缘政治环境和特定的文明和民族集体性相结合，孕育了一部极为动荡的犹太民族史，催生了一种民族延续性和文明变革的独特范式，促使实现特定文明愿景的模式发生转变。

这一动荡历史开始于早期定居以色列地，经过士师时代和犹大、以色列王国，随着后者的灭国与消亡，又经历了犹大王国大卫王朝的毁灭，历经“巴比伦之囚”以及从巴比伦返回故土，再到第二联邦时期的动荡历史，遭遇了第二圣殿的毁灭，丧失了政治独立，见证了以色列地中心的衰落和犹太民族的流散。这些政治变革包含了犹太文明愿景的实现本质的深远变化。正如我们所见，第一个重大变化发生于从巴比伦返回时期以及第二联邦时期。第二次重大变革发生在第二圣殿被毁后，拉比模式即哈拉哈模式逐步成型并日益居于主导地位。当然，在此阶段，这一模式尚未处于主导地位，也仍非一种同质模式。即使当这一模式完全成型，并在犹太民族生活中居于统治地位后，它仍旧不具备同质性；这种非同质性来源于其他早期模式的异质性取向，以及哈拉哈模式在自身构成要素方面存在着巨大的异质性。

然而，这一历史环境——该模式在此环境中居于统治地位，并不断制度化——政治独立丧失，经历大流散——确实意味着制度领域的重大转变，在这一制度领域内文明愿景和制度模式能够得以实现。犹太文明愿景不再从政治领域，或者从总体上而言呈现社会制度复杂性的领土社会中得以完成。犹太人在私人的、公共的和文化宗教背景中，在祈祷和学习的场所内，以及在公共生活的内部安排中实现了这一愿
景；尽管在此框架内，它极富创造力和创新性。与此同时，作为一个 279
流散的少数族裔，犹太人生活在政治上受到压迫的环境中，生活在其他社会和文明的制度边缘内。在此背景下，由于主体文明将犹太人视为“贱民”和潜在竞争者，因而更具普世性、政治性和弥赛亚性的取向被投放到了遥远的未来，这与犹太人生活的任何具体制度背景无关。

在这一模式完全成型和居于统治地位、丧失政治独立和大流散等问题之间，是否存在“必要的”逻辑联系或关联，这是一个悬而未决的问题；或者这一连串事件究竟是偶然的，还是充其量是一种暗示，正如《塔木德》所描绘的拉比约哈南·本·撒该迁往雅弗尼城（Yavneh），他试图在一种极端不利的政治条件下，抱着实现这一愿景的希望去拯救那些能够被拯救的东西，这同样也是一个尚待解决的问题。无论这一问题的答案是什么——如果确实存在着答案——毫无疑问的是，一种结合体从两者之间，即丧失政治独立、大流散和拉比模式日益居于主导地位中发展而来，这一结合同样挤压了希腊文化模式及其基本取向的应用空间。

这一部动荡史证明了犹太文明经历的一个基本方面：自第一圣殿被毁后，尤其是在第二圣殿被毁后的“巴比伦之囚”时期和大流散时期，犹太民族、犹太文明与其他文明的关系具有显著的独特性。犹太文明是轴心时代唯一在缺乏领土延续性和相对丧失自身政治疆界的前提下仍然实现了自身的文明延续性的文明。这一基本特征一直持续到现代，但现代的情况与第二圣殿时期相比则有一个重大差异：犹太民族的一部分人有能力建立领土实体。然而，在构建犹太文明的过程中，这一特征又加剧了另一个问题，即领土中心和世界各地各种流散社团之间的关系问题，这一问题也在第二圣殿时期成型。这一问题与犹太文明主题中居于主导地位的某些关键性的文明主题间的紧张关系紧密结合；例如普遍性和特殊性取向之间的紧张关系，法律、仪式和哲学取向的矛盾，以及它们所具有的各种制度内涵之间的对抗。

到了现代，实现犹太文明愿景主题、解决犹太文明相关问题发生
280 了显著变化，这是本书第二大部分主要论述的内容。在此部分，我们持续探讨了现代这一犹太人和主流社会或文明间基本关系发生剧烈变化的时期。我们分析了犹太社团融入到一些主流社会的不同模式，这包括西欧、中欧地区和美国；探讨了19世纪末期的犹太民族运动，主要聚焦于犹太复国主义运动；以及以色列社会的一些具体特征。

通过这些章节的分析，我们提出了这样一个问题，上述犹太经历的一些关键层面在多大程度上与可比较族群相类似，这包括现代民族国家中的其他族群和宗教团体的融合问题，其他现代民族运动，以及以美国为例的其他革命的，意识形态的定居者社会；以及究竟在何种程度上，这些经历展现的个性和共性特征能够归属于前文分析的犹太文明的某些具体特征之中；在何种程度上犹太人将消溶进“简单的”宗教、族群或民族群体的范畴内。前面章节所做的分析表明，无论犹太文明命运及其与其他文明间的关系的基本相似性有多大，这些文明在中世纪和现代时期对于犹太人而言成为主体民族的文明，巨大的差异仍旧从这两个时期发展出来。在中世纪时期，三大一神教文明的基本要素和基本前提间出现了某种对称性或同质性。在试图实现由宗教术语所定义与合法的超验愿景的过程中，三大一神教才得以创建。这些愿景包含几个基本要素，即具有普遍性和特殊性倾向的原始因素；历史性和半神秘主义因素，仪式、法律和哲学因素。在三大一神教文明中，这些因素的具体排列存在着巨大差异，但是它们都关注这些问题。共同历史参照和共同的话语框架从它们之间发展出来。

纵观这一时期，三者之间极为矛盾且敌视的关系强化了各自独特的集体疆界，也促进了彼此形成具体的制度构造。对于犹太文明而言，也许尤为如此，其哈拉哈模式的界限正是由于犹太文明与主流社会敌视且矛盾的关系以及大流散的事实而变得愈发坚固。

这一形势在现代和现代性初期便发生了重大变化。西方现代性的基本前提：“世俗化”，以及随后的“后现代”似乎弱化了这一超验愿景，淡化了历史意识，并主要按照世俗术语对大多数集体性界限重新 281
予以重建，逐步拉大了超验愿景和具体制度领域之间的距离。所有这些都与迄今为止犹太历史经历中的主导因素大相径庭，正是这些新的因素重新建构了集体边界。与现代性的遭遇，改变了犹太文明和其他文明之间的相互关系，当然这各有利弊。

从有利方面来看，它开启了在跨文明背景下通过许多新式创新之路去实现犹太文明愿景的可能性。犹太文明与其他文明间的关系，无需像第二圣殿时期以及漫长的加路特时期（尤其是中世纪时期）那般具有敌对性。文明竞争，像犹太人与民族或“种族”对抗者的遭遇，最终以大屠杀的发生达到悲剧性的顶点，在现代社会文明愿景发生转型的情况下，文明竞争变得愈发开放，也似乎正在趋于缓和；尽管许多对抗因素仍然存在于诸多层面。实现犹太文明愿景的尝试，也变得更加异质化和多样化。

这些尝试试图在现代世界中重建犹太生活，结合具体实践经历和进一步对犹太文明特定主题进行持续的再解读，将有助于深刻理解这些尝试。这一解读，以及与此紧密相连的对其进行制度化的尝试在现代史不同时期的不同犹太社团中差异巨大。

通常与中世纪时期的情况相同，这些差异在一系列共同主题中不仅具有地区差异性。在现代时期，这些多样性涉及不同的历史经历和意识类型。我们分析了 19 世纪和 20 世纪初期不同欧洲国家的不同历史经历；也分析了“东方”犹太人社团的不同经历；以及美国和以色列这两种全新的经历模式。作为领土狭小、政治独立的新型犹太中心，以色列和流散地犹太社团历史经历的差异性，成为现当代不同犹太社团相互关系的核心焦点。

我们看到，即使作为一个“完整”社会，只有当提及一些基本犹太文明主题以及彼此间的紧张关系得以制度化的方式时，才能理解以色列的发展。在以色列，这些主题不再仅限于公共安排或者思想和文学的表达之中；它们与整体政治机构的运作和接受法治密切相关，尤其是军队以及文官对军队的控制。

282 正如我们所见，发展于以色列的制度模式所取得的具体成就，并未消除这些不同取向和紧张关系。相反，有鉴于它们都与具体的制度背景相联系，因而所有这些取向和紧张关系都持续存在于以色列，并对以色列社会生活产生更巨大的影响。

导致以色列社会最初模式解体的进程彰显了革命模式制度化、动态发展过程中固有的一些选择，或许它比其他此类社会具有更多的选择。首要的选择便是，它不得不在忠诚于具有单一而巨大的潜能或潜能取向的单一愿景和开放性、多元主义之间进行抉择；在精英主义取向和民粹主义取向中进行抉择；在强调义务和突出权利中进行抉择；在积极参与社会文化创新性的中心框架和更加被动、更加私人化的活动中进行选择。在不放弃任何一种取向的前提下，寻找新方法将各种不同取向结合起来，成为以色列面临的一项持续性挑战。

以色列社会对这些抉择或困境进行的敏锐表达，大部分归因于这一模式的制度化、随后的分崩离析以及在领土狭小、被围困的社会中实现犹太文明愿景问题之间的紧密联系。因此它同时强调了犹太人重新步入历史所面临的问题和困境。

这些发展催生了不同的犹太文明主题和犹太复国主义愿景。集体认同中的弥赛亚因素、领土因素、团结因素和原生性因素都一并出现，每一种因素宣称自身拥有超越其他因素的自治权，挑战着其他主题的正当性，它们之间的紧张关系也不断发展，都要求在以色列社会制度构建的方向占据完全主导地位。伴随着以色列社会最初制度模式的解体过程，这些发展以一种极其尖锐的方式提出了这样一个问题，即如何在一种充满敌意的环境中打造一个能够承载实现犹太文明愿景重担的小型社会。

与此相似的是，流散地不同犹太社团构建犹太生活的不同模式，与这些社团挑选不同犹太文明主题及其制度化模式紧密相关。正如我们所见，有关此类选择和制度化过程，在不同犹太社团中存在广泛差异。

然而，从消极方面来看，犹太民族在现代和所谓的后现代时期的遭遇，在两种相互矛盾的方向上产生了更糟糕的可能性。第一种方向上的可能性便是以大屠杀为缩影的整体灭绝，古老宗教形式和现代世俗化形式的结合使其取得合法性。第二种方向上的可能性根植于某种共同的犹太文明框架发生解体的可能性，这归因于其发展的不同模式和犹太社团不同历史经历之间的持续性对抗。这催生了这样一种与之 283

相伴的可能，即彼此间丧失了有意义的联系，共同的话语框架发生解体——这些话语超越了幸存问题、某种依赖关系以及社团间的互助问题。现代任何犹太公共框架发生解体的可能性，同样根植于同化倾向以及流散地不同犹太社团中发生的疏离犹太性现象。随着所谓的后现代倾向不断发展，那些相对清晰的，曾被描述为19世纪和20世纪上半叶现代性最初步伐的民族和共同体边界愈发模糊，不同犹太社团间失去联系以及疏离犹太民族的可能性在当代变得愈发凸显。

所有这些多样化发展从整体上促使犹太生活产生了显著的异质性——包括将犹太社团融入到流散地主流社会的不同模式，正统派的复兴，伴随着以色列社会的转型衍生出来的各种发展，以及这些发展间彼此发生的持续接触和产生的紧张关系——上述种种确实凸显了现代和所谓后现代时期犹太文明的本质和活力问题。尽管这些发展本身并没有对这一问题做出解答，但是它们却提供了一些参照因素。

一些基本的参照因素可以被置于以下问题中。从犹太文明生存的视角来看，以色列成为一个“正常”国家是否是最佳选择？试图在流散地自由犹太社团中为犹太活动拓展一些独特空间，并在其中实现犹太文明愿景是否具有可行性？难道正统派会成为确保犹太民族生存的最重要保证？反之，简单地疏离和同化是否可行？这些倾向的实现将意味着犹太集体存在朝着成为“单纯的”宗教派别的方向转型；将变为组织上弱化的种族、宗教或知识分子群体；而以色列将变成一个独特的民族政治社团。

以色列发展成为一个正常的小型社会，与犹太文明取向相脱离，使许多停滞倾向更加僵化，这将淡化其目标，并使其不情愿承担自身
284 应负的责任。以色列可能会变成这样一种结合体，即一方面在政治上拥有更高法律，宗教上更加倾向于原教旨主义；另一方面其制度结构却不断衰微。

按照犹太人参与主流社会不同领域活动的不同方式，以及在发展具体的犹太活动层面，流散地非正统派犹太社团的历史可谓获得了巨

大成功，尤其是考虑到其不断衰落的历史意识，这一点更令人称道。这以美国非正统派社团为代表，但又不限于此。然而它们与以色列的关系正在丧失创造性张力，这实际上逐步侵蚀了它们的犹太认同。究竟在何种程度上其与流散地正统派社团的对抗，或者该社团的内部动力能够产生这一创造性张力，我们还不得而知。

正如我们现在所看到的，在有关正统派的新类型问题上，犹太民族的这一群体确实能够在现代社会背景下单靠自身得以幸存下来，这里指的是人口方面和文化层面。然而，这一幸存类型是完全根据不同于中世纪时期，即哈拉哈模式处于主导地位时期的前提进行预测的。在现代开放社会，这一幸存涉及放弃文明愿景，转向更加闭塞的、带有极为强烈的宗派倾向的宗教群体。

每一种可能性或者所有可能性的实现，都意味着犹太生活和传统丧失文明元素，并由此衍生出犹太集体性存在的转型，在现代和后现代框架中，其将转化为多个新式社会实体，每一个实体都有不同的生存机会，似乎疏离犹太民族、发生同化的可能性会不断增加。推测这一发展以及这一可行性能够实现的几率仍然有困难。一方面，不同犹太社团的不同历史经历可能会促使它们彼此疏远，并使上述每一种倾向的实现成为可能。另一方面，实现这些可能性的几率似乎愈来愈小，但并非绝无可能，正如我们前文分析的那样，它们可以通过不同犹太社团间的持续性联系，以及与更广阔的环境发生持续性和多样性互动的方式来实现，这种更广阔的环境包括主流社会以及中东地区的穆斯林世界和阿拉伯国家。自中世纪时期以及18世纪末至二战时期犹太人融入现代文明开始，这一互动实际上已经发生了巨大变化。主要的变化体现在，随着所谓后现代时期的不断发展，民族国家的持续衰落，西方社会的包容性日益增长，文化社会多样性增加，大屠杀发生后至少官方层面的反犹主义愈发不具备合法性，犹太文明和犹太民族与主体文明和主流社会之间古老的敌对关系似乎正在趋于缓和。

这一日益增强的包容性不但体现在更加广泛地授予犹太人以完全 285

的公民权，而且体现在越来越多地举办基督教会和犹太群体间的跨信仰会议。但这些发展还存在着另外一面。例如围绕奥斯维辛开办女修道院（convent）而展开的争论；克拉科夫大主教违反与犹太代表签署的有关拆除这一修道院的协议；波兰红衣主教针对这一争论言辞激烈地发布反犹主义论调；梵蒂冈始终拒绝承认以色列国，所有这些事件都说明这种日益增强的包容性也许只是表面现象。随着苏东剧变的发生，强烈的“传统”反犹主义在俄罗斯和许多东欧国家中出现回潮，20 世纪 80 年代末期西方世界国家中的反犹主义事件也与日俱增，欧洲社会的许多群体也表现出反犹倾向，在有关以色列对巴勒斯坦问题的立场上，欧洲社会越来越多的社团官方组织出现了强烈反对以色列的态度，他们的反应甚至比其他国家或社团的反应更加激烈。

以色列与大多数邻国的敌对关系，似乎有着截然不同的新本质，主要是民族国家和民族运动之间的问题。但是这些不同民族国家和民族运动的遭遇，以及西方社会和穆斯林世界对阿以冲突的多重反应，仍然携带着犹太民族和犹太文明与主体文明历史上就存在的矛盾和敌对关系的种子。

大流散中反犹主义的“周期性”增长[7]，意识形态因素的重要性，让人想起在阿以冲突中古老的跨文明关系和跨宗教关系以及对这一关系作出的回应，可能会使人们对以下这一看法提出质疑，即距离大屠杀的发生才四十个春秋，犹太人和与其发生相互作用的文明和社会间那种长久的敌对因素是否真的已经荡涤殆尽。这一敌对态度的回潮，或者这些倾向的潜在，自然而然地有助于强化不同犹太社团之间的持久联系。

在不同犹太社团之间，及其与其他社会的关系之间，所有上述发展相互结合，将会对现代犹太文明的命运问题做出解答：到底哪种前文提及的趋势，或者它们之间的结合，将会居于主导地位？我们只有拭目以待。

注 释

第一章 作为文明史的犹太历史

1 关于这里使用术语“文明”的方法，参见 S.N. Eisenstadt，*A Sociological Approach to Comparative Civilizations*（Jerusalem: Hebrew University，Department of Sociology and the Truman Research Institute，1986）。

2 例如，可参见 H. H. Ben-Sasson，ed.，*A History of the Jewish People*（Cambridge，Mass.：Harvard University Press，1976）。

3 参见 A. J. Toynbee，*A Study of History*（New York: Oxford University Press，1947），尤其是第 5 章。

4 参见 Max Weber，*Ancient Judaism*，trans. and ed. by H. H. Geerth and O. Martindale（Glencoe，Ill.: The Free Press，1952）。

5 参见 Toynbee，*A Study of History*。

6 参见 Weber，*Ancient Judaism*；idem，*The Religion of China*（Glencoe，Ill.：The Free Press，1951）。Idem，*The Religion of India*（Gleneoe，Ill.: The Free Press，1958）。

7 参见 Toynbee，*A Study of History*，也可参见 Y. Flerzop，*A People that Dwells Alone*（London: Weidenfeld & Nicholson，1975），pp. 21-42。

8 参见 Weber，*Ancient Judaism*；*The Religion of China*. W. Schluchter，*Max Webers Studie über das antike Judentum, Interpretation und Kritik*（Frankfurt on Main: Suhrkamp，1981）。同上：*Max Webers Sicht des antiken Christentums*（Frankfurt on Main: Suhrkamp，1981）。C. Schaefer-Lichtenberg，*Stadt und Eidgenossenschaft im Alten Testament*（Berlin: Water de Gruyter，1983）。

9 所有这些人物的资料，可以在 Ben-Sasson，*A History of the Jewish People* 和 R. M. Seltzer，*Jewish People. Jewish Thought*（New York: Macmillan，1980）中找到。

10 这样，例如，许多中世纪的评注以及基督教《圣经》诠释的早期模型都受到犹太《圣经》评注的强烈影响。关于这一点的例证，可参见 H. Hailperin，*Rashi and the Christian Scholars*（Pittsburgh: University of Pittsburgh Press，1965）。希伯来大学的拉扎勒斯 · 亚菲教授最近指出，早期基督教《圣经》学术受到穆斯林学者学术意图（与犹太传统处于对峙状态）的影响，意在解释《圣经》历史中看起来与伊斯兰相关的某些方面。

11 参见 I. F. Baer，*Galut*（Berlin: Schocken Verlag. 1936; New York: Schocken Books，

1947）. A. Momigliano，“Some Remarks on Max Weber's Definition of Judaism as a Pariah-Religion”，in *History and Theory* 19，no. 3（1980）: pp. 313-18. I.F. Baer，“Principles in the Study of Jewish History”，Inaugural Lecture [in Hebrew]（The Hebrew University，1931）。关于犹太历史与社会政治经历的最具原创性的解释，参见 Y. Kaufman，“Gola Venechar” [Exile and Alienation] [in Hebrew]（Tel Aviv: Dvir，1929-1932）. 相关的批判性评价，参见 Laurence J. Silberstein，“Exile and Alienhood: Yehezkel Kaufmann on the Jewish Nation”，in M. A. Fishbane and P. R. Flohr，eds. *Texts and Responses, Studies Presented to N. Glezer*（Leiden: B. Porill，1975），pp. 239-257。

12 S. N. Eisenstadt, “The Expansion of Religions: Some Comparative Observations on Different Modes of Expansion of Religions”，in Craig Calhoun，ed. *Comparative Social Research*, vol. 13. *The Religious Field*（Greenwich, Conn.: JAI Press, 1981）, or *Comparative Social Research* 13（1991）。

13 参见 Eisenstadt，*A Sociological Approach to Comparative Civilizations*. Idem，“The Axial Age: The Emergence of Transcendental Visions and the Rise of Clerics”，*European Journal of Sociology* 23（1982）: pp. 294-314; and idem，*The Origin and Diversity of Axial Age Civilizations*（Albany: State University of New York Press，1986）。

14 同上。

15 S. N. Eisenstadt，“The Order Maintaining and Order Transforming Dimensions of Culture”，presented to the German-American Sociological Theory Conference，1988，to be published in J. N. Smelser and R. Munch，eds.（Los Angeles: University of California Press，1991）.

16 参见 Eisenstadt，“The Axial Age”; The Origin and Diversity; “Heterodoxies and the Dynamics of Civilizations”，*Proceedings of the American Philosophical Society* 128，no. 2（June 1984）; pp. 104-113。

17 参见 S. N. Eisenstadt，“Cultural Traditions and Political Dynamics”，*British Journal of Sociology* 32，no. 2（June 1981）: pp. 155-181。

第二章 从历史和比较的视角来审视犹太文明的独特性

1 关于《旧约》中所描绘的这些王国的具体情况，参见 N. N'aman and Finkelstein，eds.，*From Nomadism to Modernity*（Jerusalem: Yad Yitzhak Ben Zvi，and The Israel Exploration Society，1990）。

2 G. W. Ahlstroem, *Studies in the Religion of Ancient Israel*（Leiden: E. J. Brill, 1972）. S. Talmon, King, *Cult and Calendar in Ancient Israel*, Collected Studies（Jerusalem: Magnes Press, Hebrew University, 1986）. M. Haran, *Temples and Temple Service in Ancient Israel*（Oxford: Oxford Clarendon Press, 1978）. Y. Kaufman, *The Religion of Israel-From Its Beginning to the Babylonian Exile*, trans. and abridged by Moshe Greenberg（Chicago: University of Chicago Press, 1960）, chapters 2, 4, and 6.

3 Peter Machinist, “The Question of Distinctiveness in Ancient Israel: An Essay”，in Mordechai Cogan and Israel Eph'al, eds., *Ah, Assyria ... , Studies in Assyrian History and Ancient Near Eastern Historiography*, Presented to Hayim Tadmor（Jerusalem: Magnes

Press, Hebrew University, 1991）, pp. 196-212.

4 参见 D. Weiss-Halivni，*Midrash, Mishnah, and Gemara*（Cambridge，Mass.: Harvard University Press，1986）。

5 A. D. Crown，ed.，*The Samaritans*（Tübingen: Mohr，1989）, especially chapter 1. M. Mohr，"Samaritan History: The Persian，Hellenistic and Hasmonean Periods。" 关于以色列人内部的宗派概念及模式的独特性的起源，可参考 P. Machinist，*The Question and Distinctiveness*。

6 Ben-Sasson, *History of the Jewish People*, part I. S. N. Eisenstadt, "The Format of Jewish History: Some Reflections on Weber's Ancient Judaism" , *Modern Judaism* 1(1981）: pp. 54-73, 217, 734.

7 Ben-Sasson, *History of the Jewish People*, part I. S. N. Eisenstadt, "The Format of Jewish History: Some Reflections on Weber's Ancient Judaism" , *Modern Judaism* 1(1981）: pp. 54-73, 217, 734.

8 W. D. Davies，*The Gospel and the Land: Early Christianity and Jewish Territorial Doctrine*（Berkeley: University of California Press，1979）. Idem，*The Territorial Dimension of Judaism*(Berkeley: University of California Press, 1982），后来，关于"以色列地"的一些中世纪的观点，可参见 Moshe Halamish and A. Rawitzki，eds.，*Eretz Israel in Jewish Medieval Thought* [Hebrew]（Jerusalem: Yad Yitzhak Ben Zvi，1991）。

9 Stuart A. Cohen, *The Three Crowns: Structures of Communal Politics in Early Rabbinic Jewry*（Cambridge: Cambridge University Press, 1990）. D. 1. Elazar and S. A. Cohen, *The Jewish Polity: Jewish Political Organization from Biblical Times to Present*（Bloomington: Indiana University Press, 1985）.

10 参见 S. N. Eisenstadt，*The Transformation of Israeli Society*（London: Weidenfeld and Nicolson, 1986），part I。

11 关于第二联邦时期的总体历史解析，可参见 E. Bickerman，*From Ezra to the Last of the Maccabbees, Foundations of Post Biblical Judaism*（New York: Schoken Books, 1962）. Ben-Sasson，*History of the Jewish People*，especial Part 1，the chapters by H. Tadmor，M. Stern，and S. Safrai. G. Alon，*History of the Jews in the Land of Israel during the Period of the Mishnah and the Talmud*（Tel Aviv: Hakibbutz Hame'uchad Publishing House，1977）[Hebrew]. S. Safrai，ed.，*The Jewish People in the First Century*，2 vols.（Assen: Van Gorcum，1974-1976）. J. Neusner，*The Rabbinic Tradition about the Phaarisees before 70*（Leiden: E. J. Brill，1973）.

12 O. S. Rankin, *Israel's Wisdom Literature*（New York: Schocken Books, 1969）.

13 V. Tcherikover, *Hellenistic Civilization and the Jews*（Philadelphia: Jewish Publication Society of America, 1959）. M. Hengel, *Judaism and Hellenism: Studies in Their Encounter in Palestine during the Early Hellenistic Period*, 2 vols.（Philadelphia: Fortress Press, 1974）.

14 例如，可参见 H. D. Mantel，"The High Priesthood and the Sanhedrin in the Second Temple," in Avi-Yonah，ed.，*The World History of the Jewish People*（Jerusalem: Massada Press, 1975），vol. 7，pp. 264-281. H. Albeck，"Semikhah and Minnui and Beth Din," *Zion* 8（1943）: pp. 85-93 [Hebrew].

15　P. Frederiksen, *From Jesus to Christ: The Origins of the New Testament Images of Jesus*（New Haven: Yale University Press, 1988）, p. 82.

16　参见注释 11 里的参考文献目录，也可参见 F. M. Cross，*The Ancient Library of Qumran*（New York: Doubleday，1961）. T. H. Gaster，*The Dead Sea Scriptures in English*（New York: Doubleday，1964）. J. S. Licht，"The Dead Sea Scrolls"，in *Encyclopedia Biblica*（Jerusalem: Bialik Institute，1962），vol. 4，columns 639-671 [Hebrew]. A. Momigliano，*Alien Wisdom*（Cambridge: Cambridge University Press，1975）. J. M. O'Connor，"The Essenes and Their History"，*Revue Biblique* 11（1974）: pp. 215-244. S. Talmon，"The New Covenants of Qumran"，*Scientific American* 225，no. 5（1971）: pp. 73-81. Idem，"Judische Sektenbildung in der Fruhzeit der Periode des Zweiten Tempels，Ein Nachtrag zu Max Webers Studie über das antike Judentum"，in D. Schluchter，*Max Webers Studie über das Antike Judentum*，pp. 233-281. Y. Sussmann，"The History of Halakha and the Dead Sea Scroll，Preliminary Observations on Miqsat Ma'ase Ha-Torah"，*Tarbiz* 59，nos. 1-2（1989-90）: pp. 11-77 [Hebrew]。

17　S. Talmon, "Exil und Ruckkehr in der Ideenwelt des Alten Testaments", in R. Moses, ed., *Exil, Diaspora, Rückkehr*（Düsseldorf: Patnos Verlag, 1978）, pp. 43-47。

18　I. F. Baer, "Mekhkarim ve-Massot be-Toledot 'Am Yisrael" [Studies in the History of the Jewish. People]（Jerusalem: Israel Historical Society, 1985）, part 2. Idem, "Social Ideals of the Second Commonwealth", *Journal of World History*, 11（1968）: pp. 69-91.

19　J. Neusner, *First Century Judaism in Crisis*(Nashville: Abington Press, 1975). Idem, "The History of the Earlier Rabbinic Judaism: Some New Approaches", *History of Religion,* 16（1976-77）: pp. 216-236. E. E. Urbach, *Hazal: Pirkei Emunah ve-De' ot* [The Sages: Their Concepts and Beliefs]（Jerusalem: Magnes Press, 1969）.

20　参见 A. F. Segal，*Rebecca's Children: Judaism and Christianity in the Roman World*（Cambridge，Mass.: Harvard University Press，1986）。

21　参见 Schluchter，*Max Webers Sicht des Antiken Christentums. Momigliano*，"Some Remarks on Max Weber's Definition"。

22　参见 Weber，*Ancient Judaism*. Momigliano，ibid. Baer，"Principles in the Study of Jewish History." E. Sbmueli，"The Pariah People and Its Charismatic Leadership: A Reevaluation of Max Weber's *Ancient Judaism*"。*Proceedings of the American Academy for Jewish Studies* 36（1968）: pp. 167-247。

23　Momigliano, *Alien Wisdom*; idem", Religion in Athens, Rome and Jerusalem in the first Century B.C. and What Josephus Did Not See, " in *On Pagans, Jews and Christians*（Middletown, Conn.: Wesley University Press, 1987）, especially chapters 5 and 7. Y. Zussmann, *The History of Halakha*. See also S. Handelman, *The Slayers of Moses*（Albany: SUNY Press, 1982）. Interesting analyses of different aspects of Jewish religious experience in a comparative perspective can be found in J. Neusner, ed., *Take Judaism*, for Example（Chicago: University of Chicago Press, 1983）。

24　参见 Segal，*Rebecca's Children*，H. Maccoby，ed.，*Judaism on Trial*（Rutherford，N.J.: Fairleigh Dickinson University Press，1982）. S. N. Eisenstadt，"Max Webers Sicht des Frühen Christentums und die Entstehung der Westlichen Zivilisation: Einige Vergleichende

Uberlegungen", in Schluchter, *Max Webers des Frühen Christentums*. Idem, "The Format of Jewish History", in T. F. O'Dea, J. O'Dea, and C. Adams, *Religion and Man: Judaism, Christianity, and Islam* (New York: Harper and Row, 1972). Momigliano, *Alien Wisdom*. Idem, "Religion in Athens, Rome and Jerusalem"。

25 Handelman, *The Slayers of Moses*。

26 P. Frederiksen, *From Jesus to Christ*, pp. 171-173. E. P. Sanders, *Paul and Palestinian Judaism: A Comparison of Patterns of Religion* (Philadelphia: Fortress Press, 1972). Idem, *Jesus and Judaism* (London: SCM Press, 1985). Idem, *Paul, The Law and the Jewish People* (London: SCM Press, 1983). 也可参见 J.Neusner, W. Scott Green and G. S. Frerichs eds. Judaisms and their Messiahs at the Turn of the Christian Era(Cambridge: Cambridge University Press, 1987)。

27 L. Dumont, "A Modified View of Our Origins: The Christian Origins of Modern Individualism", *Religion*, no. 12 (1982) : pp. 1-13. S. N. Eisenstadt", Transcendental Visions: Otherworldliness and Its Transformation. Some More Comments on L. Dumont, " *Religion*, no. 13(1983): pp. 1-17. R. N. Bellah, K. Burridge, and R.Robertson, "Responses to Louis Dumont", *Religion,* no. 12 (1982) : pp. 13-27.Sehluchter, *Max Webers Sicht des Antiken Christentum*. Idem, *Max Webers Studie über das Antike Judentum*.

28 同上。

29 参见 G. G. Stroumsa, "A seese et Gnose: aux Origines de la Spiritualite Monastique", *Revue Thomiste*, no. 81 (1981) : pp. 557-573。

30 参见 G. Bowersock, *Architects of Competing Transcendental Visions in Late Antiquity*, S. N. Eisenstadt, ed., *The Origin and Diversity of Axial Age Civilizations*, pp. 280-89。

31 参见 P. Rousseau, *Ascentics, Authority and the Church in the Age of Jerome and Cassio* (Oxford: Oxford University Press, 1978)。

32 S. N. Eisenstadt, "Transcendental Visions"。

33 参见 H. A. R. Gibb, *Studies on the Civilization of Islam*(Boston: BeaconPress, 1968). G. E. von Grunebaum, *Medieval Islam: A Study in Cultural Orientation* (Chicago: University of Chicago Press, 1949). B. Lewis, *The Arabs in History* (London: Hutchinson, 1937). Idem, *lslam in History: Ideas, Men and Events in the Middle East* (London: Alcove Press, 1973). M. G. S. Hodgson, The *Venture of Islam*, 3 vols.(Chicago: University of Chicago Press, 1974)。

34 I. M. Lapidus, ed., *Middle Eastern Cities* (Berkeley: University of California Press, 1969). Idem, *Muslim Cities in the Later Middle Ages* (Cambridge, Mass.: Harvard University Press, 1967). B. Lewis, "The Concept of an Islamic Republic", *Die Welt des Islams* 4, no. 1 (1955) : pp. 1-10.

35 E. I. 1. Rosenthal, *Political Thought in Medieval Islam: An Introductory Outline* (Cambridge: Cambridge University Press, 1962).

36 参见 Lewis, *Islam in History*, pp. 217-266; idem, *Race and Color in Islam* (New York: Harper and Row, 1971)。

37 参见 M. Sharon, *Black Banners from the East: The Establishment of the Abbasid State* (Jerusalem: Magnes Press, 1983)。

第三章　从跨文明的视角看流散时期犹太文明的基本主题及制度形成

1　该解释来源于 Eisenstadt，*The Transformation of Israeli Society*，chapter 3. 该时期历史的具体细节可参考 Ben-Sasson，*History of the Jewish People*，part 5。

2　古巴比伦王国时期，对犹太人行使权力、纳贡的犹太领袖。——译者注

3　参见 S. Baron，*A Social and Religious History of the Jews*，17 vols.（New York: Columbia University Press，1952-1983）. Ben-Sasson，*History of the Jewish People*，part 5。

4　参见 Baer，Galut. Y. Kaufmann，*Golah ve-Nekhar* [Exile and Alienation]（Tel-Aviv: Dvir，1929-1933）。

5　参见 Eisenstadt，*The Transformation of Israeli Society*，chapter 3. J. Neusner，Israel's Politics in Sassanian Islam（New York: Lanham，1986）.J. H. Gafni，*Yehudei Bavel Bitkufat Hatalmud* [The Jews of Babylonia in the Talmudic Era]（Jerusalem: Zalman Schazar Center，1990）. 关于跨社区的犹太组织后来的发展可参见 I. Heilperin，*Pinkas Vaad Arba Aratzot* [The Records of the Council of the Four Lands]，vol. 1，rev. ed.，I. Bartal（Jerusalem: Bialik Institute，1990）. 全文最初出版于 1945 年。

6　参见 E. E. Urbach，*Ha-Halakhah. Mekoroteha ve-Hitpathuta* [The Halakhah，Its Origins and Development]，（Giv'atayyim: Yad la-Talmud [Massada]，1984）. Idem，*The Sages*（Jerusalem: Hebrew University，The Magnes Press，1982）. Neusner，"Thc History of Earlier Rabbinic Judaism"。

7　有关 1 世纪时期的不同犹太派别，可参考 Cross，*The Ancient Library of Qumran*. Gaster，*The Dead Sea Scriptures in English*. Talmon，*The World of Qumran from Within*，Collected Studies（Jerusalem: The Magnes Press，Hebrew University; Leiden: E. J. Brill，1982）. O'Connor，"The Essenes and Their History"。

8　关于卡拉派信徒，可参考 Baron，*A Social and Religious History of the Jews*，vol. 6. Z. Cohen，*The Halakhah of the Karaites*. New York，1936，unpublished thesis. "Karaites"，in *Encyclopaedia Judaica*（Jerusalem: Keter Publishing House. 1971）. vol. 10，pp. 775-785. Z. Ankori，*Karaites in Byzantium*（New York: Columbia University Press，1959）. R. Nemoy. ed.，*Karaite Anthology—Excerpts from the Early Anthology*（New Haven: Yale University Press，1952）。

9　参见 Cohen，*The Three Crowns*。

10　参见 Ben-Sasson，*History of the Jewish People*. part 5; I. Twersky，*Rashi* [Hebrew]（Merhavia: Ha-Po'alim Press，1946）. E. E. Urbach，*The Sages: Their Concepts and Beliefs*（Jerusalem: Magnes Press，Hebrew University，1975）. J. Dan and F. Talmage，eds.，*Studies in Jewish Mysticism*（Cambridge，Mass.: Association for Jewish Studies，1982）. J. Dan，*Jewish Mysticism and Jewish Ethics*（Seattle: University of Washington Press，1985）。

11　与伊斯兰国家本土的阿拉伯语相比，中世纪的希伯来语在日常口语及较高文化层面上的书面语方面并未存在大的差异。

12　关于犹太社会与主流社会之间的基本关系，可参考 J. Katz，*Exclusiveness and Tolerance: Studies in Jewish-Gentile Relations in Medieval and Modern Times*（Oxford: Oxford University Press，1961）. I. F. Baer，A *History of the Jews in Christian Spain*. 2 vols.（Philadelphia: Jewish Publication Society of America，1961-66）. H. Beinart，

"Hispano-Jewish Society," *Journal of World History* 11（1968）: pp. 22-238。

13 参见 Maccoby，*Judaism On Trial*。

14 参见 J. Katz，*Tradition and Crisis*（New York: Free Press of Glencoe，1961）; idem，*Exclusiveness and Tolerance*. Y. H. Yerushalmi，*Zakhor*（Seattle: University of Washington Press，1975）. S. D. Goitein，*Jews and Arabs*（New York: Schocken Books，1964）. B. Lewis，*The Jews of Islam*（Princeton，N.J.: Princeton University Press，1984）。

15 参见 G. Scholem，*The Messianic Idea in Judaism*（New York: Schocken Books，1971）; idem，*Major Trends in Jewish Mysticism*（New York: Schocken Books，1961）. R. J. Z. Werblowsky，*Joseph Karo, Mystic and Lawyer*（London: Oxford University Press，1962）. Dan and Talmage，*Studies in Jewish Mysticism*。

16 参见 Baer，*Galut.* H. H. Ben-Sasson，"Galut be-Yisrael" [Diaspora in Israel]，in Joseph R. Hacker，ed.，*Rezef u-Temurah* [Continuity and Variety]（TelAviv: 'Am 'Oved，1984），pp. 113-156; Kaufmann，*Gola ve-Nekhar*。

17 H. H. Ben-Sasson, *On Jewish History in the Middle Ages* [Hebrew]（TelAviv: 'Am 'Oved, 1969）. Idem, *Galut be-Israel*. Yerushalmi, *Zakhor*. M. Hallamish and A. Ravitzky, eds., *Eretz Israel Behagut ha-Yehudit Beimei ha-Beinaim* [The Land ofIsrael in Medieval Jewish Thought]（Jerusalem: Yad Izhak Ven-Zvi, 1991）. L. A. Hoffman, ed., *The Land of Israel: Jewish Perspectives*（Notre Dame, Ind.: Notre Dame University Press, 1986）.

18 参见 Scholem，*Major Trends*. Idem，*The Messianic Idea*. and P. Frederiks，*From Jesus to Christ*。

19 关于迈蒙尼德对弥赛亚主义的解释，可参阅 A. Ravitzky，*To the Utmost Human Capacity--Maimonides On the Days of the Messiah* in J. L. Kraemer，ed.，*Perspectives on Maimonides*（Oxford: Oxford University Press，1991），pp. 221-256.参见 A. Z. Aescoly，*Ha-Tenu'ah ha-Meshihit be-Yisrael* [The Jewish Messianic Movement]（Jerusalem: Bialik Institute，1956）. G. Scholem，*Sabbatai Sevi*，*The Mystical Messiah*，1626-1676（Princeton，N.J.: Princeton University Press，1973）。

20 例如，可参见 Ben-Sasson, *History of the Jewish People,* part 5. Idem, *Rezef u-Temurah.* Urbach, *The Sages.*

21 参见 Katz，*Tradition and Crisis*. Eisenstadt，*Transformation of Israeli Society*，part 1. Scholem，"The Crisis of Tradition in Jewish Messianism，" in *The Messianic Idea*，pp. 49-77。

22 参见 Eisenstadt，*The Origins and Diversity of Axial-Age Civilizations*，and idem "，Heterodoxies and Dynamics of Civilizations"，*Proceedings of the American Philosophical Society* 128，no. 2（1984）: pp. 104-113。

23 Aristotle, *The Politics*（Cambridge: Cambridge University Press, 1988）. Carnes Lord, "Aristotle"，in Leo Strauss and Joseph Cropsey, eds., *History of Political Philosophy*, 3d ed.（Chicago: University of Chicago Press, 1953）, pp. 118-154.

24 参见，如 A. F. Wright，*The Confucian Persuasion*（Stanford，Calif.: Stanford University Press，1960）. D. S. Nivison and A. F. Wright，cds.，*Confucianism in Action*（Stanford，Calif.: Stanford University Press，1959）。

25 S. N. Eisenstadt, "*Utopias and Dynamics of Civilizations: Some Concluding Comparative Observations*", in Adam Seligman, ed., *Order and Transcendence: The Role of Utopias and the Dynamics of Civilization* (Leiden: E. 1. Brill, 1989), pp. 139-149. Idem", The Comparative Study of Utopias", in ibid. pp. 1-12. Idem, "Christian Utopias and Christian Salvation: A General Introduction", in ibid., pp. 13-29.

26 Rainer Baum, "Authority and Identity: The Case for Evolutionary Invariance", in Roland Rohertson and Burkhard Holzner, eds., *Identity and Authority* (New York: St. Martin's Press, 1979), pp. 61-118.

27 Carl Brinkmann, *Recent Theories of Citizenship in Its Relation to Government* (New Haven, Conn.: Yale University Press, 1927). Reinhard Bendix, *Nation-Building and Citizenship* (New York: John Wiley and Sons, 1964). T. H. Marshall, *Citizenship and Social Class, and Other Essays* (Cambridge: Cambridge University Press, 1950).

28 Helen Cam, T*he Hundred and the Hundred Rolls: An Outline of Local Government in Medieval England* (London: Methuen, 1930). C. McIlwain, *Constitutionalism*, rev. ed. (Ithaca, N.Y.: Cornell University Press, 1947). Idem, *The Growth of Political Thought in the West* (New York: Macmillan, 1932).

29 Judith Shklar, *Montesquieu* (Oxford: Oxford University Press, 1987). Q. Skinner, Machiavelli (New York: Hill and Wang, 1981). J. G. A. Pocock, *The Machiavellian Moment* (Princeton, N.J.: Princeton University Press, 1975). Idem, The Ancient Constitution and the Feudal Law (Cambridge: Cambridge University Press, 1957). Idem, *Virtue, Commerce, and History* (Cambridge: Cambridge University Press, 1985). L. Strauss, *Thoughts on Machiavelli* (New York: The Free Press, 1958). Idem, *The Rebirth of Classical Political Rationalism* (Chicago: University of Chicago Press, 1989). Q. Skinner, *The Foundations of Modem Political Thought* (Cambridge: Cambridge University Press, 1978). Q. Skinner et aI., eds., *History of Renaissance Philosophy* (Cambridge: Cambridge University Press, 1988). *The Portable Machiavelli*, trans. and ed. P. Bondanella and Mark Musa (New York: Penguin Books, 1979). C. Montesquieu, *The Spirit of the Laws* (Cambridge: Cambridge University Press, 1989).

30 关于沙皇俄国，可参阅 Richard Pipes, *Russia under the Old Regime* (New York: Charles Scribner's Sons, 1974). On the Chinese center, sec E. Balazs, *Chinese Civilization and Bureaucracy* (New Haven, Conn.: Yale University Press, 1966); E. D. Reischauer and J. K. Fairbank, *A History of East Asian Civilization*, vol. 1, *East Asia: The Great Tradition* (Boston: Houghton Mifllin, 1960); M. Weber, *The Religion of China: Confucianism and Taoism*, trans. H. Gerth (New York: Free Press, 1964); Nivison and Wright, Confucianism in Actioll; and A. F. Wright, ed., *Studies in Chinese Thought* (Chicago: University of Chicago Press, 1953)，也可参考 J. Gernet, "Introduction", in S. Schram, cd., *Foundations and Limits of State Power in China* (London: University of London, School of Oriental and African Studies, 1987). D. McMullen, "View of the State in Du You and Liu Zongyuan", in ibid., pp. 59-86. B. L. Schwartz, "The Primacy of the Political Order in East Asian Societies: Some Preliminary Generalizations", in ibid., pp. l-IO. A. Hulsewe, "Law as One of the Foundations

of State Power in Early Imperial China", in ibid., pp. 11-32. M. Lowe, "Imperial Sovereignty: Dong Zhongshu's Contribution and His Predecessors", in ibid., pp. 33-58; and H. Franke, "The Role of the State as a Structural Elcment in Polyethnic Societies", in ibid., pp. 87-112。

31 参见 P. Crone and M. Cook, *Hagarism*(Cambridge: Cambridge University Press, 1977). M. Cook, *Mohammad* (Oxford: Oxford University Press, 1983). M. Hodgson, *The Venture of Islam* (Chicago: University of Chicago Press, 1974). H. A. R. Gibb, *Studies on the Civilization of Islam* (Boston: Beacon Press)。另外，也可参考 S. N. Eisenstadt, "Convergence and Divergence of Modem and Modernizing Societies", *International Journal of Middle Eastern Studies*, 8 (1977) : pp. 1-27; M. Rodinson, *Mohammed*, London: Hutchinson, 1971). Lewis, *Islam in History*。

32 M. Sharon, *Black Banners from the East* (Jerusalem: Magnes Press, 1983).

33 H. A. R. Gibb, *Studies on the Civilization of Islam*. I. M. Lapidus, "The Separation of State and Religion in the Development of Early Islamic Society", *International Journal of Middle Eastern Studies* 6, no. 4 (1975) : pp. 363-85.

34 I. Lapidus, "Muslim Cities and Islamic Societies", in I. Lapidus, ed., *Middle Eastern Cities* (Berkeley: University of California Press, 1969), pp. 47-49. S. Goitein, *Studies in the Islamic History and Institutions* (Leiden: E. J. Brill, 1966).

35 参见 Crone and Cook, *Hagarism*. D. Ayalon, L'esclavage du Mamelouk, (Jerusalem: Israel Oriental Society, 1951). D. Pipes, *Slave Soldiers and Islam* (New Haven, Conn.: Yale University Press, 1981). Eisenstadt, *Convergence and Divergence*"。

36 H. A. R. Gibb, *Studies On the Civilisation of Islam* (Boston: Beacon Press, 1962), especially chapters 1, 2. E. I. J. Rosenthal, *Political Thought in Medieval Islam*(Cambridge: Cambridge University Press, 1962).

37 B. Lewis, "Islamic Concepts of Revolution", in Lewis, *Islam in History*, pp. 253-266.

38 E. Gellner, Muslim Society (Cambridge: Cambridge University Press, 1981), especially pp. 1-185. A. S. Ahmed, *Millennium and Charisma among the Pathans* (London: Routledge and Kegan Paul, 1979).

39 Ahmed, ibid.; E. Gellner, ibid. N. Levzion, ed., *Conversion to Islam* (New York: Holmes and Meier, 1979).

40 St. Augustine, *The City of God*, trans. Marcus Dods (New York: Modern Library, 1950).

41 E. Voegelin, The New Science of Politics (Chicago: University of Chicago Press, 1974).

42 Friedrich Heer, *The Medieval World* (New York: New American Library, 1962). Idem, *The Intellectual History of Europe* (Cleveland: World Publishing Company, 1966).

43 参见 S. N. Eisenstadt, *European Civilization in a Comparative Perspective* (Oslo: Norwegian University Press, 1987). K. Pomian, *Europa und Seine Nationen* (Berlin: Klaus Wagenbach, 1990)。

44 Eisenstadt, *European Civilization*, chapters 1 and 2. Max Weber, *General Economic History* (New York: Collier Macmillan, 1967). M. Mann, *Sources of Social Power* (Cambridge: Cambridge University Press, 1987). J. A. Hall, *Powers and Liberties-The Causes and Consequences of the Rise of the West* (Berkeley, University of California

Press, 1985）.

45 参见 A. Passerin d'Entréves，*The Notion of the State-An Introduction to Political Theory*（Oxford: Clarendon Press，1967）。

46 参见注释 16-18 中的参考书目。

47 参见 M. Walzer，*Exodus and Revolution*（New York: Basic Books，1985）。

48 参见 Ben-Sasson，*A History of the Jewish People*. Mantel，"The High Priesthood and the Sanhedrin"，in M. Avi-Yonah，ed.，*The World History of the Jewish People,* vol. 3 The Herodian Period（Jerusalem: Massada Publishers）pp. 264-274。

49 参见 C. O. Hucker，"The Traditional Chinese Censorate and the New Peking Regime"，*American Political Science Review* 15（1951）: pp. 1040-1053. Idem，"Confucianism and the Chinese Censorial System"，in Nivison and Wright eds.，*Confucianism in Action*，pp. 182-208。

50 参见 Eisenstadt，"Cultural Traditions and Political Dynamics"。

51 Mishnah Rosh Hashana, 4: 8-9.

52 参见 H. Ben-Sasson，*A History of the Jewish People*. Katz，*Tradition and Crisis*。

53 参见 M. Elon，*Jewish Law: History, Sources, Principles* [Hebrew]（Jerusalem: Magnes Press，1973）。

54 参见 J. Katz，"The Rule of Traditional Halakhah de Facto and de Jure"，in Halakhah ve-kabbalah [Hebrew]（Jerusalem: Magnes Press，1984），pp. 237-255。

55 参见 Neusner，*lsrael's Politics in Sassanian lslam*. Gafni，*Yehudei Bavel*。

56 Elon，*Jewish Law*. Katz，"The Rule of Traditional Halakhah".

第四章 中世纪犹太文明框架的解体与犹太人融入欧洲社会

1 参见 *The New Cambridge Modern History, vols.* 1-4（Cambridge: Cambridge University Press，1955-58）。

2 N. Elias，*The Civilising Process, Sociogenetic and Psychogenetic Investigations,* 2 vols.（Oxford: Basil Blackwell，1982）.

3 H. H. Ben-Sasson，"The Medieval Period"，in *A History of the Jewish People*.Robert M. Seltzer，*The Jewish Experience in History*（New York: Macmillan，1980），chapter 10.

4 关于马兰诺人可参考 C. Roth，*A History of the Marranos*（Philadelphia: The Jewish Publication Society of America. 1932）; Baer，Galut，especially chapters 7-11. B. Netanyahu，*The Marranos of Spain*（New York: American Academy for Jewish Research，1967）. J. Kaplan，*From Christianity to Judaism—The Life and Work of Isaac Orobio de Castro* [Hebrew]（Jerusalem: Magnes Press，Hebrew University，1982）. D. S. Katz and J. I. Israel，eds.，*Sceptics Millenarians and Jews*（Leiden:E. J. Brill，1990）。

5 参见 Katz，*Tradition and Crisis*. Eisenstadt，*Transformation of Israeli* Society.part 1. G. G. Scholem，"*The Crisis of Tradition in Jewish Messianism*"，The Messaniac Idea in Judaism（New York: Schocken Books，1971），pp. 49-77。

6 关于欧洲文明发展进程中的一些基本趋势，可参阅 Eisenstadt，*European Civilization in a Comparative Perspective*，1987。

7 参见 J. Katz，*Out of the Ghetto*（Cambridge，Mass.: Harvard University Press，1973）. Idem，*Jewish Emancipation and Self-Emancipation*（Philadelphia: Jewish Publication Society，1986）. S. Ettinger，“The Modern Period”，in Ben-Sasson，ed.，*A History of the Jewish People*，pp. 727-775。

8 J. Katz, *From Prejudice to Destruction*（Cambridge, Mass.: Harvard University Press, 1980）.

9 Katz, *Out of the Ghetto.* S. Ettinger, “The Modern Period”. A. Hertzberg, *The French Enlightenment and the Jews*（New York: Columbia University Press, 1968）.

10 参见 Ettinger，“The Modern Period”，pp. 777-834. P. Mendes-Flohr and J.Reinharz，eds.，*The Jew in the Modern World*（New York: Oxford University Press，1980）。

11 J. Katz, “The Jewish Diaspora: ‘Minority Positions and Majority Aspirations”, *Jerusalem Quarterly* 25（Fall 1982）: pp. 68-78.

12 In Ettinger, “The Modern Period”, pp. 834-847. N. Rotenstreich, *Jewish Philosophy in Modern Times: from Mendelsohn to Rosenzweig*（New York: Holt, Rinehart and Winston, 1968）.

13 M. Breuer, *Jüdische Orthodoxie im Deutschen Reich*, 1871-1918（Frankfurt on Main: Atheneaum, 1986）. Idem, *The Torah-im-Derekh-Eretz of Samson Raphael Hirsch*（Jerusalem and New York: Feldheim, 1970）.

14 Baer, *Galut.*

15 关于现代犹太思想对该问题的阐释，可参阅 A. Eisen，Galut—*Modern Jewish Reflections on Homelessness and Homecoming*（Bloomington and Indianapolis: Indiana University Press，1986）。

16 Katz, *Out of the Ghetto.*

17 H. Kieval, T*he Making of Czech Jewry: National Conflict and Jewish Society in Bohemia, 1870-1918*（New York: Oxford University Press, 1988）. M.Meyer, *Response to Modernity: A History of the Reform Movement in Judaism*（New York: Oxford University Press, 1988）.

18 参见 Eisenstadt，“European Civilization in a Comparative Perspective”; Katz，“From Prejudice to Destruction”。

19 B. Dinur, *Historical Writings, vol. 1, Bemifneh Hadorot* [On the Crossroads of Generation] [In Hebrew]（Jerusalem: Bialik Institute, 1955）.

20 参见 Ettinger，“The Modern Period”，pp. 881-900; M. Stanislawski，*For Whom Do I Toil? Judah Leib Gordon and the Crisis of Russian Jewry*（New York:Oxford University Press，1988）。

21 P. Medding, “Toward a General Theory of Jewish Political Interests and Behavior in the Contemporary World”, in D. Elazar, ed., *Kinship and Consent*（Ramat-Gan and Philadelphia: Turtledove Publications, 1981）.

22 M. Stanislawski, *For Whom Do I Toil?* S. Halkin, *Modern Hebrew Literature, Trends and Values*（New York: Schocken Books, 1950）.

23 S. M. Dubnow, *History of the Jews* 4 vols.（New York: Thomas Yoseloff, 1967）. M. Balaban, *Dzieje Zydow w Krakowie na Kazimierzu*（1304-1868）（Krakow: Nakladem Izraelickied

Gminy Wyznaniowcj, 1912）; idem, *Die Krakauer Judengemeinde-Ordnung von 1595 und Ihre Nachtraege*（Frankfurt on Main: J. Kauffmann, 1913）; idem, *Skizzen und Studien zur Geschichte der Juden in Polen*（Berlin: L.Lamm, 1911）; idem, *Letoldot Hatnua Hafrankistit* [The History of the Frankist Movement] [Hebrew]（Tel-Aviv: Dvir 1935）. I. Shiffer *The Economic History of the Jews* [in Hebrew]（Tel-Aviv: Stibel, 1935-36）.

24 参见 Y. Tobi, J. Barnai, and S. Bar-Asher, *History of the Jews in Islamic Countries*（Jerusalem: Shazar Center，1981）。

第五章 犹太人融入美国社会

1 例如，可参见 Jonathan D. Sarna，ed.，*The American Jewish Experience*（New York: Holmes and Meier，1990）. A. Hertzber，*The Jews in America, Four Centuries of an Uneasy Encounter*（New York: Simon and Schuster，1989）. N. Glazer，*American Judaism*, rev. ed.（Chicago: University of Chicago Press，1972）. Ben Halpern，*The American Jew: A Zionist Analysis*（New York: Theodor Herzl Foundation，1956）. Irving Howe，*World of Our Fathers: The Journey of East European Jews to America and the Life They Found and Made*（New York: Simon and Schuster，1976）. Charles S. Liebman，*The Ambivalent American Jew*（Philadelphia: Jewish Publication Society of America，1973）。

2 H. Arlosoroff，"New York Veyerushalaim"［"New York and Jerusalem"］and "Hatzionut Haamerikait"［"The American Zionism"］，*Collected Works* [Hebrew]（Tel-Aviv: E. 1. Sliebel，1934），pp. 75-113 and 147-178. 相似观点可见于 Simon Halkin，*Yehadut ve-Yehudei Amerika*［American Jewishness and Jewry］（Tel-Aviv and Jerusalem: Schocken，1946）。

3 参见 N. Glazer，"Social Characteristics of American Jews，1654-1954"，*American Jewish Yearbook*，1955. S. M. Lipset，ed.，*American Pluralism and the Jewish Community*（New Brunswick，N.J.: Transaction Books，1990）. M. Ski are，ed.，*Understanding American Jewry*（New Brunswick，N.1.: Transaction Books，1982）。

4 A. de TocqueviIle, *Democracy in America*（Oxford: Oxford University Press, 1952）. R. N. Bellah, "Civil Religion in America", in *Beyond Belief*（New York: Harper and Row, 1970）, pp. 168—193. A. Heimart and A. Dc1banco, eds., *The Puritans in America: A Narrative Anthology*（Cambridge, Mass.: Harvard University Press, 1985）. S. M. Lipset, *The Continental Divide*（New York: Routledge, 1989）. See S. N. Eisenstadt, L. Roniger, and A. Seligman, *Centre Formation Protest Movements and Class Structure in Europe and the United States*（London: Frances Pinter, 1987）, especially chapters 1, 5, and 8.

5 S. P. Huntington, *American Politics-The Promise of Disharmony*（Cambridge, Mass.: Harvard University Press, 1981）.

6 J. P. Nettl, "The State as a Conceptual Variable", *World Politics* 20, no. 4（1968）.

7 Bellah, "Civil Religion in America".

8 Y. Arieli, *Individualism and Nationalism in American Ideology*, (Cambridge, Mass.: Harvard University Press, 1964）. M. Walzer, "What Docs It Mean to Be American?" Social Research 57, no. 3, (Fall 1990）: pp. 59—65. S. P. Huntington, *American Politics*, p. 23.

9 From *Publications of the American Jewish Historical Society,* no. 3（2d ed.1915）, pp. 91—92.

10 S. M. Lipset, *The First New Nation*, 2d ed.（New York: W. W. Norton, 1979）, pp. 164—165.

11 J. Sarna, "Antisemitism and American History", *ommentary*（March 1981）, pp. 46—47.

12 Lipset, *American Pluralism*. Glazer, *American Judaism*. Sklare, *Understanding American Jewry*. Hertzberg, *The Jews in America*, esp. chapter 18.

13 D. P. Moynihan and N. Glazer, *Ethnicity: Theory and Experience*（Cambridge, Mass.: Harvard University Press, 1975）.

14 Hertzberg, *The Jews in America*, from chapter 18 on. Lipset, *American Pluralism.*

15 Charles E. Silhelman, *A Certain People: American Jews and Their Lives Today*（New York: Summit Books, paperback edition, 1988）. Calvin Goldscheider and Alan S. Zuckerman, *The Transformation of the Jews*（Chicago: University of Chicago Press, 1984）. Calvin Goldscheider, *Jewish Community and Change: Emerging Patterns in America*（Bloomington: Indiana University Press, 1986）. Steven Bayme, ed., *Facing the Future. Essays on Contemporary Jewish Life*（New York: Ktav Publishing House, American Jewish Committee, 1989）.

16 R. Bachi in an interview with Yosef Goell, *Jerusalem Post*（August 11, 1983）.

17 Avil Goldman, "Poll Shows Jews Both Assimilate and Keep Tradition", *New York Times*（June 7, 1991）, p. A8; and see also the interchange on S. Lachman's and B. Kosum's "What is Happening to American Jewry?" *New York Times*（June 4 and 6, 1990）.

第六章 现代犹太民族运动与犹太复国主义运动

1 E. Gellner, *Nations and Nationalism*（Oxford: Basil Blackwell, 1983）. B. Anderson, *Imagined Communities: Reflections on the Origin and Spread of Nationalism*（London: Verso, 1983）.

2 例如，可参见 D. Vital, *The Origins of Zionism*（Oxford: Clarendon Press, 1975）。同上，*Zionism*（Oxford: Clarendon Press，1982）。

3 Vital, *Origins*. Eisenstadt, *Transformation of Israeli Society*.

4 参见 S. Avineri，*The Making of Modern Zionism*（New York: Basic Books，1981）。

5 参见 S. Almog，*Ziyyonut ve-Historiyyah* [Zionism and History]（Jerusalem: Magnes Press，1982）。

6 参见 Vital，*Origins*。

7 参见 Arieli，*Individualism and Nationalism in American Ideology*。

8 参见 Bellah，"Civil Religion in America", pp. 168-189. A. Seligman，"The Failure of Socialism in the United States: A Reconsideration", in S.N. Eisenstadt，A. Seligman，and L. Roniger，eds.，*Centre Formation, Protest Movements, and Class Structure*。

9 参见 L. Hartz，*The Founding of New Societies*（New York: Brace and World，1964）。

10 有关犹太复国主义者对领土的态度，参见 E. Schweid，*Moledet ve-Eretz Ye'udah*

[Homeland and a Land of Promises]（Tel Aviv: ‘Am ‘Oved，1979）。
11 Bellah，“Civil Religion”。同上，*The Broken Covenant*（New York: Seabury Press，1975）。
12 参见 Y. H. Yerushalmi，*Zakhor*。
13 有关犹太教科学研究，例如，可参见 N. Rotenstreich，*Ha-Mahashavah ha-Yehudit ba-Et ha-Hadashah* [Jewish Thought in the Modern Age] 2 vols.（Tel Aviv: ‘Am ‘Oved，1950）. S. Avineri，“Graetz: Revolutionizing Jewish Historical Consciousness”，in *The Making of Modern Zionism*。
14 参见 M. Balaban，*Bibliography on the History of the Jews in Poland and in Neighboring Lands*（Jerusalem: World Federation of Polish Jews，1978）. I. Halperin，ed.，*Beit Yisrael be-Polin* [The Jews in Poland]（Jerusalem: Zionist Federation，1948—1954）。
15 参见 A. Mapu，*Kol-Kitvei Avraham Mapu* [From the Writings of Abraham Mapu]（Tel Aviv: Dvir，1947）. M. B. Margolies，*Samuel David Luzzatto*（New York: Ktav Publishing House，1969）. S. L. Nash，*In Search of Hebraism*（Leiden: E. J. Brill，1980）. H. Walter，*Moses Mendelssohn, Critic and Philosopher*（New York: Arno Press，1973）。
16 参见 Vital，*Origins*。
17 参见 Ahad Ha-Am，*Essays, Letters, Memoirs*，trans. Leon Simon（Oxford: East and West Library 1946）. 同上，*Selected Essays*，trans. Leon Simon（Philadelphia: Jewish Publication Society of America，1912）; Theodor Herzl，*Altneuland*（Haifa: Haifa Publishing Co.，1960）。同上，*The Complete Diaries of Theodor Herzl*，5 vols.（New York: Herzl Press and T. Yoseloof，1960）。
18 参见 J. Katz，*From Prejudice to Destruction*（Cambridge，Mass.: Harvard University Press，1980）。
19 参见 Mr. Braslavsky，*Tenu' at ha-Po'alim ha-Eretz Yisraelit* [The Eretz Yisrael Workers' Movement]（Tel Aviv: Ha-Kibbutz ha-Me'uhad，1962）. Eisenstadt，*Transformation of Israeli Society*，part 2。
20 参见 Z. Jabotinsky，*Iggerot Ze'ev Jabotinsky* [Letters of Ze'ev Jabotinsky]（Tel Aviv: The Chaim Weizmann Institute for Zionist Research and Jabotinsky Institute in Israel，1972）.
21 参见 Kaufmann，*Gloah ve-Nekhar*. S. Avineri，*The Making of Modern Zionism*。
22 Georges Friedmann, *The End of the Jewish People?*（New York: Doubleday, 1967）。
23 参见 Ehud Luz，*Parallels Meet*，trans. L. J. Schramm（Philadelphia: Jewish Publication Society of America，1988）。
24 参见 A. Fischman，*Ha-Po'el ha-Mizrachi 1921-1935*（Tel Aviv: Tel Aviv University Press，1979）。

第七章　以色列社会的形成与转变

1 Eisenstadt, *The Transformation of Israeli Society.*
2 前引书，第二部分。
3 A. Bein, *The Return to the Soil: A History of Jewish Settlement in Israel*, trans. Israel Schen

(Jerusalem: Young and Hechalutz Department of the Zionist Organization, 1952) . D. Horowitz and M. Lissak, *Origins of the Israeli Polity: Palestine under Mandate* (Chicago: University of Chicago Press, 1978) . S. N. Eisenstadt, *Israeli Society* (London: Lords, 1968) .

4 Simon Kuznets, "Lecture V: The Problem of Size and Trends in Foreign Trade, " in *Six Lectures on Economic Growth* (Glencoe, III.: Free Press, 1961) ; S. N. Eisenstadt, "Sociological Characteristics and Problems of Small States: A Research Note, " *Jerusalem Journal of International Relations*, 2 (1977) : pp. 35—50.

5 Horowitz and Lissak, *Origins of the Israeli Polity*. Eisenstadt, *The Transformation of Israeli Society,* 第 9 章。Y. Ben Porath, *The Israeli Economy: Maturing through Crises* (Cambridge, Mass.: Harvard University Press, 1986) . N. Halevi and M. Klinov, *The Economic Development of Israel* (New York: Praeger, 1968) . Mitchell Cohen, *Zion and State: Nation, Class, and the Shaping of Modern Israel* (New York: Basic Blackwell, 1987)。

6 Peter Medding, ed., *Israel, State and Society, 1948-1988: Studies in Contemporary Jewry, An Annual*, 5 (Oxford: Oxford University Press, 1989) . Eisenstadt, *The Transformation of Israeli Society*, 第 9 章。N. Lucas, *The Modern History of Israel* (London: Weidenfeld and Nicolson, 1974) . N. Safran, *Israel, The Embattled Ally* (Cambridge, M ass.: Belknap Press, 1978) . D. Shimshoni, *Israeli Democracy: The Middle and the Journey* (New York: Free Press, 1982) .

7 Ben Porath, *Israeli Economy*.

8 Charles S. Liebman, "The Dilemma of Reconciling Traditional Culture and Political Needs: Civil Religion in Israel," *Comparative Politics* 16(1983) : pp. 53—66. 同 上, *Religion and Politics in Israel* (Bloomington: Indiana University Press, 1985) . Ehud Luz, *Parallels Meet: Religion and Nationalism in the Early Zionist Movement, 1882—1904* (Philadelphia: Jewish Publication Society, 1988) . 也可参见 Aryeh Fishman, "Torah and Labor: The Radicalization of Religion within a National Framework" , *Studies in Zionism* 6 (Autumn 1981) : pp. 255—271. Eisenstadt, *The Transformation of Israeli Society*, 第 10 章。

9 Eisenstadt, *The Transformation of Israeli Society*, 第 12 章。E. Krausz, ed., *Migration, Ethnicity, and Community* (New Brunswick, N.J.: Transaction Books, 1980) . M. Lissak, *Social Mobility in Israel* (Jersalem: Israel University Press, 1961) . J. Matras, "Intergenerational Change in Occupational Structure of Immigrant Groups in Israel" , *Jewish Journal of Sociology* 7, no. 1 (1966) : pp. 31—38; S. Smooha, *Israel: Pluralism and Conflict* (London: Routledge and Kegan Paul, 1977) . A. Weingrod, *Israel: Group Relations in a New Society* (London: Pall Mall, 1965) . S. N. Eisenstadt, M. Lissak, and J. Navon, eds., *Studies on the Ethnic Problem in Israel* (Jerusalem: Jerusalem Institute for Israeli Problems, 即将出版)。

10 N. Lorch, *One Long War* (Jerusalem: Keter Publishing House, 1976) . Y. Peri, *Between Battles and Ballots: Israeli Military in Politics* (Cambridge: Cambridge University Press, 1983) . B. Kimmerling, *The Interrupted System: Israeli Civilians in War and Routine*

Times（New Brunswick, N.J.: Transaction Books, 1985）. Lucas, *The Modern History of Israel*. Safran, *Israel, The Embattled Ally*.

11 B. Kimmerling, *The Interrupted System*.

12 M. Davis，编著 *The Yom Kippur War: Israel and the Jewish People*，前言由 E. Katzi 撰文，(New York: Aron Press，1974)。同上，编著，*World Jewry and the State of Israel*（New York: Arno Press，1977）。同上，编著 ., *Zionism in Transition*（New York: Herzl Press，1980）。

13 Eisenstadt，*The Transformation of Israeli Society*，第 4 部 分。M. Aronoff，*Power and Ritual in the Israeli Labour Party: A Study in Political Anthropology*（Assen: Van Gorcum，1976）. E. Etzioni-Halevy and R. Shapiro，*Political Culture in Israel: Cleavage and Integration among Israeli Jews*（New York: Praeger，1977）。

14 A. Arian, ed., *The Elections in Israel, 1977*（Jerusalem: Academic Press, 1980）. R. Freedman, ed., *Israel in the Begin Era*（New York: Praeger, 1982）. Dan Caspi, Abraham Diskin, and Emanuel Gutmann, eds., *The Roots of Begin's Success: The 1981 Israeli Elections*（New York: St. Martin's Press, 1989）.

15 Dan Horowitz and Moshe Lissak，*Trouble in Utopia: The Overburdened Polity of Israel*（New York: State University of New York Press，1989）. N. Lucas，*A Modern History of Israel*. Eisenstadt，*The Transformation of Israeli Society*，第 4 部分。

16 Myron Aronoff, *Israeli Visions and Divisions: Cultural Change and Political Conflict*（New Brunswick, N.J.: Transaction Books, 1989）.

17 巴勒斯坦青年为反对以色列自 1987 年的占领而通过扔石头表现的自发的群众抵抗。——译者注

18 Baruch Kimmerling, "Between the Primordial and the Civil Definition of the Collectivity: Eretz Yisrael or the State of Israel?" in Erik Cohen, Moshe Lissak, and Uri Almagor, eds., *Comparative Social Dynamics: Essays in Honor of S. N. Eisenstadt*（Boulder, Colo.: Westview Press, 1985）, pp. 262—283. G. Aran, "From Religious Zionist to a Zionist Religion: The Origin and Culture of Gush Emunim, a Messianic Movement in Modern Israel" [Hebrew]（Ph.D. Dissertaiton, Hebrew University, 1987）. L. Hoffman, ed., *The Land of Israel: Jewish Perspectives*（Notre Dame, ind.: Notre Dame University Press, 1986）.

19 Baruch Kimmerling, ed., *The Israeli State and Society: Boundaries and Frontiers*（Albany: SUNY Press, 1989）. Kimmerling, "Between the Primordial and the Civil Definition of the Collectivity."

20 Hoover Institution, Israeli Democracy under Stress（Stanford, Calif.: Hoovver Institution Conference Papers, 1990）. Pnina Lahav, "Rights and Democracy: The Court's Performance, " in ibid., pp. 58—88. E. Sprinzak, "Extreme Politics in Israel, " Jerusalem Quarterly, no. 15（Fall 1977）: pp. 40—41.

21 Aronoff, *Israeli Visions and Divisions*.

22 S. Baron，*B' Mivhan ha-herut* [Hebrew] [Steeled by Adversity-Essays and Addresses on American Jewish Life]（Tel-Aviv: Schocken，1977），第 6 章。

23 E. Sprinzak, "Extreme Politics".

第八章 美国与以色列：一种比较分析的尝试

1 Safran, *Israel, The Embattled Ally*.

2 Perry Miller，*The American Puritans*（Garden City，N.Y.: Doubleday，1956）；也可参见 Neimart and Delbanco，*The Puritans in America: A Narrative Anthology*。

3 参见第 6 章，同时详见于 Eisenstadt，*The Transformation of Israeli Society*，特别是第 3 部分。Horowitz and Lissak，*Origins of the Israeli Polity*。

4 Hartz，*The Founding of New Societies*.

5 前引书。

6 参见 Bellah，*Beyond Belief*，尤其可看第 9 章；同时可参见 *The Broken Covenant*; Martin Marty，*Religion and Republic--The American Circumstance*（Boston: Beacon Press，1987）。

7 Arieli, *Individualism and Nationalism in American Ideology*. Walzer, "What Does It Mean to Be American?" pp. 59-65.

8 Tocqueville，*Democracy in America*. 同时参见 Lipset，*The First New Nation*. Richard Hofstadter，*The Age of Reform*（New York: Vintage Books，1955）. Huntington，*American Politics: The Promise of Disharmony*。

9 Lipset, *The Continental Divide*.

10 Lipset, *The First New Nation*.

11 参见 Hartz，*The Founding of New Societies*. Eisenstadt，*Transformation of Israeli Society*，第 3 部分。

12 有关美国的情况参见 Moynihan and Glazer，*Ethnicity: Theory and Experience*. 有关以色列的情况参见 Eisenstadt，*The Transformation of Israeli Soceity*，第 4 章。

13 参见 Miller，*The American Puritans*. Heimart and Delbanco，*The Puritans in America*. Bellah，*Beyond Belief*。

14 Robert Bellah et al., *Habits of the Heart*（New York: Harper and Row, 1985）. Michael Walzer, *Radical Principles*（New York: Basic Books, 1980）. David Reisman, *The Lonely Crowd*（New Haven, Conn.: Yale University Press, 1958）.

15 Rainer Baum, "Authority and Identity: The Case for Evolutionary Invariance." in Roland Robertson and Burkart Holzner, eds., *Identity and Authority*（New York: St. Martin's Press, 1979）, pp.61—118.

16 Louis Hartz, *The Liberal Tradition in America*（New York: Harcourt, Brace, 1955）.

17 Eisenstadt，*The Transformation of Israeli Society*，第 8 章。

18 前引书，第 9 章。

19 Pnina Lahav, "Rights and Democracy: The Court's Performance, " pp. 58—88. Yonathan Shapiro, "Israeli Democracy" , pp. 127—145 in *Israeli Democracy under Stress*.

20 前引书。同时可参见 Ben Porath，*The Israeli Economy*.

21 参见第 7 章和第 8 章。

22 Martin Marty，*Religion in America, 1950 to the Present*（San Francisco: Harper and Row，1979）。有关原教旨主义请参见，Jerry Falwell，Ed Dobson，and Ed Hinson，eds.，*The Fundamentalist Phenomenon*（Garden City，N.Y.: dOUBLEDAY，

1981）. Grace Halsell，*Prophecy and Politics*（Westport，Conn.: Lawrence Hill and Co.，1986）. Samuel Hill，*The New Religious-Political Right in America*（Nashville: Abingdon，1982）. Ernest Sandeen，*The Roots of Fundamentalism*（Chicago: University of Chicago Press，1970）. *Studies in Religious Fundamentalism*（Basingstoke，Hampshire: Macmillan Press，1987）。

23 Aran, "From Religious Zionist to a Zionist Religion".

24 Moynihan and Glazer, *Ethnicity*.

25 Eisenstadt，*The Transformation of Israeli Society,* 第 1 章。

26 Kuznets, "Lecture V: The Problem of Size and Trends in Foreign Trade, " pp. 89—100. Eisenstadt, "Sociological Characteristics and Problems of Small Estates, " pp. 35—50.

27 R. Kent Fielding and Eugene Campbell, *The United States: An Interpretive History*（New York: Harper and Row, 1964）. Richard Hofstadter, *The Structure of American History,* 2d ed.（Englewood Cliffs, N.J.: Prentice-Hall, 1973）.

28 Eisenstadt, The Transformation of Israeli Society, Part 4 ; Kimmerling, "Between the Primordial and the Civil Definition of the Collective Identity, " pp. 262—283.

第九章 总结观察：现代和当代的犹太经历

1 L. S. Dawidowicz, *The War Against the Jews, 1933—1945*（New York: Holt, Rinehart and Winston, 1975）.

2 参见 Y. Tobi，J. Barnai，and R. Bar-Asher，*History of the Jews in Islamic Countries*（Jerusalem: Shazar Center，1981）。

3 L. Kochan，ed.，*The Jews in Soviet Russia since 1917*，3d ed. 有关莱申斯基的分析，请参见 *The Jews in Soviet Russia --From the October Revolution to the Second World War* [in Hebrew]（Tel-Aviv: 'Am Oved，1943）。

4 有关以色列、美国犹太人社团对犹太传统的不同选择，请参见一个有趣的比较分析，Charles S. Liebman and Steven M. Cohen，*Two Modes of Judaism, The Israel and American Experience*（New Haven，Conn.: Yale University Press，1990）。

5 Davis，*The Yom Kippur War*。同上，*World Jewry and the State of Israel*。同上，*Zionism in Transition*。

6 Seth L. Wolitz, "The American Jew Is American First, " *Jerusalem Post*（February 20, 1991）.

7 J. Katz, "Accounting for Anti-Semitism", *Commentary* vol. 91, no. 6（June 1991）: pp. 52—55.

索引

（说明：索引页码为英文原书页码，即本书边码）

A

B

C

D

E

H

I

J

K

L

M

N

O

V

W

Y

Z

译后记

以色列著名社会学家艾森斯塔特的《犹太文明》是一部不可多得的好书，作者从比较社会学的视角全景式地考察了犹太文明从古代到现代的历史经历，揭示了犹太文明的基本特征以及文明交往、碰撞与融合对犹太文明发展所产生的巨大影响。中信出版社慧眼识珠，果断引进该书的版权，使我们有机会与读者一起分享一部文明研究的大餐和作者富于创造性的学术观点，并加深对于文明进程和观念的理解。

本书的篇幅虽然不长，但翻译起来相当艰巨。由于中外文化背景和话语体系不同，翻译时对相关概念的理解尤其需要反复斟酌。译者团队虽然都是专门从事犹太—以色列研究的学者和博士生，但仍然怀着敬畏之心认真对待每一句话的翻译，细心揣摩用词和表达，唯恐曲解作者意思和产生讹误。我们本着求真与求美相结合的原则，在保证忠于原文的基础上，尽可能使语言表达合乎中文习惯，流畅优美，易于读者理解。但由于能力和水平有限，难免存在错误或不当之处，希望读者和专家能够谅解，并批评指正。

翻译具体分工如下：胡浩负责本书前言和第一章的翻译，并对全书译稿进行统稿和审校；张瑞负责第二章至第五章的翻译；刘丽娟负责第六章至第九章的翻译；索引和注释的录入与翻译由三位译者共同完成。

除三位译者外，本书翻译和校对过程中得到了马丹静、艾仁贵、张腾欢、彭汪锋、邓伟、崔财周等老师和研究生的有力协助，他们帮助纠正了初稿中存在的诸多概念和语意语法方面的错误，尽可能提升了译稿的质量。在此，对他们的辛勤付出表示衷心感谢！中信出版社陈万龙编辑在联系接洽译者和推动出版方面做了大量的工作，其严谨的工作态度让人感佩！

本书的翻译也是译者所在团队河南大学以色列研究中心研究工作的自然拓展和深化。书中不少内容为国家社科基金重大招标项目“犹太通史”（15ZDB060）的研究提供了材料和观点上的重要参考，一定程度上也是以上研究的阶段性成果。

译者

2019 年 4 月于开封

见识丛书

科学 历史 思想

01《时间地图：大历史，130亿年前至今》 ［美］大卫·克里斯蒂安

02《太阳底下的新鲜事：20世纪人与环境的全球互动》

［美］约翰·R. 麦克尼尔

03《革命的年代：1789—1848》 ［英］艾瑞克·霍布斯鲍姆

04《资本的年代：1848—1875》 ［英］艾瑞克·霍布斯鲍姆

05《帝国的年代：1875—1914》 ［英］艾瑞克·霍布斯鲍姆

06《极端的年代：1914—1991》 ［英］艾瑞克·霍布斯鲍姆

07《守夜人的钟声：我们时代的危机和出路》 ［美］丽贝卡·D. 科斯塔

08《1913，一战前的世界》 ［英］查尔斯·埃默森

09《文明史：人类五千年文明的传承与交流》 ［法］费尔南·布罗代尔

10《基因传：众生之源》（平装+精装） ［美］悉达多·穆克吉

11《一万年的爆发：文明如何加速人类进化》

［美］格雷戈里·柯克伦 ［美］亨利·哈本丁

12《审问欧洲：二战时期的合作、抵抗与报复》 ［美］伊斯特万·迪克

13《哥伦布大交换：1492年以后的生物影响和文化冲击》

［美］艾尔弗雷德·W. 克罗斯比

14《从黎明到衰落：西方文化生活五百年，1500年至今》（平装+精装）

［美］雅克·巴尔赞

15《瘟疫与人》 ［美］威廉·麦克尼尔

16《西方的兴起：人类共同体史》 ［美］威廉·麦克尼尔

17《奥斯曼帝国的终结：战争、革命以及现代中东的诞生，1908—1923》

［美］西恩·麦克米金

18《科学的诞生：科学革命新史》（平装） ［美］戴维·伍顿

19《内战：观念中的历史》 ［美］大卫·阿米蒂奇
20《第五次开始》 ［美］罗伯特·L. 凯利
21《人类简史：从动物到上帝》（平装+精装） ［以色列］尤瓦尔·赫拉利
22《黑暗大陆：20世纪的欧洲》 ［英］马克·马佐尔
23《现实主义者的乌托邦：如何建构一个理想世界》
［荷］鲁特格尔·布雷格曼
24《民粹主义大爆炸：经济大衰退如何改变美国和欧洲政治》
［美］约翰·朱迪斯
25《自私的基因（40周年增订版）》（平装+精装） ［英］理查德·道金斯
26《权力与文化：日美战争 1941—1945》 ［美］入江昭
27《犹太文明：比较视野下的犹太历史》 ［以］S. N. 艾森斯塔特
28《技术垄断：文化向技术投降》 ［美］尼尔·波斯曼
29《从丹药到枪炮：世界史上的中国军事格局》 ［美］欧阳泰
30《起源：万物大历史》 ［美］大卫·克里斯蒂安
31《为什么不平等至关重要》 ［美］托马斯·斯坎伦
32《认知工具：文化进化心理学》 ［美］塞西莉亚·海斯
33《简明大历史》 ［美］大卫·克里斯蒂安 ［美］威廉·麦克尼尔 主编
34《专家之死：反智主义的盛行及其影响》 ［美］托马斯·M. 尼科尔斯
35《大历史与人类的未来》 ［荷］弗雷德·斯皮尔
36《人性中的善良天使》 ［美］斯蒂芬·平克
37《历史性的体制：当下主义与时间经验》 ［法］弗朗索瓦·阿赫托戈
38《希罗多德的镜子》 ［法］弗朗索瓦·阿赫托戈
39《出发去希腊》 ［法］弗朗索瓦·阿赫托戈
40《灯塔工的值班室》 ［法］弗朗索瓦·阿赫托戈
41《从航海图到世界史：海上道路改变历史》 ［日］宫崎正胜

见识城邦 出品